정독
DEEP READING

광고학원론

Principles of Advertising

안대천

김동후

이진균

권오윤

광고학원론
Principles of Advertising

머리말

“아침에 일어나 스마트폰 날씨앱을 확인하는 순간부터…잠자리에 들기 전 카톡 확인까지…”

소비자들은 아침에 눈을 뜨는 순간부터 잠자리에 들 때까지 갖가지 미디어가 전달하는 다양한 형태의 광고에 노출된다. 흔히 전통매체라고 불리는 텔레비전, 신문, 라디오, 잡지는 물론 인터넷을 기반으로 하는 스마트폰, 모바일기기, SNS, 주문형 VOD 등을 통하여 이들 매체가 제공하는 다양한 장르의 콘텐츠만큼이나 빈번하게 접하는 것이 아마도 제품과 브랜드를 알리는 광고 또는 상업용 메시지일 것이다. 소비자들의 주의와 관심을 끌고 구매를 이끌어내기 위하여 제품과 브랜드에 대한 정보를 제공함은 물론 구매의사 결정 단계에 이르기까지 광고는 더욱 기발한 아이디어로 눈과 귀를 자극하고 있다. 이외에도 광고는 소비자들의 신념, 가치관, 태도, 라이프스타일 등의 형성에 많은 영향을 미치며, 경제, 사회적 관점에서도 경제적 교환행위를 유도하는 촉진자 역할은 물론 사회의 시스템으로서 문화를 반영 또는 창조하는 역할을 한다.

본 교재는 광고를 학문으로 처음 접하는 학생들과 현업 종사자들에게 광고 전반에 걸쳐 다양한 개념에 대한 이해를 돕고 필요한 지식을 제공하기 위하여 모두 12장으로 구성하였다. 각 장에는 주제별로 가장 중요한 내용을 엄선하여 이해하기 쉽게 정리하였고, 광고에 대한 전반적인 이해를 위하여 첫 장부터 읽는 것이 좋겠지만 필요에 따라 어느 장부터 보더라도 쉽게 이해할 수 있도록 구성하였다. 구체적으로 1장은 광고의 개념, 2장은 광고산업과 조직에 대하여 개괄적으로 소개하고 있으며, 3장에서는 광고와 관련하여 반드시 알아두어야 할 핵심 이론에 대하여 설명하였다. 4, 5, 6장에서는 마케팅 시각에서 광고에 대한 이해를 돕기 위하여 통합적 마케팅 커뮤니케이션(IMC), 상황분석, 그리고 소비자 분석에 대하여 논의하였다. 7장은 광고를 통한 브랜드 관리에 대하여 다루고 있으며, 8장에서는 광고 크리에이티브에 대하여 소개하였다. 이어서 9, 10장에서는 매체기획과 광고매체들의 특성을 다루었고, 11장은 광고 조사 방법, 12장은 글로벌 광고 전략에 대하여 논의하였다.

광고에 입문하는 학생들이나 업무에서 광고에 대한 기본지식을 필요로 하는 직장인들을 위하여 다음과 같은 점을 염두에 두고 집필하였다. 첫째, 광고와 관련한 다양한 개념들에 대한 이해를 돕기 위하여 가급적 많은 사례들을 포함시키고자 노력하였다. 우리나라는 물론 해외의 사례들을 모든 장에 걸쳐 소개함으로써 어려운 개념들을 쉽게 이해할 수 있도록 하였다. 또한 현재 진행 중인 사례를 포함하여 새로운 사례를 소개하고자 노력하였다. 둘째, 내용의 이해를 돕고 광고캠페인의 세부 내용을 실감나게 전달하기 위하여 그림이나 표를 가급적 많이 활용하도록 노력하였다. 셋째, 학습의 흥미를 느낄 수 있도록 각 장마다 최신의 '도입사례'를 소개하였고, 끝부분에는 주요 개념들과 문제들을 종합적으로 정리하는 데 도움이 될 수 있도록 '생각해 볼 문제'를 제시하였다.

모쪼록 본 교재가 광고학이라는 학문을 처음 접하는 독자들에게 광고의 이론적, 실무적 측면을 이해하는 데 지침서의 역할을 할 것으로 기대한다. 또한 광고에 대하여 관심이 많은 일반인이나 현업에 종사하는 실무자들에게도 광고캠페인을 이해하고 실제로 기획하고 실행하는 데 필요한 유용한 아이디어를 제공할 수 있기를 기대한다. 무엇보다 본 교재가 2021년 현재 기업과 소비자를 연결해주는 콘텐츠이자 채널로서의 광고의 역할을 마케팅과 커뮤니케이션 관점에서 재고해 보는 기회를 줄 것으로 기대해 본다. 끝으로 이 책의 집필과 출판에 도움을 주신 도서출판 정독 김중용 대표님께 심심한 감사의 말씀을 드린다.

2021년 3월

안대천, 김동후, 이진균, 권오윤

차 례

CHAPTER III 광고 이론

CHAPTER IV 광고와 통합적 마케팅 커뮤니케이션(IMC)

CHAPTER VII 광고와 브랜드자산 관리

CHAPTER VIII 크리에이티브 전략과 광고 캠페인 전략

CHAPTER IX 매체 계획과 전략

CHAPTER X 디지털 매체와 광고 환경의 변화

1장에서는 광고에 대한 개념적 정의와 기본적 기능, 특성, 유형 등을 살펴보고자 한다. 특히 기업의 마케팅 커뮤니케이션 도구로서 광고가 PR이나 대인판매, 판매 촉진과 같은 다른 수단들에 비하여 어떠한 차별적 특성과 기능을 갖고 있는지 구체적으로 알아봄으로써 광고에 대한 이해의 폭을 넓히고자 한다. 이와 함께 커뮤니케이션 관점에서 광고행위를 구성하는 요소들을 커뮤니케이션 모델을 토대로 살펴보고, 마케팅 관점 이외에 경제적, 사회/문화적 관점에서 광고가 수행하는 기능에는 어떠한 것들이 있는지 알아본다. 또한 광고산업을 구성하는 주요 주체와 조직은 누구이며, 광고전략의 수립과 제작, 매체 대행 등 다양한 광고서비스를 제공하는 광고대행사의 역할과 기능에 대하여 개괄적으로 살펴보고자 한다. 오늘날 기업의 광고활동을 둘러싼 환경에는 어떠한 변화가 일어나고 있고, 이러한 변화가 초래하는 새로운 이슈들에 대하여 논의하고자 한다.

CHAPTER

I

광고는 무엇인가?

I

광고는 무엇인가?

+ 1장 도입사례

SSG닷컴의 2020년 '압도적 쓱케일' 광고캠페인

'어디에도 없는 압도적 쓱(SSG)케일'이라는 슬로건을 내걸고 2020년 3월 전개된 SSG닷컴의 광고캠페인은 통합 쇼핑몰로서 SSG닷컴의 상품력과 배송서비스의 우월성을 임팩트 있게 전달하여 브랜드 이미지 강화에 기여한 성공캠페인으로 평가할 수 있다. 2020년도의 캠페인은 2014년부터 시작된 '쓱(SSG)' 캠페인의 확장과 연장선 상에서 이루어진 것이므로 그동안 매년 꾸준히 진행되어 온 일련의 캠페인들에 대하여 자세히 알아보고, 2020년도 캠페인의 목표와 전략, 그리고 성과 등에 대하여 소개하고자 한다.

이제는 SSG닷컴하면 가장 먼저 떠오르는 단어가 '쓱(SSG)'일 만큼 소비자와 친근한 관계로 발전한 우리나라의 대표적인 종합 온라인 쇼핑몰 SSG닷컴의 광고캠페인은 2014년에 처음 시작되었다. 이마트몰과 신세계몰의 온라인 부문을 통합하여 새롭게 변신한 SSG닷컴의 출범을 알리고, '백화점에서 이마트까지, 한눈에, 한번에'라는 카피가 말해주듯 백화점 쇼핑과 이마트 장보기를 한 번에 할 수 있다는 통합몰로서 SSG닷컴의 핵심 속성을 전달하기 위하여 2014년 1기 캠페인이 시작되었다. 이병헌, 한효주, 류승룡 등을 광고모델로 등장시켜 고급스러운 블랙코미디와 같은 광고 영상을 구현함으로써 백화점의 고급 제품들과 대형마트의 중심 상품인 식품을 자연스럽게 연결하고자 하였다. 아래 그림에서 볼 수 있듯이 패션 매거진에서나 볼 수 있는 고감도의 스토리로 SSG닷컴의 통합 서비스혜택을 알리는 것이 주목적이었다. 이 캠페인을 통하여 새롭게 탄생한 SSG닷컴이 신세계백화점과 이마트를 아우르는 총체적인 브랜드라는 점을 소비자들에게 인식시킬 수 있었다.

이어진 2016년 캠페인에서는 'SSG=ㅅㅅㄱ, 쓱' 이라는 메시지를 통하여 SSG닷컴의 브랜드인지도를 강화하고자 하였다. SSG를 한글로 표현한 '쓱'이라는 단어가 풍기듯이 한 번에 다양한 서비스를 빠르고 편하게 이용할 수 있다는 점을 확실하게 각인시켜 소비자들의 일상생활에서 직관적인 브랜드 연상을 일으킬 수 있도록 한 것이다. 오른쪽의 인쇄광고에서 볼 수 있듯이 이제는 SSG닷컴의 아이콘으로 각인된 공유와 공효진을 광고모델로 기용하였고, 다소 가볍게 느껴질 수 있는 '쓱'이라는 단어의 속성을 고려하여 광고에서는 고급스럽고 세련된 이미지의 연상을 위하여 명화를 모티브로 한 크리에이티브를 구현하였다. 이를 통하여 신세계 그룹의 온라인 유통채널을 모두 모아 상품 검색에서 구매까지 한 번에 가능하고, 회원 혜택까지 동시에 얻을 수 있는 온라인 통합 쇼핑몰 브랜드임을 확실하게 인식시킬 수 있었다. 실제로

2016년 캠페인은 소비자들 사이에서 커다란 반응을 일으켜 일종의 '쓱' 돌풍을 일으켰고 많은 패러디물이 등장하는 등 화제를 불러일으켰다.

2017년 캠페인에서는 'SSG(쓱)스럽다'라는 핵심메시지를 통하여 경쟁사와 차별화된 브랜드 가치를 전달하고자 하였다. 이를 위하여 아래 그림과 같이 스타필드 고양점과 코엑스몰의 라이브플라자 인근 공간에 15m 규모의 초대형 LED를 활용한 월(wall)을 설치하고 공유와 공효진이 등장하는 독특한 인터랙티브 광고를 집행하였다. 영상은 공유와 공효진 각각의 방에서 시작되며 방 안에는 여러 명의 공유와 공효진이 등장하여 각기 다른 움직임을 반복하고, 10여 명의 전문 모델들이 고적대, 특공대원, 번지점프, 라운드걸, 우주비행사, 지휘자 등의 이색적인 모습으로 따로 등장하여 서로 신경 쓰지 않고 각자 다양한 활동을 하는 모습을 표현하였다. 단순한 디스플레이가 아니라 인터랙티브 센서를 장착하여 소비자들이 머물거나 지나간 방향에 따라 영상의 재생 시작 시점과 방향이 달라지도록 하였다. 즉 양방향 커뮤니케이션을 통하여 소비자들과 소통할 수 있는 접점에서 SSG가 함께 한다는 의미의 'Link de SSG'이라는 SSG닷컴이 갖고 있는 독특한 브랜드 특성을 보여주고자 하였다.

2018년 캠페인에서는 더욱 적극적으로 브랜드의 차별적 가치를 전달하기 위하여 이른바 'SSG語(쓱어)'라는 새로운 화법을 개발하였다. 젊은 층 사이에서 서로 간의 친밀감을 느끼기 위하여 사용하는 '도깨비 언어'라는 놀이문화에서 착안된 '쓱어'는 소비자와 보다 친밀한 관계를 형성하고 특별한 방식으로 소통하고자 만들어낸 새로운 언어라고 할 수 있다. 모든 자음을 ㅅ, ㅅ, ㄱ으로 변환하여, 역시 공유와 공효진이 등장하는 광고영상을 통하여 소비자들에게 신선하게 전달되었다. 예를 들면, '신선한데'는 '식석갓세'로, '얼씨구~'는 '섯씨구~', '믿음이 확 가네'는 '싯슷기 쇅~가세'로 표현하였던 것이다. 소비자들에게 '정보(information)'가 아닌 '인상(impression)'이 더 통할 수 있다는 점에 주목하였던 것이다.

이어진 2019년 캠페인은 '쓱세권에서 사는 이유!'라는 메시지로 진행되었다. '쓱세권'이란 SSG와 역세권의 합성어로 신세계백화점, 이마트, 트레이더스 등을 시간과 장소에 구애 받지 않고 이용할 수 있다는 의미로 만들어진 조어이다. SSG닷컴이 소비자들에게 가장 가까운 곳에서 편리하게 온라인쇼핑을 할 수 있도록 돕는 독보적인 플랫폼이라는 핵심편익을 전달하고자 만들어져 광고의 키워드로 사용되었다. 아래 그림의 광고를 포함한 모두 5편의 영상광고를 통하여 'SSG닷컴의 서비스가 곧 쓱세권에서 사는 이유'임을 쉽고 명확하게 전달함으로써 일상생활의 곳곳에서 느낄 수 있는 SSG닷컴의 장점을 따뜻하고 잔잔하게 표현함으로써 소비자의 공감을 얻을 수 있었던 캠페인으로 평가된다. 유튜브에서만 1,000만 건 이상의 조회수를 기록하였고, 쓱세권이 주목받는 것처럼 SSG닷컴이 시장에 안착하는데 크게 기여했다는 평가를 받았다.

2014년 론칭광고에 이어 2016년의 'SSG=ㅅㅅㄱ, 쓱'과 2017년의 'SSG(쓱)스럽다'에 이어 2018년에는 'SSG語(쓱어)'라는 새로운 화법을 제시하였고, 2019년에 '쓱세권에서 사는 이유'라는 키워드로 서비스의 핵심편익을 전달하고자 했다면, 2020년 3월에 집행된 새로운 캠페인에서는 '압도적 쓱케일'이라는 키워드를 제시하였다. '쓱케일' 역시 SSG닷컴의 차별적인 서비스 편익을 상징하는 신조어로서 SSG닷컴의 '쓱(SSG)'과 규모를 의미하는 '스케일(scale)'의 합성어이다. 즉 '세상 어디에도 없는 압도적 규모'의 상품을 취급하고 있고 '쓱'배송, 즉 신속한 배송 서비스를 함축적으로 나타내는 말이다. 광고를 통하여 소비자가 주문한 다양한 상품들을 생산자로부터 소비자의

집 앞까지 신속히 배송한다는 메시지를 전달하기 위하여 위의 그림에서 볼 수 있듯이 50m에 달하는 긴 배송차량 안에서 벌어지는 다양한 에피소드를 제시하였다. 이번에도 공유와 공효진이 광고모델로 기용되었고, 고등어, 벌꿀, 소고기, 연어, 곰탕 등 총 5편의 에피소드가 광고에 활용되었다. '6AM도착', '신선한 식탁', '원하는 시간에 쓱-배송', '불필요한 포장 없이 신선하게', '냉장고에서 냉장고로' 등과 같은 카피와 함께 소비자가 SSG닷컴에서 온라인으로 상품을 주문한 이후 벌어지는 좌충우돌한 배송기를 위트 있게 표현하였다.

2020년 캠페인은 광고전략적 측면에서 신선식품과 백화점 프리미엄 상품은 물론, 항공권 예매와 같은 라이프스타일 서비스까지 제공하는 강력한 브랜드 파워를 '압도적 쓱케일'이란 키워드로 임팩트 있게 전달한 점에서 높게 평가된다. 매체전략도 'MZ세대(밀레니얼세대+Z세대)'와의 근접 소통을 위하여 유튜브 등 디지털 매체에 집중했다는 점에서 효과적이었던 것으로 평가된다. 또한 크리에이티브 측면에서도 '새벽배송'이라는 서비스 혜택을 명확히 잘 전달한 광고라고 평가된다. 새벽배송이라는 단순한 주제이지만 세심한 스토리를 통하여 신선함이 생명인 제품들을 빠르게 배송한다는 이미지가 자연스럽게 형성되었고, 특히 SSG 배송트럭 안에서 바로 재배하여 배송한다는 콘셉트가 매우 효과적이었던 것으로 평가되고 있다. 또한 물고기도 잡고 항공권, 과일, 의류 및 액세서리까지 담는 장면을 통하여 SSG 배송에서 모든 게 가능하다는 점을 효과적으로 전달하였다. 광고의 톤앤매너 측면에서도 이른바 'B급

감성'을 SSG 특유의 트렌디한 스타일로 포장했다는 점과 새벽배송의 신선함을 한눈에 보여줌으로써 코로나19 영향으로 더욱 치열해진 새벽배송 영역에서 경쟁우위를 점하기 위한 자신감이 명확하게 전달되었다는 평가를 받고 있다.

SSG닷컴의 광고캠페인은 인지도 제고, 핵심 편익정보의 전달, 브랜드 이미지 형성과 강화라는 광고의 핵심 기능을 어떻게 수행하고 결국 소비자의 구매를 유발시킬 수 있는지를 보여주는 모범적인 사례로서 여러 기업들에게 마케팅적 시사점을 제시한다고 할 수 있다.

출처: SSG닷컴(2020). 브랜드스토리. http://company.ssg.com/intrd/brstory.ssg

1 광고의 개념

광고의 개념적 정의

프랑스의 원로광고인인 로베르 게링(R. Gufrin)이 '우리가 마시는 공기는 산소와 질소와 그리고 광고로 구성되어 있다'고 말한 바와 같이 소비자들은 아침에 눈을 떠 잠들 때까지 광고와 함께 하루를 생활한다고 해도 과언이 아닐 것이다. 다양한 형태로 하루 종일 소비자들과 함께 하는 광고는 숨 쉬는 공기의 일부분에 비유될 정도로 소비자들의 삶과 밀접하게 관련을 갖고 있고, 일상생활에 필수 불가결한 존재라고 할 수 있다.

그러나 소비자들은 광고 이외에도 여러 가지 형태의 상업적 메시지의 홍수 속에서 하루의 일상을 보내고 있다. 우리나라의 서울이나 미국 뉴욕과 같은 대도시에 거주하는 사람들이라면 평범한 하루의 일상 속에서 수백, 수천 개 이상의 상업적 메시지에 노출된다. 길거리의 간판이나 상품의 포장용기는 물론 도로의 배송차량, 지하철 역사나 차내의 광고판, 지나치는 사람들의 쇼핑백, 스마트폰으로 신문을 볼 때나 온라인 게임 화면에 등장하는 상품의 로고, 방송이나 온라인 영상 시청 중에 보게 되는 동영상 광고, 백화점이나 쇼핑몰에서 진행되는 이벤트나 협찬 행사, 운전 중 지나치게 되는 대형 광고판, 종이신문이나 잡지를 읽다가 보게 되는 지면광고, 우편물이나 이메일광고, 텔레마케터들의 전화 메시지, 상품을 구매하면 받게 되는 쿠폰이나 경품 등 다양한 형태의 상업적 메시지들이 그것들이다. 엄밀히 얘기하자면 이러한 메시지들은 기업이 소비자와의 소통을 위하여 사전에 고안한 마케팅 커뮤니케이션 메시지들이 대부분이다. 이들 중에서 특히 광고는 소비자들이 가장 흔하게 접하는 메시지이고 기업 입장에서 볼 때 비용과 효과 측면에서 가장 영향력이 큰 상업적 메시지라고 할 수 있다.

광고의 영어 표현은 'advertising'으로서 '돌아보게 하다' 또는 '주의를 돌리다'를 의미하는 라틴어 'advertere'에서 유래한 단어이다. 독일어와 프랑스어에서 광고는 '부르짖다'를 의미하는 'clamo'가 어원이며 광고의 한자어인 '廣告'는 '널리 알리는 것'을 의미한다. 이러한 언어적 해석을 종합해 보면, 광고는 '반복하여 부르짖음으로써 돌아보게 하고 사람들의 주의를 끌어 세상에 널리 알려지게 하는 것'이라고 이해할 수 있다. 한국광고학회에 의하면, 광고는 '광고주가 소비자를 설득하거나 영향을 미치기 위하여 대중매체를 이용하는 유료(有料)의 비대면적인 의사전달 형태'라고 정의할 수 있다. 이와 유사하게 미국마케팅학회(2003)는 '기업이나 정부기관 또는 조직 등이 유료의 대중매체를 통하여 목표시장 소비자에게 제품, 서비스 또는 아이디어 등을 알리고 설득하기 위하여 전달하는 설득적 메시지'라고 광고를 정의하고 있다. 2007년 세계적인 금융위기 이후 지속되고 있는 장기적인 경기침체와 매체환경의 급변에도 불구하고 광고의 기본적인 목적이 제품이나 서비스의 판매의 증진에 있다는 명제에는 큰 변함이 없을 것이다. 그러나 광고를 둘러싼 환경 요인과 시장의 변화를 최대한 반영하여 현대적 의미의 광고를 정의하자면 다음과 같다:

광고(Advertising): 명시된 광고주(identified sponsor)가 대중매체(mass media) 또는 상호작용적 매체(interactive media)를 사용하여 목표시장 소비자들에게 필요와 욕구의 해결이라는 관점에서 제품의 특성 정보를 제공함으로써 소비자를 설득하고 영향을 미치기 위한 유료의 설득 커뮤니케이션 활동

커뮤니케이션과 마케팅 관점에서 바라본 광고

사실 광고는 바라보는 시각에 따라 다양하게 정의할 수 있지만 기업의 마케팅 믹스 요소 중의 하나인 프로모션(promotion)의 핵심 수단이라는 관점에서 '기업이 마케팅 목표 달성을 위하여 실시하는 설득적 커뮤니케이션(persuasive communication in marketing)인 커머셜 프로모션의 한 형태로서 유료의 매스미디어와 인터랙티브 매체를 통하여 제품이나 서비스의 정보를 전달하고 설득하는 것'이라고 정의할 수 있다. 이렇듯 마케팅과 커뮤니케이션의 통합이라는 관점에서 광고는 다음과 같은 두 가지 관점에서 이해할 수 있다.

1. 커뮤니케이션의 한 형태로서의 광고: 광고는 메시지 전달의 매개체인 미디어를 통하여 전달 주체인 광고주와 수신자인 목표시장 소비자 간에 이루어지는 커뮤니케이션(communication) 활동이다. 즉 광고는 소비자 또는 일반 대중에게 제품이나 서비스에 대한 정보를 제공하여 광고주(advertiser)가 의도하는 방향으로 영향(influence)을 미치기 위하여 행해지는 광고주와 소비자 간의 커뮤니케이션 행위이다. 커뮤니케이션이란 '정보의 전달', '아이디어의 교환', '송신자와 수신자 사이에 생각을 공유하는 과정'으로서(Schram, 1955), 성공적인 커뮤니케이션이 이루어지려면 메시지가 수신자에게 원활하게 전달되어야 하고 송신자와 수신자가 메시지의 의미를 공유할 수 있어야 한다.

기본적인 커뮤니케이션 모형을 기반으로 광고의 커뮤니케이션 과정을 도식으로 표현하면 〈그림 1-1〉과 같다. 이 모형에 의하면, 메시지의 송신자인 광고주는 목표 소비자와 메시지를 공유하기 위하여 광고기획과 제작서비스를 제공하는 광고대행사의 도움을 받아 부호화된 메시지를 개발한다. 개발한 메시지는 전달 채널인 미디어를 통하여 수신자인 목표 소비자에게 전해지게 되며 메시지를 수신한 소비자는 메시지의 의미를 해독하여 송신자와 의미를 공유하게 되는 것이다. 이 과정에서 광고주와 목표 소비자 간의 원활한 메시지 전달을 방해하는 잡음이 발생하기도 한다. 예를 들면, 약한 방송신호, 느린 통신망 연결, 경쟁기업의 메시지, 소비자의 강한 신념이나 태도 등이 해당된다. 한편 광고주와 소비자는 서로 피드백을 주고받을 수 있다. 특히 인터넷을 기반으로 하는 디지털광고의 경우에는 양자 간의 상호작용을 통하여 매우 활발한 피드백이 이루어질 수 있다.

이와 같이 광고주와 소비자 간의 성공적인 커뮤니케이션이 이루어지기 위한 기본적인 전제는 일단 메시지가 원활하게 전달되어야 하고, 양자 간에 메시지의 의미가 공유되어야 한다는 것이다. 그러나 메시지의 전달이나 의미의 공유가 항상 원활하게 이루어지는 것은 아니기 때문에 광고의 기획과 집행에 있어서 세밀한 준비가 필요하다. 즉 광고기획자들은 목표시장 소비자들의 특성을 정확하게 파악한 후, 그들의 호의적인 반응을 유발할 수 있는 메시지를 개발해야 하고, 적절한 매체를 선정한 후 적합한 시기와 시간을 선택하여 메시지를 전달하여야 한다.

이와 같이 광고는 커뮤니케이션의 한 형태이며 그중에서도 특히 설득 커뮤니케이션(persuasive communication)에 해당된다. 설득 커뮤니케이션이란 개인이나 집단 또는 조직이 메시지 수용자의 태도나 행동을 변용시키기 위하여 메시지 자극을 전달하는 행위라고 할 수 있다. 광고의 주된 기능이 제품 정보의 제공이라는 점에서 광고를 정

그림 1-1 광고 커뮤니케이션 모형

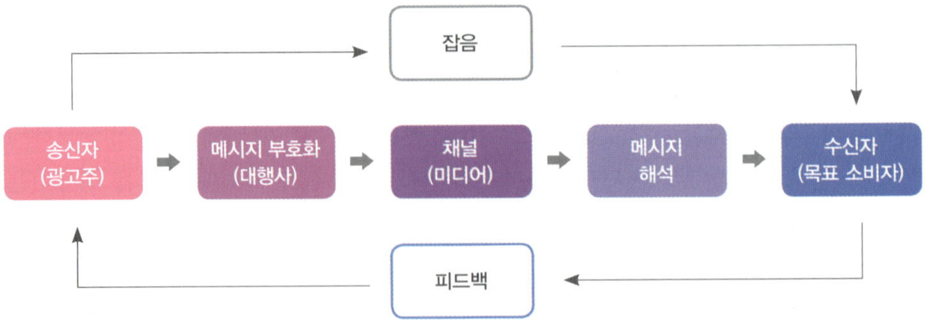

출처: Moriarty, Mitchell, & Wells (2019). Advertising and IMC: Principles and Practice(11th edition). Pearson

보적 커뮤니케이션(informative communication)으로 규정하는 견해도 있지만, 광고를 통하여 제품 정보를 소비자에게 제공하는 것은 결국 구매태도나 행동을 유발하기 위한 목적에 있으므로 정보 제공은 하나의 수단적 커뮤니케이션(instrumental communication) 행위에 해당된다. 광고의 궁극적 목적은 소비자를 설득하여 제품을 구매하게 하는 데 있기 때문에 광고를 설득 커뮤니케이션으로 이해하는 것이 타당할 것이다.

여기서 설득이란 소비자의 태도변용(attitude change)을 의미하는데 태도변용은 성격에 따라 크게 두 가지 측면으로 나눌 수 있다. 첫째는 광고주나 광고주의 제품 또는 서비스에 대한 ① 호의적인 태도의 형성(attitude formation), ② 기존에 형성된 호의적 태도의 강화(attitude reinforcement), ③ 기존의 비호의적 태도의 호의적 방향으로의 변화 등 태도 자체의 변화를 의미한다. 둘째는 태도를 개념적 차원으로 구분하여 광고주와 제품/서비스에 대한 ① 인지(awareness)와 지식(knowledge)의 습득을 의미하는 인지적 태도(cognitive attitude)의 변화, ② 호감(liking)과 선호도(preference)를 갖게 하는 정서적 태도(affective attitude)의 변화, ③ 확신(conviction)을 갖게 하여 실제 구매(purchase)를 유발하는 행동적 태도(active attitude)의 변화로 이해할 수 있다.

2. 마케팅 수단으로서의 광고: 기업은 목표인 수익창출을 위하여 생산관리, 재무/회계, 인사/조직관리, 정보시스템, 마케팅, 영업 등 다양한 영역을 포함하여 경영활동을 수행한다. 즉 기업경영활동은 좋은 제품을 생산하고, 필요한 자본을 조달하며, 유능한 인재를 채용하고 교육시켜 적재적소에 배치시키며, 경영활동에 필요한 정보망을 구축/관리하며, 생산된 제품을 마케팅하고 판매하는 등 여러 가지 기능적 영역을 포함한다. 이러한 기능 중의 하나인 마케팅은 소비자 욕구의 충족을 통하여 가치 있는 소비자와의 거래와 교환관계를 창출하고, 장기적으로 소비자와의 호의적 관계

를 유지, 강화하는 활동으로서 제품(product), 가격(price), 유통(distribution), 촉진(promotion)의 네 가지 요소를 의미하는 4P 믹스를 핵심 요소를 포함하고 있다.

이 중에서 촉진은 소비자와의 커뮤니케이션 기능을 수행하는 것으로서, 이를 위하여 광고(advertising), PR(public relations)과 퍼블리시티, 인적판매(personal selling), 판매촉진(sales promotion)과 같은 수단들이 사용된다. 이외에도 직접판매(direct marketing), 텔레마케팅(telemarketing), 브로슈어나 카탈로그와 같은 인쇄물, 전시회, 제품 소개행사(product presentation), 협찬 및 이벤트 등도 활용된다. 이와 같이 광고는 기업의 경영활동을 위하여 수행하여야 하는 기능 영역 중에서 마케팅 부분에 포함되는 활동으로 이해할 수 있다. 즉 광고는 기업 목표를 달성하기 위하여 수행해야 하는 마케팅 기능 영역에 포함되는 하나의 수단이다.

마케팅이란 제품(product), 가격(price), 유통(distribution), 촉진(promotion) 등 마케팅 믹스 요소를 활용하여 소비자의 욕구를 충족시킴으로써 기업과 소비자 모두에게 가치 있는 교환관계를 창출하는 기능을 말한다. 즉 소비자의 욕구를 충족시켜줄 수 있는 적절한 제품(product)을 개발하고, 기업의 적정한 이윤이 보장되고 소비자에게는 가치를 보장할 수 있는 가격(price)수준을 정하며, 구매의 편의성과 편리성을 제공하는 유통망(distribution)을 구성하는 기능을 말한다. 여기에 제품의 가치를 제대로 전달함으로써 호의적인 태도와 구매를 촉진시키는 커뮤니케이션(promotion) 기능, 즉 촉진기능이 추가되는데, 광고는 바로 촉진기능의 중요한 수단 중의 하나인 것이다. 〈그림

그림 1-2 기업 경영활동의 기능적 영역과 광고

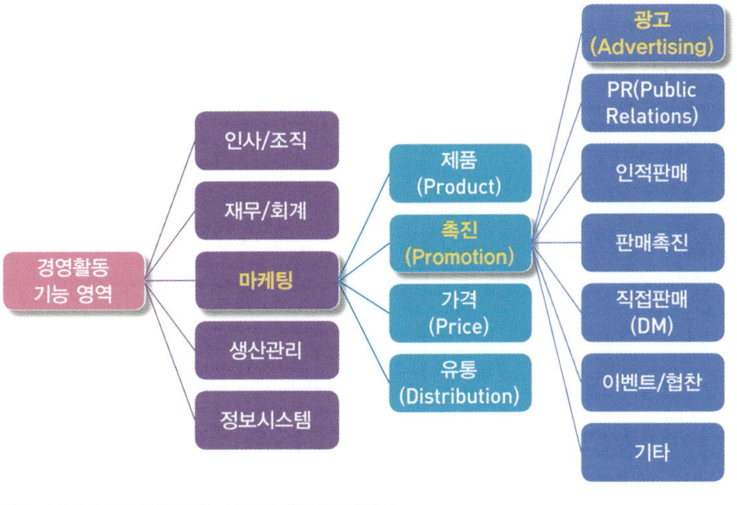

출처: 안광호·이유재·유창조(2020). 광고관리(2판). 학현사

1－2〉는 기업의 경영활동에 필요한 다양한 기능영역 중의 하나인 마케팅과 광고가 어떠한 위계적 위치에 있는지 보여 주고 있다.

촉진 기능은 마케팅 목표 달성을 위한 소비자와의 커뮤니케이션 활동이기 때문에 흔히 마케팅 커뮤니케이션이라고 불리는데, 기업은 다양한 도구를 사용하여 소비자에게 제품 정보를 제공하고, 제품에 대한 호의적인 태도를 유발하여 구매를 유도하고자 한다. 이러한 촉진활동을 위하여 마케터가 사용하는 도구 또는 수단들을 통틀어 촉진믹스라고 하는데, 광고, PR, 인적판매, 판매촉진, 텔레마케팅, 협찬, POP(point of purchase) 등이 포함된다.

촉진활동의 도구들의 특성을 간략하게 살펴보자면, 우선 광고는 제품 정보를 전달하거나 구매를 설득하는 커뮤니케이션 효과를 달성하기 위하여 유료의 매체를 통하여 다수의 소비자를 대상으로 메시지를 전달하는 활동이다. 그에 비하여 PR(public relations)은 소비자는 물론 주주, 투자자, 공급업체, 정부, 언론기관, 지역사회, 시민단체 등 기업의 다양한 이해관계자와 장기적으로 호혜적 관계를 구축하기 위하여 행해지는 비대면적(nonpersonal) 커뮤니케이션 활동을 말한다. 광고와는 달리 무료로 기업의 제품을 언론 매체의 뉴스나 특집 기사의 형태로 전달한다는 점에서 차이가 있다.

인적판매(personal selling)는 기업이 고용한 영업사원들이 목표 고객과 면대면 접촉을 통하여 상품을 구매하도록 설득하는 일련의 대인적(personal) 커뮤니케이션 활동을 말하며, 판매촉진(sales promotion)은 즉각적인 제품구매를 유도하여 단기적인 판매 상승을 위하여 행해지는 가격할인행사, 사은품이나 할인쿠폰 증정, 리베이트 제공, 무료샘플이나 경품 제공, 제품 시연회, 마일리지 프로그램 등 이벤트성 커뮤니케이션 활동을 말한다. 텔레마케팅은 교육, 훈련을 받았거나 전문지식을 갖춘 텔레마케터가 전화를 통하여 소비자에게 제품 정보를 제공하여 판매를 유도하거나, 고객 불만사항에 응대하거나, 소비자를 대상으로 한 시장조사를 실시하는 등의 목적으로 수행되는 활동이다.

한편 협찬(sponsorship)은 광고주가 스포츠 경기나 공익단체의 자선활동 등의 이벤트를 지원하는 방식으로 수행되는 커뮤니케이션 활동을 말하며, POP 광고는 매장 내 구매상황에서 소비자의 구매의사결정에 영향을 미치기 위한 목적으로 수행되는 활동으로서 매장 내의 VMD(비주얼 머천다이징 디스플레이), 포스터, 사진 등이 활용된다. 마지막으로 직접판매(direct marketing)는 소비자와의 면대면 방식이나 온라인에서의 간접적 대면방식을 통하여 제품을 직접 판매하는 활동을 의미한다.

마케팅 커뮤니케이션 도구로서 광고의 차별적 특성

앞에서 커뮤니케이션과 마케팅의 관점에서의 광고에 대한 개념적 정의를 살펴보았다. 이를 바탕으로 광고가 다른 유형의 마케팅 커뮤니케이션 도구와 비교하여 어떠한 차이가 있는지 특성을 비교하자면 다음과 같다.

첫째, 광고는 비용을 지불하는 유료의(paid) 커뮤니케이션 도구이다. 소비자들에게 미리 준비된 메시지를 전달하기 위하여 사용하는 TV, 라디오, 신문, 잡지, 인터넷과 같은 매체사들의 방송시간과 지면을 사용하는 대가로 비용을 지불해야 하는 것이다. 물론 공익기관이나 비영리기관의 공공서비스 광고(public service announcement)와 같이 매체비를 지불하지 않는 광고도 존재하지만, 기업의 마케팅 목표 달성을 위하여 집행되는 상업적 목적의 광고는 매체 사용의 대가로 비용을 지불해야 한다. 이에 비하여 PR이나 보도자료 배포를 통한 언론 매체 퍼블리시티 활동의 경우에는 매체 사용료가 없으며, 판매촉진 활동도 사용되는 매체가 따로 없는 경우 매체사용료가 없다. 단 소비자에게 인센티브를 제공해야 하므로 별도의 비용이 발생할 수 있다. 인적판매 및 텔레마케팅의 경우에도 매체사용료는 없지만 판매사원에게 지불하는 별도의 비용이 발생하게 된다. 그 외에 협찬, POP, 직접판매의 경우에도 매체 사용료는 발생하지 않는다.

둘째, 광고에는 메시지의 전달 주체인 기업이나 브랜드명과 같은 광고주(sponsor)가 명시된다(identified). 물론 티저(teaser) 광고와 같이 소비자의 호기심을 자극하기 위하여 의도적으로 광고주를 명시하지 않는 경우도 있지만, 이 경우에도 소비자들로 하여금 궁금증을 유발시켜 광고주나 브랜드를 더 확실히 기억시키게 하고자 하는 표현 전략의 일환으로 볼 수 있다. 광고주의 명시 여부는 대표적인 PR활동인 퍼브리시티와 광고의 근본적인 차이를 보여준다고 할 수 있다. 자신들의 이념이나 종교적 신념을 전파하기 위하여 실시하는 국가나 정치단체, 또는 종교단체의 선전(propaganda)의 경우에도 메시지의 전달주체를 명시하지 않는 경우가 있는데 이 역시 광고와 다른 유형의 커뮤니케이션 활동이라고 할 수 있다. 명시된 광고주라는 특성은 반드시 광고주명이 명시되어야 함을 의미하지는 않는다. 소비자 입장에서 광고의 주체가 누구인지를 확인할 수 있다면 명시된 광고주는 브랜드가 될 수도 있고, 제품 자체가 될 수도 있다.

셋째, 광고주의 광고 메시지는 TV, 라디오, 신문, 잡지와 같은 대중매체(mass media) 또는 인터넷, SNS와 같은 상호작용적 매체(interactive media) 등 다양한 매체를 통하여 소비자에게 전달된다. PR/퍼블리시티 활동도 대중매체를 통한 간접 접촉 방식을 취하고 있는 반면, 판매촉진, 협찬, 직접판매, POP 등은 수행방식에 따라 비매체 접촉방식과 매체 접촉방식이 혼용될 수 있다. 예를 들며, 백화점의 계절 할인행사는 신문이나 인터넷 매체를 통하여 행사내용과 시기를 공지하기도 하며, 인터넷을 기반으로 한 온라인 쇼핑몰에서의 직접판매는 최근 급성장세에 있다. 1990년대 중반 이후 등장한 인터넷의 이용자수가 폭발적으로 증가함에 따라 최근에는 스마트폰과 같은 모바일 기기를 통한 광고가 대중매체 광고비 규모를 추월하고 있다. 그러나 인적판매는 소비자와의 대면접촉을 통한 커뮤니케이션이라는 점에서 광고와 상이하다.

넷째, 광고는 소비자에게 기업이나 제품의 정보를 전달하고 설득하여 태도와 행동에 영향을 주기 위한 목적으로 사용되는 커뮤니케이션 도구라는 점에서 다른 유형의 촉진 도구들과 큰 차이가 없다고 할 수 있다. 그러나 광고의 주요 목표와 효과는 다른 도구들과 차이가 있다. 예를 들면, PR/퍼블리시티나 협찬의 주목적은 소비자의 장기적인 태도 변화와 호혜적 관계형성에 있다고 할 수 있고, 판매촉진이나 인적판매, 텔레마케팅, 직접판매 등은 단기적인 매출증가 또는 점유율 상승을 목표로 하며, POP는 구매시점에서의 제품정보 전달과 매출상승을 목표로 한다. 그에 비하여 광고는 크게 제품인지도, 지식, 회상 등의 인지적 목표, 제품에 대한 태도나 선호도, 애호도와 같은 감정적 목표, 제품에 대한 확신, 구매의도, 구매행위와 같은 행동적 목표 등을 모두 포함한다. 물론 개별적인 하나의 광고캠페인을 통하여 이러한 목표를 동시에 모두 달성하기는 어렵지만 경쟁 환경과 기업의 내부 상황, 가용자원 등을 고려하여 그에 적합한 목표를 달성하기 위한 캠페인을 기획하여 집행할 수 있다.

다섯째, 광고는 인적판매나 텔레마케팅, 협찬, POP, 직접판매 등과는 달리 대중매체를 통한 매스 커뮤니케이션, 즉 비인적(nonpersonal) 커뮤니케이션이다. 인적판매나 PR 등은 사람과 사람 간의 대인적(personal) 커뮤니케이션 방식이 대부분을 차지하지만 광고는 대중매체를 통한 간접적 접촉, 즉 일대다(one to many) 방식의 비인적 커뮤니케이션이다.

여섯째, 광고는 캠페인을 통하여 얼마나 많은 목표시장 소비자들에게 도달할 수 있는지를 의미하는 도달률(reach) 측면에서 상대적인 장점을 갖고 있다. 물론 직접적인 설득효과는 떨어지지만 대중매체를 통하여 광범위한 소비자 계층을 대상으로 동일한 제품 정보나 브랜드 메시지를 전달하여 단기간에 인지효과를 제고할 수 있는 것이다. 이와 함께 잠재소비자 1인당 접촉비용도 다른 수단들에 비하여 매우 저렴하다. 개별적인 대중매체 이용료는 비싼 편이지만 메시지에 노출될 수 있는 잠재소비자의 수가 매우 크기 때문이다. 따라서 비교적 목표시장의 규모가 큰 대형 브랜드에게 더욱 효과적인 마케팅 커뮤니케이션 수단이라고 할 수 있다. 그에 비하여 보험, 자동차, 화장품 업종 등의 경우에는 일대일 대면접촉을 통한 인적판매가 설득에 효과적일 수 있지만, 영업사원 1인당 도달범위가 매우 제한적이고 1인당 접촉비용도 상당히 높은 편이다.

2 광고의 역할과 기능

광고는 기본적으로 목표시장 소비자에게 제품을 알리고 감정적 선호도를 증가시켜 결국 판매를 촉진하는 마케팅 기능을 수행한다. 이와 함께 경제, 사회, 문화적 관점에서 다양한 기능을 수행한다.

광고의 마케팅적 기능

광고는 기업이 마케팅 목표를 달성하기 위하여 치밀하게 계획된 메시지를 대중매체를 통하여 전달함으로써 소비자의 반응을 유발하는 활동이다. 메시지에 대한 소비자 반응이라는 커뮤니케이션 효과를 중심으로 광고의 마케팅적 기능을 살펴보자면 다음과 같다.

- **제품인지도 제고:** 소비자들에게 자사의 제품 또는 제품명을 알리는 기능을 말한다. 제품 구매의사 결정과정에서 소비자들이 제품명을 알고 있어야 고려상표군(consideration set)에 포함될 수 있기 때문이다.

- **제품정보 제공:** 광고는 구매의사 결정에 영향을 미치는 제품의 가격, 기능, 디자인, 성분, 구매장소 등과 같은 상세한 제품정보를 제공하는 기능을 수행한다. 소비자들은 습득한 제품정보를 바탕으로 다양한 대안들에 대한 평가를 하게 되는데, 광고는 소비자가 필요로 하는 적합한 정보를 적시에 제공하는 기능을 수행한다.

- **제품차별화:** 치열한 경쟁상황에 있는 제품이나 제품수명주기 가운데 성장기 또는 성숙기에 위치한 제품의 경우 경쟁사 제품에 비하여 우월한 특성을 알리고 강조하는 중요한 수단으로서 광고의 기능이 효과를 발휘할 수 있다.

- **제품선호도/애호도 제고:** 광고는 소비자들에게 자사의 제품을 구매해야만 하는

이유 또는 근거를 제시함으로써 제품에 대한 태도, 선호도, 애호도를 높이는 기능을 수행한다.

- **제품 구매 유도:** 앞에 제시한 광고의 다양한 기능들은 결국 소비자들의 제품구매를 유도하기 위한 기능으로 이해할 수 있다. 즉 광고는 제품과 특성을 알리고 경쟁사 제품과 명확히 차별화함으로써 선호도와 호감도를 높여 효과적인 판매증진을 달성하는 기능을 수행한다.

광고의 경제적 기능

기업이 광고를 집행하게 되면 일련의 경제적 반응들이 발생하게 된다. 광고로 인한 제품 가격의 인상, 경쟁 유발, 제품 수요 자극, 충동구매와 물질주의 조장 등 다양한 현상이 유발되는데 경제적 관점에서 광고의 기능은 순기능과 역기능으로 나뉜다.

- **광고의 순기능:** 첫째, 광고는 제품에 가치를 부가하고 이미지를 창조하는 기능을 수행한다. 광고를 통하여 잘 알려진 제품은 그렇지 않은 제품에 비하여 더 큰 가치를 지니게 되며, 광고를 통하여 전달된 긍정적인 제품 이미지는 바람직한 제품이라는 인식을 유발하게 되며, 소비자에게 제품의 용도를 교육함으로써 가치를 창조하게 된다. 광고를 통하여 창출된 제품의 가치는 제품 차별화로 이어지게 되며, 상표 충성도를 높여 가격탄력성을 낮추는 기능을 한다. 둘째, 광고는 제품의 대량생산을 가능케 하는 대량유통시스템의 요소로서 제품의 단위당 비용을 낮춰 제품 가격을 인하시키는 데 기여한다. 셋째, 광고는 신제품에 대한 소비자의 수요를 창출하며, 기존 제품에 대한 수요를 지속적으로 자극하여 제품수명을 연장시키는 기능을 수행한다. 넷째, 소비자들은 광고를 통하여 시장의 다양한 제품에 대한 정보를 습득하게 되므로 광고는 소비자의 제품구매 선택의 폭을 넓혀 주는 기능을 수행한다.

- **광고의 역기능:** 첫째, 광고는 새로운 경쟁상표의 시장 진출을 억제시키고 기존 유력제품의 독점적 시장 점유를 조장함으로써 경쟁시장체계를 약화시킬 수 있다. 그러나 SNS와 같이 온라인을 기반으로 한 저비용 광고매체가 급속하게 발달하면서 대부분의 중소기업들이 손쉽게 광고활동을 수행할 수 있게 되었고, 메시지의 확산속도도 매우 빨라짐으로써 소비자에게 쉽게 수용될 수 있다는 긍정적인 시각도 존재한다. 둘째, 광고는 소비자의 가격민감도를 떨어뜨려 무형의 가치나 이미지에 의한 비합리적인 구매의사 결정을 유발할 수 있다. 즉 최선의 소비자 선택을 방해

할 수 있다는 것이다. 셋째, 광고는 제품의 원가와 가격을 상승시키는 부정적 기능을 수행한다. 넷째, 광고는 소비자의 불필요한 충동구매를 유발하며, 물질만능주의를 조장하기도 한다. 다섯째, 과장광고 또는 기만광고는 소비자의 올바른 제품선택을 방해하는 부정적 기능을 수행한다.

광고의 사회, 문화적 기능

광고는 우리 사회를 비추는 창으로서의 기능과 새로운 문화를 창출하는 기능을 수행하지만 이러한 사회, 문화적 측면의 기능도 긍정적, 부정적 측면을 포함하고 있다.

- **광고의 순기능:** 첫째, 광고는 소비자들에게 바람직한 소비를 교육시키며 소비자들의 알 권리를 충족시키는 기능을 수행한다. 둘째, 광고는 제품의 새로운 사용용도나 가치를 제안하여 새로운 문화와 유행을 창조하는 기능을 수행한다. 셋째, 광고는 사회 전반에 널리 수용되는 사회적, 문화적 가치를 반영하는 특성이 있기 때문에 대중문화를 폭넓게 전파하는 기능을 수행한다. 넷째, 광고는 문화를 상품화하는 중요한 수단으로서의 기능을 수행한다. 일본, 중국은 물론 동남아시아나 미주 지역의 한류열풍으로 주가가 높아진 우리나라의 문화상품, 브랜드, 연예인들의 마케팅활동의 주요 수단으로서 기능을 수행하고 있다.

- **광고의 역기능:** 첫째, 광고는 지나치게 설득적이고 조작적이며 과장과 허풍적 요소를 포함하고 있기 때문에 우리 사회의 노력적, 윤리적 수준을 저하시킬 수 있다. 둘째, 광고가 소비자들의 주의를 끌기 위하여 공포, 불안, 성적 소구와 같은 기법을 사용하는 경우 소비자들의 부정적 정서를 유발할 수 있고 바람직하지 못한 구매를 유발할 수 있다. 특히 무분별하고 과도한 성적표현은 정서적으로 미성숙한 어린이들에게 부정적인 영향을 끼칠 수 있다. 셋째, 광고는 현실 상황을 무시하고 여성이나 소수민족을 그릇되게 고정화, 상투화시킬 수 있다. 광고에서 남성들은 강인하고 활동적이며 전문성이 높은 캐릭터로 묘사되는 반면, 여성들은 주로 집안일에 종사하며 비활동적이며 비전문적인 역할을 수행하는 것으로 묘사되어 비판을 받기도 한다. 넷째, 광고는 현실과 가상세계에 대한 구분 능력이 떨어지는 어린이들을 그릇된 소비풍조에 물들게 할 수 있다.

3 광고의 유형 분류

소비자들은 일상생활을 통하여 기업이 전달하는 제품광고와 기업광고는 물론 공익단체가 전달 주체인 공익광고, 정치단체가 전달하는 정치광고 등 다양한 유형의 광고에 노출된다. 또한 TV를 시청하거나 신문을 읽다가 광고에 노출되기도 하며, SNS 이용 중에도 광고 메시지에 노출되기도 한다. 이러한 광고 중에는 제조기업의 광고도 있는 반면 백화점이나 편의점 등 유통기업의 광고도 있고, 소비자를 전달대상으로 하는 광고도 있는 반면 기업이나 조직을 대상으로 한 광고도 존재한다. 이렇듯 수많은 종류의 광고를 일목요연하게 분류하는 것은 쉽지 않지만 크게 메시지의 전달하고자 하는 광고주체에 따라 분류하자면 다음과 같다.

브랜드광고 - 하이트진로의 '진로이즈백'

- **브랜드광고(brand advertising)**: 소비자들이 가장 흔히 접할 수 있는 대표적인 광고의 유형으로서 제품광고(product advertising) 또는 소비자광고(consumer advertising)라고도 불린다. 왼쪽 그림은 하이트진로의 '진로이즈백' 브랜드광고로서 '소주의 원조'라는 제품의 특성을 전달하고 있다. 제품의 효익이나 이미지를 전달하기 위한 광고를 말한다.

기업광고 - DB금융

- **기업광고(corporate advertising)**: 기업이 소비자를 포함한 이해관계자와의 호혜적인 관계를 구축하고, 이미지를 제고하기 위하여 실시하는 PR 목적의 광고를 말한다. 왼쪽의 DB금융 기업광고와 같이 주로 기업의 사회적 책임, 고객지향성, 혁신과 품질, 최고의 서비스, 인재양성과 같은 추상적인 이미지 연상을 불러일으키는 메시지를 전달한다. 사회적인 이슈에 대한 기업의 입장을 전파하면서 경영이념, 철학, 사명, 가치관을 인식시키는 이슈광고(advocacy advertising)도 기업광고에 포함된다.

- **소매광고(retail advertising) 또는 지역광고(local advertising)**: 지역을 기반으로 하는 소매점, 유통점, 또는 대리점 등이 특정한 지역의 소비자들을 대상으로 실시하는 광고이다. 주로 소비자들의 매장 방문을 유도하거나 매장의 이미지 제고를 위하여 실시된다. 오른쪽 그림은 현대백화점의 대구점 오픈 광고인데, 특정 지역에 위치한 유통점, 레스토랑, 가구점 등이 케이블TV의 지역광고 시간을 통하여 메시지를 전달하거나 지역의 옥외매체를 통하여 광고하는 것을 예로 들 수 있다.

소매광고 – 현대백화점 대구점 오픈 광고

- **정치광고(political advertising)**: 정당 또는 정치인이 유권자들을 대상으로 정치적 메시지를 전달하여 정치적 태도, 신념, 행동 등에 영향을 미치기 위한 광고를 말한다. 우리나라의 경우 1980년대 후반부터 정당에서 활용되기 시작하였고 최근에는 커뮤니케이션 전문가에 의하여 전략적으로 기획, 집행되고 있다.

또한 광고는 메시지를 전달하는 매체(media)가 무엇인지에 따라 분류할 수 있다. 일반적으로 TV, 신문, 라디오, 잡지 등 전통적인 4대 매체와 함께 옥외매체가 대표적인 광고매체라고 할 수 있는데, 1990년대 중반 이후 등장하여 현재 소비자들이 가장 즐겨 사용하는 매체로 자리 잡은 인터넷은 다양한 형태의 광고 메시지를 전달할 수 있는 핵심 매체로 떠오르고 있다.

- **TV광고**: TV프로그램의 전, 후 또는 중간에 삽입되는 광고로서 시각과 청각효과를 동시에 활용하여 메시지를 전달하므로 효과가 뛰어나며, 보편적 접근성이 뛰어나 광고 도달률도 높은 유형의 광고이다. 그러나 다른 매체에 비하여 비용이 비싼 편이고 소비자와의 직접 소통이 어려운 단점이 있다.

- **라디오광고**: 라디오 프로그램의 전, 후 또는 협찬, 시보광고의 형태로 집행되는 광고로서 청각정보를 통하여 청취자들의 상상을 자극하는 방식으로 메시지 효과를 얻을 수 있다. 반복에 의한 빈도수 제고 효과가 크고, 비용이 저렴하고, 수용도가 높다는 장점이 있는 반면, 시각 정보를 제공할 수 없고 혼잡도가 높은 단점이 있다.

- **신문광고**: 신문의 지면 또는 별지를 이용하여 집행되는 대표적인 인쇄광고이다. 신문의 발행지역 및 부수에 따라 전국 또는 지역시장의 소비자를 대상으로 할 수

있고, 매일 새로운 뉴스를 전달하는 매체이므로 새로움이라는 이미지를 제품에 부가할 수 있으며, 상세한 제품정보를 전달하여 소비자들의 정보욕구를 충족시켜줄 수 있다는 장점이 있다. 반면 광고혼잡도가 높고, 사진이나 일러스트레이션과 같은 비주얼 정보의 인쇄질이 떨어질 수 있으며, 매일 발간되므로 광고의 수명이 짧다는 단점이 있다.

- **잡지광고:** 잡지의 지면이나 별지 삽입을 통하여 집행되는 인쇄광고이다. 대부분의 잡지가 특정 수용자층을 대상으로 발행되기 때문에 세분화된 목표 소비자에게 선별적으로 메시지를 전달하는데 효과적이고, 인쇄의 질이 높기 때문에 고품격 이미지를 전달하는데 효과적이며, 광고의 수명이 길고, 판매촉진용 쿠폰이나 직접 반응 광고를 통하여 소비자정보를 습득할 수 있는 장점이 있다. 그러나 발행일 최소 1~2개월 전에 사전 광고계약이 필요하며, 즉시성이 떨어지고, 회당 광고비용이 높다는 단점이 있다.

- **옥외광고:** 옥외 광고란 옥상간판, 야립간판, 전주광고, 애드벌룬, 광고탑, 네온사인, 디지털사이니지 등과 같이 실외 공간이나 장소에 다양한 형태의 광고물을 게시하거나 설치하여 소비자들에게 시각적으로 자극을 주는 광고를 말한다. 가장 큰 크기의 광고로서 강한 임팩트를 줄 수 있고, 광고가 설치된 지역에서 반복광고의 효과, 즉 높은 빈도수를 를 얻을 수 있으며, 주변 건물이나 건축물 등 환경과의 조화를 이뤄 사회성과 공공성을 띠며, 지역 소비자를 목표 소비자로 할 경우 효과적인 광고이다. 반면 광고비가 비싼 편이고, 여러 가지 법적 규제가 따르며, 광고에 대한 몰입도가 낮은 단점이 있다.

- **인터넷광고:** 인터넷 기반의 정보통신망을 통하여 텍스트, 홈페이지/웹사이트, 이메일, 검색엔진, 스폰서십, 틈입형, 게시판형 등 다양한 형태로 집행되는 광고이다. 비용이 저렴하고, 소비자에게 일대일 맞춤형 메시지를 전달할 수 있으며, 직접 판매를 유발하기 용이하고, 정확하고 신속한 광고효과의 측정이 가능하다는 장점이 있다. 반면 광고혼잡도가 높은 편이며, 소비자들의 매체이용에 방해가 될 가능성이 높으며, 일부 사이트의 경우 비용부담이 크다는 단점이 있다.

최근에는 미디어 기술이 급속하게 발전함에 따라 다양한 형태의 매체를 통한 새로운 광고가 등장하고 있다. 예를 들면, 대형 디지털 사이니지 광고, 아파트 엘리베이터 내부의 디스플레이 광고, 페이스북, 인스타그램, 트위터, 카카오톡 등과 같은 SNS를 플랫폼으로 활용하는 광고도 눈에 띄게 증가하고 있다.

이외에도 광고의 유형은 소구대상에 따라 소비자광고(consumer advertising), 산업재광고(industrial advertising), 유통광고(trade advertising) 등으로 구분할 수 있고, 광고목적에 따라 상업광고와 비상업광고(공익광고, 정치광고 등), 일차적 수요 광고와 선택적 수요 광고로 구분할 수 있다. 또한 시장의 범위에 따라 국제광고, 전국광고, 지역광고로 구분되기도 한다. 오른쪽 그림은 인터넷 상에서 악성댓글을 달지 말자는 메시지를 전달하는 한국방송공사의 공익광고이다.

공익광고 – 한국방송광고공사의 악성댓글 금지 광고

4 광고활동의 구성 요소

광고의 기획과 제작 등을 포함한 전반적인 광고활동은 크게 광고전략, 메시지, 매체, 효과측정 등 네 가지 핵심 단계로 구성된다.

- **광고전략(strategy) 수립:** 마케팅목표의 달성을 위하여 시장, 경쟁, 소비사 등을 분석하여 달성 가능한 광고목표를 세우고, 구체적인 커뮤니케이션 대상(목표 소비자: target audience)을 설정하며, 전달해야 할 핵심메시지를 설정하는 과정이다. 체계적이고 과학적인 조사와 논리적 의사결정이 요구되는 단계이다.
- **표현전략(creative)의 수립:** 핵심메시지의 콘셉트, 즉 어떻게 메시지를 표현할 것인가를 결정하고 그것을 실천하는 단계이다. 소비자 조사를 통하여 목표 소비자의 라이프스타일, 감성, 문화적 요소 등을 고려해야 하며, 특히 창의성과 예술적 감각이 요구된다.
- **매체전략(media)의 수립:** 완성된 메시지를 언제, 어디서, 얼마만큼 전달할 것인가를 결정하는 과정이다. 목표 소비자의 매체 이용 행태에 대한 분석을 바탕으로 매체믹스, 광고의 도달률과 빈도수, 매체별/월별 예산 배분 등의 의사결정을 포함한다.

- **광고효과(effectiveness)의 측정**: 과학적인 측정방법과 도구를 사용하여 광고 도달률과 빈도수, 브랜드 인지도, 호감도와 같은 광고목표를 달성했는지의 여부를 평가하고 성공과 실패의 원인을 체계적으로 분석하는 과정이다.

5 광고산업의 구성

광고산업은 크게 기업의 마케팅활동을 주관하는 광고주(advertiser), 광고전략의 기획, 광고물을 제작, 매체전략을 기획하고 집행하는 광고대행사(advertising agency), 광고메시지가 소비자에게 전달되는 채널인 광고매체(advertising media) 등 3대 주체로 구성된다. 또한 다양한 방식으로 이들의 활동을 직·간접적으로 지원하는 외부의 기관이나 조직, 즉 전문적인 광고관련 서비스 공급사와 컨설팅사(professional vendors and consultants)가 포함된다.

광고주(advertiser)

광고활동의 핵심 주체로서 마케팅 목표의 달성을 위하여 광고활동을 필요로 하며, 대행사에게 서비스를 의뢰하고, 광고서비스 비용을 부담하는 기업이나 조직, 또는 개인을 말한다. 미국의 대표적인 생활용품 기업인 P&G, 우리나라의 삼성전자, 현대자동차 등은 광고비의 지출규모가 큰 대표적인 광고주라고 할 수 있다. 이러한 기업 광고주의 경우 마케팅 부서 또는 별도의 광고부서가 광고활동을 필요로 하는 마케팅 문제를 선정하고, 문제 해결에 필요한 광고서비스를 제공하는 광고대행사를 선정하며, 광고예산 및 광고전략 등 주요 의사결정 사항을 최종 승인하는 등 광고주로서 전반적인 광고기능의 관리를 책임진다.

광고대행사(advertising agency)

광고주의 의뢰를 받아 광고를 기획하고 제작하여 광고매체에 게재하는 서비스를 제공하는 독립된 기업으로서 광고주와의 상호신뢰 관계를 바탕으로 전문적인 광고서비스를 제공한다. 광고주는 자체적으로 전문적인 광고 업무를 수행하는 것이 전문성과 비용 측면에서 효율적이지 못하기 때문에 광고대행사의 서비스를 이용하게 되는데, 우리나라의 경우 제일기획이나 이노션과 같은 대기업의 계열광고 대행사(in-house agency), TBWA나 맥켄코리아와 같은 외국계 대행사, 그 외의 독립대행사 등 다양한 유형의 광고대행사가 광고서비스를 제공하고 있다. 광고주의 서비스 의뢰를 받은 광고대행사는 광고전략 수립, 광고메시지 개발과 광고물 제작, 매체전략 수립과 구매/집행, 광고효과 측정 등의 서비스를 제공한다. 최근에는 마케팅 커뮤니케이션 활동에 있어서 대중매체 광고의 비중이 과거에 비하여 약화됨에 따라 브랜드관리에 필요한 총체적인 마케팅 커뮤니케이션 컨설팅 서비스를 제공하는 구조로 변모하고 있다.

광고매체(advertising media)

광고매체란 광고주가 소비자에게 광고메시지를 전달하기 위하여 사용하는 매개적 수단물을 말한다. 매체라는 용어는 광고 커뮤니케이션 과정에서 메시지가 송신자인 광고주로부터 수신자인 소비자에게 전달되는 통로(channel)를 말하는데, 이들은 대개 기업의 형태를 띠므로 매체사라고 불린다. 대표적인 광고매체로는 TV, 라디오, 신문, 잡지 등 전통적인 4대 매체를 들 수 있는데, 이들을 통하여 폭넓은 소비자층에게 동일한 메시지를 효율적으로 전달할 수 있다. 이외에도 웹사이트나 SNS와 같은 다양한 온라인 플랫폼, 스마트폰과 같은 모바일 기기, 건물 옥상이나 도로 주변의 공간을 활용하는 옥외매체와 디지털 사이니지 등도 광고매체에 포함된다.

광고관련 서비스 공급사 및 컨설팅사(professional vendors and consultants)

광고대행사가 광고주에게 제공하는 광고서비스는 기획, 제작, 매체 등 다양한 요소로 구성된다. 일반적으로 종합광고대행사(full-service agency)는 이러한 다양한 서비스들을 종합적으로 제공하기 위하여 외부의 전문 조직이나 전문가 집단으로부터 세부적인 도움을 받게 된다. 예를 들면, 인쇄광고의 제작을 위하여 전문 포토그래퍼의 도움이 필요하며, TV광고의 경우 촬영과 편집 등의 전문서비스를 제공하는 영상제작 프로덕션의 도움을 받는다. 그 외에도 필요에 따라 예술가, 작가, 인쇄전문가 등 여러 부류의 프리랜서 전문가들의 도움을 받게 된다. 이러한 서비스를 제공하는 외부의 전문기업이나 전문가 집단 또는 기업을 광고관련 서비스 공급사 및 컨설팅사라고 할 수 있다. 최근에는 온라인 광고의 비중이 커지면서 모바일, 유튜브, 페이스북과 같은 플랫폼에 적합한 광고제작과 매체구매 대행 서비스를 제공하는 소규모 전문기업들도 중요한 역할을 담당하고 있다.

6 광고환경의 변화

기업 광고활동의 효과를 극대화하기 위해서는 소비자의 매체 이용과 관련한 환경 요인들의 변화에 민감하게 대응하여야 한다. 2000년대 인터넷의 대중화와 획기적인 IT 기술의 발전은 목표 소비자인 소비자의 라이프스타일과 미디어 이용행태에 커다란 변화를 촉발하고 있고, 특히 광고매체 믹스 전략에 많은 영향을 미치고 있다. 이와 같은 변화는 다음과 같이 요약할 수 있다.

- 최근 소비자들의 매체이용의 가장 큰 변화는 스마트폰과 같은 개인매체를 이용하는 시간이 증가하고 있다는 점이다. 스마트폰의 보급률은 거의 소비자의 95% 수준에 이르고 있으며, 60대 이상의 노령층 소비자들의 보유율도 지속적으로 상승하고 있다. 따라서 스마트폰으로 유튜브 동영상을 시청하거나 온라인 동영상 서비스인 OTT를 이용하여 방송프로그램이나 영화 등을 시청하는 시간이 지속적으로 증가하고 있다(방송통신위원회, 2019).

- 다양한 IT기술의 발전으로 케이블TV, IPTV, 스마트폰과 태블릿PC와 같은 모바일 매체, 디지털사이니지, 지하철 스크린 도어와 모니터, 디지털화된 버스정류장, 미디어 폴과 같이 기존 매체가 변형 또는 진화된 형태로 등장하고 있다. 이러한 새로운 매체의 출현으로 인하여 광고환경이 급격하게 변화하고 있고, 광고의 수용자인 소비자들의 포지션도 일방향적 커뮤니케이션에 익숙했던 수동적 수용자에서 자신이 원하는 정보를 스스로 선택하고 전파하는 쌍방향 커뮤니케이션에 익숙한 능동적 수용자로 변모하고 있다(박정래, 2011).

- 과거와는 달리 유튜브(Youtube), 트위터(Twitter), 페이스북(Facebook), 인스타그램(Instagram) 같은 SNS(Social Networking Service) 혹은 개인 블로그 등을 기반으로 영향력을 행사하는 일인 미디어로서의 역할도 수행할 수 있게 되었다(조정식·서연경·이정아, 2017). 즉 소비자들은 광고정보를 수동적으로 받아들이는 것에서 그치지 않고, 자신의 의견을 표현하고 타인과 공유하며 확산시키는 능동적 수용자로 변모하고 있다.

- 이와 같은 매체 이용행태의 변화는 기업들로 하여금 비용 대비 효과 측면에서 우위에 있는 인터넷 중심의 검색광고, 스마트 미디어의 속성에 부합하는 모바일광고와 SNS광고 등 목표 소비자 중심의 고효율, 고효과 매체의 이용을 촉발하고 있다. 특히 넷플릭스(Netflix)와 웨이브(Wavve)와 같이 유료의 동영상 서비스를 제공하는

OTT(over-the-top) 서비스의 성장세가 두드러짐에 따라 중요한 광고매체로 자리잡고 있다.

- '쇼퍼블(shoppable)' 또는 '숍버타이징(shopvertising)'으로 대표되는 미디어와 커머스의 결합, 즉 영상과 이미지를 보면서 즉각적인 제품구매가 가능한 서비스도 새로운 트렌드로 자리 잡고 있다. 쇼퍼블광고는 몇 번의 클릭만으로 인스타그램 피드를 스크롤링하며 콘텐츠 노출과 정보 공유, 구매까지 한 번에 가능하게 하는 쌍방향 구매형 비디오로서 유튜브, 핀터레스트, 인스타그램에 자리 잡고 있다. 또한 오른쪽 그림과 같이 페이스북 등에서 광고를 보면서 구매가 이루어지는 숍버타이징은 AR 기술을 접목하여 가상의 쇼핑 경험으로 확대되고 있다. 구매 전에 가상으로 제품을 시연할 수 있는 서비스가 제공되고 있는 것이다. 이들은 인플루언서 마케팅과 결합되어 소셜미디어 분야에 접목, 확대될 것으로 전망된다.

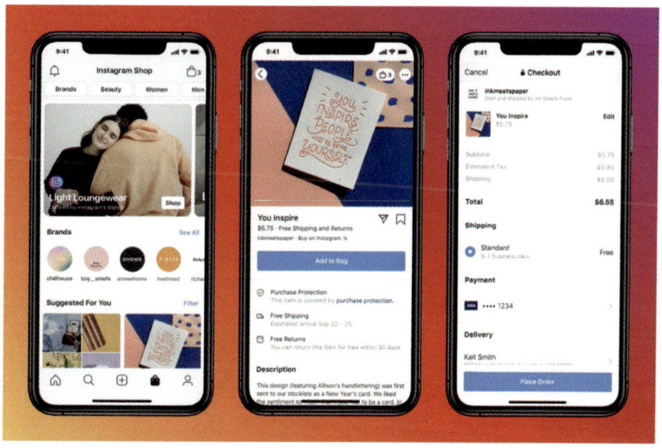

쇼퍼블 콘텐츠 광고 – 페이스북의 쇼핑 서비스 '페이스북 숍스'

- 향후 5G와 인공지능, 증강현실 기술은 미디어 콘텐츠와 결합하면서 다양한 서비스를 가능케 할 것으로 전망되며, 특히 소비자들의 개인적, 능동적 이용이 가능한 맞춤형 미디어 서비스가 급격하게 성장할 것으로 예상된다. 이렇듯 기술과 미디어, 소비자에 대한 이해를 통하여 플랫폼과 서비스에 적합한 혁신적인 광고 콘텐츠를 실현함으로써 소비자의 긍정적인 반응을 얻어낼 수 있을 것으로 보인다.

참고문헌

박정래(2011). 스마트 미디어시대의 방송광고시장 변화 및 대응방안. 미디어미래연구소.

방송통신위원회(2019). 2019 방송매체 이용행태조사. 방송통신위원회.

안광호·이유재·유창조(2020). 광고관리(2판). 학현사.

조정식·서연경·이정아(2017). 매체환경 변화에 따른 지상파 TV 콘텐츠 이용행태 변화에 관한 연구. 한국광고홍보학보, 19(2), 175-219.

Moriarty, S., Mitchell, N. & Wells, W.D. (2015). Advertising & IMC: Principles and Practice. Essex, England: Pearson.

SSG닷컴(2020). 브랜드스토리. http://company.ssg.com/intrd/brstory.ssg

1장: 생각해 볼 문제 (Review Questions)

- 광고의 개념을 마케팅 관점에서 어떻게 설명할 수 있을까?
- 커뮤니케이션 관점에서 보았을 때 광고를 구성하는 요소에는 어떤 것들이 있을까?
- 통합적 커뮤니케이션(IMC)의 도구로서 광고는 다른 수단과 비교하여 어떠한 장점이 있을까?
- 광고와 PR은 어떻게 구분할 수 있을까?
- 경제적인 관점에서 광고는 어떠한 기능을 수행할까?
- 광고대행사는 광고주에게 구체적으로 어떠한 서비스를 제공할까?
- 최근 기업의 광고활동에 영향을 미치는 환경적 변화에는 어떤 것들이 있을까?

광고 산업은 지식기반형 서비스 산업으로 다른 산업을 견인하는 후방연쇄효과가 높은 산업으로 지속적인 성장을 통해 시장을 확대하고 있다. 최근에는 디지털 광고 시장의 활성화를 통해 소비자와의 밀접한 관계와 상호소통을 통해 급변하는 매체 환경과 소비자 욕구에 부합하는 경쟁력을 획득하고자 노력하고 있다. 디지털 광고 시장이 전체 광고 시장의 성장을 견인하고 있는 반면, 전통적 광고 시장이었던 방송 광고 시장과 인쇄 시장은 영향력을 잃고 있는데, 이에 대응하기 위해 IPTV나 디지털 콘텐츠 개발 등의 노력을 기울이고 있다. IMC 전략의 활성화로 인해 옥외광고 시장 역시 그 중요도가 높아지고 있다.

변화하는 환경 속에서 광고산업의 근간을 이루는 여러 요소들, 즉 광고 산업, 광고주, 광고 대행사 등의 역할에 대해 알아보고, 발전 방향을 제시하고자 한다. 이 장에서는 광고 산업 전반에 대한 설명과 광고주의 조직과 의사 결정 구조, 형태 등이 소개될 예정이다. 그리고 광고 대행사의 역할과 서비스 대행 방식을 소개하며, 향후 광고 산업이 나아가야할 방향성에 대해 제시할 예정이다. 광고 시장이 세분화되고, 점차 특화되는 측면이 존재하기 때문에 광고 대행사의 수익구조를 이해하고, 광고주와 어떻게 하면 장기적이고 건강한 관계를 유지할 수 있는지를 고민하고 학습하고자 한다.

CHAPTER

II

광고 산업과 조직에 대한 이해

II 광고 산업과 조직에 대한 이해

+ 2장 도입사례

광고대행사? 브랜드 인큐베이터!

"우리는 2007년, 제품군을 흔들고, 소비자들의 삶에 새로운 가치를 부여하는 브랜드를 만들겠다는 목표를 가지고 이 일을 시작했다. 그것은 꽤나 마법 같은 일이었다(We set 0ff 2007 with a mission to build brands that shift categories and add value to people's lives. It's quite magical)."

2007년 미국 뉴욕의 브루클린에서 시작된 대행사 레드앤틀러(Red Antler)는 손 대는 스타트업마다 성공 기로에 올려 놓아 스타트업계의 미다스의 손으로 불리고 있다. 레드앤틀러에 의해 성공한 브랜드들 중에는 매트리스업계의 혁신으로 불리는 '캐스퍼(Casper)'와 친환경주의 신발로 유명한 '올버즈(Allbirds)'가 있다. 레드앤틀러는 광고 캠페인을 기획하는 전통적인 대행사의 역할에서 벗어나, 창업 초기의 스타트업 업체들과 협업을 하며 그들의 아이디어와 제품에서 핵심 포인트를 찾아내고, 이를 통한 브랜드 전략을 세우고, 브랜드 이름 및 정체성을 구현하는 방법을 모색한다. 이들의 서비스는 커뮤니케이션 전략 수립에 국한되는 것이 아니라, 네이밍, 브랜드 아이덴티티, 로고, 디지털 전략 등 브랜드에 관한 토털 솔루션을 제공하고 있다. 아무 업체와 일을 하는 것도 아니고, 그 업체의 아이디어와 제품 가치를 판단하여 성장 가능성에 입각하여 계약을 한다. 흥미로운 점은 초기 마케팅 비용이 충분치 않은 스타트업의 경우 비용을 지분으로 받는다는 점이다.

광고 산업의 변화를 엿볼 수 있는 부분인데, 이는 국내의 대행사들에게도 영향을 주고 있다. 마케팅 노하우와 경험이 부족한 스타트업의 마켓 진출을 도와주는 브랜드 인큐베이터의 역할을 국내 대행사들이 시작한 것이다. 대홍기획은 신생기업의 브랜딩 및 마케팅 활동을 지원하는 '스타트업 브랜드 인큐베이션' 사업을 2019년 5월부터 시작했다. 대홍기획과 O2O(Online to Offline) 세탁업체인 '세탁특공대'가 함께 진행한 업사이클링 캠페인 '2회용 세탁비닐' 캠페인은 비닐 쓰레기의 배출도 경감시키면서, 소비자들의 인식과 행동 변화를 유도했다는 점에서 많은 호응을 받았다. HS애드는 2014년부터 '배달의 민족' 브랜드 캠페인을 전담하면서 '배달의 민족'의 시장 안착을 이루어냈다. 이 공을 인정받아, 배달의 민족은 업계 최초로 대행사인 HS애드에게 헌정 광고를 집행하기도 했다. 국내 최대 대행사인 제일기획 역시 '요기요'와 '마켓컬리' 등 스타트업 업체를 광고주로 영입하여 브랜딩 전략 수립에 도움을 주고 있다.

대행사와 스타트업 간의 이러한 새로운 비즈니스 모델은 침체되고 있는 전통적 광고 시장에 새로운 활력을 불어넣을 수 있을 것으로 평가 받고 있다. 대형 광고주를 유치하려는 노력에서 벗어나 대행사가 신규 브랜드를 대형 브랜드로 만들어가는 과정 전반에 관여함으로써 대행사의 역할을 재 정립하고, 이를 통해 새로운 사업 방향을 모색하고 있다고 할 수 있다.

자료: 매일경제. "아이디어만 갖고 오세요"… 유니콘 키우는 광고회사들(2019.5.24)
뉴데일리경제. 스타트업 성공신화, 숨은 조력자는 광고회사…브랜드 인큐베이터로 변신(2019.7.24)

1 광고산업 규모

한국에서 광고산업이 태동한 시기는 19세기 초 개항이 이루어지면서부터이다. 개항의 산물로 시작된 신문과 잡지 광고 이후 지속적인 성장을 해오던 국내 광고 산업은 1970년대와 80년대의 경제 성장과 컬러 TV 방송의 활성화를 통해 급속한 발전을 이루었다. 1996년 IMF 사태로 인해 성장세가 감소한 시기도 있었지만, 2014년 10조원을 돌파한 이후 지속적인 성장을 해 오고 있다. 특히 광고 시장 규모의 확장은 디지털 광고가 견인하고 있는데, 2018년 처음으로 디지털 광고비가 방송 광고비를 추월

하며 성장의 핵심 동력으로 자리매김하고 있다. 신문이나 잡지 등의 전통적인 광고 매체의 영향력이 감소하고 있는 추세로 인해 광고 산업의 미래를 부정적으로 그리는 예측도 있지만, 전 세계적으로 광고 산업은 그 성장을 멈추지 않고 있다. 글로벌 경영컨설팅 회사인 맥킨지(Mckinsey&Company, 2016)에 따르면, 인쇄 매체를 제외한 전 광고 매체 분야는 지속적인 성장을 하고 있다. TV 광고는 2010년부터 2015년까지 4.1%의 성장을 해왔고, 2016년부터 2020년까지는 4.9%의 성장률을 예상하고 있다. 디지털 광고는 괄목할 만한 성장률을 보이고 있는데, 2010년부터 2015년의 성장률은 17.5%, 그리고 2016년부터 2020년까지의 성장률은 13%로 예측되어, 광고 산업이 대표적인 성장 산업임을 증명하고 있다.

광고 산업은 지식기반형 서비스 산업으로써 다른 산업을 견인하는 후방연쇄효과가 높은 산업으로 알려져 있다. 실제로 광고제작산업의 생산 증가가 광고 산업에 미친 직접생산효과보다 다른 산업에 미친 간접 생산유발 효과가 더 크다는 것은 널리 알려진 사실이다. 이 때문에 광고가 산업 전반에서 차지하는 위치는 중대하며, 효과적인 광고 집행을 통해 산업 전반에 활력을 불어넣으려는 노력이 지속되고 있다. 예를

표 2-1 2016년~2018년 매체별 총 광고비

(단위: 억원, %)

구분	매체	광고비			성장률		구성비	
		2017년	2018년	2019년(F)	2018년	2019년(F)	2018년	2019년(F)
방송	지상파TV	15,313	14,425	14,700	−5.8	1.9	12.3	11.9
	라디오	2,777	2,503	2,480	−9.9	−0.9	2.1	2.0
	케이블/종편	18,455	19,632	20,524	6.4	4.5	16.8	16.6
	IPTV	994	1,163	1,307	17.0	12.4	1.0	1.1
	위성, DMB 등 기타	2,003	1,913	1,843	−4.5	−3.7	1.6	1.5
	계	39,542	39,636	40,854	0.2	3.1	33.9	33.0
인쇄	신문	14,370	14,294	14,250	−0.5	−0.3	12.2	11.5
	잡지	3,437	3,082	2,900	−10.3	−5.9	2.6	2.3
	계	17,807	17,376	17,150	−2.4	−1.3	14.8	13.8
디지털	PC	16,245	15,294	15,660	−2.0	−1.7	13.6	12.6
	모바일	22,157	28,011	33,260	26.4	18.7	23.9	26.9
	계	38,402	43,935	48,290	14.4	11.3	37.5	39.5
OOH	옥외	3,392	3,255	3,400	−4.0	4.5	2.8	2.7
	극장	2,280	2,213	2,300	−2.9	3.9	1.9	1.9
	교통	4,352	4,874	5,000	12.0	2.6	4.2	4.0
	계	10,024	10,342	10,700	3.2	3.5	8.8	8.7
제작		6,072	5,731	6,075	−5.6	6.0	4.9	4.9
총계		111,847	117,020	123,699	4.6	5.7	100.0	100.0

출처: 광고연감 2019, 제일기획

들어, 국내 기업이 해외에 진출하고자 할 때, 해당 기업의 인지도와 브랜드 이미지를 구축하고 확장시킬 수 있는 가장 효과적인 방법은 광고이다. 많은 기업들이 광고산업과의 연계를 통해 시장 확대를 추진하고 있고, 삼성이 2017년 세계 10대 광고주 중 1위가 된 사실은 이를 증명할 수 있다.

2 광고산업 현황

국내 광고 시장은 주로 ATL(Above the Line) 매체(지상파 TV, 라디오, 신문, 잡지 등)를 통해 집행이 이루어졌는데, 2000년대 이후, 온라인과 디지털 미디어 등 BTL(Below the Line) 매체의 영향력이 급속도로 증가한 이후, 점차 그 영향력을 상실해가고 있다. 실제로 2019년 광고 시장은 전년 대비 2.4%의 성장을 이루었는데, 이는 모바일과 PC를 축으로 하는 디지털 광고 시장의 성장에 기인한 바가 크다. 2019년 디지털 광고 시장은 사상 최초로 5조원을 돌파하고, 전체 광고 시장 11조 9,749억원에서 42.2%를 차지하게 되었다.

디지털 광고 시장의 확대와는 대조적으로 지상파 TV와 신문 광고 시장은 지속적으로 감소하고 있다. 상위 5대 매체에 집중되던 광고 시장이 이제는 디지털 광고 시장

그림 2-1 2016~2018년 매체별 총 광고비 점유율 (단위: %)

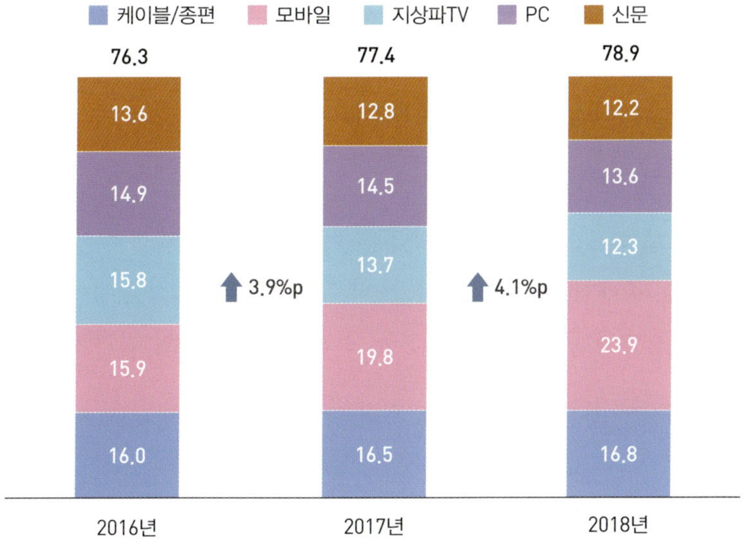

출처: 광고연감 2019, 제일기획

으로 집중되고 있는 것이 아닌가 하는 예측도 이루어지고 있는 상황이다.

디지털 광고 시장은 현재 국내 광고 시장에서 가장 큰 영향력을 발휘하고 있다. 그리고 이러한 디지털 광고 시장의 성장은 모바일 광고 시장이 주도하고 있다. 현재 모바일 광고 시장은 디지털 광고 시장의 총 65%를 차지함과 동시에 전체 광고 시장의 27.4%를 차지하고 있다. 모바일 광고 시장에서 큰 비중을 차지하고 있는 광고 유형은 검색 광고로 1조 7천억원대의 시장 규모를 가지고 있다. 일반 노출형 광고, 동영상 노출형 광고가 뒤를 잇고 있다. 특히 소셜 미디어를 통한 실시간 동영상 공유 및 시청 서비스는 소비자들의 참여를 유도하는데 효과적이고, 브랜드 마케팅 콜라보 형식의 마케팅 활동들도 활발히 이루어지고 있다. 유튜브와 인스타그램에서 인기를 끌고 있는 인플루언서와 같이 브랜드 마케팅 활동을 하는 브랜드들이 늘어가고 있는데, 소비자의 즉각적인 반응을 야기하는데 효과적이라는 입소문이 나고 있다. 향후에는 빅데이터 기반의 타깃 세분화 전략이 가능해지면서, 디지털 미디어의 효율성은 더욱 커질 것으로 예상하고 있다.

디지털 미디어의 강세와는 대조적으로 전통적으로 큰 영향력을 발휘하던 방송 매체와 인쇄 미디어는 점차 그 영향력을 잃어가고 있다. 방송 시장 광고비 규모는 지속적으로 하락세에 있고, 특히 지상파 TV의 하락세는 주목할 만한데, 이는 국내 방송국들의 콘텐츠 경쟁력 저하에 기인하는 것으로 보인다. 방송시장 내 유일하게 증가하고 있는 매체는 IPTV와 위성TV 정도이다.

인쇄 매체는 신문과 잡지 모두 하락세를 보이고 있다. 신문의 경우, 지속되는 광고비 하락 추세로 인해, 발행 면수 축소 및 편형 변경 등의 변화를 꾀하고 있고, 디지털 중심 경영 체제와 사업 다각화 등의 대응 전략을 모색하고 있다. 잡지 역시 시장 규모가 축소되고 있는데, 2019년에는 패션지가 19개에서 15개로 감소하였고, 럭셔리지는 10개에서 8개로 감소하는 현상을 보였다.

방송 매체와 인쇄 매체의 시장 규모 축소는 기존의 광고 전략과 운영 방식 역시 변화하여야 한다는 중대한 신호를 보이고 있다. 소비자와의 접점을 높이고, 상호 작용을 촉진하는 디지털 광고 전략의 필요성을 나타내고 있다고 할 것이다.

디지털 광고 시장의 성장세와 더불어, 옥외 광고 시장의 성장세도 지속적으로 이루어지고 있다. 옥외 광고는 버스 외부 광고, 전광판, 버스 정류장 쉘터 광고, 지하철 광고 등의 매체를 지칭하는 것으로 보조적인 역할의 광고 매체로 인식이 되어 왔다. 하지만, 디지털 기술이 접목이 되고, 통합 마케팅 전략이 광고 캠페인에서 널리 활용됨에 따라 그 가치가 중요해졌고, 현재는 1조 400억원 규모의 시장을 구성하고 있다. 특히 옥외 광고의 대형화와 옥외광고 산업 활성화를 위한 법률 개정이 이루어져, 옥외 광고의 가치와 효용성은 더욱 크게 주목을 받고 있다. .

3 광고산업 주체

광고주

광고가 기업 마케팅 활동의 일환임을 감안할 때, 광고 산업은 광고주와 밀접하게 연관이 되어 있으며, 광고주 활동에 영향을 주는 산업구조의 변화, 경제 성장 및 동향에 따라 다양한 변화를 겪어 왔다.

우리나라 광고 산업계는 몇 가지의 주요 산업 업종들이 큰 역할을 해오고 있다. 1960년대 이전에는 제약분야가 광고 산업의 흐름을 이끌었고, 70년대 이후에는 화장품과 식품분야가, 80년대부터는 가전분야, 그리고 90년대 이후에는 통신 기업들과 인터넷 분야가 주도적인 역할을 담당하고 있다. 2018년 업종별 광고비 분석에 따르면, 금융, 보험 및 증권 업종이 가장 많은 광고비를 집행했고, 그 뒤를 이어 컴퓨터 및 정보통신, 서비스, 전기 전자 등의 업종이 활발한 광고 활동을 하고 있는 것으로 나타났다.

광고주는 자사의 제품이나 서비스 판매 촉진 혹은 자사 브랜드 이미지 확립 등의 마케팅 목표를 수립하고, 이를 성취하기 위해 광고를 행하는 주체이다. 광고주는 일반적으로 자신의 광고를 대행할 수 있는 광고 대행사를 고용하는데, 광고 예산을 지불하고 광고 계획의 최종 승인권을 가지고 있기 때문에 광고 산업의 핵심 축으로 인식되고 있다. 광고 대행사는 광고주에 의해 고용되는 관계임으로, 광고주는 흔히 클라이언트(Client)로 불리기도 한다.

기업의 규모와 보유 브랜드의 수에 따라 기업은 의사 결정 시스템이 상이한 경우가 많다. 마케팅 부서가 기업이 보유하고 있는 브랜드 전반의 마케팅 계획과 광고 계획에 총체적 영향을 미칠 경우, 광고 관련 업무는 마케팅 부서 산하의 광고 관리자(advertising manager)가 주로 담당하게 된다. 이런 시스템을 집권적 조직 시스템이라 하는데, 광고 대행사는 광고 관리자와 주로 의사 결정을 논하게 된다. 기업이 보유하고 있는 브랜드의 수가 많지 않거나, 최고 경영자가 의사 결정과정에 직접 참여하는 문화가 강할 때, 집권적 시스템이 주로 사용이 된다. 집권적 시스템 하에서 광고 관

표 2-2 2018년 업종별 5대 매체 광고비

대분류	TV	라디오	신문	잡지	케이블TV (종편 포함)	합계	전년대비 성장률	구성비	2017년 광고비
금융·보험 및 증권	88,561	14,596	282,335	12,173	250,531	648,169	14.93	14.2	563,892
컴퓨터 및 정보통신	149,876	9,807	148,750	8,123	153,592	470,148	1.40	10.3	463,679
서비스	59,976	28,804	94,421	17,271	134,288	334,760	-13.74	7.3	388,065
가정용 전기전자	139,341	4,154	71,433	11,309	95,392	321,602	22.16	7.1	263,260
관공서 및 단체	75,689	4,505	194,207	7,396	42,519	324,316	-7.21	7.1	349,522
식품	92,970	14,023	60,462	6,752	140,330	314,537	4.64	6.9	300,594
가정용품	77,689	7,094	56,758	18,823	119,862	280,226	1.07	6.1	277,254
제약 및 의료	104,228	16,015	31,886	5,546	92,256	249,931	-3.56	5.5	259,145
수송기기	67,230	23,140	42,430	15,482	96,596	244,878	0.12	5.4	244,590
음료 및 기호식품	82,770	3,892	19,870	6,252	127,336	240,120	-3.04	5.3	247,655
화장품 및 보건용품	54,970	3,443	25,414	45,681	104,758	234,266	-10.14	5.1	260,705
패션	25,391	4,172	43,045	102,480	59,249	234,337	-6.72	5.1	251,206
건설, 건재 및 부동산	11,690	16,013	108,094	4,105	17,371	157,273	-11.83	3.4	178,377
유통	31,527	9,032	53,763	2,053	39,664	137,039	-3.52	3.0	142,036
그룹 및 기업광고	16,981	1,312	71,300	2,293	17,632	109,518	-16.65	2.4	131,400
정밀기기 및 사무기기	5,730	1,342	20,303	32,722	10,616	70,713	-4.82	1.6	74,292
기초재	14,649	3,013	30,918	1,396	7,763	57,739	16.43	1.3	49,591
교육 및 복지후생	7,984	6,641	34,895	2,511	4,818	56,849	-15.62	1.2	67,376
출판	3,518	1,460	31,700	2,012	6,149	44,839	-15.14	1.0	52,836
산업기기	4,543	2,008	5,848	1,943	7,291	21,633	33.72	0.5	16,178
화학공업	2,210	829	1,593	896	3,284	8,812	-10.78	0.2	9,877
총계	1,117,496	175,268	1,429,425	308,219	1,531,297	461,705	-0.65	100.0	4,591,621

출처: 광고연감 2019, 제일기획

리 부서는 기업의 전반적인 마케팅 목표나 계획, 예산을 파악하고 이에 기반하여 개별 브랜드의 광고 계획을 작성하고, 이를 위한 계획을 수립하게 된다. 광고 관리자는 개별 브랜드 광고 계획을 수립하는 업무를 담당하기 때문에 유관 부서들과 밀접한 관계를 유지하며 일을 진행하여야 한다. 집권적 시스템은 소수의 사람들이 의사결정 과정에 참여하여, 결정이 빠르고 쉽게 진행된다는 장점이 있기 때문에 많은 기업들이 선호하고 있다. 하지만, 하나의 부서가 여러 브랜드 전략을 담당하기 때문에 브랜드의 개별 속성에 대한 이해도가 저하되어 소비자들의 변화하는 욕구에 기민하게 대응하기 어려운 단점도 존재한다. 따라서 기업의 규모가 커지고, 브랜드가 다양화될 경우, 집권적 시스템은 효율적 운영 방식에서 멀어질 수 있다.

그림 2-2 집권적 시스템 예시

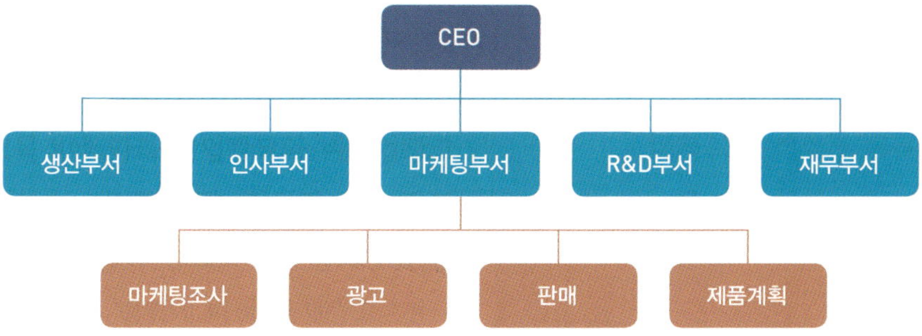

이와 대조적으로 다양한 제품군에서 여러 브랜드들을 활용하고 있는 기업의 경우, 마케팅 부서에서 기업 마케팅 관련 활동들을 총괄하는 것이 어려울 수 있다. 이럴 경우, 분권적 시스템(decentralized system)을 활용하는 것이 더 효과적이다. 대표적으로 P&G가 분권적 시스템에 기반하여 마케팅 활동을 하고 있는데, 분권적 시스템에서는 하나의 집권적 마케팅 부서가 아닌 개별 브랜드별 브랜드 관리를 총괄하는 브랜드 매니저가 존재하고, 브랜드 매니저가 관련 마케팅 활동들을 책임지게 된다. 브랜드 매니저는 책임을 맡고 있는 브랜드에 대한 이해도가, 마케팅 부서의 광고 관리자보다 높기 때문에, 브랜드 상황과 소비자와의 관계를 토대로 한 보다 효율적인 마케팅 활동을 기획하고 운영할 수 있다. 하지만 브랜드 매니저들이 마케팅 경험이나 지식이 높지 않을 경우, 체계적인 마케팅 활동이 수립되지 않을 수 있고, 브랜드 매니저들이 단기적 성과에 치중하게 되면 장기적 관점에서의 브랜드 관리가 어려워질 수 있다. 또한 브랜드 관리자들이 자신의 브랜드에 중심을 두기 때문에, 때로는 한

그림 2-3 분권적 시스템 예시

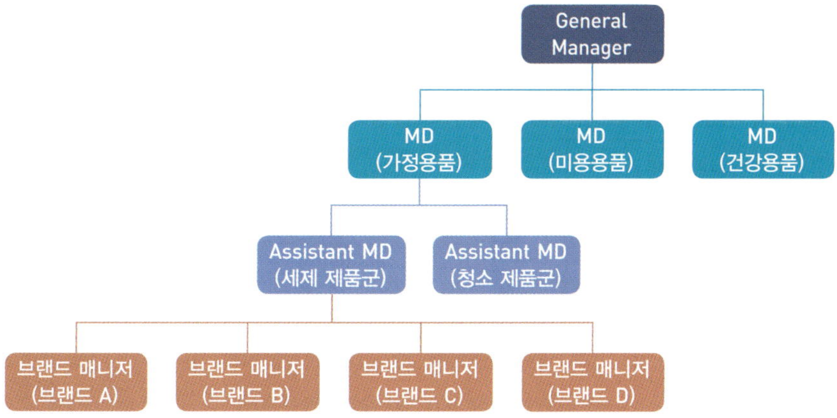

기업 내에서 마케팅 예산을 확보하기 위해 브랜드들끼리 경쟁이 벌어지기도 한다. 이러한 경우, 기업 차원의 통일성 있는 마케팅 활동이 방해를 받을 수도 있다. 이와 같은 조직 내의 갈등을 해소하기 위해 분권적 시스템에서는 브랜드 매니저들을 관리하는 총괄 매니저(general manager)와 제품 범주를 총괄하는 범주 매니저(marketing director)를 두는 경우도 있다.

참고로 대한민국의 상위 20대 광고주는 〈표 2-3〉과 같다.

표 2-3 2018년 20대 광고주-5대 매체 광고비 기준 (단위: 백만원)

순위	2018		2017	
	회사명	광고비	회사명	광고비
1	LG전자	372,521	삼성전자	273,335
2	삼성전자	300,283	LG전자	252,352
3	현대자동차	117,643	KT	97,105
4	한쇼핑	104,932	현대자동차	94,895
5	한국코카콜라	93,226	SK텔레콤	79,328
6	KT	91,991	동서식품	74,758
7	인코미디어넷	86,189	한국코카콜라	67,567
8	SK텔레콤	76,088	인코미디어넷	65,336
9	동서식품	75,974	한국인삼공사	62,108
10	기아자동차	69,313	한국피앤지	60,793
11	한국인삼공사	65,850	기아자동차	58,145
12	한국지엠	63,502	아모레퍼시픽	55,303
13	애플	63,087	인포벨	54,938
14	한국피앤지	59,350	인포윅스마케팅	53,310
15	명인제약	54,071	농심	47,980
16	삼성화재	54,007	한국지엠	47,590
17	하이트진로	52,396	동국제약	47,566
18	동국제약	51,139	롯데쇼핑	44,624
19	아모레퍼시픽	49,079	명인제약	43,913
20	맥도날드	48,258	애플	43,286

출처: 광고연감 2019, 제일기획

광고대행사

광고대행사는 광고주의 광고 대행 의뢰를 받고 광고 제작과 관련 업무를 기획하고 실행하는 역할을 하는 광고 산업계의 실질적 활동 주체이다. 미국광고대행사협회

(American Association of Advertising Agency)는 광고 대행사를 다음과 같이 정의하고 있다.

> "광고대행사는 마케팅과 광고기획, 광고물과 기타 촉진수단들을 개발하고 준비하는 일을 전문으로 하는 크리에이티브 인력과 어카운트 관리 인력으로 구성된 독립적인 조직"이다.

정의에서 유추할 수 있듯, 광고주가 광고 대행사를 고용하는 이유는 광고 대행사가 가지고 있는 커뮤니케이션 관련 전문성에 있다. 광고주는 자사의 제품이나 서비스를 생산하고 유통시키는 분야에서는 전문적인 지식과 다양한 경험을 가지고 있다. 하지만, 이러한 제품과 서비스를 소비자에게 알리고 그들로 하여금, 이 제품과 서비스들을 구매하도록 설득하는 분야에서는 전문성이 떨어질 수 있다. 그렇기 때문에, 광고주는 광고 대행사에게 광고 대행을 맡김으로써, 마케팅 비용과 시간을 절감하는 한편 크리에이티브한 방법으로 소비자를 효율적으로 설득할 수 있는 것이다. 광고 대행사는 다양한 제품군의 광고주 경험을 가지고 있기 때문에, 광고를 계획하고 집행함에 있어서 야기될 수 있는 여러 문제들에 대해 예측하고 대응할 수 있는 능력이 있다. 또한, 광고주가 자사의 제품이나 서비스에 집중하는 것과는 다르게 객관적인 위치에서 제품과 서비스를 평가할 수 있기 때문에, 광고주가 저지를 수 있는 제품에 대한 확증 편향에서부터 자유로울 수 있다는 장점도 있다. 때문에 광고대행사가 광고주와 지속적이고 긍정적인 관계를 맺기 위해서는 광고 대행사는 스스로의 전문성의 개발하고, 특화된 전문성을 갖추는 것이 필요하다.

광고대행사의 전통적인 조직구분은 크게 전략의 기본을 담당하는 어카운트 서비스(마케팅 및 기획) 부분, 광고물을 제작하는 크리에이티브 서비스 부분, 그리고 매체 전략과 구매를 담당하는 매체서비스 부분으로 구성이 된다. 여기에, 인사 관리와 지원을 담당하는 부서와 조사 및 기타 마케팅 활동을 지원하는 마케팅 서비스 부서가 첨가되기도 한다. 최근에는 이런 전문 분야별로 부서를 구분하기보다 담당하는 광고주에게 종합적인 서비스를 제공하기 위해, 광고주별로 팀을 구성하는 경향이 강해지고 있다. 광고주의 서비스 만족도를 증가시키기 위해서는 담당 광고주를 잘 이해하는 것이 중요하기 때문에, 전략 팀과 크리에이티브 팀, 매체 팀이 하나의 큰 팀을 구성하여 보다 유기적으로 움직이며, 광고주에게 서비스를 제공하고 있다. 서로 다른 관점을 가진 부서의 전문가들이 하나의 큰 팀 하에서 자유롭게 의견을 개진하고, 토론을 하게 되면 보다 창의적인 아이디어들이 개발되고, 보다 효과적인 광고 캠페인을 진행할 수 있다.

그림 2-4 광고회사 조직도

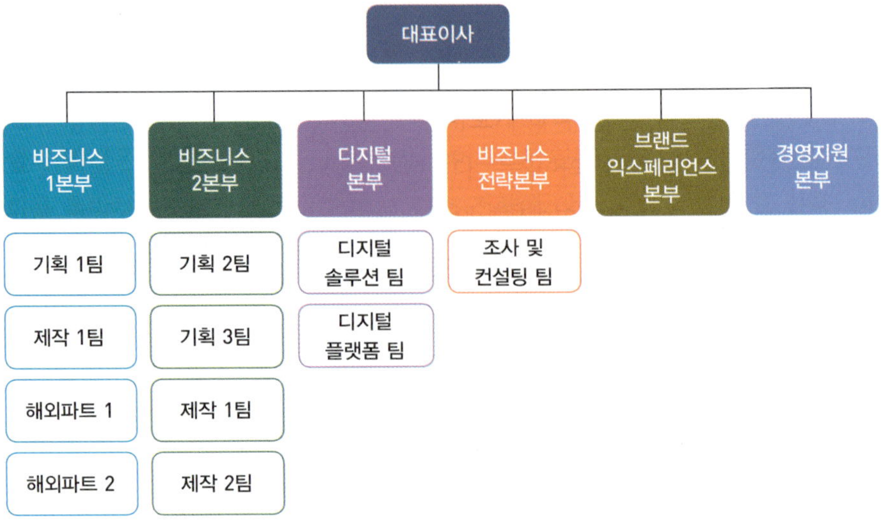

1) 광고 대행사의 유형

① 종합광고 대행사

종합광고 대행사는 광고주의 광고를 기획하고, 제작함과 동시에 해당 광고를 소비자들에게 전달하는 매체를 선정하고 구매하는 일련의 모든 과정을 담당하는 전문화된 종합광고 서비스 기관을 지칭한다. 광고 기획을 위한 조사 업무도 담당하고 있으며, 최근의 통합적 마케팅 커뮤니케이션(IMC: Integrated Marketing Communication) 트렌드와 발맞추어 종합광고 대행사는 PR, 판촉물, 이벤트 등의 비전통적 광고 분야의 서비스까지 광고주에게 제공하고 있다.

대행사 활동에 소요되는 비용을 절감하고, 광고 활동에 대한 통제를 용이하게 만들기 위해, 규모가 큰 기업들은 자사 소속의 대행사를 설립하여 운영하기도 한다. 이처럼, 기업에 소속이 된 광고 대행사를 '계열광고 대행사'(in-house agency)라 부른다. 국내 광고 산업에서는 대기업들이 계열광고 대행사를 운영하는 경우가 많은데, 이는 광고 예산 규모와 매체 수수료에 기인한 바가 크다. 일반적으로 광고주는 광고 대행사에게 광고 매체 비용의 15%를 수수료로 지급하고, 이것이 광고 대행의 보상으로 작용을 한다. 따라서, 광고 매체 비용이 증가하면 대행사의 수익이 증가하는데, 대기업의 경우 예산 규모가 크기 때문에 충분한 수익을 매체 수수료로 획득할 수가 있다. 따라서 광고 예산 규모가 큰 기업의 경우 자사 소속의 계열광고 대행사를 직접 운영하는 것이 별도의 외부 대행사와 계약을 맺는 것보다 효율적일 수 있다. 거기에, 외부 대행사를 운영하는 것보다, 계열광고 대행사를 사용하면 기업 내부 정보를 보호하기 용이하고, 계열광고 대행사를 통해 다른 외부 광고주와 협업함으로써 시장과 소비자에 대한 보다 넓은 정보와 경험을 획득할 수 있다. 다양한 제품군의 여러 브랜드와의 경험은 모 기업의 마케팅 활동에도 긍정적인 영향을 줄 수 있다.

하지만, 계열광고 대행사의 경우 모 기업의 충분한 지원을 받을 수 있기 때문에, 광고를 기획하고 제작하는 방식이 정형화되는 경우가 많이 발생하게 된다. 광고는 참신성과 독특함을 그 생명으로 하는데, 모 기업의 안정적 지원 아래에서 계열광고 대행사는 현실에 안주하는 경향이 생기고 이는 크리에이티브 경쟁력의 저하로 연결되기도 한다. 사실 생존을 위해 다양한 경쟁 PT에 참여하여 새로운 광고주를 영입해야 하는 독립광고 대행사에 비해 계열광고 대행사가 창의성이 떨어진다는 의견도 존재한다. 또한 하나의 광고주와 지속적으로 일을 하기 때문에, 그 브랜드와 기업에 대해 객관적인 시선을 가지기 힘들고, 이로 인해 다양한 관점으로 도전적인 광고 기획을 하기 어려워지기도 한다.

독립광고 대행사는 하나의 기업에 속하지 않고, 독자적으로 광고 대행을 진행하는 대행사를 지칭한다. 모 기업의 지속적인 광고대행 수주를 받지 못하기 때문에 계열광고 대행사보다는 상대적으로 작은 규모의 대행사가 주를 이루고 있다. 하지만, 독립광고 대행사는 모 기업의 영향력에서 벗어나 있기 때문에 시장과 소비자, 그리고 대행품목(제품 및 서비스)에 대해 보다 객관적인 관점을 가질 수 있고, 이를 기반으로 독특하고 창의적인 캠페인을 기획, 진행할 수 있다는 장점을 가지고 있다. 모 기업의 브랜드에 중점을 두어야 하는 계열광고 대행사들은 그 브랜드에 경쟁적 관계를 가진 브랜드를 수주할 수 있는 기회가 거의 없다. 따라서, 대행할 수 있는 브랜드 및 제품군에 한계가 존재하는데, 독립광고 대행사들은 그런 한계 없이 여러 브랜드들과 계약을 맺음으로써 보다 다양한 경험을 축적할 수 있고, 새롭고 융통성 있는 아이디어나 전략을 광고주에게 제안할 수 있다. 이러한 측면에서 독립광고 대행사를 선호하는 광고주들도 상당수 존재한다. 실제로 많은 대기업들은 자사 소속의 계열광고 대행사들을 가지고 있지만, 경쟁 프리젠테이션을 통해 비계열광고 대행사를 선정하고, 광고 캠페인을 진행하기도 한다.

표 2-4 광고회사 순위(2019 취급고 기반 순위)

(단위 : 백만원)

순위	회사명	2019년 취급고	2018년 취급고
1	제일기획	5,360,064	5,368,072
2	이노션월드와이드	4,880,275	4,443,908
3	HS애드	1,525,031	1,480,802
4	대홍기획	1,008,838	964,385
5	SM C&C	506,501	484,599
6	퓨처스트림네트워크	370,780	352,432
7	TBWA 코리아	331,849	272,282
8	레오버넷	198,857	191,655
9	맥켄에릭슨	178,131	206,140
10	오리콤	162,473	188,128
11	한컴	153,546	137,372
12	차이커뮤니케이션	142,908	129,397
13	모투스컴퍼니	130,213	–
14	DDB코리아	110,757	98,876
15	키스톤마케팅컴파니	110,000	36,000
16	엘베스트	107,764	112,545
17	BBDO코리아	97,521	104,167
18	상암커뮤니케이션즈	89,148	87,717
19	하쿠호도제일	84,213	80,939
20	농심기획	59,786	60,158

출처: 광고계동향 2020. 3~4월호

그림 2-5 10대 광고대행사 취급액 및 성장

(단위: 억원, %)

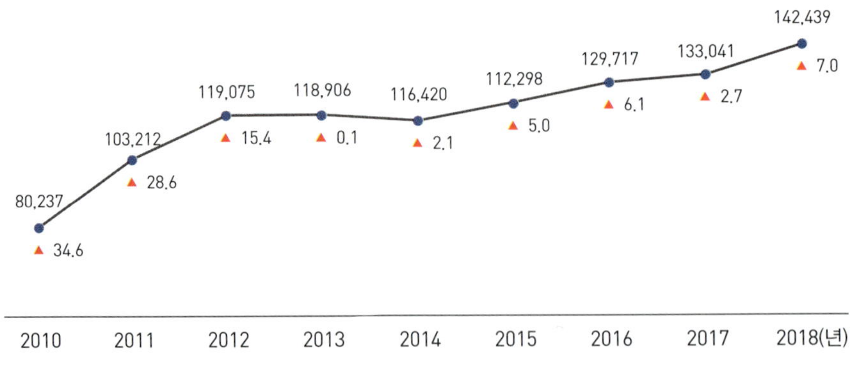

출처: 광고연감 2019, 제일기획

② 전문서비스 대행사

광고 기획에서부터 매체 구매까지 일괄적으로 대행하는 종합광고대행사와는 다르게, 특화된 한 부분에 집중하여 대행 서비스를 제공하는 대행사도 존재한다. 특화된 서비스를 요구하는 광고주가 증대하면서, 다양한 전문 서비스 대행사가 등장했는데, 크리에이티브 부티크와 디지털 대행사, 미디어 구매전문 대행사, 프로모션 대행사 등이 대표적이다.

Droga 5:
New York Times Truth campaign (2019)

크리에이티브 부티크는 10~20여 명의 소수로 구성된 대행사로 크리에이티브 콘셉트 개발과 광고물 제작 등의 광고 크리에이티브에 집중하는 대행사이다. 광고주로부터 직접 의뢰를 받아 광고 제작을 하기도 하지만, 종합광고대행사로부터 제작 하청 업무를 이행하기도 한다. 광고 제작 경험이 많은 카피라이터나 그래픽 디자이너들이 주축을 이루기 때문에, 창의적이고 독특한 크리에이티브 작업을 빠른 시간에 해낼 수 있다는 장점이 있다. 독특한 크리에이티브를 원하는 광고주나, 단기간 내에 많은 일을 처리해야 하는 상황의 종합광고대행사들이 크리에이티브 부티크를 애용하기도 한다. 미국에서는 크리에이티브 부티크가 활성화되어 있는데, 규모가 상당한 기업들도 존재한다. 예를 들어, 가장 주목 받고 있는 크리에이티브 부티크 중의 하나인 Droga 5는 종업원 수가 500명에 이를 정도로 큰 규모를 자랑하고 있다. 2019년에는 뉴욕 타임즈의 "진실(Truth)" 캠페인을 기획하여 큰 성공을 이루기도 했다.

미디어 구매 전문대행사는 매체 기획과 구매 부분만을 전문적으로 대행하는 회사로 광고 시간 및 광고 스폿(예, 프로그램 등) 분석과 효과적인 구매를 그 전문성으로 하고 있다. TV나 라디오 같은 지상파 방송국들은 직접 광고 시간대를 판매할 수도 있지만, 전문적인 판매 노하우나 네트워크가 부족하기 때문에, 판매 영업력을 가지고 있는 미디어 구매 전문대행사에게 할인된 가격으로 광고 시간대를 부분 혹은 전부 판매한다. 매체 구매회사는 이 광고 시간대를 광고주와 대행사에게 일정 수수료를 받고 되팔고, 이를 주 수익원으로 삼는다. 이러한 위탁 판매 회사를 미디어렙이라 부르는데, 한국의 경우 한국방송광고진흥공사(KOBACO)가 대표적이다. 2008년 이전까지 KOBACO는 전체 방송광고시장에서 독점적인 위치를 차지하고 있었으나, 2008년 이러한 독점적 지위에 대해 헌법재판소가 헌법불일치 판결을 내린 이후, 독점 대행 체제가 해소되었다. 2012년 8월 민영 미디어렙인 미디어 크리에이티브가 탄생하였고, 이후 KOBACO가 MBC와 KBS를 그리고 미디어 크리에이티브가 SBS의 방송 광고 판매를 대행하고 있다. 종합편성채널들이 본격적으로 활동하기 시작한 2012년 이후에는 이들도 의무적으로 미디어렙을 통해 광고 영업을 해야 했기 때문에 현재 총 6개의 미디어렙이 운영되고 있는 상황이다.

디지털 광고 시장은 급속히 발전하고 있는 추세이다. 2019년 디지털 광고 시장은 2012년 대비 134%가 증가한 상황이고, 최근 7년간 두 자릿수 성장을 거듭하며 2018년에는 방송 광고 시장을 추월, 총 매체 광고비 시장 중 44.1%를 차지했다. 특히 5G 서비스 확대로 인해 동영상 광고 수급이 증가하고, 유튜브의 성장에 따라 모바일광고 비중은 나날이 커지고 있다. 이런 추세에 발 맞추어, 온라인과 디지털 미디어의 매체 기획 및 구매, 그리고 효과 측정을 전문적으로 하는 온라인 광고 대행사 혹은 온라인 미디어랩들의 역할이 커지고 있다. 국내의 경우 '나스미디어', '메조미디어', '크로스미디어', '다트미디어' 등의 온라인 전문대행사가 활약하고 있다.

2) 광고 대행사의 업무

광고주가 광고 대행사를 이용하는 이유는 대행사가 보다 효과적이고 전문적인 커뮤니케이션 솔루션을 제공할 수 있다고 믿기 때문이다. 따라서 대행사는 광고주가 알지 못하는 정보를 제공하고, 새로운 관점을 제시하는 크리에티비티를 제안할 필요가 있다. 마케팅 커뮤니케이션 전문가 집단으로서 차별화된 서비스를 제공하지 못하면, 대행사는 광고주와 지속적인 관계를 맺어나갈 수 없다.

① 전략 서비스

독창적이고 효과적인 광고 캠페인은 한두 사람의 두뇌에서 나오는 경우가 드물다. 소비자, 시장, 경쟁사에 대한 깊은 이해를 바탕으로, 소비자를 설득시키기 위한 고도로 잘 짜여진 전략을 수립해야, 성공적인 캠페인의 기초를 마련할 수 있다. 이러한 측면에서 광고 대행사의 기획력은 그 광고 대행사의 경쟁력을 가늠할 수 있는 척도가 되고 있다. 광고 대행사에서 기획을 책임지고 있는 대표적인 직무로는 AE(Account Executive)와 AP(Account Planner)를 들 수 있다.

AE는 담당하는 광고주를 관리하는 직무로서, 광고 대행사를 대표하여, 광고주의 상황을 파악하고, 광고주의 요구 사항들을 해결하는 역할을 한다. 광고주와의 밀접한 의사소통을 통해, 광고주가 캠페인을 통해 얻고자 하는 바를 빠르게 파악하고, 이를 기반으로 광고 기획을 수립한다. 이를 위해 AE는 담당하고 있는 브랜드와 제품 및 서비스에 대해 높은 이해도를 가지고 있어야 하며, 광고주의 마케팅 목표에 부합할 수 있는 가장 효과적인 전략을 수립하는 것 외에 그 전략을 실행하기 위한 전반적인 캠페인 진행 과정도 총괄해야 한다. 기획력을 기본으로, 광고주와의 소통 능력, 타 부서와의 협업 유도 능력이 필수적이다.

AP는 전략 수립을 위해 필요한 여러 정보들을 수집하고, 분석하여 실질적인 전략 방향을 제시하는 마케팅 전문가이다. 광고주가 처한 시장 상황에 대한 분석과, 경쟁사 분석, 소비자 분석을 통해 AE와 함께 적확한 마케팅 커뮤니케이션 전략을 수립하게 된다. 훌륭한 AP가 되기 위해서는 다양한 마케팅 자료를 효과적으로 분석하고, 이를 통해 광고 기획의 핵심이 되는 인사이트를 도출하는 능력을 배양하는 것이 필요하다.

광고 업무가 세분화됨에 따라 전략 서비스도 특화되는 경향이 발견되고 있다. 규모가 큰 대행사의 경우, 소셜미디어와 신규 디지털 플랫폼의 효과를 기반으로 전략을 기획하는 디지털 플래너나, 소비자가 효과적으로 브랜드를 체험할 수 있도록 도와주는 BTL Planner(Below The Line Planner), 브랜디드 콘텐츠 등의 여러 미디어 콘텐츠를 활용하는 콘텐츠 마케터 등의 새로운 직무가 창설되고 있다.

② 제작 서비스

광고의 꽃은 카피라이터라는 말이 있다. 한 줄의 카피가 전체 광고 캠페인에 생명력을 불어 넣고, 소비자로 하여금 그 캠페인에 몰입할 수 있게 만들 수 있기 때문이다. 광고는 기본적으로 독창적인 아이디어를 기반으로 제품과 상품에 새로운 가치를 불어넣는 창조적인 일이다. 때문에 광고 대행사는 능력 있는 제작 인력을 확보하는 것이 무엇보다 중요하다.

카파라이터(copywriter)는 담당하는 광고주의 제품과 서비스에 대한 높은 이해와 타깃 소비자들을 파악함으로써, 광고의 핵심이 되는 문구를 창조해 내는 직무이다. 이성적인 논리와 풍부한 감성으로 창의적인 아이디어를 개발하고, 아이디어가 실현될 수 있는 실제적인 방안도 같이 제시한다. 카피라이터로서 삼성그룹 최초 공채 출신 여성 부사장이란 경력을 이루어낸 최인아 제일기획 부사장은 훌륭한 광고 카피를 만드는 방법에 대해 다음과 같이 말했다.

> "아이디어는 질문, 인사이트, 솔루션에서 오죠. 과제를 받아서 질문하고 인사이트를 찾기 시작하면 늦어요. 늘 내 머릿속에 몇 가지 질문들은 돌아가고 있어야 하

죠…. 제가 알아차린 건 새롭다는 건 본질에 다가가면 갈수록 나올 가능성이 많다는 거죠. 그래서 저는 안쪽으로 깊이 파는 편이었어요."

세상을 바라보는 통찰력 있는 시선, 그리고 그 시선을 통해 새로운 문구를 창조해내는 것이 카피라이터의 기본 자질이라 할 수 있다.

그래픽 디자이너(graphic designer)는 비주얼을 통해 커뮤니케이션을 만들어내는 전문가이다. 아트 플래너(art planner)라고 불리기도 하는데, 광고를 제작하는데 필수적인 표현력, 색감, 비주얼 발상 등의 자질을 가지고 소비자들에게 보다 설득적인 광고물을 만드는 데 일조를 한다. 최근에 들어서는 오퍼레이터(operator) 기능보다는 기획력까지 겸비하여 캠페인 전체의 톤 앤 매너(tone & manner)를 제안할 수 있는 플래너로서의 자질이 강조되고 있다.

③ 매체 서비스

광고 캠페인의 대부분 예산은 광고 매체를 구매하는 데 사용이 된다. 때문에 소비자에게 적합하고, 제품과 서비스를 잘 소개할 수 있는 매체 플랜을 기획하고, 그 기획 하에서 효율적으로 매체를 구매하는 것은 광고 대행사에게 중요한 업무이다. 특히나 최근에 소비자와 브랜드가 쌍방향 커뮤니케이션을 할 수 있는 다양한 디지털 미디어가 소개되고 있기 때문에, 변화하는 환경을 고려하여 효율성을 높일 수 있는 매체기획을 하는 것이 대행사의 주요 경쟁력을 판단하는 기준이 되고 있다.

매체 서비스를 담당하는 직무는 미디어 플래너(media planner)와 미디어 바이어(media buyer)로 구분이 된다. 미디어 플래너는 광고주의 예산에 맞추어, 소비자에게 가장 효과적으로 메시지를 노출시킬 수 있는 미디어 플랜을 계획한다. 따라서 미디어 플래너는 광고 매체들의 속성을 잘 파악하고 있어야 하며, 어떻게 하면 다양한 매체들이 서로 융합하고 최상의 효과를 창출할 수 있는지에 대한 충분한 지식과 경험을 가지고 있어야 한다. 미디어 바이어는 미디어 플랜에 기반하여 해당 매체를 직접 구매하는 직무를 뜻한다. 미디어 바이어는 매체사와 밀접한 관계를 맺고, 미디어 플랜이 효율적으로 이루어질 수 있도록 조정하는 역할을 한다. 서비스 스폿을 받거나, 매체 비용을 할인 받는 등의 협상력을 갖는 것이 중요하다.

④ 기타 서비스

IMC(Integrated Marketing Communication: 통합적 마케팅 커뮤니케이션) 개념이 광고 캠페인에서 널리 사용됨에 따라, 전통적인 광고 매체와는 다른 새로운 마케팅 커뮤니케이션 수단들이 주목을 받기 시작했다. 특히 온라인 미디어와 디지털 미디어 기술의 발전으로 소비자들과 브랜드가 직접 소통할 기회가 많아짐에 따라, 이벤트, 스포츠 마케팅 등의 수단들이 많이 활용되기 시작하였다. 규모가 큰 대행사의 경우 프로모션 부서를 별도로 운영하기도 하는데, 프로모션 부서는 브랜드 체험관이나 페스티벌 등 소비자가 브랜드를 직접 경험할 수 있는 기회를 기획하고 운영하는 서비스를 제공한다. 체험 마케팅의 중요도가 높아지고 있는 오늘날의 광고 환경에서 이러한 서비스는 더욱 성장하고, 그 중요도가 증가할 것으로 예상된다.

3) 광고 대행사 수익구조

광고 대행사는 광고주에 대한 서비스 제공의 대가로 수익을 보장 받는데, 여기에는 여러 가지의 보상 형식이 존재한다. 취급고 기준의 보상시스템, 비용기준의 보상시스템, 비용기준과 취급고기준의 조합의 보상프로그램 및 성과보상시스템이 그 예이다.

① 취급고기준 보상시스템

가장 일반적으로 사용되는 보상시스템으로서 전체 매체 비용에 15%의 대행 수수료를 대행사에 지불하는 방식이다. 제자비의 경우, 실질 제작비에 17.65%의 수수료를 부여하여, 이를 대행사에게 제공한다. 예를 들어, 1,000만원의 광고 집행을 한다고 가정하면, 매체사는 광고주가 아닌 광고 대행사에게 이 금액을 청구하게 된다. 광고 대행사는 광고주에게 청구 금액을 받아서, 이를 매체사에게 지불하게 되는데, 이때 매체사는 1,000만원의 15%인 150만원을 대행 수수료 명목으로 광고 대행사에게 지불하고 이것이 광고 대행사의 수익이 된다. 방송 광고의 경우, 광고 대행사가 직접 방송국과 거래를 하는 것이 아니라, 미디어렙사가 광고 대행사와 미디어사 중간에 위치하게 된다. 일반적으로 15%의 매체 수수료를 기본으로 하고 있으나, 총 매체 예산 규모가 커지게 되면, 매체 수수료 비율(%)이 낮게 책정되기도 한다.

이 시스템은 광고주와 광고 대행사 모두에게 관리가 쉽다는 장점이 있다. 하지만, 비용관리가 모두 광고 대행사에게 부담되고, 광고 캠페인이 매체를 통해 실현되지 전까지 대행사는 수익을 얻을 수 없기 때문에, 재정적 위험도를 감수해야 하는 단점이 있다.

② 비용기준의 보상시스템

매체 비용이 아닌, 광고주에 사용되는 비용을 기준으로 보상 수위를 정하는 시스템으로 연간 계약에 기초하여 월 단위로 일정 금액을 청구하는 방식과, 광고 대행사의 인원이 광고주를 위해 일한 시간을 기본으로 하는 시간당 요금 청구 방식이 있다. 시간당 요금 청구 방식의 경우, 실제 업무 시간에 일정 정도의 대행사 이익 마진을 덧붙여 청구하거나, 아니면 사원의 평균 노동시간을 바탕으로 보상 금액을 청구하는 방식 등이 있다. 연간 계약 방식은 광고주의 업무에 필요한 인원을 먼저 산출한 이후, 그 인원을 연간 사용하는 금액을 계산하여 청구하는 방식이다.

일관된 기준으로 비용이 청구되기 때문에, 광고 대행사 측면에서는 재정적 안정성을 획득하기 쉽다. 하지만, 광고 캠페인 예산과 상관없이 일정한 수익이 발생하기 때문에 대행사에게 동기부여를 일으키기 어렵고, 또한 업무 시간의 보고 및 직급에 따른 별도의 보상 기준 등 관리의 어려움이 크다는 단점이 존재한다.

③ 비용 기준과 취급고 기준의 '조합' 보상 시스템

대행사가 광고주에게 제공하는 서비스에 대하여 매달 합의된 금액을 청구하고, 매체 수수료는 별도로 받는 시스템이다. 하지만, 광고주와 합의된 적정 수익률을 초과할 경우, 초과분에 한해서는 광고 대행사가 광고주에게 환불해야 한다. 예를 들어, 전체 광고 비용에서 광고 대행사가 취할 수 있는 이익은 10~20%라고 합의했을 경우, 그것을 넘는 부분은 광고주에 환불되고, 또한, 대행 수수료가 그 수준보다 낮을 경우, 광고주가 이를 보충해주는 방식이다.

④ 성과보상시스템

설정된 광고목표를 대행사가 성취했을 경우, 그 보상차원으로 더 많은 수익을 보장해주는 시스템이다. 제품 판매에 미치는 광고의 영향력을 독립적으로 산출하기 어렵기 때문에, 과거에는 잘 사용이 되지 않았지만, 광고 대행사에게 일정 정도의 이익을 보장하고, 성과 보상을 통해 강한 동기를 불러일으키기 위해 최근 대기업 일부는 이 시스템을 도입하고 있다. 정확한 성과 측정을 위해 정성적 그리고 정량적 평가 항목들이 사용되고 있다.

성공 광고 캠페인을 만들기 위한 동기 부여를 제시할 수 있는 반면, 성공 여부를 제대로 측정할 수 있는 척도가 미비하여, 광고 대행사와 광고주의 분란으로 인한 위험 발생 요소가 있다.

광고 대행사와 광고주의 관계

광고 대행사와 광고주는 보통 새로운 캠페인을 준비하는 과정 속에서 관계를 시작하게 된다. 광고주들은 각기 다른 여러 상황에서, 자사에 필요한 목표를 가지고 광고 캠페인을 준비하기 때문에, 자신의 환경에 가장 적합한 대행사를 찾아, 비즈니스 파트너로서 관계를 맺는 것이 중요하다. 가령, 광고 예산이 크지 않은 광고주가 큰 대행사하고만 일을 하겠다고 고집을 하게 되면, 이는 제대로 된 광고 대행 서비스를 받지 못할 공산이 크다. 규모가 큰 광고 대행사는 보통 대기업들을 광고주로 가지고 있는 경우가 많으므로, 예산 규모가 크지 않은 광고주들은 2순위로 밀려날 확률이 높기 때문이다. 이 경우, 중소 대행사와 파트너십을 맺게 되면, 좀 더 밀접한 관리 서비스를 받을 수가 있다.

광고 대행사와 광고주의 관계는 왜크만, 새먼 및 새먼(Wackman, Salmon, & Salmon, 1987)이 제안한 '광고 대행사와 광고주의 관계수명주기(ACLA: Agency-Client Life Cycle)란 개념으로 설명이 가능하다. ACLA에 다르면 광고주와 대행사의 관계는 탐색단계(prerelationship), 발전단계(development), 지속단계(maintenance) 그리고 종료단계(termination)로 진행이 된다.

그림 2-8 광고 대행사와 광고주의 관계수명주기

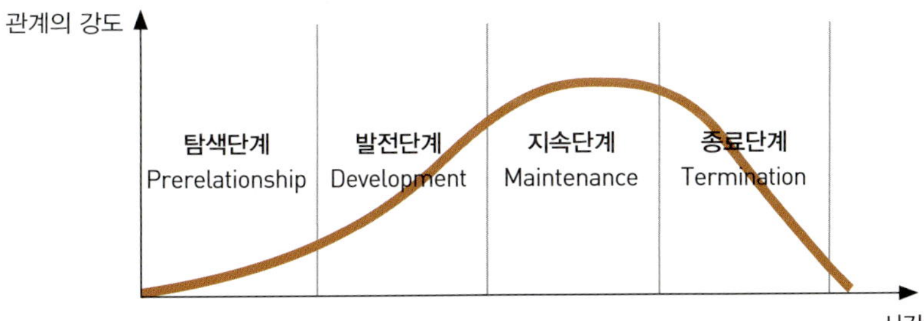

단계	탐색단계	발전단계	지속단계	종료단계
주요연구 주제	광고 대행사 선정기준	생산성에 영향을 미치는 요인 광고 대행사 평가의 기능 관계지속의 결정요인		관계종결의 원인 광고 대행사 교체원인

출처: 이두희 · 김용욱(1992)

① 탐색단계

공식적인 대행 계약이 이루어지기 전의 단계로, 광고주가 자사의 광고 목표를 성취하기 위해 가장 적합한 대행사를 선정하는 과정이라고 볼 수 있다. 이 단계에서 광고주와 광고 대행사는 자신에게 가장 필요한 파트너를 찾기 위해 노력을 한다. 광고주는 자신의 사업에 가장 도움을 줄 수 있는 대행사를 탐색하고, 광고 대행사는 자신이 가지고 있는 능력을 잘 발휘할 수 있는 광고주를 탐색하게 된다. 2018년 한국광고총연합회가 진행했던 '광고회사 현황조사'에 따르면 광고 대행사의 경우, 대행사가 보유하고 있는 뛰어난 크리에이티브 능력을 제일 중요한 대행사 선정 기준으로 꼽았다. 그 다음으로, 광고 전략 및 마케팅 컨설팅 능력, 대행사의 맨파워, 매체운용 능력, 그리고 유사 브랜드 취급경험이 중요한 기준으로 선정되었다. 반면, 광고주는 대행사의 선정 기준과는 다르게, 우수한 광고 전략 및 마케팅 컨설팅 능력을 가장 중요한 기준으로 선택했고, 다음으로 뛰어난 크리에이티브, 매체운용 능력, 대행사의 맨파워, 그리고 IMC 서비스 능력을 선택했다(김새미, 2018).

해외에서는 광고 대행사 담당자의 자질, 대행사의 비용인식, 크리에이티브 전략 수립 시 광고주와의 상호협조 원활성, 광고 대행사 진실성 평판, 광고주 비즈니스에 대한 이해 노력 의지, 미디어 계획의 창조성, 조직원들 간의 상호화합 및 시너지 등을 주요 선정 기준으로 생각하고 있는 것으로 조사되었다(Na & Marshall, 2001).

좋은 광고대행사를 선정하는 것은 광고 캠페인의 성공 여부와 직결이 되기 때문에, 광고주는 광고 대행사의 능력을 객관적으로 종합적으로 평가할 수 있는 기준을 마련

그림 2-7 광고회사가 생각하는 광고주의 광고회사 선정기준 (단위: 점, 7점 척도)

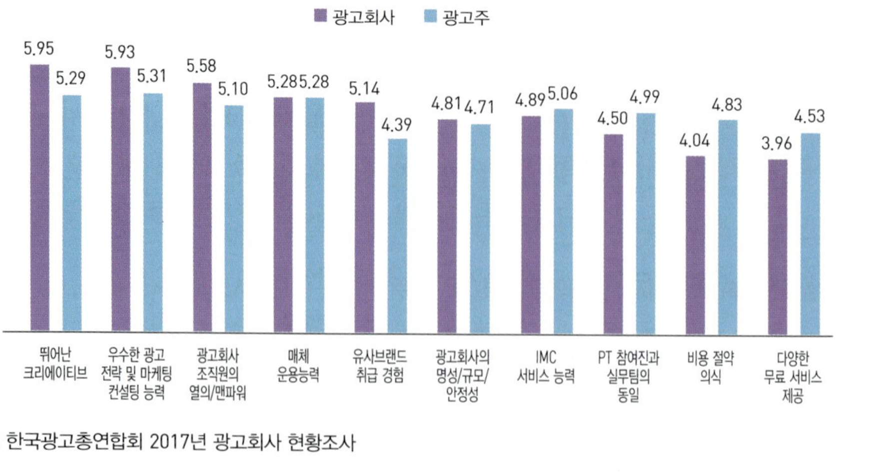

출처: 한국광고총연합회 2017년 광고회사 현황조사

하고, 광고 대행사를 선택하는 데 신중을 기해야 한다.

② 발전단계

광고주와 광고 대행사와 대행 계약을 체결하게 되면, 그들의 관계는 발전단계로 접어들게 된다. 발전단계에서 광고주는 광고 대행사에게 자사 마케팅 커뮤니케이션 전략을 전적으로 맡긴다는 점에서, 그리고 대행사는 광고주가 자신들의 고객이라는 점에서 상호이익적인 관계 정립을 위해 노력한다. 이를 위해 광고주와 광고 대행사는 아래와 같은 자세를 가질 필요가 있다.

광고주는 광고 대행사를 갑을 관계 속의 을로 인식하는 것이 아니라 전문성을 지닌 하나의 비즈니스 파트너로서 인식하는 것이 필요하다. 광고 대행사로 하여금 광고주와 자유로운 토론과 제안이 가능하게끔 하는 분위기를 조성하고, 대행사의 아이디어를 긍정적으로 받아들일 자세를 견지하는 것이 중요하다. 또한 비즈니스 파트너로서 대행사의 안정적인 수익을 담보할 수 있도록 하는 것도 중요하다.

반면 광고 대행사는 광고주의 사업 성패가 자사의 성패와 직결된다는 자세를 가져야 한다. 이를 위해 광고 대행사는 적극적인 대행 서비스 마인드를 가져야 하며, 광고주 사업 전반에 대한 심도있는 이해를 기반으로 발전 가능성까지 예측한 서비스를 제공하여야 한다.

③ 유지단계

이 단계에서 광고 대행사와 광고주는 빈번한 접촉을 통해 관계가 긴밀해진다. 광고 캠페인이 성공할 경우, 두 조직 간의 관계는 더욱 강화겠지만, 의견이 충돌하거나, 캠페인 성과가 좋지 않을 경우, 갈등이 발생하기도 한다. 하지만 갈등이 발생한다고 해서, 너무 자주 대행사를 교체하는 것은 바람직하지 않다. 대행사를 교체할 경우, 진행해왔던 캠페인의 일관성을 담보하기 힘들고, 이는 소비자들의 브랜드 혼란을 야기할 수도 있다. 코카콜라는 McCann Erickson과 60년간 관계를 유지하고 있고, 나이키는 Widen+Kennedy와 1988년부터 파트너십을 유지하고 있다. 2019년 광고 시장에서 가장 큰 이슈를 불러일으켰던 나이키의 'Dream Crazy' 캠페인 역시 Widen+Kennedy에 의해 기획이 되었

Wieden + Kennedy, Dream Crazy (2019)

는데, 이 대행사가 30년간 나이키와 동반자적 지위를 가지고 나이키의 핵심 가치인 'just do it'을 완벽히 이해했기 때문에 이와 같은 성공 캠페인을 기획할 수 있었다.

왜크만과 동료들의 연구(1987)에 따르면, 광고주가 광고 대행사에 대해 만족도를 느끼는 요인들은 다음과 같다고 제안했다. 광고 담당자들과의 좋은 인간 관계가 가장 중요한 요인으로 나타났으며, 다음으로는 광고 대행사의 공정한 제작비 청구, 효율적인 미팅, 훌륭한 크리에이티브 제작물, 리서치 활용도, 그리고 광고 대행사의 효율적 업무능력과 경험, 대행 민첩성 등으로 나타났다.

④ 종료단계

이 단계는 광고주와 대행사의 관계가 종결되는 단계이지만, 새로운 관계를 준비하는 단계이기도 하다. 다른 광고주와 혹은 다른 대행사와의 관계를 시작하기 위해서는 평판이 중요하기 때문에, 시작단계와 마찬가지로 원만하게 관계를 종식시키는 것이 중요하다. 종료 단계에서 대행사와 광고주는 종결의 이유와 책임을 서로에게 미루는 경향이 있는데, 광고주는 광고 대행사의 능력 부족으로 인한 성과 불만족을, 대행사는 광고주의 비효율적 마케팅 전략과 조직을 그 요인으로 생각한다. 이러한 자기 편향적 인식은 유종의 미를 거두는데 도움이 되지 않기 때문에 조심할 필요가 있다.

광고 산업 전망

광고 대행사의 활동 영역은 점차 확대되어 가고 있다. 마케팅 커뮤니케이션에 국한되는 것이 아니라, 토털 마케팅 솔루션 서비스 제공 업체로서 그 위치를 변모해가고 있다. 디지털 광고 시장의 급성장과 데이터 마케팅의 활성화로 인해, 컨설팅 업체들이 마케팅 서비스 분야에 대거 진출하면서, 대행사들을 인수하는 움직임을 보이고 있기도 하다. 또한 대행사들도, 빅데이터를 통한 통합 마케팅 시스템 구축과 컨설팅 부분을 보강하고 있다. 대행사들은 디지털 환경 내에서 소비자를 더욱 잘 이해하고, 새로운 콘텐츠를 생산하기 위해, 이커

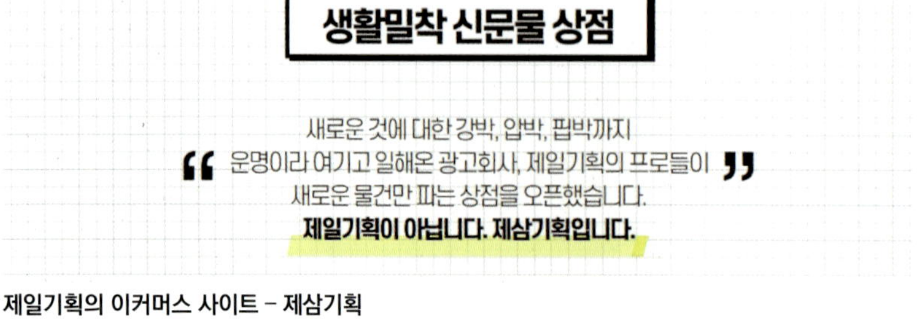

제일기획의 이커머스 사이트 – 제삼기획

머스 사업 등 새로운 분야에 진출하기도 한다. 실제로 제일기획은 2019년 '제삼기획'이라는 온라인 쇼핑몰을 만들었고, 이를 기반으로 '겟트(GETTT)'라는 체험 기반 라이프 스타일 전자상거래 플랫폼을 2020년에 출시했다. '겟트'는 대여 서비스를 추가한 새로운 개념의 전자 상거래 서비스이다. 이러한 서비스를 통해 축적되는 소비자 데이터를 활용하여 광고주들에게 맞춤형 마케팅 서비스를 제공함으로써, 변모하는 광고시장에서 경쟁력을 확보하고 유지하려는 것이다.

스타트업 업체들은 새로운 기술을 통해 시장의 문을 두드리는 경우가 많다. 하지만 이들은 마케팅 경험이 많지 않기 때문에, 브랜드를 확립하거나 소비자에게 접근하는 방식을 잘 알지 못한다. 이러한 점에 착안해서, 대행사들은 스타트업 비즈니스와 초창기부터 협업을 통해 해당 스타트업을 발전시키고, 추후에 수익을 배분하는 새로운 비즈니스 모델을 선보이고 있기도 하다. 대형 광고주를 영입하여 수익을 창출하는 기존의 광고 대행사 수익 모델에서 벗어나, 성장 잠재력이 우수한 기업을 광고주로 영입하고, 그 광고주를 대형 브랜드로 성장시켜, 상생을 꾀하는 새로운 방식이 광고 시장에 도입되고 있는 추세이다. 이를 위해서, 대행사들은 시장 가치와 잠재력을 파악하는 능력과 브랜드 전략 그리고 컨설팅 역량을 강화시킬 필요가 있다.

참고문헌

김봉현·김태용·박현수·신강균(2013). 광고학개론. 한경사. 60

김새미(2018.4.30). 지난해 광고회사 취급액 15조 2,098억 상위 10개사 비중 87.5%. 뉴데일리. http://biz.newdaily.co.kr/site/data/html/2018/04/20/2018042010056.html?redirect.

김지은(2019.4.19). 여성 최초 역사 써온 카피라이터 최인아가 만든 숲. 한국일보. https://www.hankookilbo.com/News/Read/201904171055720895

박원기(2005). 광고대행 수수료에 관한 연구: 피제도 도입 논란과 관련한 광고업계 종사자들의 인식조사를 중심으로. 한국방송광고공사.

이두희·김용욱(1992). 광고대행사와 광고주의 관계에 대한 실증적 연구. 광고학연구, 3, 7-22.

제일기획(2020). 광고연감. 제일기획.

Belch & Belch (2014). Advertising and Promotion: An Integrated Marketing communications perspective(9ed). McGrawHill, 73.

McKinsey & Company (2016). Global Media Report. https://www.mckinsey.com/~/media/McKinsey/Industries/Technology%20Media%20and%20Telecommunications/Media%20and%20Entertainment/Our%20Insights/Global%20Media%20Report%202016/GMO%20Report_2016_Industry%20overview_v3.pdf

Na, W., & Marshall, R. (2001). A cross-cultural assessment of the advertising agency selection process: an empirical test in Korea and New Zealand. International Journal of Advertising. 20(1), 49-66.

Wackman, D.B., Salmon, C.T., & Salmon, C.C. (1987). Developing an advertising agency-client relationship. Journal of Advertising Research, 26(6), 21-28.

2장: 생각해 볼 문제 (Review Questions)

- 국내 광고 시장에서 계열광고 대행사가 주된 위치를 차지하고 있는 배경은 무엇일까? (계열광고 대행사의 장·단점을 중심으로)
- 광고 대행사 수익구조를 생각해볼 때, 가장 효과적인 수익구조는 무엇일까?
- 광고 대행사가 광고주와의 관계에서 가장 비중을 두어야 할 부분은 무엇일까?
- 광고 대행사 직무 중에서, 본인이 하고 싶은 직무는 무엇일까? 이유는?
- 광고 산업의 미래에서 가장 필요한 것은 무엇이라고 생각하는가?

광고 이론은 광고 현상을 설명하고 이해하기 위해 필요하다. 광고라는 학문은 심리학, 사회학, 경영학, 커뮤니케이션학 등 전통 학문의 영향을 받으며 주요한 이론들 역시 다양한 학문적 영역을 통해 유입 및 적용되었다. 이러한 역사적 배경을 고려할 때 광고 이론을 정리하고 분류하는 기준은 학자에 따라, 접근 방법에 따라 실로 다양하다. 이번 장에서는 실무적 관점에서의 광고 이론 및 모델, 소비자 정보 처리 이론, 광고 맥락에서 사회 문화 이론 등 3가지 차원에서 주요한 이론을 소개하고자 한다.

대표적으로, 실무적 관점의 광고 모델로 FCB 그리드 모델(FCB Grid Model), 소비자 정보 처리 이론의 정교화가능성 모델(Elaboration Likelihood Model), 홉스테드의 문화차원 이론(Cultural Dimension Theory)을 포함 여러 중요한 관련 이론들이 그 예이다. 광고는 사회과학의 하나로 이론은 특정한 사회적, 행동적 현상을 설명해 주고 관련된 문제 해결이나 분석에 대한 방향을 제시해 준다. 또한 이론은 특정한 분야의 연구를 권장할 뿐만 아니라 문제 해결을 위한 대안적 관점과 해결책을 제공한다. 이번 장에서 중요한 광고 이론을 이해하고 학습할 수 있도록 하자.

CHAPTER

III

광고 이론

III

광고 이론

+ 3장 도입사례

던킨 도너츠는 무엇을 만드는 회사인가? 어릴 적 맛보던 던킨 도너츠의 달콤한 맛을 잊기 어려울 것이다. 최근 도너츠의 대명사이던 던킨(Dunkin)의 변화가 이채롭다. 2019년 정식 사명을 던킨 도너츠에서 던킨으로 바꾼 이후 2020년 던킨은 도너츠의 비중을 줄이고 다양한 커피와 심지어 맥주까지 새롭게 출시했다. 소비자들의 지식 속에 알고 있는 '던킨=도너츠' 등식에 변화가 생긴 것이다.

온라인 잡지 푸드앤와인즈(Food & Wines)에 따르면 미국 보스턴 브루어리 하푼(Harpoon)과 던킨이 협력해 2020년 가을 총 4개의 가을 시즌 특별 맥주인 에스프레소를 넣은 커피 포터(Coffee Porter) 에일 맥주, 호박과 호박파이 향미의 펌킨(Pumpkin) 에일 맥주, 던킨 도너츠와 카카오닙스가 들어간 보스턴 크림(Boston Kreme), 마지막으로 던킨 도너츠와 라즈베리 퓌레를 넣은 젤리도넛(Jelly Donut)을 선보인다. 물론 맥주에 도넛이 들어간다니 상상이 되지 않겠지만 실상 도넛은 재료 중 0.3%에 불과해 일종의 신선한 마케팅 아이디어라고 볼 수 있다.

소비자들은 던킨의 이러한 변화를 어떻게 받아들일 것인가? 이와 같이 기존 제품의 카테고리를 뛰어넘어 제품을 출시한 던킨은 새로운 브랜드에 대한 정체성과 이미지를 어떻게 소비자에게 각인시킬 것인지에 대한 전략적 접근이 필요하다. 한편 소비자 입장에서 광고 메시지가 어떻게 처리되고 받아들여질 것인가? 예를 들어, 던킨의 새로운 맥주 브랜드를 자연스럽게 수용하고 제품에 대해 문의를 한다던가, 온라인 검색을 한다던가, 매장에서 구매를 할 수 있을 것이다. 한편 이러한 변화를 받아들이기 어려운 소비자는 기존에 알고 있던 던킨 도너츠와 맥주 제품 간의 인지적 부조화를 경험할 수 있을 것이다. 다시 말해, 이러한 던킨의 변화를 소비자가 수용하지 않는다면 던킨의 변신과 광고효과는 무용지물이 될 것이다.

던킨과 하푼(Harpoon) 브루어리의 컬래버레이션 맥주
출처: Dunkin's Brands Group, Inc.

이번 장은 다양한 광고 이론에 대해 살펴볼 것이다. 던킨과 같이 브랜드를 리포지셔닝하고 기업과 브랜드에 대한 새로운 정보를 전달하고자 할 때 메시지 전략은 무언인지, 또 소비자들은 맥주 등 던킨의 새로운 제품 정보를 어떻게 처리해 태도를 형성하고 구매에 이르게 하는지 이번 장을 통해 함께 생각해 볼 수 있을 것이다. 또 광고는 우리의 일상생활과 밀접한 관련이 있기 때문에 사회적 맥락을 고려하지 않고서 그 영향력을 완전히 이해하는 것은 불가능하다. 던킨 도너츠와 맥주를 함께 마시는 것이 우리에게 얼마나 익숙한지 스스로 물어볼 필요가 있다. 이에 이번 장에서는 사회 문화적인 관점에서 광고를 어떻게 설명할 수 있을지 살펴보고자 한다.

출처: Dunkin's Brands Group, Inc.

1 광고 이론의 중요성

광고 이론은 광고가 어떻게 제품이나 브랜드의 인지도를 높이고 주요한 혜택을 전달해 구매행위로 이어지는지 그 과정을 체계적으로 설명해준다. 무엇보다 국내 광고 연구의 역사는 1980년 이후로 그다지 오래되지 않았다. 앞서 언급했듯이 이번 장에서는 (1) 실무적 관점에서의 광고모델, (2) 소비자 정보 처리 이론, (3) 광고 맥락에서 사회 문화 이론 등 3가지 차원에서 주요한 이론을 소개하고자 한다. 첫째, 광고 이론은 실무자들에게 어떻게 브랜드에 대한 정보와 혜택을 효과적으로 전달하고, 오래 기억에 남게 하고, 긍정적 브랜드 태도를 형성해 구매로 이어질지에 대한 체계적인 설명과 이해를 제공해준다는 점에서 중요하다. 특히 이번 장에서 소개하는 이론들은 메시지 개발 전략의 지침을 제공해 줄 것이다.

둘째, 소비자 정보처리에 관한 이론이다. 광고학이 과거 매스커뮤니케이션을 통한 설득의 순기능적 역할에서 파생되었다는 점에서 심리학 분야의 이론이 많은 것은 사실이다. 이는 매스커뮤니케이션이 안정적인 사회질서 및 국가체제를 유지하고자 대중의 인식, 태도 및 행동 변화를 심리학적 차원에서 주로 분석해 왔기 때문이다. 이와 같은 맥락에서 광고학은 소비자를 대상으로 제품과 브랜드에 대한 인식, 브랜드 태도 및 구매의도 등과 같이 소비자들이 광고자극에 어떻게 주의를 기울이고 정보를 처리해 기억체계에 저장하는지 등 일련의 소비자 정보처리 과정을 이해할 필요가 있다. 실제로 광고논문을 살펴보면 태도와 관련된 이론이 가장 많다. 이번 장에서는 소비자 정보처리의 중요한 이론들에 대해 살펴볼 것이다.

마지막으로 광고맥락에서 사회 문화 이론을 살펴볼 것이다. 소비자는 한 개인으로 이 사회의 구성원이며 특정 문화와 상징체계를 소비한다. 소비자는 끊임없이 마케팅 자극에 노출되며 다른 소비자와 소통하는 열린 시스템이다. 또한 소비자는 타인의 기대와 사회의 규범 등에 의해 영향을 받으며 정보 취사 선택 및 행동의 준거점을 설정한다. 똑같은 광고라도 글로벌 캠페인 차원에서 어떤 국가 또는 문화권에서는 성공을 하지만 왜 다른 국가나 문화권에서는 실패하는 것일까? 이는 인간의 사고, 태도, 신념 및 행동양식은 특정 문화를 공유하는 사람들에 의해 달라지기 때문이다. 이번 장에서 이와 같은 세 가지 차원으로 이론을 구분했으며 각 이론에 대한 자세한 내용을 아래에서 살펴보기로 한다.

2 실무적 관점에서의 광고 모델

FCB 그리드 모델(FCB Grid Model)

FCB(Foote, Cone and Belding)광고 대행사의 리처드 본(Richard Vaughn)은 1980년 광고 전략을 어떻게 수립할지에 대한 포지셔닝 기법 또는 모델을 개발했다. FCB 그리드 모델은 다음과 같은 세 가지 학문적 흐름에 따라 탄생하였다(Ratchford, 1987; Vaughn, 1980). 첫째 흐름은 마케팅에서의 전통적인 광고효과 이론이다. 전통적 광고효과 이론은 소비자를 (1) 기능과 정보를 중요시하는 경제적 소비자, (2) 자극에 반응하는 습관적 소비자, (3) 무의식과 감성을 중시하는 심리적 소비자, (4) 문화와 사회적 영향을 받는 사회적 소비자 등 네 가지로 분류하였다. 이와 같은 관점은 광고효과를 이해하는 데 많은 도움을 준다.

두 번째 흐름은 소비자 행동론에 학자들은 많은 관심을 갖기 시작했다. 1961년 라비지와 스타이너(Lavidge & Steiner)의 계층 효과 이론은 '인지 → 지식 → 선호 → 구매'의 단계를 거친다고 하였다. 그러나 이들 모델의 예측력의 한계로 수정된 계층 효과 모델이 나오는데 이는 '인지(learn) → 감성(feel) → 행동(do)'의 기본을 유지하면서 소비자 성향과 상황에 따라 계층 순서가 바뀔 수도 있다고 하였다. 현재 까지도 이와 관련해 많은 이론들이 변형되어 제시되고 있다.

세 번째 흐름은 '소비자 관여'와 '뇌의 분화' 영역에 대한 연구가 활발해졌다. 소비자 관여도 수준에 따라 정보 처리 및 구매 결정 과정에 영향을 미친다는 것이다. 특히 광고 노출 시 뇌의 좌반구(인지적 기능)와 우반구(감성적 기능)가 상이하게 반응하여 효과가 달라진다고 하였다. 물론 인간의 두뇌작용은 이와 같은 이분법적인 사고가 아니라 보다 복잡다단한 과정을 통해 결정된다는 점에서 자칫 지나치게 단순화했다는 비판이 있다. 그럼에도 FCB 그리드 모델은 이와 같은 세 가지 학문적 흐름을 토대로 탄생하였다.

FCB 그리드 모델은 크게 2가지 축인 소비자 관여도와 정보 처리 과정으로 4가지 단면을 만들 수 있다. 즉, 소비자 관여도를 '고관여'와 '저관여'로 구분하고, 소비자 정보 처리 과정은 '생각(이성)'과 '느낌(감성)'으로 분류하여 4개의 단면과 특성을 구분할 수 있다. 목표 시장 및 제품에 따라 단면 중 하나를 선택하고 그에 따른 광고 전략을 수립할 수 있다. 실례로, 배터리의 경우 저관여/생각중심의 단면에 존재한다. 배터리는 가격대비 수명이 중요하기 때문에 생각중심의 제품이나 그다지 가격이 비싸

표 3-1 FCB 그리드 모델

	생각	느낌
	고관여/생각중심	고관여/느낌중심
고관여	• 합리성, 정보중심 소비자 • 인지 → 느낌 → 구매 • 구체적 정보 제시 필요 • 세탁기, 자동차, 집	• 감성중심 소비자 • 느낌 → 인지 → 구매 • 광고 제작상 효과 강조 • 향수, 보석
	저관여/생각중심	저관여/느낌중심
저관여	• 습관적 소비자 • 구매 → 인지 → 느낌 • 광고상표를 상기시키도록 • 세제, 배터리	• 즉시적 만족형 소비자 • 구매 → 느낌 → 인지 • 주의집중 유도 필요 • 맥주, 사탕, 치약

대표적인 고관여/느낌중심의 샤넬N°5 향수 광고
출처: http://www.mimifroufrou.com/scentedsalamander/2008/11/perfume_ad_with_nicole_kidman.html

지도 않고 구매 후 부조화를 겪을 가능성도 낮다. 따라서 일단 구매를 하고 인지적인 평가과정을 거쳐 제품에 대한 태도를 형성하게 된다. 반대로 고관여/생각중심의 단면에 있는 집이라면 후회하지 않도록 객관적인 구체적인 정보를 바탕으로 의사결정을 내리게 된다.

관여도 수준과 정보 처리 과정에 따라 광고 메시지를 개발하더라도 획일적인 적용은 어렵다. 예를 들어, 자동차도 경제성을 중시하는 경차는 고관여/생각중심이지만 스포츠카는 고관여/느낌중심으로 분류될 수도 있다. 즉, 모든 광고가 동일한 방식으로 효과를 얻을 수 있는 것은 아니다. 어떤 경우에는 정보와 감성이 모두 필요하지만 어떤 경우에는 둘 다 고려할 필요가 없을 때도 있다. 또는 정보나 감성 중 한 가지에만 초점을 둔 광고 메시지를 개발할 수 있을 것이다.

이와 같은 FCB 그리드 모델의 장점에도 불구하고 다음과 같은 단점이 존재한다. (1) 지나치게 광고 전략을 단순화시켰다는 비판을 받는다. (2) 상품에 대한 소비자의 태도를 나타내는 모델에 불과하다. (3) 태도 형성에 영향을 주는 브랜드 인지가 고려되지 않는다. (4) 긍정과 부정적 느낌을 구분하지 않는다. (5) 제품태도와 브랜드태도를 구분하지 않는다.

DAGMAR(Defining Advertising Goals for Measured Advertising Results) 모델

DAGMAR는 1961년 Russell H. Colley가 미국전미광고주협회(The Association of National Advertisers)의 후원으로 작성한 보고서에 잘 나타나 있다. DAGMAR는 광고효과측정을 위한 광고목표의 정의로 커뮤니케이션 효과측정의 기준은 '광고목표' 그 자체가 되어야 한다는 것이다. 즉, 광고목표 달성여부가 커뮤니케이션 효과 달성여부의 중요한 지표로 설정되어야 하며, 마케팅믹스 요인인 매출이나 시장점유율을 광고효과측정 여부의 유일한 잣대로 사용하는 것은 바람직하지 않다는 것이다. 예를 들어, 최근 출시된 세븐브로이 '한강' 리버 에일 맥주의 경우 맥주 애호가의 브랜드이미지 강화, 브랜드인지도의 극대화, 고객기반의 확대, 마지막으로 매출증대로 이어지는 목표는 현실적이고 측정 가능한 광고목표로 설정할 수 있다.

광고의 성공여부는 타깃 소비자에게 얼마나 적절한 시기와 비용으로 소비자들에게 제품관련 정보를 제공하고 또 소비자들의 우호적인 태도를 형성했는가가 중요하다고 하였다. 구체적으로, DAGMAR는 다음과 같은 4단계 커뮤니케이션 과정을 거치는데 (1) 1단계에서 타깃 소비자에게 브랜드나 기업의 존재를 인식시키고, (2) 2단계에서 제품 특성, 주요속성 및 혜택을 이해시키고, (3) 3단계에서 제품 구매를 위한 확신을 갖게 하며, (4) 마지막 4단계에서 실제로 구매행위가 발생하게 하는 것이다. DAGMAR의 주요한 특징은 각 단계별 과업의 달성이 전 단계를 거쳐서 점진적으로 이루어진다는 것이다. 예를 들어, 소비자 이해가 목표라면, 타깃 소비자들이 브랜드나 기업에 대해 인지하고 있어야 한다는 것이다.

세븐브로이 한강 에일 맥주
출처: http://www.sevenbrau.com/mobile/beer.html

표 3-2 DAGMAR 4단계 커뮤니케이션 과정

Step1	인지(awareness)	잠재고객들에게 브랜드의 존재를 알린다.
Step2	이해(comprehension)	제품 특성과 유용성을 이해시킨다.
Step3	확신(conviction)	제품구매 의향을 높인다.
Step4	행동(action)	구매행동을 발생하게 한다.

한편 DAGMAR 모델은 모든 소비자들이 '인지 → 이해 → 확신 → 행동'이라는 단계를 거친다고 가정하고 있다. 그러나 저관여 제품인 음료수, 껌, 치약 등은 인지가 없더라도 바로 구매하거나, 구매 이후 이해나 확신이 뒤따를 수 있다 한편 실무적인 차원에서 DAGMAR가 매출변화의 정도를 충분하게 반영하지 못한다고 비판한다. 다시 말해, 인지도나 이해가 높더라도 실제 제품구매로 연결되지 않는다면 성공적인 캠페인이라고 평가하기 어려울 것이다. 또한 기계적으로 4단계를 적용해 정량화된 목표달성 여부를 강조하는 것은 실무자들의 창의성(creativity)을 저해한다는 비판을 받고 있다.

정보원 공신력 이론(Source Credibility Theory)

실무적 관점에서 광고 제작을 위해 알아야 할 이론이 정보원 공신력 이론이다. 여러분이 주말 운동을 위해 운동화나 트레이닝복을 구매한다고 가정해 보자. 마침 TV에 유명한 축구선수인 손흥민이나 피겨 여왕 김연아가 광고를 하고 있다면 어떨까? 아니면 인지도가 있는 탤런트나 여러분과 같은 일반인이 광고를 한다면 어떻게 느껴질까? 아마도 대부분의 사람들은 운동화나 트레이닝복 같이 스포츠와 관련된 용품이

손흥민의 아디다스 축구화 광고
출처: https://hypebeast.com/2018/5/adidas-x18-energy-mode-football-boots

라면 스포츠 스타의 광고가 보다 전문성이 느껴지고 신뢰할 수 있을 것이다. 광고의 수많은 설득요인 중 정보원의 다양한 속성들이 광고효과에 영향을 끼치는데 이러한 속성은 정보원의 공신력(source credibility)에 달려 있다.

공신력이란 소비자가 정보원이 믿을 만하다고 지각하는 정도를 의미한다. 정보원의 공신력은 정보원이 가진 자질이기도 하지만 소비자 입장에서 어떻게 이를 지각하는지가 중요하다. 정보원의 공신력은 크게 (1) 전문성(expertise)과 (2) 신뢰성(trustworthiness)으로 구분된다(Hovland & Weiss, 1951). 먼저 전문성이란 정보원의 교육수준, 정보력, 경험, 능력, 지식 등과 관련되며 정보원이 어떤 진실을 알고 있는지, 얼마나 정확하게 알고 있는지에 대한 종합적 판단이다. 즉, 소비자는 정보원이 타당한 주장을 하며 그러한 주장이 해당 분야의 지식, 경험, 능력에 근거하고 있다고 지각하는 것을 의미한다. 한편 신뢰성은 정보원의 진실성, 정직함, 편견이나 공정함의 평가와 관련이 있다. 정보원이 자신이 알고 있는 진실을 어떤 숨겨진 의도 없이 전달하는 것에 대한 소비자의 인지 정도이다.

정보원 매력성 이론(Source Attractiveness Theory)

한편 정보원 매력성 이론은 광고모델의 신체적 매력과 심리적 매력을 의미한다(McGuire, 1985). 광고모델이 신체적 매력이 있다면 소비자는 광고모델을 더욱 좋게 평가해 설득효과가 높게 나타난다. 한편 심리적 매력은 소비자가 광고모델을 얼마나 친근하게 느끼는지, 좋아하는지, 또는 유사하다고 느끼는지를 말한다. 즉, 광고모델의 친근성(familiarity), 호감성(likability), 그리고 유사성(similarity)의 3가지 요인이 심리적 매력을 구성하는 3가지 요인으로 볼 수 있다. 일반적으로 소비자의 사회적 상황에서 자신을 드러내거나 보여주기 위한 제품일수록 정보원의 매력성이 중요해진다. 예를 들어, 대부분의 패션이나 화장품과 같은 광고를 보면 외모가 아름다운 연예인들이 주요 광고 모델로 사용되는 이유가 여기에 있다.

심지어는 사회적 과시나 자기노출을 위한 제품과는 관계가 없는 제약업체들도 최근 매력있는 젊은 배우들과 아이돌을 광고 모델로 내세워 신세대의 주의와 관심을 유도하고 있다. 예를 들어, 동아제약의 경우 셀파렉스의 모델로 배우 김우빈을 선정해 3040세대의 관심을 끌고 있으며, 경남제약은 BTS를 레모나 모델로 기용해 상큼함을 어필하고 있다. 과거 제약광고는 건강에 관심이 많은 중장년층에게 어필하기 위해 중년배우를 모델로 주로 활용했으나 최근 건강에 관심이 많은 젊은 세대와 소통을 위해 젊은 모델을 내세워 인지도를 높이고 있다.

마데카솔 광고
이효정 (2020). MZ세대 겨냥했나…제약사들, 아이돌 등 광고모델 발탁↑
http://www.startuptoday.co.kr/news/articleView.html?idxno=53913

사회판단 이론(Social Judgement Theory)

인간의 도움 없이 100% 자율주행이 가능한 차가 2021년 개발되어 양산에 들어간다는 A자동차 회사의 광고를 보았다고 가정하자. 여러분은 이 광고의 메시지를 얼마나 믿고 수용할 수 있을까? 특히 관여도가 낮은 소비자들을 설명하는 이론으로 사회판단이론이 있다(Sherif & Hovland, 1961). 태도의 영역(latitude of attitude)에 관한 이 이론은 주요한 쟁점이나 이슈에 대해 관여도 수준에 따라 메시지를 받아들이는 수용영역이 달라질 수 있음을 설명하고 있다. 즉, 개인적 관여도가 높을 경우 엄격한 정보처리를 거치기 때문에 메시지를 수용하는 영역(latitude of acceptance)이 좁고 거부의 영역(latitude of rejection)이 넓을 것이다. 반면 관여도가 낮을 경우 소비자는 수용의 영역이 넓을 것이고 거부의 영역이 좁을 것이다. 예를 들어, 여러분이 A브랜드에 충성도가 높다면 관여도가 높을 것이다. 이 때 경쟁사 B브랜드에 노출될 경우 B브랜드 광고 메시지를 받아들일 가능성은 높지 않다. 그러나 특별히 A브랜드에 애착이 없다면 B브랜드의 메시지를 수용할 가능성이 높아질 것이다. 한편 수용의 영역과 거부의 영역 사이에 무관심을 보이는 중립적인 영역(latitude of non-commitment)이 존재한다. 수용의 영역과 거부의 영역은 소비자 태도의 호불호가 명확하지만 무관심의 영역에서는 뚜렷한 의견을 제시하지 않는다.

저관여 소비자에 비해 고관여 소비자는 메시지를 왜곡하여 수용할 가능성이 높다. 고관여 소비자는 수용의 영역에 위치한 메시지를 자신의 신념 및 태도와 동화시켜 더욱 긍정적으로 수용하는데 이를 동화효과(assimilation effect)라고 한다. 반면 메시

그림 3-1 태도의 영역

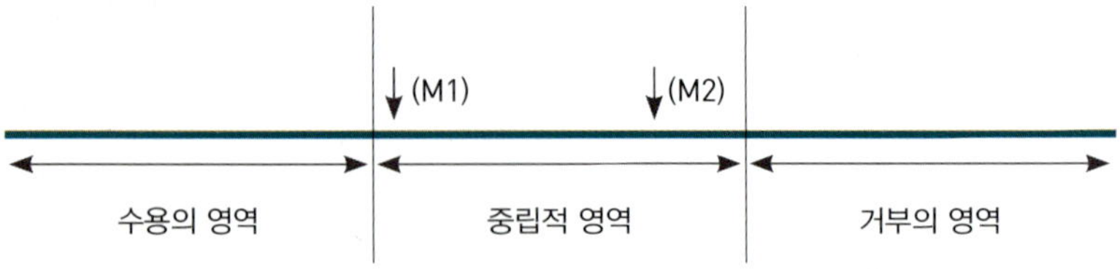

지가 자신의 신념과 태도와 상충되는 거부의 영역에 놓일 경우 이를 더욱 부정적으로 해석해 거부하게 되는데 이를 대조효과(contrast effect)라고 한다. 이와 같은 동화 및 대조효과는 사물이나 대상에 대한 태도가 쉽게 양극화됨을 보여주고 있다. 이해를 돕기 위해 [그림 3-1]과 같은 영역이 존재한다고 하자. 예를 들어, 메시지(M1)가 수용의 영역에 가깝게 느껴진다면 동화효과에 의해 메시지를 받아들이게 된다. 그러나 거부의 영역에 가깝게 메시지(M2)가 느껴진다면 메시지는 거부될 가능성이 높다. 절대적인 수용, 중립, 거부의 영역은 존재하지 않으나 고관여 소비자는 저관여 소비자에 비해 자신의 기존 태도와 신념을 유지하고자 하는 일관성을 중시하기 때문에 대조 및 동화효과를 보일 가능성이 높다.

3 소비자 정보 처리 이론

정교화가능성모델(Elaboration Likelihood Model)

광고는 소비자의 태도변화와 구매행위를 촉진시킨다. 여기서 태도란 어떤 대상에 대해 일관성 있게 호의적 또는 비호의적으로 반응하게 하는 학습된 선유경향(predisposition)으로 정의할 수 있다(Fishbein et al., 1975). 그렇다면 메시지가 어떻게 소비자를 설득하고 어떤 커뮤니케이션 요소가 소비자 태도형성에 주요한 역할을 하는지 알아볼 필요가 있다. 정교화가능성모델은 페티와 카치오포(Petty & Cacioppo, 1981)에 의해 제시되었는데 태도변화를 이해하는 이론으로 많은 주목을 받아왔다. 정교화가능성모델은 광고 및 커뮤니케이션 전공자라면 반드시 숙지해야 하는 이론이다.

정교화가능성모델에 따르면 태도변화는 두 개의 기본적 경로가 존재한다. 하나는 중심경로(central route)이며, 다른 하나는 주변경로(peripheral route)이다. 중심경로는 제시된 메시지의 타당성과 논리적 사고의 결과로 설득되는 반면, 주변경로는 제시된 논점과는 무관한 요소들 — 예를 들어, 메시지 전달자의 신체적 매력성, 배경음악, 흥미성 — 에 따라 설득되어 태도변화가 발생하는 경우이다. 중심경로를 통해 형성된 태도는 지난한 인지적 정보처리(cognitive information processing)를 통해 형성된 태도인 만큼 상대적으로 태도가 강하게 형성되고 오랜 시간 지속된다. 제품의 성능과 속성 등 중심단서(central cues)를 통해 형성된 태도는 소비자의 적극적이고 의식적인 사고과정과 참여의 결과이기 때문이다. 반면 주변경로를 통해 형성된 태도는 중심경로를 통해 형성된 태도에 비해 태도가 덜 강하며 지속력도 약하다. 일반적으로 소비자는 인지적 노력을 기울이기보다는 브랜드나 제품과 직접적인 관련이 없는 주변적 단서(peripheral cues)에 의존해 태도를 결정한다. 이와 같은 두 가지 경로를 고려할 때 기업은 어떤 상황에서 소비자가 어떤 경로를 통해 어떤 메시지를 처리하는지 판단하고 시간, 장소, 상황에 따라 마케팅 전략을 수립하는 것이 필요하다.

한편 정교화가능성모델에서 중심경로와 주변경로의 결정은 소비자의 메시지 처리 '능력(ability)'과 '동기(motivation)'에 따라 결정된다. 즉 소비자가 메시지를 처리할 수 있는 능력과 동기가 있다면 메시지를 엄격하게 처리할 것이다. 예를 들어, 스마트폰 광고에서 화소에 대해 설명한다면 이를 이해할 수 있는 기술적, 전문적 지식을 갖고 있어야 능력이 있는 것이다. 또한 어떤 소비자가 이번 주에 스마트폰을 구매할 예정이라면 스마트폰 광고를 유심히 볼 것이고 이때 동기가 높다고 할 수 있다. 이렇듯 능력과 동기가 뒷받침될 때 소비자는 메시지를 정교하게 처리하게 된다. 앞서 설명했듯이 스마트폰 화소와 같이 제품과 관련된 중심단서는 논리적이며 설득적이라 이렇게 형성된 태도는 상대적으로 안정적이고 지속적이다. 반면 광고모델이나 배경음악 등 제품과 관련없는 주변단서는 메시지의 설득력이 약해 소비자는 메시지를 수용하지 않아 태도변화가 없거나 적을 것이다. 물론 이렇게 형성된 태도는 불안정하며 오래 지속되지 않는다.

정교화가능성모델을 실무적인 차원에서 적용해 볼 수 있다. 광고를 제작할 때 타깃 소비자가 능력과 동기가 높다면 설득력있고 타당한 중심단서 위주의 메시지를 전달하여 기업과 브랜드에 대한 강력한 태도를 형성해야 할 것이다. 그러나 타깃 소비자가 능력이나 동기가 부족하다면 주변단서 위주의 메시지를 전달할 때 호의적인 태도를 형성할 수 있을 것이다.

인지부조화 이론(Cognitive Dissonance Theory)

소비자들은 다양한 정보에 노출된다. 때로는 기존의 태도와 신념과 일치하는 경우도 있지만 때로는 일치하지 않는 메시지에 노출되곤 한다. 사람들은 자신이나 혹은 타인에 대한 신념이나 의견을 갖게 된다. 예를 들어, "나는 BTS를 좋아한다"와 "BTS는 멋있다"라는 신념은 조화를 이루며 쉽게 수용된다. 그러나 "나는 BTS가 싫다"라는 메시지에 노출될 경우 인지부조화를 경험하게 된다. 부조화된 생각이 깊을수록 소비자는 불쾌감과 심리적 불균형을 경험하는 것이다(Festinger, 1957). 특히 고가의 제품을 구입할 경우 등 중요한 구매결정을 내릴 때 제품의 유무형의 성능이나 상징적 혜택이 기대에 미치지 못한다면 소비자는 인지부조화를 경험하게 된다.

부조화를 일으키는 다양한 조건들이 존재한다. 먼저, 소비자는 어느 정도 수준의 부조화는 감내하지만 임계점을 넘어가면 참을 수 없게 되고 부조화상태를 해결하기 위한 다양한 행동적 반응을 하게 된다. 둘째, 행동은 돌이킬 수 없다는 것이다. 예로부터 '언행일치(言行一致)'라는 말이 있듯이 말과 행동이 일치해야 함을 뜻한다. 말과 행동이 다르다면 보통의 사람들은 자아에 대해 부조화를 경험하게 된다. 나아가 특정 행동으로 이어질 경우 자아와 심각한 내부적 갈등을 겪게 된다. 셋째, 선택되지 않은 대안들에 대한 평가의 우열을 가리기 어려울 때이다. A브랜드를 선택할 때와 B브랜드를 선택할 때 명확하게 올바르고 현명한 결정이었다고 확신하지 못할 경우 구매 후 선택에 대한 실망감을 가지기 쉽다.

그렇다면 부조화를 감소시키기 위한 방법은 어떤 것들이 있을까? 소비자는 제품에 대한 평가를 변화시킬 수 있다. 선택한 브랜드의 혜택(benefits)이나 속성(attributes)의 중요성은 극단적으로 확대하는 반면 선택되지 않은 브랜드의 혜택이나 속성의 중요성은 최소화시킬 수 있다. 둘째, 새로운 정보의 탐색이다. 소비자는 자신의 브랜드 선택을 합리화하기 위해 구매한 브랜드의 속성이나 혜택을 보여주는 광고나 정보에 의도적으로 선별적 주의(selective attention)와 선별적 노출(selective exposure)을 할 수 있다. 또한 경쟁브랜드의 광고에 노출되더라도 이를 반박하기 위해 또 다른 정보를 탐색해 기존 태도를 옹호할 수 있다. 마지막으로 태도의 변화를 통해 부조화를 감소시킬 수 있다. 예를 들어, 경쟁사 브랜드의 프로모션을 통해 샘플을 사용해 볼 수 있다. 물론 거절하거나 버릴 수도 있으나 실제로 샘플을 사용함으로써 경쟁사 브랜드에 대해 긍정적이고 우호적인 태도를 가질 수 있다. 이 때 부조화는 감소하게 된다. 예를 들어, A샴푸를 쓰던 소비자가 B샴푸를 사용해 보면서 B샴푸에 대해 긍정적인 태도를 가진다면 B샴푸에 대한 태도와 행동이 일관성을 갖게 되고 조화로운 상태에 이르게 된다. A샴푸의 브랜드 매니저라면 이러한 경쟁사로의 브랜드 전환(brand switching)은 결코 달갑지 않을 것이다.

최근 페이스북, 인스타그램 등 SNS를 통한 광고는 소비자의 선별적 주의 및 노출과

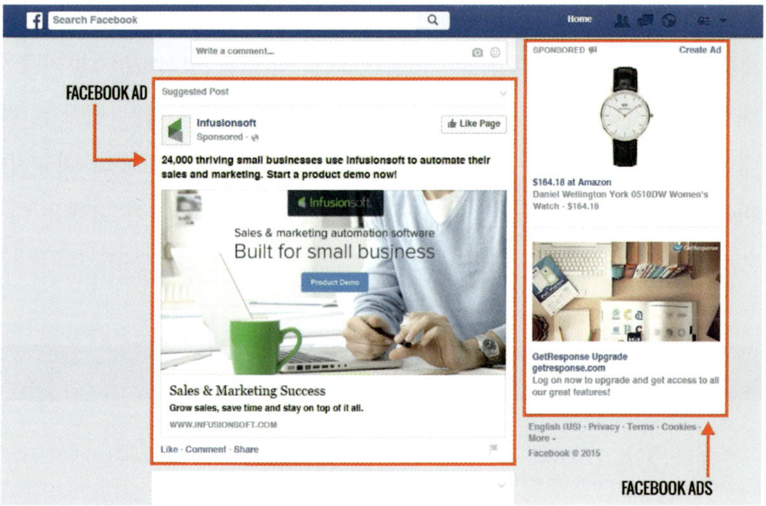

페이스북 타깃 광고

출처: https://thenextscoop.com/facebook-ad-productivity-headlines/

관련해 소비자의 다양성 추구와 알 권리를 침해한다는 비판을 받고 있다. 예를 들어, 페이스북 타깃 광고 전략은 쿠키(cookie)를 이용해 소비자와 관련성이 높은 상품에 대해서만 광고를 노출시킨다. 즉 소비자가 상품에 관심을 보인다면 유사한 브랜드와 제품군을 보여주게 되는 것이다. 기업 입장에서 페이스북의 알고리즘을 통해 소비자의 관심사나 제품을 반영해 브랜드를 노출시키는 것은 당연하다고 볼 수 있다. 그러나 결과적으로 소비자는 자신의 관심 제품군과 브랜드에 반복적으로 주의를 기울이고 노출시켜 지나치게 매몰될 위험성이 존재하며 나아가 다양한 제품군과 브랜드에 노출될 기회마저 박탈되는 부정적 결과를 초래하게 된다. 이런 점에서 최근 페이스북이 소비자 거주지, 방문 웹사이트 기록, 지난 행적, 최근 교류한 사람 등의 개인적 정보를 이용해 타깃 광고를 했다는데 비난을 받는 이유가 있다. 위의 페이스북에서 소비자의 관심사에 따라 중소기업 마케팅 툴에 대한 광고가 포스팅 섹션과 오른쪽 칼럼 광고로 제시되는 것을 볼 수 있다.

다속성태도 모델(Multi-attribute Model)

브랜드에 대한 소비자의 태도를 이해하는 것은 광고 목표나 전략 수립에 필수적이다. 브랜드에 대한 긍정적인 태도는 구매로 이어질 가능성이 높다. 한편 브랜드를 좋아한다고 해서 반드시 특정 브랜드를 구매할 수 있는 것은 아니다. 예를 들어, 아우디(Audi)를 좋아한다고 해서 반드시 구매하는 것은 아니며, 또 토요타(Toyota)가 싫다고 하더라도 전문가나 지인의 권유로 구매할 수도 있다. 그러나 이는 예외적인 경우이며 일반적으로 태도와 행동은 높은 정적 상관관계가 있다고 볼 수 있다. 즉 소비자의 제품에 대한 부각된 신념들은 제품에 대한 태도를 형성하는 데 기초가 된다. 제품에 대한 소비자의 부각된 신념들이 파악되면 이것들이 어떤 식으로 결합되어 제품에 대한 태도로 이어지는지 이해할 수 있다. 다속성태도 모델의 대표적인 예가 1963년 피쉬바인이 제시한 피쉬바인 모델(Fishbein model)이다. 이 모델은 다음과 같은 등식으로 표현된다.

피쉬바인 모델

$$A_0 = \sum_{i=1}^{n} b_i e_i$$

이 식에서

A_0=대상에 대한 태도(attitude toward the object)

b_i=이 대상이 속성 i를 가지는 신념의 강도

e_i=속성 i의 평가

n=부각적 신념의 수

이 식을 통해 부각된 신념들을 수치화해 신념들을 합산하거나, 평균을 구하거나, 신념들에 가중치를 부여할 수도 있다. 구체적으로 피쉬바인 모델에서 태도는 여러 개의 부각된 신념(b)에 대한 강도와 속성에 대한 평가(e)의 합산이다. 긍정적 신념이 많이 연상될수록 긍정적인 태도를 형성하는 반면 부정적인 신념이 많이 연상될수록 부정적인 태도를 형성하게 된다. 예를 들어, 스마트폰의 경우 화소, 램, 화면크기, 카메라 기능 등이 속성이 될 수 있다. 순서대로 화소가 1~7점 척도에서 7점으로 중요하다고 가정할 때, A스마트폰의 화소에 대한 신념의 강도는 1~7점 척도 중 3점, B스마트폰의 화소에 대한 신념의 강도는 5점이라고 한다면 A스마트폰에 대한 태도는 21(=7×3), B스마트폰에 대한 태도는 35(=7×5)가 되어 B스마트폰에 대한 태도가 더 우호적이다. 이와 같이 다른 속성인 램, 화면크기, 카메라 기능 등에 대해서도 마찬가지로 합산하여 태도를 구할 수 있다. 다른 예([표 3-3])로 자동차의 중요한 속성이 경제성, 넓은 내부공간, 신뢰성이라고 가정할 때 A자동차와 B자동차에 대한 상대적 태도를 비교해 볼 수 있다. A자동차에 대한 태도는 41점이고 B자동차에 대한 태도는 38점으로 A자동차에 대해 더 호의적임을 알 수 있다.

표 3-3 자동차에 대한 다속성태도 모델 예시

속성(i)	속성의 평가(e_i)	신념의 강도(b_i)	
		A자동차	B자동차
경제성	+4	7	5
넓은 내부공간	+1	3	4
높은 신뢰성	+2	5	7

A자동차에 대한 태도=7×4+3×1+5×2=28+3+10=41
B자동차에 대한 태도=5×4+4×1+7×2=20+4+14=38

합리적 행동이론(Theory of Reasoned Action)

합리적 또는 이성적 행동이론은 앞에서 배운 피쉬바인 다속성태도 모델의 확장모델(Fishbein's extended model)이라고도 한다. 합리적 행동이론에 따르면 인간의 행동의도(behavioral intention)는 자발적 통제하에 합리적으로 형성된 행동에 대한 태도(attitude toward act)와 주관적 규범(subjective norms)으로 구성된다. 소비자는 주어진 상황에서 현실적으로 발생가능한 행동의 결과를 의식적으로 검토하고 가장 좋은 결과가 발생하는 것을 선택한다는 점에서 합리적 행동이론이라고 하였다. 그런데 다속성태도모델의 태도가 특정 대상 또는 브랜드에 대한 태도(attitude toward object)라면 확장모델의 태도는 행위에 대한 태도(attitude toward an act)이다. 소비자 입장에서는 구매행위에 대한 태도(attitude toward purchase) 라고 보면 될 것이다. 즉, 다속성모델에서 A자동차에 대한 태도라면 확장모델에서는 A자동차 구매에 대한 태도이다. A자동차에 대한 태도는 안전성이 높고, 스타일이 뛰어나다고 해보자. 그러나 A자동차 구매에 대한 태도는 연비가 낮다 또는 비싸서 구매 자체는 꺼릴 수 있다. 따라서 브랜드나 제품 자체에 대한 태도와 구매행동에 대한 태도는 반드시 동일하다고 볼 수 없다.

행동의도에 영향을 미치는 또 다른 요인으로 주관적 규범(subjective norm)이 있다. 구매행위에 대한 태도가 개인적 요인이라면 주관적 규범은 사회적 요인으로 볼 수 있다. 즉 주관적 규범은 소비자는 사회에 귀속되는 존재로 사회와 타인의 영향을 받는다는 가정을 하고 있다. 주관적 규범은 소비자 구매행위에 대한 사회 구성원 또는 타인에 대해 평균적인 규범을 소비자 스스로가 생각하는 정도로 정의할 수 있다. 구체적으로 주관적 규범은 (1) 규범적 신념(normative belief)과 (2) 순응동기(motivation to comply)의 두 가지 하위요소로 구성된다. 규범적 신념은 타인이 내가 어떻게 행동해야 한다고 기대하는 정도에 대한 믿음이며 순응동기는 타인의 기대에 순응하려는 정도이다. 추가적으로 나의 행동에 영향을 미치는 중요 타인(significant others) 또는 타자와 관계의 질적 수준 그리고 인원이 얼마나 많은지가 주관적 규범에 영향을 미친다.

주관적 규범에 대한 예를 들어 보자. "내가 이 옷을 구매하면 다른 사람들은 어떻게 생각할까?", "내가 이 차를 타고 다닌다면 내 친구들은 나를 어떻게 생각할까?" 등 사람들과 관계 속에서 구매 행위의 결과에 대해 주위를 의식하게 될 것이다. 이러한 규범적 신념에 대해 내가 얼마나 순응할지는 개인의 내적, 외적 동기수준에 따라 상이할 것이다. 마지막으로, 가족, 친구, 직장동료 및 상사 등 타인과의 유대강도가 강할수록 또 그러한 중요타자의 숫자가 많을수록 주관적 규범이 높아질 것이다. 이상과 같이 합리적 행동이론은 행동에 대한 태도와 주관적 규범으로 구성됨을 살펴보았다.

루시드 모터스 전기차 광고
https://techcrunch.com/2020/09/08/lucid-motors-all-electric-air-will-start-below-80000/

그렇다면 행동에 대한 태도와 주관적 규범은 어떤 요인이 더 중요할까? 구매 상황에서 착한 브랜드나 공정무역 브랜드 등 사회적 바람직성(social desirability)을 고려한다면 주관적 규범의 영향이 클 것이다. 그러나 개인적 용도로 사용되거나 사회적 영향을 덜 받는 제품들은 개인의 태도가 더 큰 영향을 미칠 것이다. 또 합리적 행동이론은 인간이 언제나 이성적, 합리적 의사결정을 내린다는 '경제적 인간(homo economicus)'으로 간주하는데 실상 비합리적이고 감성적인 인간의 행동을 연구하는 행동경제학(behavioral economics) 관점이 대두되고 있다. 최근 테슬라(Tesla)를 위협하는 전기자동차로 루시드(Lucid Motors)가 새로운 모델을 출시했다. 루시드 전기차 구매행위에 대한 태도와 최근 전기차나 수소차 등 친환경 차량에 대한 관심이 증가하는 상황에서 주관적 규범의 영향은 어떨지 생각해 보기 바란다.

고전적 조건화 이론

소비자는 외부 마케팅 자극에 끊임없이 노출된다. 반복적인 노출을 통해 의식적 또는 무의식적으로 브랜드를 인지하고 또 주요한 속성과 혜택을 학습하게 된다. 시장에 막 출시된 신규 브랜드는 소비자에게 낯설게 느껴질 것이다. 그러나 새롭게 출시된 브랜드가 긍정적이고 우호적인 연예인 또는 스포츠스타 모델과 함께 등장한 광고를 보게 된다면 브랜드만 노출되었을 때와 비교해 보다 긍정적인 광고태도 및 브랜드태도를 만들 수 있게 된다. DB그룹의 DB손해보험은 가수이자 탤런트인 윤아를 2020년 현재 3년째 모델로 내세워 소비자의 신뢰도와 긍정적 반응을 불러일으키고 있다. 원래 자극이 존재하지 않았던 신규 브랜드에 대해 소비자가 좋아하는 인기연예인을 광고에 등장시켜 연예인에 대한 긍정적 태도가 브랜드로 전이되기를 기대하는 것이다. 이는 대표적인 고전적 조건화(classical conditioning)의 예시로 볼 수 있다.

DB손해보험 광고
출처: https://biz.chosun.com/site/data/html_dir/2020/05/06/2020050601133.html

고전적 조건화에 의한 학습은 이미 잘 알려진 1897년 파블로프(Pavlov)의 실험에서 유래되었다. 파블로프는 개가 고기를 줄 때마다 무조건적으로 침을 흘리게 된다는 점을 확인한 후 개에게 고기를 줄 때마다 종을 쳤다. 흥미롭게도 일정한 시간이 지난 후에 고기를 주지 않더라도 종을 치면 개가 침을 흘리도록 조건화할 수 있었던 것이다. 다시 말해 무조건 자극(unconditioned stimulus)인 고기에 개가 무조건 적으로 침을 흘리는 무조건 반응(unconditioned response)를 보이게 된다. 이후 무조건 자극을 제공할 때마다 종을 치는 행위를 여러 번 반복하게 되면 과거 중립 자극(neutral response)인 종소리만 듣고도 침을 흘리는 반응을 보이게 된다는 점이다. 한편 무조건 자극의 강도가 강화될수록, 반복횟수가 많아질수록, 조건 자극이 무조건 자극에 선행하는 것이 더 효과적이다. 다시 DB손해보험 광고로 돌아와서 많은 인기를 누리고 있는 무조건 자극인 윤아와 함께 중립 자극인 DB손해보험 상품을 반복적으로 함께 노출시켰을 때 추후 DB손해보험 상품에 노출되더라도 우호적인 태도를 형성하게 됨을 이해할 수 있다.

또 다른 고전적 조건화의 연구(Gorn, 1982)에 의하면 마케팅 상황에서도 이와 같은 결과를 예측할 수 있다. 학생을 대상으로 조건 자극인 볼펜을 사진 슬라이드로 보여주면서 동시에 무조건 자극인 배경음악을 들려주었다. 구체적으로 무조건 자극인 좋아하는 배경음악과 함께 청색 볼펜(집단 1)과 베이지 볼펜(집단 2)을 피험자에게 노출했으며, 무조건 자극인 싫어하는 배경음악과 함께 마찬가지로 청색 볼펜(집단 3)과 베이지 볼펜(집단 4)을 보여주었다. 실험 결과 피험자 중 79%가 좋아하는 음악과 함께 보여준 펜을 선택하였으며 21%만이 함께 보여주지 않은 펜을 선택하였다. 한편 싫어하는 음악과 함께 펜을 보여준 조건에서 30%만이 선택했으며 싫어하는 음악과 함께 보여주지 않은 펜을 선택한 조건은 대다수인 70%로 나타났다. 요컨대 좋아하는 배경음악과 함께 노출된 펜의 경우 대다수가 선택하지만 싫어하는 배경음악과 함께 노출된 펜은 대다수가 회피하며 함께 보여주지 않은 펜을 선택함을 알 수 있다.

조작적 조건화 이론

소비자는 욕구를 해소하기 위해서 이를 충족시키거나 당면 문제를 해결하기 위해 제품을 구매할 수 있다. 예를 들어, 격렬한 운동 후에 갈증을 느끼는 소비자에게 스포츠 음료는 더욱 효과적일 것이다. 스키너의 실험에서 흰쥐나 비둘기를 장 속에 가두어 놓고 불이 켜질 때마다 지렛대를 누르면 음식이 나오게 하였다. 이처럼 원하는 결과를 획득하기 위해서 도구를 조작하거나 작동하여 학습하는 것을 조작적 또는 작동적 조건화(operant conditioning)라고 한다(Skinner, 1938).

조작적 조건화가 발생하기 위해서는 몇 가지 조건이 필요하다. 먼저 소비자는 강력한 충동이나 욕구가 있어야 한다. 앞의 스포츠 음료의 예와 같이 소비자가 느끼는 갈증의 정도가 강할수록 갈증해소를 위해 구매할 가능성이 높아진다. 둘째, 행동 즉 구매를 촉발하기 위해서는 소비자에게 신호가 필요하다. 앞의 스키너의 실험과 같이 지렛대를 누를 때 음식이 나온 것을 인식했듯이 어떤 신호가 소비자에게 단서로써 제공될 때 욕구해소를 위한 행동 즉 구매를 하게 된다. 예를 들어, 밤늦게 영업을 하는 음식점이나 편의점의 간판이 허기를 채울 수 있음을 의미하는 신호가 될 수 있다. 셋째, 소비자들이 구매 행위를 통해 원하는 보상을 얻게 되면 앞으로 동일한 구매 행위를 할 가능성이 높아진다. 멋진 패션 브랜드를 구매해 심리적, 사회적 만족감을 얻었다면 추후 동일한 브랜드를 구매할 확률이 높아질 것이다. 이와 같은 예에서 심리적, 사회적 만족감이 점차 강화된다면 이를 강화(reinforcement)라고 한다.

스키마 이론(Schema Theory)

소비자가 제품의 속성이나 혜택을 학습하는 데 있어 스키마 이론은 머릿속에 존재하는 브랜드 관련 지식이나 경험이 새로운 내용을 학습하고 수용하는데 도움이 된다는 이론이다(Anderson, 2000). 스키마는 개념들의 복합구성체로 소비자의 기억 속에 저장되어 있는 인식체계이다. 개념들은 마디(node)와 연결고리(link)로 구성되어 있으며 각 마디 안에 저장된 내용을 개념이라고 한다. 소비자는 광고 등 외부 자극을 통해 또는 의식적인 정보인출을 위해 개념을 활성화시킨다. 기억 속에 한 가지 개념이 활성화되면 연결고리를 통해 관련 개념들이 연속적으로 활성화된다. 이와 같은 과정을 의미연결망 네트워크 활성화의 확산(spreading activation of semantic network)이라고 한다.

쉬운 예로 맥도날드 햄버거를 들어보자. A소비자는 맥도날드하면 패스트푸드라는 개념 이외에 떠오르는 것이 없을 것이다. 반면 B소비자는 패스트푸드, 아치형 로고, 빅맥, 애플파이 등 보다 빽빽한 개념을 가지고 있다고 할 때 A소비자에 비해 B소비자가가 더 밀도가 높은 지식체계, 스키마 또는 의미연결망 네트워크를 가졌다고 할 수 있다. 일반적으로 의미연결망은 위계구조를 보여 상위 개념에서 하위 개념으로 순차적으로 활성화된다. 또 둘 이상의 개념이 결합하여 새로운 개념을 형성할 수 있다. 마지막으로 노드의 크기와 연결고리의 굵기에 따라 더욱 빨리 우선적으로 활성화된다. 앞의 맥도날드 예에서 A소비자는 패스트푸드라는 의미가 제일 먼저 떠올랐지만 B소비자는 아치형 로고가 제일 먼저 떠오를 수 있는데 이는 연결고리의 굵기의 차이 때문이다.

스키마 이론은 광고 메시지 전략 차원에서 빈번히 적용된다. 예를 들어, 많은 광고는 개념을 크고 연결고리를 강하게 만들려고 한다. 두통이 있을 때 게보린 광고를 보게 되면 두통의 개념과 게보린 간의 연결고리가 굵어져 두통이 생길 때마다 게보린을 찾게 될 것이다. 흥미로운 점은 새로운 지식은 기존의 소비자의 스키마 즉 지식체계를 바탕으로 새롭게 업데이트되거나 수용될 수 있다. 기존 스키마와 새로운

그림 3-2 코카콜라의 스키마

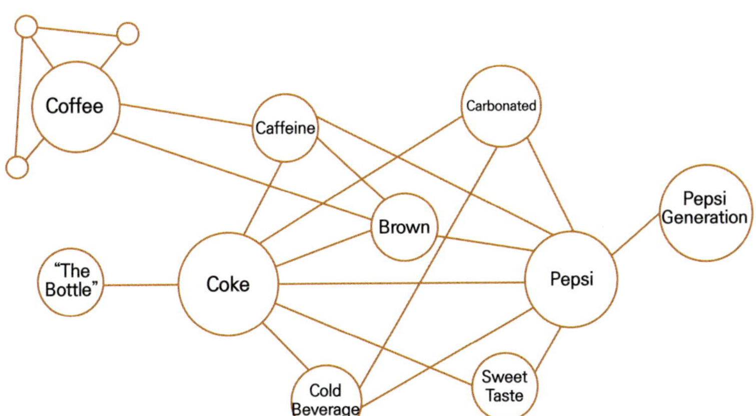

출처: https://slideplayer.com/slide/13101724/

외부 자극 또는 광고 메시지가 상충된다면 소비자는 이러한 외부 정보를 쉽게 받아들이지 않을 것이며 따라서 기존의 태도와 행동을 유지할 것이다. 반면 기존의 스키마와 일치하거나 유사한 정보라면 보다 쉽게 수용해 기존 지식 체계를 일부 수정하거나 새롭게 만들어져 저장된다. [그림 3-2]는 코카콜라의 마디와 연결고리로 이루어진 스키마이다. 각자 코카콜라에 대해 생각해 보고 비교해 보자.

4 광고 맥락에서 사회 문화 이론

홉스테드(Hofstede)의 문화차원 이론(Cultural Dimensions Theory)

광고의 제작과 소비자의 수용은 동시대를 살아가는 사회와 그 사회에 존재하는 문화의 영향을 받는다. 왜냐하면 한 사회 내에 존재하는 문화는 그 사회 구성원의 가치관과 행동에 직간접적인 영향을 미치기 때문이다. 네덜란드의 문화학자이자 심리학자인 게르트 호프스테드(Geert Hofstede)는 그가 1970년대 IBM에 근무하면서 70여 개국 약 10만 명의 직원들을 대상으로 설문조사를 진행하였다. 조사를 통해 각 국가별로 존재하는 문화적 차이를 설명하는 5가지의 문화적 차원을 정리하였다.

첫 번째 차원으로 개인주의(individualism)와 집단주의(collectivism)가 있다. 개인주의는 개인이 자신 또는 가족을 중심으로 느슨한 인간관계 구조를 선호하는 문화이다. 개인주의는 집단, 단체, 조직의 행복 보다는 개인의 행복과 성취를 중요시한다. 한편 집단주의는 개인은 집단에 소속되며 충성을 다할 때 집단이나 조직이 자신과 친지 및 가까운 사회적 구성원을 보살펴 준다는 기대를 갖고 있다. 집단이나 조직의 이익이 개인의 이익에 우선하며 사회구성원 간의 긴밀한 인간관계 구조를 선호하는 문화로 볼 수 있다. 개인주의와 집단주의를 구분하는 중요한 요인으로 상호의존성(interdependence)이 있는데 사회 구성원이 자아의 존재를 인식할 때 '나'를 중심으로 타인과의 관계에 의미를 부여하는지 아니면 '우리'에 더 큰 비중을 두는지에 따라 개인주의와 집단주의로 구분해 볼 수 있다. 일반적으로 북미나 유럽국가들이 개인주의 성향이 높으며 아시아 국가들이 낮게 나타난다. 한국의 경우 과거 군사문화로 인한 획일주의, 집단주의 성향이 강했으나 최근 보다 개인주의적인 성향이 강해지고 있다.

두 번째 차원은 권위주의(power distance)이다. 권위주의는 사회구성원 간의 권력배분이 얼마나 크게 느껴지는가를 의미한다. 즉 사회 구성원이 권력이 불균등하게 나누어져 있음을 지각하는 정도이다. 권위주의는 권력이 많은 구성원이나 적은 구성원 모두에게 영향을 미치는데 일반적으로 권위주의가 큰 문화 속에서 사람들은 수직적, 계층적 질서를 자연스럽게 수용하고 내면화한다. 리더나 상급자의 권위를 인정하고 복종하는 경향이 강하다. 반면 권위주의가 적은 문화 속에서 사람들은 보다 수평적인 관계를 보여준다. 권위주의는 사회 속의 구조적 불평등이나 불공평성을 이해하는 주요한 차원이다. 연구 결과 중국의 권위주의 지수가 가장 높으며 한국 역시 평균 이상이다. 반면 북미 등 서구국가의 권위주의는 낮은 경향을 보인다.

세 번째는 불확실성에 대한 회피(uncertainty avoidance)에 대한 차원이다. 이 차원은 미래의 안정성과 예측 가능성을 얼마나 중시하는가를 보여준다. 불확실성에 대한 회피가 높은 문화는 불확실성에 대한 두려움이 높다. 불확실성을 회피하고자 사회 구성원의 신념이나 행동에 제약을 가할 가능성이 높으며 확실성과 일관성을 유지하기 위해 예외적인 경우를 허용하지 않는다. 반면 불확실성 회피가 낮은 사회는 다소 느슨한 규제가 존재하며 예외적인 경우에 대해서도 관용적이다. 한국은 가장 불확실성 회피 경향이 높은 국가 중의 하나이다.

네 번째는 남성적 사회(masculinity)와 여성적 사회(femininity)의 차원이 있다. 남성적 사회는 금전, 권력, 지위, 성취, 영웅주의, 독난 등 남성적 가치를 중시하지만 여성적 사회는 협동, 관계 중시, 겸양, 배려, 삶의 질 향상 등의 여성적 가치를 중요하게 생각한다. 남성적 여성적 사회의 구분은 생리적 구분이 아니며 사회적 필요성에 따라 요구되는 이러한 가치들을 남성과 여성에게 어떻게 배분하고 있는가의 관점에서 이해할 필요가 있다. 과거 1980년대 한국사회가 결과 위주 성장중심의 가치가 중요했지만 최근 목적이나 결과보다는 과정에 초점을 두면서 남성적 사회에서 여성적 사회로 변화하고 있다. 미국, 독일, 영국 등이 남성적 사회로 분류되며 우리와 비슷한 아시아 문화권인 일본도 남성성이 한국보다 높다. 반면 스웨덴, 노르웨이, 덴마크 등 북유럽 국가들은 여성적 사회로 구분할 수 있다.

다섯 번째는 장기지향성(long-term orientation) 또는 단기지향성(short-term orientation) 차원이다. 장기지향성 차원은 시간관(time perspective)을 설명하기 위해 위의 네 가지 차원에 추가되었다. 장기지향성은 과거를 현재와 미래의 행동과 도전에 어떻게 연결시키는지를 보여주는 차원이다. 홉스테드는 끈기, 절약, 변화, 문제해결 및 적응성 등은 미래지향적 가치로 장기지향성으로, 개인적 안정과 전통 존중은 현재지향적 가치로 단기지향성으로 정의했다. 장기지향은 현재의 노력과 희생으로 미래의 보상을 추구하는 것이며 단기지향은 전통존중, 체면유지, 사회적 의무이행 등과 같이 과거 및 현재에 집중하는 가치를 의미한다. 우리나라는 장기지향성이 가장 높게 나타나 현재의 자유, 권리, 성취, 독자적 사고보다는 학습, 정직, 책임, 자기절제와 같은 미래지향적 가치를 중시한다. 예를 들어, 여러분들도 학창시절 대학 입학을 위해 엄청난 학습과 자기절제와 책임감을 몸소 실천했을 것이다.

여섯 번째는 2010년에 새롭게 추가된 절제(restraint)와 방종(indulgence) 차원이다. 사회가 구성원의 욕구와 욕망을 사회적 규범을 통해 통제하려는 것이 규제이며 반면 즐거운 삶과 재미를 위해 사회가 얼마나 인간의 기본적 욕구를 만족시켜주는 것이 방종이다. 규제중심의 사회는 구성원의 삶과 감정에 직접적인 영향을 주지만, 방종의 사회는 스스로가 자신의 삶과 감정을 통제할 수 있다고 믿는 것이다.

그렇다면 문화차원이론은 광고와 어떤 관련이 있을까? 문화차원이론은 광고제작의 크리에이티브 차원에서 메시지개발에 가이드라인을 제공해 준다. 예를 들어, 개인주의적인 사회에서는 독립적 자아와 독특한 자기중심적 콘셉트를 두드러지게 표현하는 것이 소비자에게 더 어필할 것이다. 권력간 거리가 강한 한국은 연장자에 대한 위계관계가 중시되어 상하신분관계에 따른 소구가 유용할 것이다. 불확실성 회피가 높은 한국에서 법, 규칙, 신조 등을 준수하고 전문가의 직접적, 객관적, 논리적 메시지가 불확실성을 낮추어 효과적일 것이다. 남성적 사회라면 성공, 승부, 지위 등을 강조하는 어필이 더 빈번히 사용될 것이다. 마지막으로 장기지향성 문화는 사회와 자연의 조화를 중시하고 단순한 제품 판매보다는 기업이미지의 신뢰를 형성하는 데 더 큰 가치를 둔다고 볼 수 있다.

그림 3-3 홉스테드 6가지 문화차원 이론

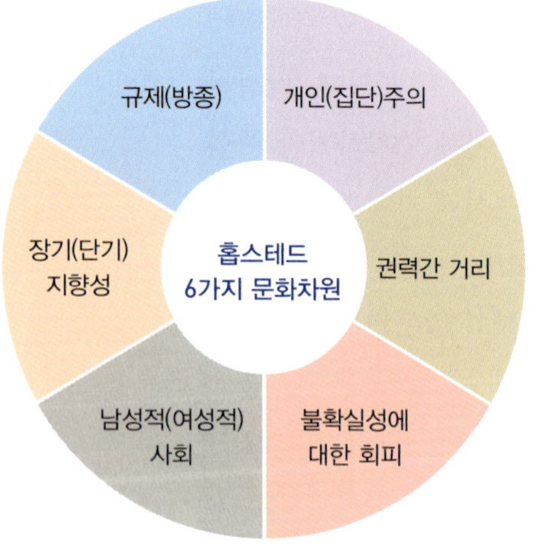

사회비교 이론(Social Comparison Theory)

사회비교 이론은 미국의 사회심리학자인 레온 페스틴저(Leon Festinger)가 1954년 고안한 이론이다. 사회비교 이론에 따르면 인간은 특정 영역(domain) 관련 자신에 대한 정확한 자기평가를 내리려는 욕구가 있으며 이 욕구를 충족하고자 자신을 타인의 의견(opinion)및 능력(ability)과 비교해 정의한다는 것이다. 만약 평가를 위한 객관적인 기준이 없을 경우 주관적인 평가를 할 수밖에 없다. 그런데 평가하려는 사회비교 대상으로 자신과 의견 및 능력이 비슷한 타인을 선택하는 경향이 있는데 이는 비교 대상을 자신과 유사한 사람을 기준으로 해야 더욱 정확한 평가가 가능하다고 판단하기 때문이다. 사회비교의 유형은 상향비교(upward social comparison)와 하향비교(downward social comparison)의 2가지가 있다.

상향비교는 자신보다 더 우월한 위치에 있는 사람과 비교하는 것이다. 소비자는 스스로 자기향상동기(self-enhancement motive)가 있기 때문에 스스로를 우월한 집단의 구성원과 비교하고 자신의 정체성과 소속감을 확인하고자 한다. 동일한 집단 내의 구성원일수록 동질감과 유사성이 높으며 그 구성원과 상대적 비교를 통해 스스로를 지속적으로 향상시키려는 동기를 자극할 수 있다. 상향비교는 스스로의 능력을 발전시키고 성장하려는 의욕을 고취하지만 열등감이나 우울감 등 부정적 정서를 경험할 가능성이 많다. 특히 자신이 중요하다고 생각되는 영역이거나 또는 연관성이 높은 특성이나 능력을 비교했을 경우 부정적 감정이 더 크다. 대조적으로, 하향비교는 자신보다 더 열등한 위치에 있는 사람과 비교하는 것이다. 사람들은 자신보다 더 열위에 있는 사람들과 비교를 통해 심리적 안녕감(psychological well-being)을 유지시키고 손상된 자아를 불안감으로부터 회복할 수 있다.

소비자 맥락에서 상향비교 또는 하향비교는 소비행위로 이어질 수 있다. 예를 들어, 상향비교의 경우 친한 친구나 동료가 사회적 신분과 지위를 나타내는 자동차나 스마트폰 브랜드 등 과시적 소비나 제품을 구매했을 경우 자신의 소비 능력과 비교해 동일한 수준이나 사양의 제품을 구입하려는 욕구가 발생할 것이다. 당연 자신과 유사하다고 느낄수록 이러한 욕구는 강해질 것이나 그렇지 않을 경우 비교 대상으로 인식되지 않을 것이며 소비행위로 이어지지 않을 것이다. 반면 하향비교의 경우 자신보다 더 열위의 제품이나 브랜드를 사용하는 사람과의 비교를 통해 불안감을 완화하고 상대적 행복감을 증진시킬 수 있다.

참고문헌

김광수(1999). 광고학, 한나래출판사.

문영숙·이병관·임혜빈(2017). 광고 연구의 이론 적용과 동향: 국내 광고 전문 학술지 내용 분석. 한국광고홍보학보, 19(2), 85-134.

박찬수(2018). 마케팅원리, 제6판, 법문사.

안광호·이유재·유창조(2014). 광고관리, 제3판, 학현사.

유종혜·황성욱(2016). 한국, 중국, 홍콩 TV공익광고의 크리에이티브 전략 비교. 사회과학연구, 32(2), 1-33.

임종원·김재일·홍성태·이유재(1999). 소비자 행동론, 제2판, 경문사.

최성광(2016). 장기지향성-단기지향성과 학교문화. http://www.miraenews.co.kr/news_gisa/gisa_view.htm?gisa_category=02040000&gisa_idx=5989

황지영(2019). 황지영의 [선한마케팅] 페이스북 광고 알고리즘: 윤리적 관점에서의 타깃 광고전략. https://www.mediasr.co.kr/news/articleView.html?idxno=51810

Ajzen, I., & Fishbein, M. (1980). Understanding attitudes and predicting social behavior. Englewood Cliffs, NJ: Prentice-Hall.

Festinger, L. (1954). A Theory of Social Comparison Processes. Human Relations, 7(2), 117–140.

Festinger, L. (1957). A Theory of cognitive dissonance. Stanford, CA: Stanford University Press.

Fishbein, M., & Ajzen, I. (1974). Attitudes towards objects as predictors of single and multiple behavioral criteria. Psychological review, 81(1), 59-74.

Hofstede, G. (1980). Motivation, leadership, and organization: do American theories apply abroad?. Organizational dynamics, 9(1), 42-63.

Hovland, C. I., & Weiss, W. (1951). The influence of source credibility on communication effectiveness. Public opinion quarterly, 15(4), 635-650.

Hovland, C. I., Janis, I. L., & Kelley, H. H. (1953). Communication and persuasion. https://www.foodandwine.com/news/dunkin-harpoon-coffee-donut-beer-2020

Mazis, M., Ahtola, O., & Klippel, R. (1975). A Comparison of Four Multi-Attribute Models in the Prediction of Consumer Attitudes. Journal of Consumer Research, 2(1), 38-52.

McGuire, W. J. (1985). Attitudes and attitude change. The handbook of social psychology, 233~346.

McLeod, S. A. (2018, June 6). Jean piaget's theory of cognitive development. Simply Psychology. https://www.simplypsychology.org/piaget.html

Pavlov, I. P. (1897/1902). The work of the digestive glands. London: Griffin.

Petty, R. E., & Cacioppo, J. T. (1984). Source factors and the elaboration likelihood model of persuasion. ACR North American Advances.

Petty, R. E., & Cacioppo, J. T. (1986). The elaboration likelihood model of persuasion. In Communication and persuasion. Springer, New York, NY. 1-24.

Pomranz, M. (2020). These New Dunkin' Beers Are Made with Actual Donuts.

Ratchford, B. T. (1987). New insights about the FCB grid. Journal of Advertising Research, 27(4), 24–38.

Sherif, M., & Hovland, C. I. (1961). Social judgment: Assimilation and contrast effects in communication and attitude change. Yale University Press.

Skinner, B. F. (1938). The behavior of organisms: An experimental analysis. New York: Appleton-Century.

Vaughn, R. (1980). How advertising works: A planning model. Journal of advertising research, 20(5), 27-33.

Vaugn, R. (1986). How advertising works: A planning model revisited. Journal of Advertising Research, 26(1), 57-66.

Wills, T. A. (1981). Downward comparison principles in social psychology. Psychological Bulletin, 90(2), 245-271.

Yale, L., & Gilly, M. C. (1988). Trends in advertising research: A look at the content of marketing oriented journals from 1976 to 1985. Journal of Advertising, 17(1), 12~22.

3장: 생각해 볼 문제 (Review Questions)

- FCB 그리드 모델은 관여도와 생각/느낌 또는 이성/감성의 차원으로 구분해 볼 수 있다. 그렇다면 소비자의 구매 동기(motivation)는 어떤 역할을 할까?
- 최근 전통 미디어와 달리 1인 미디어 인터넷 방송의 시청률이 높아지고 있다. 콘텐츠를 제작하고 전달하는 인터넷 방송 진행자(e.g., BJ, 크리에이터, 유튜버)를 정보원 공신력과 매력성 차원에서 설명해 보자.
- 소비자에게 메시지를 전달하고 설득시키는 과정을 사회판단 이론으로는 어떻게 설명할 수 있을까?
- 매력적인 광고모델이 나올 경우 소비자들은 광고에 관심을 가질 가능성이 높아진다. 이를 정교화가능성모델로 설명해 보자.
- 소비자는 구매 후 부조화를 겪지 않기 위해 선별적 주의와 노출을 하게 된다. 선별적 주의와 노출이 소비자의 태도에 미치는 영향은 무엇인가?
- 최근에 관심있게 구매한 브랜드를 머릿속에 떠올려 보자. 가장 먼저 떠오르는 연상은 무엇인가?

1장에서 개괄적으로 소개한 바와 같이 마케팅 관점에서 광고는 기업의 마케팅 커뮤니케이션 활동의 수단이다. 마케팅 커뮤니케이션은 광고를 포함하여 인적판매, 판매촉진, PR, 직접판매, 이벤트 등 다양한 도구들을 사용하여 제품의 정보를 제공하거나, 소비자와 장기적인 관계를 구축하고, 브랜드 이미지를 창출하고 유지하기 위한 커뮤니케이션 활동을 말한다. 이번 장에서는 기업의 통합적 마케팅 커뮤니케이션(Integrated Marketing Communication, 이하 IMC) 활동의 개념, 등장배경, 특징 등을 살펴본 후 IMC의 주요 수단은 무엇이고 각각 어떠한 역할과 효과를 발휘하는지 광고와의 비교를 통하여 자세히 논의하고자 한다. 이와 함께 기업의 IMC전략 수립 시 고려해야 할 요소들은 무엇이며, 어떠한 단계를 거쳐 수립되는지 알아본다. 이와 함께 디지털 미디어가 주도하는 최근의 커뮤니케이션 환경변화가 IMC 활동에 어떠한 영향을 미치는지 살펴보고자 한다.

CHAPTER

IV

광고와 통합적 마케팅 커뮤니케이션(IMC)

IV 광고와 통합적 마케팅 커뮤니케이션(IMC)

+ 4장 도입사례

(주) 퍼시스의 사무용의자 시디즈의 2018년 '기대요' 캠페인

1980년대 중반 창립 이후 우리나라 사무용 가구시장에서 꾸준히 1위 자리를 지키고 있는 ㈜퍼시스는 사무용가구 퍼시스(Fursys), 생활가구 일룸(Iloom), 그리고 의자전문 브랜드 시디즈(Sidiz) 등 3대 주력 브랜드를 통하여 다양한 생활환경에서 소비자들의 삶의 질 향상에 기여하고 지속가능한 가치를 창출한다는 사명을 실천하고 있는 기업이다. 특히 경영원칙에 친환경 경영시스템을 통한 환경경영과 상생, 초심, 리더 등 3가지 약속의 실현을 의미하는 윤리경영을 포함시킴으로써 기업의 사회적 책임활동(Corporate Social Responsibility, CSR)에도 적극적으로 참여하고 있다. 2018년 말 약 2개월에 걸쳐 집행된 시디즈의 '기대요' 캠페인은 퍼시스가 추구하는 '기업과 사회의 상생'이라는 사회공헌적 가치를 실현하고 동시에 마케팅 목표의 달성도 꾀하는 이른바 공유가치(Creating Shared Value, CSV) 창출을 위하여 계획된 캠페인이다. 광고를 포함한 다양한 커뮤니케이션 수단을 적절히 활용한 성공적인 통합적 마케팅 커뮤니케이션(IMC) 캠페인으로 평가된다. 캠페인의 배경, 전략, 성과, 성공요인 등을 소개하자면 다음과 같다.

캠페인 배경

2014년 전개된 '의자가 인생을 바꾼다'라는 광고캠페인의 성공과 꾸준한 제품품질 개선의 결과 시디즈는 브랜드의 상기도와 선호도에서 동종업계 내 1위 브랜드로 확고히 자리 잡을 수 있었지만 학업이나 업무를 위한 의자라는 이미지가 너무 강하여

시디즈 '기대요' 캠페인의 핵심 메시지(온라인 디스플레이 광고)

브랜드 확장에 어려움을 겪고 있었다. 한정된 제품의 이미지에서 탈피하여 학생이나 직장인 이외에도 다양한 부류의 사람들이 필요로 하는 의자, 즉 '모두를 위한 의자'라는 인식의 전환이 필요하였고, 이를 통하여 포화상태인 사업용, 업무용 의자 시장에서 매출감소를 극복하고, 새로운 이미지로 브랜드 기회의 확장을 도모해야 할 필요성이 대두되었던 것이다.

이와 같은 커뮤니케이션 목표를 달성하고자 위의 그림에서 볼 수 있듯이 '의자가 보내는 응원'이라는 캠페인 슬로건을 개발하고, 의자가 필요한 다양한 사람들의 동반자로서 모두를 위한 전문의자라는 메시지와 누군가에게 기댈 곳이 필요한 우리 사회의 소외계층과 사회적 약자들에게 시디즈가 다가가 따뜻한 격려와 응원을 전한다는 메시지를 전달하였다. 이와 함께 필요한 사람들에게 실제로 의자를 기증함으로써 사회적 가치 제고와 상생이라는 기업 CSR활동의 가치와 마케팅 목표 달성이라는 공유가치를 동시에 창출하는 공익캠페인을 전개한 것이다. '백지장도 맞들면 낫다'는 옛 격언처럼 고민이나 힘들고 어려운 일이 있을 때 이웃과 함께 나누면 위로가 될 수 있다는 작은 아이디어가 TV광고와 SNS 플랫폼인 페이스북, 유튜브, 인스타그램 등을 적절히 활용한 소비자 참여형 IMC캠페인으로 구현된 것이다.

캠페인 전략

'모두의 인생을 응원하는 의자'라는 키워드를 구체화하여 전달하기 위한 캠페인의 콘셉트는 다음과 같이 설정되었다.

- 핵심 메시지: '모두의 인생을 응원하는 의자'
- 콘셉트: 잘 아는 브랜드 → 사랑 받는 브랜드
  기능이 좋은 브랜드 → 갖고 싶은 브랜드
  능률과 효율 높이는 의자 → 모두를 응원하는 의자
- 메시지 소구대상: 직장인과 학생 → 앞으로 나아가려는 모두
- 메시지 전달방식: 일방향 소통 → 고객의 취향에 맞춘 양방향 소통
- 지원대상: 일반 소비자를 대상으로 응원대상 사연 모집하여 선정

응원 메시지와 의자의 지원대상은 시디즈의 페이스북, 인스타그램과 유튜브 채널을 통하여 일반 소비자들로부터 응원 사연을 모집하여 선정하였다. 그 결과 아래 그림과 같이 논산한글대학 할머니들, 대학가 버스킹 밴드, 그리고 장도분교의 학생 등이 선정되었다. 이어서 캠페인 기간 동안 선정된 주인공들의 특별한 이야기를 영상콘텐츠로 제작하여 TV와 SNS채널을 통하여 소개하였다. 캠페인은 전체적인 프로세스는 TV광고로 캠페인의 내용 일반 소비자들에게 공지 – 지원대상의 선정과 페이스북 카드뉴스와 유튜브 동영상으로 사연 전달 – 사후 응원메시지 공모 – 제품 기증 – 지원대상의 감사 영상 노출의 순으로 전개되었다. 추가적으로 3가지 사연 이외에도 소비자들이 응원하고자 하는 사람들의 사연을 모아 물품을 선물하였다.

'기대요' 캠페인의 응원 메시지와 지원 대상

'기대요' 캠페인의 추가 지원 대상자들

캠페인 결과

시디즈의 2018년 '기대요' 캠페인의 성과를 살펴보면, 양적으로 논산한글대학 할머니들에게 좌식의자 500개를 지원하였고, 버스커 6팀에게는 접이식 의자를 기증하였으며, 장도분교 졸업생인 김이건 학생에게는 앞으로 학교 및 사회생활에 필요한 모든 의자를 지원하기로 약속하였다. 아래 그림에서 볼 수 있듯이 논산한글대학 할머니들이 직접 손 편지로 감사의 회신을 보내주었고, 논산시로부터는 감사패도 전달받았다. 캠페인의 시작을 알리는 '시작편' 영상은 누적 조회수 579만을 기록하였고, '장도분교편'의 누적 조회수 120만, '논산한글대학편' 누적 조회수 86만, '버스커편' 누적 조회수 86만 등 모두 약 871만 건의 조회수를 기록하였다. 또한 페이스북 카드뉴스에는 24,000여 개의 '좋아요'와 1,800개의 댓글이 생산되었다. 2개월의 캠페인 기간 동안 집행된 5개 영상에 대한 유튜브/인스타그램/페이스북에서의 반응은 장초수 영상임에도 불구하고 VTR(view through rae)과 100% 조회율이 일반 영상과 비교하여 각각 2.4배와 6배 등 매우 높은 반응을 보여주었다.

논산한글대학 할머니들의 감사편지

질적인 측면에서도 '기대요' 캠페인은 제품 위주가 아니라 제품의 가치를 소비자와 공유하는 콘텐츠 소통을 통하여 인생의 동반자이자 응원과 지지의 주체로서 브랜드의 가치를 제고하는데 기여한 것으로 평가된다. 즉 소비자들로 하여금 시디즈라는 브랜드를 하나의 인격체로 인식하게 하고, 평범한 일상 속에서의 의자의 가치를 격려와 응원의 메시지로 재해석하여 소비자들의 공감을 이끌어냄으로써 '좋은 의자' 또는 '착한 의자'의 가치를 효과적으로 전달하였다. 또한 우리 주변의 어려운 이웃들에 대한 관심과 기댈 곳이 필요한 사람들에게 따뜻한 격려와 응원이 필요하다는 공감 가는 콘텐츠를 전달함으로써 진정성 있는 메시지를 전달할 수 있었다.

종합해 보면, 시디즈의 '기대요' 캠페인은 TV와 SNS의 매체 특성을 적절히 활용하여 소비자와의 접점을 최대한 확보하고 참여를 유발하여 효과를 극대화한 통합적 마케팅 커뮤니케이션 캠페인이라고 평가할 수 있다. 단순 고지형 캠페인인 아니라 소비자의 자발적 참여를 바탕으로 메시지의 확산과 공감을 이끌어낸 성공적인 캠페인으로 평가할 수 있고, 어려운 이웃들에게 사회적 관심과 응원, 도움을 주자는 메시지에 대한 소비자의 인식 확산에 기여한 사회공헌형 IMC캠페인이라고 평가할 수 있다.

출처: 광고대행사 TBWA 내부자료, 2020

1 통합적 마케팅 커뮤니케이션(IMC)의 개념

2000년대 이후 '기업의 마케팅활동의 중심은 커뮤니케이션 활동이며, 커뮤니케이션 자체가 마케팅이다'라는 주장이 제기될 정도로 마케팅 커뮤니케이션의 중요성이 크게 부각되고 있다. 즉 기업목표 달성의 절대적 요체로서 통합적 마케팅 커뮤니케이션(IMC) 활동이 강조되면서, 실제로 대부분의 기업들이 마케팅의 핵심전략으로 IMC를 활용하고 있다. 그렇다면 통합적 마케팅 커뮤니케이션이란 무엇이며 어떻게 정의할 수 있을까?

기업은 마케팅 목표를 실현하기 위하여 흔히 마케팅 4P's라고 불리는 마케팅믹스(제품, 가격, 유통, 촉진) 전략을 구사하는데, 이 중 촉진활동이 마케팅 커뮤니케이션이다. 마케팅 커뮤니케이션은 기업이 소비자의 욕구충족을 통하여 의미 있는 교환을 창출하기 위하여 제품, 유통, 가격 등 마케팅믹스 요소를 활용하여 새로운 제품 가치를 창출한 후, 이를 목표시장 소비자는 물론 미래의 잠재고객, 그리고 다양한 이해관계자들에게 전달하기 위한 활동을 의미한다. 마케팅 커뮤니케이션의 도구로는 TV나 신문, 인터넷과 같은 미디어를 통하여 메시지를 전달하는 광고, 영업사원이나 전문적인 교육을 받은 텔레마케터를 통하여 소비자를 설득하는 인적판매, 가격할인이나 사은품 등의 인센티브를 제공하여 소비자를 유인하는 판매촉진, 소비자를 포함한 기업의 다양한 이해관계자를 대상으로 장기적으로 호혜적인 관계를 구축하기 위한 PR 등이 포함된다. 이들 도구들을 사용하여 소비자에게 제품의 존재와 정체성을 알리거나, 구체적인 정보를 제공하여 제품에 대한 호의적 감정을 갖게 하며, 긍정적인 브랜드 이미지를 창출하여 제품의 구매를 유도하며, 충성도 높은 고객을 확보하고자 하는 것이다.

기업은 이와 같은 목표를 달성하기 위하여 광고, PR, 인적판매, 촉진 및 기타 다양한 수단들을 별개로 분리하여 운영하지 않고 각각의 역할을 조정하고 통제함으로써 커뮤니케이션 효과를 극대화하고 일관성 있는 메시지 효과를 얻고자 한다. 마치 오케스트라의 지휘자가 여러 악기 연주자들을 지휘하여 조화로운 하나의 음악을 만들어내는 것과 같이 기업은 자사의 마케팅 목표를 달성하기 위하여 여러 커뮤니케이션 도구들을 통제 조정하여, 하나의 통합된 목소리를 만들어 낸다. 이것을 통합적 마케팅 커뮤니케이션(Integrated Marketing Communication, 이하 IMC)이라고 한다. 그렇다면 IMC는 어떻게 정의할 수 있을까? 1989년 미국 광고대행사협회(Association of American Advertising Agencies)의 요청에 따라 노스웨스턴대학의 슐츠(Schultz) 교수는 IMC를 "다양한 커뮤니케이션 수단의 전략적 역할을 평가하고 종합적으로 조합하는 계획을 수립하여 명확하고 일관되며 최대한의 커뮤니케이션 효과를 얻기 위한 마케팅 커뮤니케이션 기획"의 개념으로 정의하였다. 여기에 기업과 광고대행사, 그리고 소비자의 시각을 반영하여 IMC는 다음과 같이 정의할 수 있다.

통합적 마케팅 커뮤니케이션(Integrated Marketing Communication): 목표 소비자에게 영향을 끼칠 목적으로 기업이나 브랜드와 소비자 간의 모든 접촉점을 고려하여 광고, PR, 인적판매, 판매촉진, 협찬 등 모든 커뮤니케이션 수단들의 전략적인 역할을 비교, 검토한 후 최대의 커뮤니케이션 효과를 거둘 수 있도록 이들을 통합하고 조정하는 총괄적인 계획을 수립하는 과정

1980년대 말 IMC라는 용어를 최초로 제시한 미국 콜로라도대학의 던컨 교수에 의하면, IMC는 기업이 자사 제품에 대한 소비자의 호의적인 반응과 구매행위를 유도하기 위하여 사용하는 모든 메시지와 매체를 조화롭게 통제하고 운영하는 전략이

다. 요체는 기업이 소비자에게 제공하는 제품과 서비스와 관련한 모든 정보의 출처(source)를 관리하는 과정이라고 요약할 수 있다(Shultz, Tannenbaun & Lauterborn, 1993). 즉 소비자로 하여금 자사 제품을 구매하게 하고 충성도를 유지시키기 위하여 광고, PR, 판촉, 인적판매, 직접판매, 사내 커뮤니케이션 등 이전에는 분리된 것으로 보았던 다양한 수단들을 전체적인 틀 안에서 조정, 통제하여 하나의 통합된 목소리를 낼 수 있도록 하는 접근방식이다. 통합된 목소리를 내기 위해서는 모든 요소들이 형식은 다를지라도 일관성 있는 메시지를 전달하여야 한다. 각기 다른 메시지를 전달한다면 소비자에게 혼선을 줄 수 있고 동일한 제품에 대한 여러 다른 내용의 메시지에 접하게 되므로 기업 입장에서는 효과를 얻는데 많은 시간과 노력이 요구되기 때문이다. 소비자들에게 하나의 동일한 핵심 메시지를 전달하기 위하여 여러 가지 커뮤니케이션 요소들을 통합적으로 관리해야하는 것이다.

1990년대 중반까지만 하더라도 광고, PR, 인적판매, 판매촉진, 이벤트, 협찬 등의 커뮤니케이션 수단들이 각각 별개의 목표를 달성하기 위하여 독립적으로 집행되는 경향이 강했다면, 그 이후에는 하나의 동일한 커뮤니케이션 목표의 달성을 위하여 IMC 수단들의 역할을 통합적으로 조정하여 운영하고 있다. 사례로 소개된 시디즈의 2018년 '기대요' 캠페인의 경우에는 브랜드의 차별적 이미지 창출을 위하여 TV광고를 통하여 프로그램의 인지도를 제고하고 SNS 플랫폼인 페이스북, 유튜브, 인스타그램 등을 통하여 소비자의 참여를 유도하는 방식으로 캠페인을 구성하였다. 또한 2019년 LG전자의 트롬건조기 캠페인은 인스타그램을 통하여 소비자들의 제품 사용후기를 모집한 후 댓글 반응에 따라 몇 개의 에피소드를 선정하여 TV광고의 소재로 사용하여 집행하는 방식으로 진행되었다. SNS를 활용한 이벤트를 중심으로 대중매체광고를 적절히 조화시켜 큰 효과를 거두었던 것이다.

2 IMC의 등장배경

1980년대 이후 새로운 마케팅 전략으로서 IMC가 주목을 받게 된 것은 소비자, 경쟁상황, 국제경제, 정보통신기술, 유통산업 등과 관련한 비즈니스 환경요인들의 변화에 기인한다고 볼 수 있다. 즉 소비시장의 성숙, 제품 간의 경쟁 심화, 기업 활동의 글로벌화, 유통업자의 시장지배력 강화, 컴퓨터 정보기술과 인터넷의 발달 등 여러 가지 요인들이 복합적으로 작용한 결과라고 볼 수 있는데 이러한 변화를 구체적으로 살펴보고자 한다.

2차 대전 이후 1960년대 말까지는 시장의 폭발적인 성장에 힘입어 제품의 대량생산과 표준화, 기업의 사업다각화 등이 이루어졌다. 수요가 폭발적으로 증가하여 소비재 시장이 급성장하면서 거대 기업들이 탄생하는 등 산업의 모든 분야에 걸쳐 성장이 이루어진 시기라고 할 수 있다. 기업은 제품을 싼 비용으로 대량생산하여 폭넓은 유통망을 통하여 공급할 수 있었고, TV나 신문과 같은 대중매체는 소비자 구매에 큰 영향력을 미치고 있었다. 대량생산과 유통, 대중광고의 시대에서 기업은 급격한 성장을 이룰 수 있었다. 그러나 1970~80년대에 두 차례의 석유파동을 거치면서 유통시장이 세분화되었고, 시장의 포화상태에서 기업은 치열한 경쟁상황에 돌입하게 되었다. 특히 TV광고 가격이 급상승하고 새로운 광고매체들과 컴퓨터가 등장하면서 기업의 마케팅활동에도 새로운 패러다임이 도입되었다. 치열한 경쟁 속에서 많은 대기업들이 몰락하였고, 대형 유통점과 할인점 등 유통업체의 시장지배력이 커지게 되었다. 또한 광고의 형태도 TV광고에 대한 의존에서 벗어나 케이블, 잡지, 신문 등으로 세분화되었고, 컴퓨터의 대중화에 힘입어 개인맞춤형 정보가 네트워크를 통하여 유통되면서 소비자와의 소통창구가 개별화, 소형화, 선택적 집중화하는 현상이 두드러졌다. 즉 시장과 매체상황의 개별화가 전개되었다.

소비자의 매체 이용행태의 세분화는 기업의 커뮤니케이션 방식에 커다란 변화를 초래하였다. 과거에는 소비자들이 TV나 신문 같은 대중매체들에 대해 크게 의존했기 때문에, 기업들은 다수 소비자들과 소통하기 위해 전통적인 일방향 커뮤니케이션 매체에 주력했다. 하지만, 요즈음에는 기업의 유통망을 통해 확보한 소비자 정보를 바탕으로 선별된 목표 소비자를 대상으로 하는 맞춤형 메시지를 효과적으로 전달하고자 노력하고 있다. 다양한 채널들의 특성과 소비자의 이용행태를 고려하여 최적화된 메시지를 전달하는 IMC가 등장하게 된 것이다. 이와 같이 마케팅 커뮤니케이션 전략의 변화를 야기한 현상들을 요약하자면 다음과 같다(김상훈·안대천, 2012).

- **광고 이외의 마케팅 커뮤니케이션 수단의 등장:** 소비자들은 TV, 신문 등 전통적 매체 이외의 다양한 매체를 개인의 목적에 맞게 취사, 선택하여 이용하게 되었고, 필요치 않은 정보는 회피할 수 있게 되었다. 불특정 다수를 향한 대중매체의 효과가 떨어지면서 기업 입장에서는 광고에 의존하기보다는 세분화된 소비자를 대상으로 한 다양한 판매촉진 활동이나 이벤트, 협찬, 온라인상의 버즈(buzz) 마케팅, 바이럴(viral) 마케팅 등을 활용한 효율적인 커뮤니케이션 활동이 가능해졌다.

- **시장과 매체의 세분화(fragmentation) 현상:** 소비자들의 소득수준이 향상되고 기대수명이 증가함에 따라 생활양식과 소비행태에 변화가 일어났고, 신세대층, 실버

세대층, 취업주부층, 1인가구층, Z세대 등이 유망 소비층으로 부상하고 있다. 또한 소비자들은 컴퓨터와 인터넷 등 정보통신 기술의 발달에 따라 개인화된 매체를 활발히 이용하고 있다. 세분화된 전문잡지나 IPTV, 디지털케이블, 디지털사이니지, 모바일기기 등이 새로운 광고매체로서 각광을 받게 되었으며, 이용자수가 급증하고 있는 SNS도 새로운 커뮤니케이션 플랫폼으로서 지위를 확고히 하고 있다. 컴퓨터 정보기술을 활용하여 고객과의 일대일 수준의 커뮤니케이션도 가능하게 되었고, 이를 통하여 소비자의 개별적인 니즈를 충족시키는 일대일 마케팅도 활성화되었다. 여러 매체들을 통하여 보다 선별적인 목표소비자층을 대상으로 한 효율적인 IMC활동이 가능해진 것이다.

- **디지털 커뮤니케이션의 부상:** 괄목할 만한 컴퓨터 및 정보통신 기술의 발전은 다양한 디지털 매체의 출현을 가능하게 하였고, 이들 매체들을 통하여 일방향의 푸시형 커뮤니케이션이 아닌 양방향의 상호작용적 커뮤니케이션이 가능하게 되었다. 또한 인터넷의 대중화에 힘입어 수동적인 메시지 수신자가 아니라 메시지의 생산자로서 소비자들의 위상이 변화함에 따라 기업은 소비자의 자발적인 메시지 생산과 공유, 확산을 유도하는 커뮤니케이션 전략을 구사할 수 있게 되었다. 인터넷이 제공하는 무제한적 시공간에서 능동적인 특정 소수나 개인을 대상으로 한 양방향적 마케팅 커뮤니케이션도 가능하게 되었다. 최근에는 SNS 플랫폼상에서 제품 소개 동영상 콘텐츠를 활용하여 정보제공은 물론 직접 판매까지 이루어지는 '라이브커머스'나 '쇼퍼블콘텐츠' 등이 새로운 마케팅 커뮤니케이션 방식으로 떠오르고 있다.

- **데이터베이스 마케팅의 중요성 증가:** 개별 소비자와의 맞춤형 커뮤니케이션과 관계형성이 가능해짐에 따라 디지털 매체와 경영정보시스템을 활용하여 획득한 고객정보를 데이터베이스화하여 일대일 방식으로 소통하는 데이터베이스 마케팅이 활성화되었다. 고객의 이름, 주소, 이메일 정보는 물론 구매상품, 시점, 횟수, 금액 등 매우 상세한 구매정보도 파악이 가능하게 되었고, 나아가 인구통계적 정보나 심리적 특성까지 활용하여 개인별로 최적화된 커뮤니케이션을 수행할 수 있게 된 것이다.

3 IMC의 주요 수단들과 특성

앞에서 살펴본 것과 같이 IMC는 TV, 라디오, 신문, 잡지와 같은 대중매체는 물론 인터넷이나 옥외매체 등 활용가능한 모든 매체를 통하여 일관성 있는 브랜드 메시지를 제공하고 고객가치를 효과적으로 전달하기 위한 마케팅 전략이다. 가장 대표적인 수단으로는 역시 광고를 들 수 있고 PR 역시 많은 기업들의 IMC 믹스에 포함되는 도구이다. 이외에도 판매촉진, 인적판매, 텔레마케팅, 협찬, 이벤트, POP(point of purchase) 광고 등이 포함된다. 이러한 IMC 도구들이 각각 어떠한 특징을 갖고 있고 어떠한 효과를 얻을 수 있는지 상세히 살펴보고자 한다. 특히 광고와의 비교를 중심으로 장·단점을 살펴보고자 한다.

PR(Public Relations)

PR은 흔히 홍보(弘報)라고도 불리는데 광고가 목표시장 소비자를 대상으로 한 커뮤니케이션 활동이라면 PR은 기업과 직·간접적으로 관계를 갖고 있는 다양한 공중을 대상으로 한다는 점에서 차이가 있다. 즉 PR은 종업원, 주주, 임원과 같은 내부공중은 물론 정부, 협력사, 시역사회, 매체사, 시민단체 등과 같은 외부공중들과의 호혜적인 관계를 구축하고 기업에 대한 긍정적 이미지를 형성하고 유지하며, 장기적으로 기업자산으로서 명성을 관리하기 위한 포괄적인 커뮤니케이션 활동이라고 할 수 있다.

PR은 다른 IMC 수단과의 통합적 관리가 이루어지면 기업과 제품의 인지도를 제고하고 호의적 태도를 형성하여 소비자의 구매행동을 촉진하는 효과를 얻을 수 있다. 대부분의 기업들은 기업홍보차원에서 PR활동을 수행해왔기 때문에, 마케팅 부서가 아닌 별도의 홍보 부서에 홍보 업무를 일임해왔다. 하지만, IMC의 전략적 중요성이 대두되면서, PR 역시 IMC 목표 달성을 위해 통합적인 관리를 하는 방향으로 바뀌고 있다. 특히 '소비자'라는 공중을 목표 소비자로 하여 욕구충족을 도모하는 제품홍보 활동인 MPR(marketing PR)의 경우에는 기업 전반에 대한 내용보다는 제품과 관련하여 인지도 제고, 정보제공 및 교육, 이해증진과 신뢰구축을 위하여 마케팅 부서에서 주관하고 있다.

이외에도 PR은 기업명성 관리의 기능도 수행한다. 기업명성 관리(corporate reputation management)란 기업의 비전, 문화, 경영철학 등 정체성을 소비자에게 적절히 전달하여 소비자의 신뢰를 얻기 위한 활동으로써 소비자들에게 인식되는 이미지를 관리하는 일반적인 의미의 기업 PR활동을 의미한다. 여러 가지 수단이 활용되지만 효과적인 요소로는 기업대표 또는 CEO의 통합이미지 관리, 각종 홍보자료, 홍보대사, CSR 활동, 지속가능성 보고서, CI 등이 있다. PR의 추가적인 기능으로는 위기관리(crisis management)가 있다. 기업의 경영활동과 관련된 위기상황을 예측하고 미리 대비함으로써 위기발생 자체를 방지하거나 실제 발생 시에 부정적인 효과를 최소화하기 위한 활동을 의미한다.

소비자와의 관계관리, 명성관리, 위기관리를 위한 PR활동의 수단으로는 퍼블리시티(publicity), 이벤트, 협찬(sponsorship), 기업광고(corporate advertising), CSR(corporate social responsibility) 프로그램 등이 있다.

- **퍼블리시티(publicity)**: 방송이나 신문, 잡지 등 대중매체를 통하여 기업이나 제품 정보를 뉴스 기사의 형태로 노출시키는 활동을 말한다. 홍보 담당자가 보도자료(press release)를 작성하여 매체사에 전달하고 매체사의 편집책임자의 평가를 거쳐 뉴스로서의 가치가 인정되면 기사의 형태로 해당 매체를 통하여 소비자에게 전달되는 형식이다. 매체가 갖고 있는 신뢰도에 편승하여 메시지 설득효과를 얻기에 용이하고, 다른 IMC 수단들과 연계될 때 효과가 배가된다. 그러나 실현 여부가 매체사의 결정에 달려 있으므로 평소 매체사와의 호의적인 관계 형성을 위한 노력이 필수적으로 요구된다.

- **이벤트**: 기업이 판매촉진, 수익창출 또는 기업이미지 제고를 위하여 특정기간 특정장소에서 특정집단을 대상으로 행사를 개최하여 메시지를 전달하는 형식의 활동을 말한다. 전시회/박람회, 컨벤션, 지역축제, 스포츠, 음악, 공연 등의 이벤트를 주관하거나 참여하여 목표 소비자와 현장에서 상호작용하고 반응하는 형식으로 수행된다. 메시지가 오감(시각, 청각, 촉각, 후각, 미각)을 통하여 전달될 수 있으므로 뛰어난 공감 효과를 얻을 수 있고, 소비자의 반응을 현장에서 확인할 수 있는 반면 대중매체를 활용한 간접적 접촉에 비하여 접촉수가 제한적이라는 단점이 있다. 따라서 목표 소비자가 소규모의 특정 집단인 경우에 효율적인 PR 도구라고 할 수 있다.

- **기업광고(corporate advertising)**: 기업이 전달하고자 하는 메시지를 원하는 매체를 통하여 광고 형식으로 전달하는 PR활동이다. 사회적인 이슈에 대한 기업의 입장이나 기업의 비전, 경영철학, 가치관 등을 전달하여 장기적으로 소비자의 호의적인 태도를 유도하고 기업에 대한 신뢰 및 긍정적 이미지를 얻기 위한 활동이다. 다음 그림은 DB금융그룹의 기업광고로서 한 사람의 고객도 소중히 여기겠다는 DB금융의 마음가짐과 6개 계열사가 갖고 있는 서비스 편익을 '한 사람 한 사람을

위한 금융'이라는 슬로건을 통해 전달하고 있다.

DB금융의 기업광고

- **협찬(sponsorship)**: 스포츠나 문화예술행사, 또는 공익단체 행사를 재정적으로 지원하거나 물품이나 서비스를 지원하는 형식의 PR활동이다. 기업 차원에서 이미지를 개선하고 사회적 책임활동을 알림으로써 대중의 신뢰와 이해를 얻기 위한 목적에서 수행되며, 기업의 이미지가 제품 수준으로 전이되어 브랜드의 연상효과 또는 브랜드가치의 상승 효과도 기대할 수 있다. 특히 인기 있는 스포츠 선수 또는 팀, 대회 등을 지원하면서 관중과의 직접접촉이나 협찬상품, 경기장광고, 매체광고 등을 통한 간접적 접촉을 통하여 홍보효과를 얻을 수 있는 스포츠마케팅은 많은 기업들의 PR수단으로 활용되고 있다. 아래 그림과 같이 신한은행은 2020년 한국프로야구 정규리그의 타이틀스폰서로 참여하여 큰 PR효과를 거두었다.

신한은행 2020년 한국프로야구 협찬

- **CSR 프로그램**: 일반 소비자를 대상으로 사회문제 해결에 기여하는 공익적 메시지를 전달하거나 사회문제 해결에 소비자들의 직접 참여를 유도하여 경제적, 사회적 가치를 얻고자 하는 PR활동이다. 협찬이나 이벤트와 병행하여 수행되는 경우가 많고, 매출이나 점유율 제고와 같은 직접적인 마케팅 효과를 얻기 위하여 마케팅 부서와 협업으로 수행되기도 한다. CSR활동으로 지원하고자 하는 사회문제로는 취약계층에 대한 지원, 환경문제해결, 교육/문화예술활동 지원 등을 들 수 있다.

판매촉진(Sales Promotion)

판매촉진은 소비자는 물론 중간상이나 제품 판매원에게 인센티브를 제공함으로써 단기적인 매출상승을 꾀하기 위한 활동을 말한다. 광고가 제품인지도를 확보하고 호의적 상표태도와 선호도를 창출하는 데 주목적이 있다면 판매촉진은 즉각적인 구매행위의 유발을 목적으로 한다. 이외에도 판매촉진은 소비자의 시험구매를 유도하거나 경쟁제품에 대한 상표충성도를 깨뜨리는 수단으로 활용되기도 한다. 그러나 제품에 대한 태도와 선호도, 상표충성도를 장기적으로 유지하기보다는 단기적인 판매증대에 초점을 둔 활동이기 때문에 효과가 지속되기 어렵고, 자주 반복될 경우 오히려 정상구매를 저해하며, 제품이미지에 부정적인 영향을 줄 수 있다.

소비자를 대상으로 한 대표적인 판매촉진 활동으로 가격할인이 자주 사용된다. 소비자 가격을 인하하는 방식으로 판매를 촉진시키는 활동으로서 소매상의 마진을 유지하면서 제조기업의 마진을 희생시키는 방식으로 실행되기 때문에 소매상의 협조를 얻을 수 있다. 특히 매장에서의 구매시점에서 소비자들에게 강하게 영향을 미칠 수 있고, 대량구매를 유발할 수 있으며, 경쟁제품의 구매를 억제하는 효과를 얻을 수 있다.

신제품을 도입하거나 기존 제품에 변경이 발생할 때 시용을 유발시키기 위하여 사용되는 판촉도구는 샘플링(sampling)이다. 소비자에게 무료로 제품을 제공하여 사용하게 하는 방식으로서 제품의 제조단가가 낮아 샘플비용이 적게 들거나 소량의 샘플만으로도 제품의 특성을 잘 파악할 수 있는 식품, 화장품, 건강용품과 같은 패키지 용품의 판매촉진을 위하여 자주 사용된다. 또한 다음 구매시점까지 상표를 기억할 수 있을 만큼 제품구매주기가 짧은 제품에 효과적인 촉진 방식이다.

치킨전문점 BBQ의 모바일쿠폰

한편 쿠폰(coupon)은 소비자의 가격민감도가 높은 제품의 반복구매를 촉진하는 데 효과적인 판촉도구이다. 일정액이 인하된 가격으로 구매할 수 있는 증서(쿠폰)를 제공하는 방식으로서 신문이나 잡지 등 인쇄광고를 통하여 제공하거나 우편으로 전달하기도 하며 제품포장에 인쇄하거나 포장 안에 집어넣는 방법으로 배포되기도 한다. 왼쪽 그림과 같이 요즘에는 모바일 기기나 PC 등을 이용한 온라인 쿠폰이 널리 사용된다.

이외에도 제품을 구매한 고객에게 무료 또는 저

렴한 가격으로 특정제품을 추가로 제공하는 방식인 프리미엄(premium), 제품을 구매한 소비자들에게 상금이나 상품의 획득기회를 제공하는 콘테스트(contest), 제품구매 여부와 상관없이 추첨을 통하여 상품이나 상금을 제공하는 경품 등의 도구도 사용된다. 미국의 경우에는 소비자가 영수증과 같은 제품구매 증빙서류를 보내면 구매금액의 일정액을 돌려주는 방식의 리베이트(rebate) 또는 리펀드(refund)도 빈번히 사용된다.

인적판매(Personal Selling)

인적판매는 영업사원이 잠재구매자와의 직접 접촉을 통하여 제품정보를 제공하고 설득하여 구매를 촉진하는 방식의 IMC 도구이다. 광고와 비교하여 소비자와의 직접적인 상호작용이 가능하여 설득효과가 높다는 장점이 있지만, 목표시장 소비자 전체에 대한 도달력이 떨어진다는 단점이 있다. 따라서 통합 커뮤니케이션 관점에서 다른 수단들과 조화롭게 활용됨으로써 효과를 제고할 수 있다. 대중매체광고나 PR 활동이 원활하게 이루어져 원하는 수준의 제품인지도와 이미지가 형성되었다고 하더라도 영업망이 제대로 갖춰지지 못한 경우 원하는 목표를 달성하기 어려울 수 있기 때문에 인적판매와의 통합적인 노력이 필요하게 된다. 인적판매는 광고와 비교하여 소비자들의 욕구와 관심사항에 맞도록 메시지를 개별화하여 전달할 수 있으며, 즉각적인 소비자의 피드백을 얻을 수 있고, 복잡하고 기술적인 정보를 상세히 전달할 수 있다는 장점이 있다. 또한 빈번한 상호작용을 통하여 소비자와의 장기적인 신뢰관계를 구축하는데 효과적인 IMC 도구이다. 미국의 3대 화장품기업 중의 하나인 에이본(Avon)은 무려 4백만 명 이상의 영업사원(sales leaders)을 통한 인적판매를 핵심 마케팅 전략으로 활용하고 있다. 아래와 같이 회사 홈페이지를 통하여 세계 각국에서 판매관리원을 모집하고 있다.

미국 화장품기업 AVON의 인적판매 네트워크

직접판매(Direct marketing)

직접판매란 소비자들의 직접 구매를 유도하기 위하여 다이렉트메일, 인쇄물, 텔레마케팅, 양방향TV, 인터넷과 같은 직접반응매체를 통하여 이루어지는 커뮤니케이션 활동을 말한다. 광고가 제품 정보제공, 인지도 제고, 이미지 구축에 효과적인 수단이라면 직접판매는 소비자들의 즉각적인 행동 반응을 유도하기 위한 수단이라고 할 수 있다. 직접판매가 효과적인 업종은 유통업, 출판업, IT 컴퓨터, 금융서비스 등을 들 수 있고, 통신(우편)판매(direct mail), 텔레마케팅(telemarketing), TV마케팅, 온라인 마케팅, 방문판매 등이 포함된다(안광호·이유재·유창조, 2020).

직접판매의 가장 대표적인 수단인 통신(우편)판매(direct mail)는 우편으로 제품정보를 제공한 후 전화, 팩스, 반송우편 등을 통하여 주문 접수 후 제품을 우편 또는 택배로 배달하는 방식으로 이루어진다. 표준화, 규격화된 제품들을 주로 판매하지만 요즘에는 식료품 등 신선식품을 포함하여 거의 모든 제품들이 취급된다. 정교한 목표고객의 선정과 명단 확보, 적절한 상품 구색 등이 요구되는 방식이다.

한편 텔레마케팅(telemarketing)은 전화를 연결수단으로 하여 목표고객에게 제품정보를 제공하여 구매를 유도하는 방식이다. 방송이나 우편광고를 보고 수신자부담 전화로 주문을 하게 하는 형태도 포함된다. 전자가 발신(outbound) 텔레마케팅이라고 한다면 후자는 수신(inbound) 텔레마케팅이라고 할 수 있다. 구매가능성이 높은 잠재고객 명단의 확보와 텔레마케터의 전문성이 요구되는 방식이다.

TV마케팅은 인포머셜(informercial)과 TV홈쇼핑과 같이 TV를 매개체로 제품정보를 전달하여 구매를 유도하는 방식이다. 인포머셜은 직접반응광고(direct response advertising)라고도 불리는데 보통 30초~1분 분량의 TV광고에 제품정보와 주문용 전화번호를 전달하여 주문을 유도하는 방식을 말한다. 한편 TV홈쇼핑은 쇼핑전문채널을 통하여 제품을 소개하여 시청자들의 주문을 유도하는 무점포 판매방식이다. 신속하고 간결한 구매방식으로 오프라인 시장에 버금가는 중요한 유통형태로 자리잡고 있다.

이외에도 온라인마케팅은 온라인 쇼핑몰을 통한 판매를 말한다. 소비자들의 온라인 구매가 증가하면서 대부분의 기업들이 자사의 웹사이트나 전문 온라인 쇼핑몰을 통하여 적극 참여하고 있다. 우리나라 전체 소매시장의 매출의 1/3 이상을 차지할 정도로 성장을 거듭하고 있다.

업종의 특성에 따라 방문판매도 중요한 직접판매 방식으로 활용된다. 영업사원을 판매원으로 고용하여 소비자의 거주지에 직접 방문하여 제품을 판매하는 방식으로서 미국의 화장품기업인 에이본(Avon)이라든지 우리나라의 야쿠르트, 웅진, 대교 등이 대표적인 방문판매 업체이다.

IMC 수단들 간의 비교

광고를 포함한 IMC 요소들은 수행방식과 커뮤니케이션 효과 측면에서 차이가 있다. 소비자와의 접촉방식은 대중매체를 통한 간접적 접촉과 소비자와의 면대면 접촉이 이루어지는 직접적 접촉으로 구분할 수 있는데, 광고와 PR은 간접접촉의 형태로 수행되는 반면 인적판매와 구매시점 광고 등은 직접접촉 방식으로 수행된다. 한편 다양한 방식으로 수행되는 직접판매와 판매촉진은 두 가지 방식을 모두 포함한다.

커뮤니케이션 효과 측면에서 비교하자면, 광고와 PR은 메시지의 내용과 형태에 따라 인지효과, 감정효과, 행동효과 등을 얻을 수 있는 반면, 인적판매는 설득을 통한 구매 유발 효과를 얻을 수 있고, 판매촉진, 직접판매, 구매시점 광고 등은 구매의도나 실제 구매행위를 유발하는 효과를 얻을 수 있다.

커뮤니케이션 효과가 발생하는 시간을 비교해 보면, 인적판매, 직접판매, 판매촉진 등 면대면 접촉방식의 커뮤니케이션 도구들은 비교적 짧은 시간 안에 구매 유발 효과를 얻을 수 있는 반면, 광고와 PR과 같이 대중매체를 통한 비인적 접촉방식을 취하는 도구들은 효과를 얻는데 보다 긴 시간이 필요하다. 매장 내에서 이루어지는 구매시점 광고는 전달 방식에 따라 차이는 있지만 대체로 중간 정도의 시간이 필요하다.

한편 가장 대표적인 IMC 수단인 광고와 PR을 비교하자면, 광고의 경우에는 기업에게 메시지에 대한 통제 권한이 주어지는 대신 매체의 시간과 공간을 이용하는 대가로 비용을 지불해야 한다. 즉 유료형 커뮤니케이션 도구로서 메시지에 대한 소비자의 신뢰도가 떨어지는 경향이 있다. 반면 PR은 메시지에 대한 기업의 통제력은 작지만 무료형이고 메시지의 신뢰도가 높다고 할 수 있다.

4 IMC의 주요 특징

앞에서 논의한 다양한 구성 요소들의 개념과 효과 등을 바탕으로 통합적 마케팅 커뮤니케이션 활동의 몇 가지 특징을 정리하자면 다음과 같다.

- 커뮤니케이션 도구에 따라 기업이 얻을 수 있는 효과는 인지, 감정, 행동 등을 망라하지만, 결국 IMC활동의 궁극적인 목표는 소비자의 구매행위를 이끌어내는 데 있다. 전통적으로 기업들은 상품의 인지도나 선호도 등을 목표로 하여 커뮤니케이션 활동을 수행해 왔지만 인식의 변화가 매출에 항상 직접적인 효과를 주는 것은 아니다. 따라서 각각의 IMC 수단들이 통합적인 효과를 발휘할 수 있도록 조정, 통제, 지휘하여 최종적인 구매행동을 이끌어내는 것이 중요하다. 즉 광고와 PR과 같이 대중매체를 활용하는 도구들은 제품정보 전달이나 인지도 상승과 같은 인지효과, 제품선호도와 태도와 같은 감정효과에 주력하고, 인적판매, 판매촉진, 직접판매 등을 조화롭게 활용함으로써 구매행위로 이어질 수 있도록 기획, 집행되어야 한다.

- IMC는 모든 도구들이 제각기 역할을 분담하여 하나의 목표를 달성하는 데 기여할 수 있도록 수평적으로 기획된다. 전통적 방식에서는 광고, PR, 직접판매, 판매촉진 등으로 구분하여 소비자들과 각각 다른 메시지로 소통했다면 IMC는 각각의 수단들이 일관성 있게 동일한 메시지를 전달하게 된다. 소비자들은 기업의 메시지를 광고와 PR, 판촉 등으로 분류하지 않고 모두 동일한 종류의 정보로 처리하기 때문에 메시지 형식은 다를 수 있지만 광고와 PR메시지와 구매시점 광고, 인적판매, 판매촉진 메시지들이 동일한 소구 포인트를 제시할 때 시너지(synergy)효과가 발휘될 수 있다. 이렇게 함으로써 IMC활동 수행의 일관성을 확보하고, 매체의 비효율적 낭비를 줄일 수 있다.

- IMC는 소비자의 구매행동을 중시하기 때문에 목표 소비자 선정에 있어서도 데이터베이스를 이용하여 고객의 인구통계학적 특성과 행동양식을 파악하는 것에 큰 비중을 둔다. 이러한 자료를 바탕으로 소비자 집단을 세분화하여 집단별로 각각의 니즈에 맞는 별도의 IMC전략을 수립한다.

- IMC는 소비자에게 쉽게 도달할 수 있는 가능한 모든 접촉점(contact point)을 활용하는 것이 매우 중요하다. 브랜드 접촉은 대중매체, 광고, PR을 비롯하여 제품의 포장, 구전, 판매원, 뉴스기사, 배송차량 등과 같은 매개체를 통하여 이루어지는

브랜드에 관한 모든 체험을 의미한다. 기업은 IMC활동을 통하여 자사 제품과 소비자 간의 모든 접촉점과 내용을 파악하고 이를 통합적으로 조정함으로써 마케팅 커뮤니케이션 목표를 달성하고자 한다.

- IMC는 현대 마케팅의 목표인 브랜드와 소비자와의 관계 구축을 도모하는 지속적인 연결고리로서의 역할을 담당한다. 특히 성숙기 시장과 치열한 경쟁 상황에서는 신규 고객의 창출보다는 기존 고객과의 장기적인 관계구축을 통하여 제품충성도를 제고하는 것이 마케팅의 성패를 좌우하므로 개인 수준에서 소비자와의 양방향 커뮤니케이션을 가능케 하는 '인터랙티브 미디어'의 효과적인 활용이 필수적이다. 즉 IMC는 개인수준(individual level)에서 소비자와의 양방향 커뮤니케이션을 통하여 지속적으로 고객의 최신 정보를 관리하고, 일관성 있는 브랜드 메시지를 전달하며, 메시지 전달의 매개체들을 조직적이고 조화롭게 통합하는 활동이라고 할 수 있다. 이를 위하여 데이터베이스 마케팅, 관계 마케팅, 일대일 마케팅 등이 통합적으로 운영되어야 한다.

5 IMC활동 기획과정

기업은 기업의 목표를 달성하기 위하여 인사/조직, 회계, 재무, 영업, 생산관리, 경영정보 등 경영활동 기능영역별로 개별적인 목표를 수립한다. 마케팅 영역에서도 별도의 목표를 설정하고 여타 영역과의 조화와 협력을 통하여 전체 기업목표의 달성에 기여하게 된다. 수립된 마케팅목표와 시장세분화 전략(STP: segmentation, targeting, positioning)을 토대로 하여 구체적인 4P믹스 전략을 수립하게 되는데 IMC는 4P믹스 중 촉진(promotion)에 해당된다. IMC활동은 [그림 4-1]과 같이 (1) 목표 소비자의 선정, (2) 마케팅 커뮤니케이션 목표 설정, (3) 메시지 전략, (4) 채널믹스 전략, (5) 집행 및 효과 측정 등 다섯 단계로 구분하여 기획하게 된다(Kotler et al., 2017).

그림 4-1 IMC 전략 수립 과정

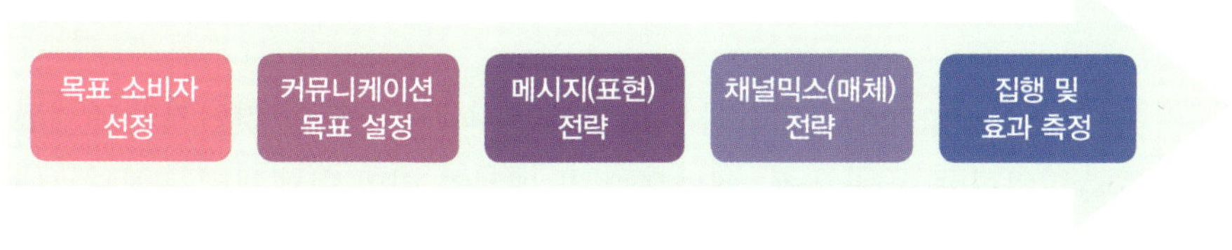

목표 소비자의 선정

어떠한 목표 소비자를 대상으로 캠페인을 전개할 것인가는 마케팅 커뮤니케이션 전략수립의 시발점이다. 목표 소비자를 정의할 때에는 자사의 제품이나 서비스에 대한 긍정적인 반응을 이끌어 낼 수 있는 가능한 모든 요소들에 대한 고려가 선행되어야 한다. 기존 사용자를 포함하여 그들의 의사결정 과정에 영향을 미칠 수 있는 모든 사람들이 마케팅 커뮤니케이션의 잠재적인 목표 소비자가 된다. 이들의 인구통계적, 사회심리적, 행동적 특성 등을 중심으로 명확하게 정의하여야 한다. 목표 소비자의 특성은 메시지 전략, 표현전략, 매체전략, 정보원 전략 등 커뮤니케이션 전략의 모든 부분에 걸쳐 영향을 미치게 되므로 신중하게 선정되어야 한다.

마케팅 커뮤니케이션 목표의 설정

목표 소비자가 선정되면 체계화된 다양한 정보를 활용하여 커뮤니케이션 활동을 통하여 얻고자 하는 실행 가능한 세부 목표를 설정한다. 마케팅 커뮤니케이션의 최종 목표는 구매행위이지만 구매는 의사결정과정의 마지막 단계에 해당되므로 인지 → 지식 → 감정 → 선호 → 확신 → 구매로 이어지는 의사결정 과정에서 목표 소비자의 니즈를 파악한 후 어느 단계에서 어떠한 효과를 얻기 위한 것인지를 명확하게 설정한다.

메시지 전략 수립

커뮤니케이션 목표가 선정되면 목표 소비자의 의사결정 단계에 적합한 메시지를 개발한다. 인지적 반응이 목표라면 브랜드명을 강조하거나 제품의 특·장점을 알리는 이성소구 메시지가 적합할 수 있고, 감정적 반응이 목표일 경우에는 제품 이미지나 상징성을 전달하는 감성소구 메시지가 적합할 것이다. 메시지는 제품의 본질적 혜택과 비본질적 혜택을 구분하여 개발되어야 한다. 또한 메시지 전략 단계에서는 메시지 표현방식과 관련한 전략도 강구하게 된다. 주입식(straightforward), 시연(demonstration), 비교(comparison), 문제해결/회피(problem solution/problem avoidance), 생활단면(slice of life) 등은 표현전략 고려 시 검토할 수 있는 대안들이다.

채널믹스 전략

메시지 전략수립과 동시에 소비자에게 어떻게 메시지를 전달할 것인지와 관련된 채널전략을 수립하여야 한다. IMC 채널은 인적 매체와 비인적 매체로 구분되는데 커뮤니케이션 목표에 따라 적절한 매체를 선정하게 된다. 인적매체로는 영업사원 또는 판매사원이 있으며, 전화, 우편, 전자우편 등도 포함된다. 또한 소비자들의 의사결정에 영향을 미치는 중요한 대인매체로는 전문가집단, 소비자단체, 의견선도자 등이 있는데 이들에 의하여 생산, 전파되는 구전(word-of-mouth)은 IMC 채널 전략에서 고려되어야 할 중요한 요소이다. 반면 비대인적 매체로는 신문, 잡지, DM 등 인쇄매체와 TV, 라디오와 같은 방송매체, 빌보드, 간판, 포스터 등의 옥외매체, 이메일, 웹사이트, SNS 등의 온라인 매체가 포함된다. 또한 PR활동을 위한 매체로서 사전에 계획된 장소와 공간을 활용하여 목표 소비자에게 메시지를 전달하는 이벤트도 비대인적 매체에 포함된다. 제품프레젠테이션이나 전시회, 시연회 등이 해당된다.

IMC 집행과 효과측정

IMC전략은 기업과 종합광고대행사 또는 전문대행사 간의 협업에 의하여 수립되는데, 완성된 전략은 이들 대행사에 통하여 실행된다. 정해진 기간 동안 IMC 캠페인이 집행된 후 목표달성 여부를 확인해야 하는데, 사전에 설정한 성과지표를 활용하여 실제 결과를 측정한다. 목표와 성과 간 차이의 원인을 세밀하게 분석하고, 성공 또는 실패의 원인을 도출하여 다음 캠페인에 반영한다.

6 정보기술의 발전과 IMC

1980년대 미국에서 처음 등장한 통합적 마케팅 커뮤니케이션은 그동안 기업의 각 부서에서 각기 다른 형태로 실행해 왔던 광고, PR, 판매촉진, 인적판매, 직접판매, 이벤트 등을 통합하여 시너지 효과를 극대화하는 데 주력하였다. 그러나 컴퓨터와 IT기술의 발달로 인하여 IMC활동에도 많은 변화가 요구되고 있다. 단순히 세부적으로 분리되어 있던 부분을 일관성 있는 하나의 마케팅 체계로 통합하는 것이 아니라 소비자와의 공생관계 형성을 통하여 강력한 브랜드가치를 창출하는 것이 IMC의 주된 목표가 되고 있다.

컴퓨터와 인터넷, 스마트폰 등으로 대표되는 IT기술의 발전은 단순히 새로운 IMC 수단들이 추가되었다는 것을 넘어 다음과 같은 세 가지 관점에서 IMC활동 자체에 변화를 초래하고 있다. 첫째는 기업과 소비자 간 정보 흐름의 변화이다. 전통적인 IMC는 기업으로부터 소비자에게 향하는 B2C(Business-to-Consumer) 커뮤니케이션 방식을 기본 형태로 하여 수행되어 왔다. 그러나 개인 블로그나 소셜네트워크서비스(SNS)와 같은 개인매체들이 등장함에 따라 소비자와 소비자 간의 C2C(Consumer-to-Consumer) 커뮤니케이션이 활발하게 일어나고 있고, 이것은 활발한 구전과 소비자로부터 기업에게 향하는 C2B(Consumer-to-Business) 커뮤니케이션을 가능하게 하였다. 또한 최근에 등장한 '라이브커머스'나 '쇼퍼블광고'와 같이 커뮤니케이션이 바로 제품구매로 이어지는 방식도 등장하고 있다.

둘째는 방대한 소비자 정보의 축적이 가능하다는 점이다. 고객의 일거수 일투족을 망라하는 이른바 빅데이터의 수집이 가능해짐에 따라 인구통계적 정보는 물론 신용카드나 모바일기기를 통한 구매정보와 같은 유용한 소비자 정보가 수집되어 기업의 고객 데이터베이스에 축적되고 있다. IMC는 이제 온라인상에서 매 시간 갱신되는 방대한 양의 소비자 정보를 토대로 적재적소에 메시지를 전달함으로써 커뮤니케이션 효과를 극대화하는 방향으로 진화하고 있다. 방대한 정보의 분석과 가공에 필요한 기술의 발전이 뒷받침되고 있는 점도 기업에게는 긍정적인 요소이다. 전자상거래에 필요한 정보를 생산, 가공하는 기술이 향상되었고, 고객관계관리(CRM) 분석 방법도 혁신적으로 고도화되었으며, 소비자 인사이트를 파악할 수 있는 문자정보 분석 방법도 개발되었고, 빅데이터 분석을 위한 다양한 기법들이 도입되고 있는 것이다.

셋째는 IMC 수단들의 융합이다. 양방향 커뮤니케이션이 가능해짐에 따라 과거에는 각기 다른 개념으로 존재하던 IMC 수단들의 경계가 모호해지거나 융합되고 있다. 온라인 환경은 기업과 소비자 간의 거리를 좁혀지게 하고 있고, 기업에게는 소비자와 소통할 수 있는 커뮤니케이션의 장을 제공하고 있으며, 소비자에게는 시간과 공간의 제약 없이 제품과 서비스를 체험하고 구매할 수 있도록 도와주고 있다. 기업의 광고와 PR활동, 다양한 판촉활동, 협찬, 이벤트, 직접판매 등이 가상의 공간에서 동시에 이루어지게 된 것이다.

이와 같은 변화는 기업의 IMC활동에 직접적인 변화를 초래하고 있다. 첫째는 커뮤니케이션 채널의 비중이 TV, 신문과 같은 기존의 전통매체에서 인터넷을 기반으로 하는 디지털 매체로 급격히 전환되고 있다. TV와 신문의 비중은 지속적으로 감소하고 있는 반면 온라인광고와 모바일광고는 급속히 성장하고 있다. 디지털로의 이동은 비단 광고활동에만 그치는 것이 아니라 PR, 이벤트, 직접판매 등 모든 IMC활동에 일어나고 있다.

둘째는 마케팅 수행방식의 변화에 따른 채널 전략의 수정이다. 전통적 마케팅에서는 소비자, 협력자, 경쟁자, 외부 환경의 맥락에서 인사이트를 찾아 4P믹스 마케팅 전략을 수립하여 집행하였다면 디지털 시대에는 소비자로부터 듣고(listen), 관계를 맺은(engage) 후, 촉진(promotion) 활동을 수행하는 체계로 변화하고 있다. 듣기 단계에서 과거의 인사이트를 찾는 작업이 이루어지고 촉진 단계에서 4P믹스 마케팅을 연계하는 방식으로 전환되고 있는 것이다. 따라서 소비자의 매체이용 행태에 기반하여 스마트폰과 같은 모바일 수단이 커뮤니케이션의 핵심수단으로 활용되고 있으며, 소비자들이 플랫폼과 상관없이 원하는 콘텐츠를 원하는 시간에 선택하여 이용할 수 있는 유튜브(Youtube)와 페이스북(Facebook)과 같은 소셜미디어 플랫폼 및 실시간 스트리밍 서비스가 중요한 비이클로 사용되고 있다.

셋째, 소비자들이 이용하는 콘텐츠도 과거에는 집중력이 요구되고 다소 긴 시간을 할애하여 소비하는 콘텐츠가 인기를 끌었다면 이제는 짧고 쉽게 임팩트가 전달되는 유형의 이미지, 사진, 동영상 콘텐츠의 소비를 선호하는 경향이 높아지고 있다. 또한 다른 일을 하면서 매체를 이용하는 이른바 멀티태스킹(multi-tasking) 현상이 두드러지게 나타나면서 스마트폰이나 태블릿과 같은 모바일 기기에 적합한 콘텐츠도 인기를 끌고 있다.

이러한 소비자와 매체환경의 변화는 특히 광고활동에 커다란 변화를 초래하고 있다. 광고매체 전략과 실행이 애드테크(ad tech)를 기반으로 자동화된 수준으로 진화하고 있는 것이다. 애드테크란 ad와 technology의 합성어로서 이용자의 과거 이용기록을 분석하여 향후 매체이용과 구매행위를 예측하여 목표고객에게 맞춤화된 광고를 제공하는 기술을 의미한다. 최근에는 빅데이터 분석과 인공지능을 활용하여 광고집행의 모든 과정을 자동화하는 프로그래매틱(programmatic) 광고의 비중도 급속히 증가하고 있다.

참고문헌

김상훈·안대천(2012). 대한항공 '우리에게만 있는 나라' 캠페인 사례연구: '참여가변형 플랫폼'과 360° 브랜딩 캠페인. 광고학연구, 23(5), 289-307.

안광호·이유재·유창조(2020). 광고관리(2판). 학현사.

Kotler, P., Armstrong, G., Ang, S. H., Tan, C. T., Yau, O. H., & Leong, S.M. (2017). Principles of Marketing: An Asian Perspective(4th edition). Essex, England: Pearson.

Schultz, D. E., Tannenbaum, S. I., & Lauterborn, R. F. (1993). Integrated Marketing Communications. New York: McGraw Hill Professional.

4장: 생각해 볼 문제 (Review Questions)

- 통합적 마케팅 커뮤니케이션의 개념은 어떻게 설명할 수 있을까?
- IMC의 도구로서 PR은 어떠한 역할을 수행할까요? 그리고 다른 수단과 비교하여 어떠한 장점이 있을까?
- 광고와 비교하여 인적판매는 어떠한 장점과 단점을 갖고 있을까?
- 마케팅 도구로서 IMC는 어떠한 특성을 갖고 있을까?
- IMC전략은 어떠한 과정을 거쳐 수립될까?
- 정보기술의 발전은 IMC활동에 어떠한 변화를 가져왔을까?

성공적인 브랜드 안착을 위해 자사 및 경쟁사에 대한 제품 및 브랜드 분석, 시장분석, 그리고 경쟁분석 등이 필요하다. 이번 장은 우선 제품이란 무엇인지에 대해 살펴보고 제품을 분류하는 다양한 차원과 차이점에 대해 알아볼 것이다. 또한 소비자는 제품 평가를 위해 기능적 측면에서 성능품질이나 제품신뢰성 등을 고려한다. 또한 심리적 측면에서 제품이 소비자들의 미충족된 욕구를 만족시켜 줄 수 있는지도 중요하다. 또 제품 스타일 혹은 디자인, 패키징, 그리고 브랜드명의 역할 등 제품 및 브랜드 분석의 요인들을 살펴볼 것이다.

소비자 및 생산자 시장에서 필요나 욕구가 결핍될 때 이를 충족하기 위해 특정 제품이나 브랜드를 구매하고자 하는 수요가 발생한다. 특히 소비자는 특성, 성향, 신념, 태도 등 유사하거나 상이한 패턴을 보이며 따라서 시장을 세분화하고 표적시장을 선정해야 한다. 이와 같은 내용들을 시장분석에서 알아볼 것이다. 마지막으로, 기업 경쟁력에 영향을 미칠 수 있는 거시 및 미시환경 분석, SWOT분석, STP 그리고 4P 무엇인지 살펴볼 것이다. 각 분석은 선형적이거나 인과적 관계라기보다는 마케팅 및 광고목표에 따라 종합적으로 고려되어 최종의사결정에 반영된다. 이번 장을 통해 상황분석에 대한 전반적인 이해도를 높일 수 있을 것이다.

CHAPTER

V

상황분석

V

상황분석

+ 5장 도입사례

2020년 올해 코로나 바이러스로 인해 세상은 거의 마비되다시피했으며 사회, 경제, 문화 등 전반에 걸쳐 직격탄을 맞았다. 광고계 역시 준비해 왔던 캠페인을 연기하거나 취소하는 등 한치 앞을 예측하기 어렵다. 이러한 상황 속에서도 디지털 및 관련 산업은 성장가도를 달리고 있다. 특히, 모바일 플랫폼의 성장세가 가파른데 이는 메신저, 동영상, SNS(social networking sites), 소셜 커머스 등의 이용자가 급증했기 때문이다. 코로나 이후 일상의 주요변화로 홈다이닝을 위한 가정간편식이 증가하며, 멀티홈의 수요 증가 및 멘털케어가 확산된다. 또 온택트 비즈니스 및 로봇 경제가 활성화된다고 한다.

이와 같은 추세에 따라 투썸플레이스는 2020년 여름 디지털 캠페인 '101 Reasons of Summer(올여름 투썸이 즐거운 101가지 이유)'라는 디지털 캠페인을 진행하였다. 사회적 거리 두기로 고립감이나 우울감을 느낄 수 있는 소비자에게 일상 속 즐거움을 주기 위한 취지로 기획됐다. 콘텐츠 소재는 제품, 날짜 이슈, 타깃 인사이트, 프로모션의 4가지 항목으로 분류되어 있다. 예를 들어, 밈(meme, 인터넷에서 유행하는 재미있는 그림), 언어유희, 스토리텔링 등 다양한 창작물을 게시하여 소비자와 긴밀한 관계를 구축하였다.

캠페인 종료 후 인스타그램 인게이지먼트(engagement)는 168%, 해시태그 버즈량 200% 증가라는 성과를 거두어 소비자의 큰 호응을 불러일으켰다. 투썸플레이스는 디지털 수요와 밀레니얼 세대의 특징을 파악하고 2030의 주 이용매체인 인스타그램, 유튜브, 페이스북 등 SNS를 통한 소통을 주도해 위기를 기회로 활용한 성공적인 사례라고 할 수 있다. 투썸플레이스 '101 Reasons of summer' 캠페인의 성공을 위해서 철저한 거시적, 미시적 환경분석 및 시장, 고객, 경쟁사에 대한 분석을 실시하였을 것이다. 또한 시장 세분화와 목표 소비자를 선정 후 포지셔닝까지 일련의 체계적인 분석과 계획을 바탕으로 이와 같은 캠페인을 진행하였을 것이다. 이번 장에서는 제품, 시장 및 경쟁 분석 등 상황분석의 요인들을 자세히 알아보기로 한다.

투썸플레이스 '101 Reasons of summer' 캠페인

출처: 조세일보. http://www.joseilbo.com/news/htmls/2020/09/20200904405516.html

1 제품 및 브랜드 분석

성공적인 마케팅 및 광고목표 달성을 위한 첫 번째 과업은 제품 분석이다. 제품이란 유형적인 제품속성으로 구성되어 소비를 통해 소비자의 효용을 증대시킬 수 있는 상품을 의미한다. 또는 소비자의 필요나 욕구를 충족시키기 위해 제공되는 모든 것을 제품이라고 한다. 광의의 차원에서 제품은 무형적이고 추상적인 속성들로 구성된 서비스를 포함하기도 한다. 몇 가지 제품의 분류에 대해 살펴보고 제품 및 브랜드 분석에 필요한 5가지 핵심 요소들을 알아보기로 한다.

제품 분류

1) 기능재, 쾌락재, 상징재

소비자는 1차적으로 미충족된 욕구를 해결하고자 제품의 본원적인 기능에 충실한 제품을 구매한다. 즉 소비자의 기능적 욕구(functional needs)를 충족시켜 주는 제품을 기능적 제품(functional goods)이라고 한다. 출퇴근 또는 교외로 드라이브 가기 위해 사용하는 자동차는 자유롭고 안전한 신체이동의 욕구를 해소해 준다. 또한 아웃도어 의류는 기능적 측면에서 신축성과 통기성이 뛰어나 야외활동에 적합하다. 스마트폰 구매는 여러 동기가 있으나 기본적으로 전화를 주고받는 기능과 사진촬영이 필수적이다. 이와 같이 제품의 기능적 욕구를 만족시키고자 기능적 제품을 구매하게 된다.

한편 소비자는 쾌락적 욕구(hedonic needs)가 있으며 이를 만족시켜 주는 제품을 쾌락적 제품(hedonic goods)라고 한다. 인간은 감각적 즐거움을 경험하고 싶은 쾌락적 존재이다. 제품을 사용하면서 즐거운 느낌이나 경험적 감정을 경험할 수 있다. 예를 들어, 치약의 경우 구취제거나 충치예방 등의 기본적 기능뿐만 아니라 미백효과나 민트향 등 시각적, 후각적으로 만족감을 제공한다. 자동차의 경우 교통수단이기도 하지만 디자인과 스타일의 감성적 측면이 쾌락적 욕구를 충족해 준다.

기능적, 쾌락적, 상징적 욕구를 충족시키는 BMW
출처: 코오롱 모터스(http://www.kolonmotors.com)

마지막으로 소비자는 상징적 욕구(symbolic needs)가 있으며 이를 만족시켜주는 제품을 상징적 제품(symbolic goods)이라고 한다. 상징적 욕구는 자기 표현적 욕구(self-expressive needs)라고도 하는데 제품구매를 통해 자신의 정체성이나 소속열망집단에 대한 소속욕구를 표현할 수 있다. 대표적인 예로 샤넬 향수, 버버리 양복, 메르세데스 벤츠 같이 자신의 사회적 신분이나 지위를 보여주는 제품이라고 할 수 있다. 이와 같이 기능적, 쾌락적, 상징적 제품으로 분류해 보았으나 사실 이 분류가 항상 상호배타적이지는 않다. 예를 들어, 자동차는 기능적 욕구를 충족해 주고 쾌락적 욕구와 상징적 욕구를 동시에 만족시켜 줄 수 있다. 좀 더 자세히 설명하자면 이는 브랜드의 관점에서 설명할 수 있는데 특정 제품의 브랜드를 어떻게 타깃 소비자의 마음 속에 포지셔닝시키는지와 관련되어 있다. 이에 대한 설명은 추후 브랜드 포지셔닝에서 다시 한번 다루기로 한다.

2) 유형재와 무형재

또 다른 제품 분류로 유형재(tangible product)와 무형재(intangible product)로 나눌 수 있다. 유형재는 시각, 촉각 등 인간의 감각기관을 통해 지각할 수 있는 제품을 의미한다. 예를 들어, 건물, 자동차, 스마트폰, 야구공 등이 있다. 반면 무형재는 인간의 오감을 통해 직접적으로 경험하는 것이 불가능하며 간접적으로 지각할 수 있다. 특히 무형재는 표준화(standardization)가 어렵고 시간이 지나면 소멸될 수 있으며 생산과 소비가 동시에 발생한다. 또 무형재는 인적 자원의 기술이나 설비에 기반한 서비스를 포함한다. 예를 들어, 다양한 문화공연, 서비스, 보험이나 증권상품 등이 무형재에 해당한다.

3) 탐구재, 경험재, 신용재

한편 제품은 품질평가의 시점을 기준으로 탐구재(search goods), 경험재(experience goods), 그리고 신용재(credence goods)의 세 가지로 분류할 수 있다. 탐구재는 유형재와 유사하게 제품의 구매나 사용 전에 기존의 사용경험이나 제품 속성을 직접 탐색하여 평가할 수 있으며 일반적으로 유형재가 탐구재에 속한다. 한편 경험재는 제품의 구매나 사용 이후에만 평가가 가능한데 대체로 대인 서비스인 음식점, 미용실, 놀이공원 등이 해당한다. 마지막으로, 신용재는 구매나 소비 이후에도 평가가 어려운 특성이 있다. 소비자 지식이 부족하거나 기술적인 전문성이 없을 경우 현실적인 평가가 불가하다. 대표적인 신용재로 법률서비스, 의료 서비스, 성형 시술 등이 있다. 지금까지 언급한 제품에 대한 분류는 개인 소비자를 대상으로 한 소비재이다. 한편 기업이나 조직이 가공, 생산하기 위해 필요한 제품은 산업재라고 한다. 이외 다양한 분류가 있으나 이 장에서는 소비재에서도 유형의 제품 분석에 초점을 맞추고지 한다.

제품 및 브랜드 분석을 위한 5가지 요소

제품 및 브랜드 분석을 위한 몇 가지 고려할 요소는 제품의 품질, 제품특성, 제품스타일 및 디자인, 패키징, 브랜드명 5가지에 대한 이해가 필수적이다. 이와 같은 분석을 통해 소비자에게 제품과 브랜드에 관한 설득력있는 메시지를 전달할 수 있다.

1) 제품품질

먼저 자사 제품의 구성요소로서 제품의 품질(product quality)이 무엇인지 알아보자. 품질은 제품과 서비스에 대한 소비자의 사용상의 기대를 충족시키는 설계, 제조, 유지 보수 및 마케팅의 총체이다. 보다 구체적으로 제품의 품질이란 제품이 구매 목적에 맞게 기능들을 제대로 수행하는가를 의미하는 '성능품질(performance quality)'을 지칭한다. 예를 들어, 삼성에서 최근 출시한 갤럭시 Z 폴드2는 프로세서, 메모리, 디스플레이, 카메라 기능 등에서 성능품질을 향상시켰다. 흥미롭게도 많은 기업들이 항상 최고의 성능품질을 가진 제품을 출시하지는 않는데 이는 제품을 구매하려는 시

삼성 갤럭시 Z 폴드2
출처: 삼성 뉴스룸. https://bit.ly/3hHQgHk

장의 수요가 한정적이기 때문이다. 따라서 시장의 상황을 고려해 전략적으로 보다 대중적인 제품을 제공하기도 한다.

제품의 품질을 결정하는 또 다른 요인은 '품질 일관성(conformance quality)'이다. 제품의 품질은 단순히 제품에 문제나 결점이 발생하는 것이 아니다. 보다 적극적인 차원에서 얼마나 제품과 서비스가 의도한 목적과 기준에 맞춰 일관성있게 부합하는지를 의미한다. 예를 들어, 소비자는 삼성이나 애플 등 스마트폰 브랜드에 대해 품질 관련 과거에도 그랬듯이 향후 구매에도 기대를 만족시킬 것이라는 믿음을 갖고 있다. 물론 기대를 만족시키는 것을 넘어 그 이상의 만족감을 제공한다면 소비자는 품질에 대해 더욱 높은 신뢰를 갖게 된다.

2) 제품특성

두 번째 제품구성요소는 제품특성(product feature)이다. 삼성에서 최근 출시한 갤럭시 Z 폴드2는 세련된 디자인과 플렉스 모드 및 멀티 액티브 윈도우 지원 등 혁신적 기술을 제품에 투입하였다. 소비자의 미충족된 잠재적 욕구를 찾아내고 이를 만족시키기 위한 새로운 기능이나 특성을 추가하는 것이다. LG 올레드 스마트TV의 경우 TV의 기능은 기본이고 인터넷과 다양한 앱 기능을 제공하는 것 역시 제품특성을 향상시키는 예이다. 또한 넷플릭스, 아마존 프라임 비디오, 유튜브와 같이 다양한 VOD 서비스부터 음악, 게임, 스포츠 콘텐츠 등 다양한 서비스를 제공하는 것도 주요한 제품특성이 될 수 있다. 특히, 경쟁사 제품이 갖고 있지 않은 차별적 특성이 있다면 이는 포지셔닝에 활용될 수 있다. 최근 다양한 기능을 가진 스마트워치가 출시되고 있는데 모바일 앱을 설치하면 심박센서를 이용해 혈압을 측정해 주는 특성 역시 주요한 제품특성이라 할 수 있다.

갤럭시 워치 액티브를 이용한 혈압 측정
출처: 삼성 뉴스룸. https://bit.ly/30I893e

3) 제품스타일 및 디자인

세 번째 구성요소는 아이코닉한 제품스타일 및 디자인이다. 분야별, 시대별로 독특한 스타일과 디자인으로 평가 받는 제품들이 있다. 이러한 제품들의 특징은 크게 주목성, 지속성, 확장성 3개 차원에서 설명할 수 있다. 먼저 주목성 관점에서 차별화된 디자인은 타깃 소비자로부터 관심을 받는다. 또한 디자인적인 차원에서 일관성을 가지고 연속성있는 세대별 모델이 출시되는 경우가 많다. 마지막으로 확장성은 인지도 차원에서 다양한 모델 및 제품 확장(product extension)시에 높은 브랜드 인지도를 갖게 된다. 예를 들어, 초기 출시된 아이폰이나 다이슨은 독자적 디자인과 함께 세대별 일관된 모델을 출시했다. 특히 다이슨은 공기청정기, 가습기, 냉풍 및 온풍이 가능한 선풍기 기능을 모두 제공하는 제품을 개발했는데 이는 디자인 혁신이 제품의 품질과 차별화된 속성을 이끈 대표적인 예라고 할 수 있다. 또한 아이팟, 애플워치, 아이패드 등 새로운 제품을 확장하면서 애플 및 기존 제품의 명성과 인지도를 이어받을 수 있었다. 상징적 제품들은 대체로 명확한 도상적 이미지를 형성하고 있으며 이는 기업 이미지 및 제품 확장 시 긍정적인 영향을 미친다.

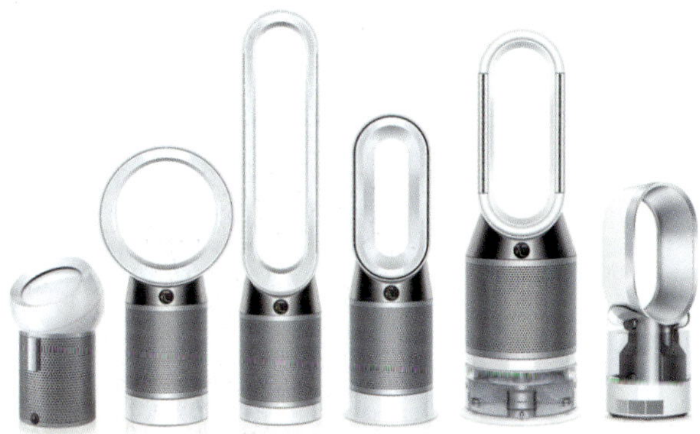

다이슨 퓨어 휴미디파이+쿨 및 여러 제품들

출처: 다이슨 코리아. https://www.dyson.co.kr/products/air-quality/pure-humidify-cool-overview

4) 포장

네 번째로 소비자들이 가장 쉽고 용이하게 구별하는 방법은 포장 즉 패키징에 달려 있다. 패키징의 본원적 기능은 제품보호이다. 패키징은 단순히 디자인적인 측면을 떠나 내용물의 변화가 있을 때나 새로운 패키징 대체제가 개발되었을 때 업계나 소비자들의 기대에 부응해 바꿔야 할 것이다. 최근 환경에 대한 소비자의 관심과 더불어 온라인 배송이 증가하면서 패키징에 대한 다양한 사회적 논의가 활발하게 전개되고 있다. 예를 들어, 다양한 플라스틱을 자연

네슬레 Yes! 에너지바

출처: Nestle. https://www.nestle.com/media/news/yes-snack-bars-recyclable-paper-wrapper

적으로 분해되는 종이포장 등으로 바꾸거나 여러 번 사용가능한 다회용으로 대체할 수 있다. 최근 글로벌 식음료 기업인 네슬레(Nestle)는 기존 플라스틱 포장을 종이 포장으로 대체하여 만든 Yes! 에너지바를 출시했다. 이외에도 브랜드인지도를 높일 수 있는 차별화된 디자인과 이를 통해 제품 구매 후 반복적으로 노출될 수 있는 사후광고(post advertising)의 역할을 한다는 점을 고려해야 할 것이다.

5) 브랜드명

마지막으로 제품의 브랜드명 역시 제품분석을 위해 고려되어야 한다. 브랜드는 고대 노르웨이어인 'brandr'로부터 유래되어 제품의 소유를 뜻하는 특정한 이름이나 트레이드 마크로 정의할 수 있다. 즉 자사제품을 경쟁제품들과 구별 지어주며 소비자들에게 제품의 혜택과 기능을 제공하는데 도움을 준다. 브랜드명은 소비자와의 약속이며 소비자와 그 의미의 가치를 함께 공동창출(co-creation) 한다는 점에서 소비자의 제품선택에 큰 영향을 미친다. 브랜드명은 제품특성, 혜택, 타깃 소비자, 포지셔닝 등 마케팅 및 광고전략과 함께 고려되어야 한다. 브랜드는 기업의 시각 정체성, 조직 정체성 및 이를 통합하는 기업 정체성을 대표한다. 네이밍을 할 때도 발음하기 쉽고 또 기억하기 쉽게 만들어야 하며 무엇보다 제품의 특징을 효과적으로 전달할 수 있도록 해야 한다. 68년 역사의 밀가루 회사인 대한제분이 세븐브로이와 컬래버레이션으로 출시한 곰표 밀맥주는 익숙하고 친근한 브랜드명으로 출시 3일 만에 초도 물량 10만 개를 판매했다. 또한 4XR, 애경산업 등과 함께 겨울패딩과 선크림, 핸드크림, 2080치약 등을 출시하였다. 브랜드 전략에 관한 보다 자세한 설명은 추후 다시 설명하도록 하겠다.

친근한 브랜드명을 활용한 곰표 브랜드
출처: 브랜드브리프, http://www.brandbrief.co.kr/news/articleView.html?idxno=2805

2 시장분석

시장구성과 분석 차원들

시장(market)을 하나의 개념으로 정리하기는 쉽지 않다. 일반적으로, 시장은 남대문이나 동대문시장처럼 판매자(seller)와 구매자(buyer)가 만나서 거래를 하는 물리적 장소를 의미한다. 한편 추상적 차원에서 시장은 유무형의 상품에 대한 수요와 공급의 관계를 의미하는데, 예를 들어 노동시장, 취업시장, 외환시장 등이 있다. 마케팅에서 시장은 미충족된 욕구를 가진, 구매의도와 구매능력이 있는 개인이나 조직의 집합을 의미한다. 시장에서 개인이나 조직은 판매자와 구매자를 말하며, 판매자를 공급으로, 구매자를 수요라는 의미로 이해해도 무방하다.

1) 시장의 종류와 공통점

언급한 바와 같이 시장의 종류와 주요 구성원들도 다양하다. 마케팅에서 시장은 크게 소비자 시장(consumer market)과 생산자 시장(industrial market)으로 구분해 볼 수 있다. 소비자 시장은 개인 즉 최종 소비자가 있으며 생산자 시장은 상품의 원재료, 부품 등으로 판매되어 2차, 3차 판매자 또는 제조업자로 구성된 시장이다. 특히, 생산자와 소비자 관계에 초점을 두고 소비시장과의 교환이 원활히 이루어지도록 하는 마케팅을 비즈니스-소비자 마케팅(B2C: Business-to-Consumer Marketing)이라고 한다. 한편 산업시장의 생산자와 2차, 3차 판매자 또는 제조업자산의 원활한 교환이 발생하도록 하는 마케팅을 비즈니스-비즈니스 마케팅(B2B: Business-to-Business Marketing)이라고 한다.

이러한 시장의 분류에도 불구하고 모든 시장은 공통점이 있다. 무엇보다 개인이든 제조업자이든지 미충족된 욕구를 갖고 있어야 한다. 이상적으로 완전히 만족한 소비자는 제품구매 동기가 없으므로 시장 구성원으로 보기 어렵다. 미충족된 또는 완전하게 충족되지 않은 욕구가 있는 구성원이 욕구해소를 위해 제품을 구매하는 것이다. 미국의 행동심리학자인 매슬로우의 욕구단계설(Maslow's hierarchy of needs)에 따르면 인간은 낮은 수준의 욕구가 충족되면 다음 단계의 욕구를 충족시키고자 한다. 구체적으로, 낮은 단계부터 생리 욕구, 안전 욕구, 애정과 소속의 욕구, 존경욕구, 자아실현 욕구 순으로 단계를 형성한다는 것이다. 예를 들어, 생리욕구 차원에서 특정 음식을 만들기 위한 재료를 음식점에서 필요로 해야 원재료가 공급될 것이다. 또한 그렇게 만들어진 음식을 찾는 배고픈 소비자가 존재해야 음식이 고객에게 판매되고 허기를 면할 수 있을 것이다.

그림 5-1 매슬로우 욕구위계 이론

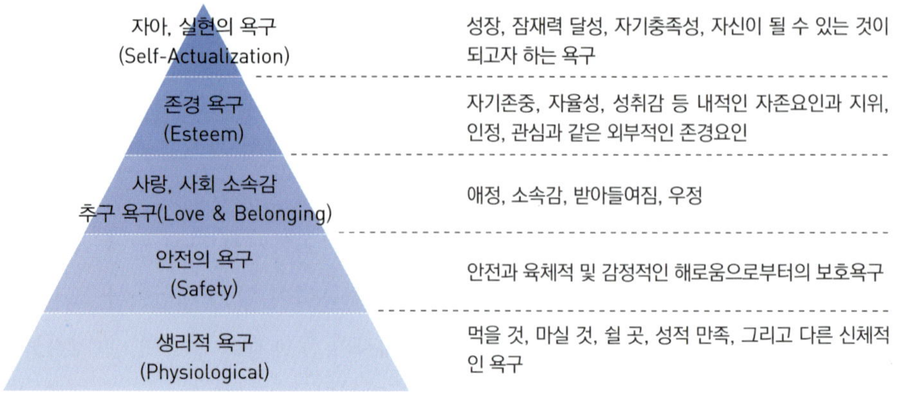

2) 필요, 욕구, 수요

그러나 단순히 욕구해결의 동기가 있는 것으로는 충분하지 않다. 왜냐하면 더 우선순위가 급한 욕구해결에 가용한 자원이 활용될 수도 있고 또 대체재를 통해 욕구를 만족시킬 수도 있다. 따라서 특정 브랜드를 구매하기 위한 '경제적 능력'과 소비자의 '구매의도'가 있어야 한다. 마케팅 맥락에서 사람이 생활하는데 필요한 어떤 것이 박탈당한 상태를 필요(needs)라고 한다. 필요를 만족시키기 위해 특정 브랜드를 열망하는 것을 욕구(want)라고 하며, 특정 브랜드에 대한 열망과 금전적 구매력이 뒷받침 될 때 비로소 수요(demand)라고 할 수 있다. 필요, 욕구, 수요의 관계를 예를 들어 설명해보자. 어떤 사람이 배가 고파 허기를 채우고자 할 때 이는 필요이다. 만약 한식 대신 패스트푸드(대체재)를 선택할 수 있는데 그중 맘스터치를 선택한다면 욕구가 되는 것이고 구매력이 있어야 수요로 나타나는 것이다. 저관여 제품인 패스트푸드와 달리 고관여 제품인 스마트폰, 노트북, 자동차 등은 욕구와 수요 사이에 경제적 능력이 중요한 변수로 작용함을 알 수 있다.

3) 선호패턴

한편 시장세분화(market segmentation) 측면에서 시장 내 소비자가 동질적 선호패턴(homogeneous preferences)을 보이는 것이 중요하다. 이는 시장 내 소비자의 특성, 성향, 신념, 태도가 유사해 특정 제품에 대한 반응이 동질적인 반응을 보이는 것을 말한다. 동질적 패턴을 보일 경우 시장에 한 가지 제품만 출시해도 이들 소비자를 만족시킬 수 있다. 그런데 현실적으로 잠재 소비자는 몇 개의 군집으로 구분할 수 있

그림 5-2 동질적 선호, 확산된 선호, 군집화 선호패턴

는데 이를 군집화 선호패턴(clustered preferences)이라고 한다. 군집화 선호패턴에서 마케터는 이들을 필요에 따라 주고객 시장과 하위시장으로 구별하여 몇 가지 주요 제품을 출시할 수 있다. 마지막으로 확산된 선호패턴(diffused preferences)은 군집화 선호패턴이 집단수준에서 개인수준으로 선호패턴이 확산되는 것이다. 즉 개별 소비자의 선호도에 따른 맞춤형 상품을 제공해야 한다. [그림 5-2]에서 커피의 향(X축)과 맛(Y축)으로 가정할 때 소비자들의 반응을 도식화하였다.

최근 빅데이터, 기계학습(machine learning), 인공지능(artificial intelligence), 생체 인식(biometric identification) 기술 등을 활용해 대량생산과 대량유통의 임계점을 뛰어넘는 일대일 마케팅이 가능해 졌는데 이를 초개인화(hyper-personalization)이라고 한다. 초개인화 마케팅은 개개인에게 보다 개인적인 맞춤형 소비경험을 제공한다. 예를 들어, 안면인식기술(facial recognition technology)을 활용해 고객이 지나갈 때 나이, 성별, 심지어 고객의 기분까지 파악할 수 있다. 축적된 정보로 옥외광고에 개별 소비자에게 맞춤형 광고를 노출시켜 소비자의 반응을 극대화할 수 있다고 한다. 오른쪽은 실제 영국의 한 쇼핑몰에서 사용되고 있는 초개인화 기술의 적용사례이다.

초개인화된 옥외광고

출처: Social MediaToday. https://www.socialmediatoday.com/news/why-hyper-personalization-is-key-for-marketers-in-2020/570276/

시장세분화

1) 시장세분화의 정의

앞에서 설명하였듯이 동질적 선호패턴을 찾는 것은 중요하다. 그러나 대부분의 시장은 군집화, 확산화 패턴을 보이는 경우가 흔하며 하나의 상품으로 전체시장의 모든 소비자를 만족시키는 것은 현실적으로 쉽지 않다. 배고픈 모든 사람에게 아무리 맛있는 음식이라도 한 가지 음식만 선택할 수 있다면 곧 질리고 말 것이다. 이에 소비자의 유사한 특성을 고려해 전체시장을 몇 개의 동질적인 하위시장(submarket)으로 분류하고 그에 상응하는 마케팅믹스를 제공해야 한다. 시장세분화란 전체시장의 잠재 고객들을 유사성이 있는 소집단으로 구분하는 과정으로 정의할 수 있다. 세분화의 기준으로 인구통계적 세분화, 지역 세분화, 심리 세분화, 행위 세분화, 효익 세분화 등이 있는데 하나 또는 둘 이상의 세분화를 동시에 적용하여 보다 효과적으로 시장을 규정할 수 있다.

2) 시장세분화의 전제조건 및 기준

시장세분화를 위한 몇 가지 전제조건이 있다. 먼저 앞에서도 설명했듯이 전체시장이 동질적 선호패턴을 보일 경우 세분화할 필요가 없다. 그러나 군집화 또는 확산된 선호패턴을 보일 경우 각 집단별로 세분화하여 맞춤형 마케팅믹스를 제공할 수 있다. 즉 시장세분화를 위해 내부적 동질성과 외부적 이질성을 확보해야 한다. 둘째, 세분화된 하위시장이 수요가 충분해 규모의 경제(economies of scale)를 이루어야 한다. 셋째, 세분시장의 규모나 구매력 등의 크기를 정량화, 수치화할 수 있어야 한다. 이를 통해 추후 시장세분화 효과를 비교, 분석 및 개선할 수 있을 것이다. 넷째, 하위시장의 소비자에게 제품을 제공하기 위한 원활한 커뮤니케이션 채널과 유통망이 존재해 접근성을 확보해야 한다. 마지막으로, 앞의 네 가지 전제조건을 만족하더라도 실제로 마케팅믹스를 개발하고 실행할 수 있는 자원을 갖고 있어야 할 것이다.

시장세분화 기준에 대해 살펴보면 먼저 인구통계적 특성이 있다. 연령, 성별, 직업, 가족수, 소득수준, 교육수준, 종교, 사회계층 등을 의미한다. 지리적 특성은 거주지역의 특성을 말하며 심리적 특성은 라이프스타일, 성격, 가치, 자아 이미지, 태도, 신념 등을 말한다. 마지막으로, 행위적 특성은 제품구매를 통해 얻고자 하는 혜택이나 사용량, 구매빈도, 브랜드충성도 등을 의미한다. 시장세분화를 위해 기준을 하나 이상 사용하여 전체시장을 보다 효과적으로 세분화할 수 있다. 예를 들어, 인구통계

표 5-1 시장세분화 기준

시장세분화 기준	예시
인구통계적 변수	연령, 성별, 가족수, 소득, 직업, 교육수준, 종교, 인종, 국적
지리적 변수	지역, 행정구역, 인구밀도, 기후
심리적 변수	라이프스타일, 성격, 가치관, 신념
행동적 변수	구매/사용 상황, 혜택, 사용량, 구매빈도, 충성도, 사용경험

적 특성과 지리적 특성을 합해 인구통계지리학적 특성을 적용할 수 있다. 사실 시장세분화는 현대 마케팅에 많은 기여를 했으나 최근 일대일 맞춤형 마케팅이 등장하면서 개인 소비자 각각을 별도의 시장으로 고려하는 추세이다.

표적시장 선정

1) 표적시장의 특성

표적시장의 선정은 시장 규모가 상당히 크고 소비자들의 필요나 행동특성이 군집화 선호패턴을 보일 때 실시한다. 만약 시장 규모가 작거나 공통적 욕구가 동질적 선호패턴을 보인다면 시장세분화는 불필요하며 대량 마케팅(mass marketing) 또는 비차별화 마케팅(undifferentiated marketing)을 통해 하나의 마케팅믹스만으로 시장에 소구할 수 있다. 이는 과거 산업혁명 이후 생산자 중심 또는 판매 중심의 마케팅 활동을 의미한다. 요즘에도 시장이 지나치게 세분화되어 비효율적이고 또 시장이 동질적이라고 판단할 경우 세분 시장을 통합해 대량 마케팅을 할 수 있다. 그러나 평균의 오류에 빠져 자칫 시장을 통합할 경우 어느 하위 시장도 충분히 만족시킬 수 없게 되고 이는 경쟁자들에게 틈새시장(niche market)을 제공하는 실수를 범할 수 있다.

2) 표적마케팅

표적마케팅(target marketing)은 공통적 욕구뿐만 아니라 하위 시장의 차별적 욕구를 고려해 상이한 마케팅믹스를 제공하는 것이다. 즉 하위 시장의 잠재 소비자의 욕구에 맞게 세분시장별로 차별화된 마케팅믹스를 실행하는 것이다. 앞서 대량 마케팅이 공통적 욕구에 집중하여 원가절감의 효율성이 높지만 표적마케팅은 비용은 더 들더라도 하위 시장의 만족도를 증대시켜 경쟁우위를 확보할 수 있다는 상대적 장점이 있다. 표적마케팅은 크게 '차별화 마케팅(differentiated marketing)'과 '집중화 마케팅(concentrated marketing)'으로 구별된다. 전자는 둘 이상의 세분시장을 주요 시장으로 선정하여 최적의 마케팅믹스를 개별적으로 제공하는 전략이다. 예를 들어, 하이트진로는 테라, 맥스, 필라이트, 하이트 엑스트라 골드 등 다양한 맥주 브랜드를 제공하고 있다. 또한 소주는 참이슬, 일품진로 외에도 뉴트로 감성에 맞게 진로이즈백을 재출시하여 젊은 세대의 기호와 취향을 반영하였다.

하이트진로 진로이즈백 캠페인
출처: 하이트진로

LocknLock 밀폐용기
출처: LocknLock. https://www.locknlock.com/productbrand

한편 집중화 마케팅은 단 하나의 하위 시장을 주고객 시장으로 선정하여 마케팅 노력을 집중해 시장 지위를 확보하는 전략이다. 이 전략은 가용한 자원을 여러 하위 시장에 분산하지 않고 특정 시장에 전념함으로써 독보적인 명성을 쌓고 시장지위를 공고히 할 수 있다. 더불어 생산, 유통 및 촉진 활동의 전문화로 운용의 효율성을 높일 수 있다. 그러나 역으로 시장이 포화상태가 되어 수요가 하락한다면 투입된 브랜드나 기업의 전략 수정이 불가피하다. 예를 들어, 최근 성장률과 수익성이 하락한 밀폐용기 전문기업인 락앤락(LocknLock)은 생활 문화 기업으로 보온, 보냉, 쿡웨어, 주방잡화, 수납용품, 소형 가전제품 시장까지 사업 영역을 확대하고 있다.

3 경쟁분석

경쟁분석은 사업환경 및 배경을 이해하기 위한 필수적인 분석이다. 구체적으로, 거시환경분석을 통해 기업에게 영향을 주는 정책, 경제동향 및 기술 트랜드 등을 파악할 수 있다. 또 미시환경분석인 3C분석을 통해 고객, 경쟁사, 자사 관점에서 시사점을 분석할 수 있다. 일반적으로, 거시환경분석인 PEST분석 후 미시환경분석인 3C

그림 5-3 경쟁분석 단계

분석을 실시한다. 이후 SWOT 분석, STP 분석, 4P 전략수립 및 실행 순으로 진행된다. 구체적으로, STP는 시장세분화(segmentation), 표적시장 선정(targeting), 포지셔닝(positioning)을 의미한다. 시장세분화와 타기팅은 앞에서 자세히 설명하였으므로 생략하기로 한다. 또한 포지셔닝은 다른 장에서 보다 자세하게 설명하기로 한다. 마지막으로, 4P는 제품(product), 유통(place), 가격(price), 촉진(promotion)을 뜻하며 광고홍보전공 학생이라면 반드시 기억해야 할 용어이다. 여기서는 PEST 분석, 3C 그리고 SWOT분석에 대해 자세히 살펴보기로 한다. 사실 광고는 넓은 의미의 4P 중 촉진(promotion)에 속하며 따라서 거시 및 미시환경분석에 대한 이해가 필수적이다.

거시환경분석(PEST 분석)

먼저 PEST 분석은 기업을 둘러싼 거시외부환경 분석의 첫 번째 단계라고 할 수 있다. PEST는 정치(politics), 경제(economics), 사회(social), 기술(technology)의 약자이다. 기업의 환경을 분석하기 위해 먼저 정치적 환경 변화를 이해해야 한다. 예를 들어, 복지정책의 확대 및 이를 위한 증세, 비정규직에 대한 복리후생 강화, 환경보호 관련 규제 강화, 지방자치단체활동 및 주민 참여 활성화 등이 있다. 경제적 환경 변화는 세계 경제동향, 물가변동, GDP성장률, 실업률 등 각종 경제지표와 향후 전망을 말한다. 국민소득, 이자율, 물가, 실업률, 환율 등이 국가적 차원에서 경제상황을 판단하는 거시지표로 활용된다. 미시적으로 옷값, 음식값, 교통요금 등이 모두 다르게 나타나지만 크게는 물가라는 개념으로 수렴된다. 경기가 하강할 때는 광고주의 예산이 감소해 광고업계의 실적에 악영향을 미칠 수 있다.

MZ세대 라이프스타일과 트렌드를 반영한 한정판 첵스 파맛
출처: 켈로그 유튜브

사회적 환경 변화는 인구증감 및 수도권 과밀화, 문화, 교육제도, 라이프스타일, 핵가족화 및 1인가구 증가 등이 있다. 예를 들어, 1980년초부터 2000년초 출생한 MZ(밀레니얼과 Z세대)세대는 개인 행복 추구와 경험을 중시하고 부를 과시하는 플렉스 문화를 즐긴다. 기술적 환경 변화는 정보통신기술의 발달, 인공지능, 빅데이터, 자율주행자동차, 핀테크, 모바일 플랫폼 사용량 증가 등이 있다. 혁신적 기술은 신규시장을 창조하지만 한편 기존 시장을 축소시킨다. 예를 들어, 2020년 현재 디지털 및 모바일 광고는 급성장 중이나 인쇄매체 및 기존 공중파의 영향력은 갈수록 줄어들어 이들 매체 관련 매출이 감소하였다. 또한 석유산업인 내연기관 자동차는 점차 전기, 수소자동차로 대체될 것이라는 관측이 나오고 있다.

미시환경분석(3C 분석)

다음으로 3C 분석 모델은 일본의 비즈니스 전략가이자 컨설턴트인 겐이치 오마에(Kenichi Ohmae)에 의해 고안되었다. 3C분석은 고객(customer), 경쟁사(competitor), 자사(company)의 3개 핵심요소의 분석을 말한다. 먼저 고객은 자사 제품이나 서비스를 구매하는 소비자를 의미한다. 자사의 제품과 서비스를 구매하는 소비자는 어떤 구매행동패턴이나 특징을 가지는지 파악하고 유사한 특징을 지닌 소비자들을 그룹으로 묶어낼 수도 있다. 구매력 정도, 소비규모의 크기, 성장가능성 여부, 잠재고객 존재 여부 등을 종합적으로 고려해 세분화한 고객은 마케팅 핵심 타깃이 될 수 있다. 당연히 고객이 가진 불만이나 피드백을 참고한다면 더욱 유의미한 분석결과를 얻을 수 있다. 둘째로 경쟁사 분석이다. 경쟁사는 시장점유율을 높이기 위해 치열한 다툼을 벌이는 라이벌이다. 경쟁사 또는 브랜드의 강점과 약점을 종합적으로 파악해 경쟁 우위를 확보하기 위한 전략을 수립해야 한다. 예를 들어, 가격 전략이나 제품 성능과 서비스를 높이는 차별화 전략을 취할 수 있다. 마지막으로 자사 분석이다. 자사가 보유한 인적, 물적, 기술적 자원 및 핵심역량을 파악하고 이를 적극 활용할 수 있도록 하는 것이다.

이마트 전문점 일렉트로마트
출처: 조선비즈.
https://biz.chosun.com/site/data/html_dir/2019/07/24/2019072400309.html

이마트에 대한 3C분석을 예시로 들어보자. 이마트의 주요 고객은 30~40대 여성이다. 2013년 44세에서 2016년 45.5세로 높아지고 있으며, 20~30대의 비중은 매년 감소하고 잇다. 최근 코로나로 인한 집콕문화의 확산으로 매출이 증가했으나 온라인 쇼핑과 이커머스의 증가 및 1인 가구의 증가로 매출은 지속적으로 감소하고 있다. 경쟁사로는 롯데마트와 홈플러스 등이 있다. 홈플러스와 롯데마트 역시 최근 매출이 감소해 폐점과 매각을 진행 중이나 이마트는 새 점포를 오픈해 사업을 확장하고 있다. 자사분석으로 온라인 쇼핑몰 이마트몰과 창고형 할인점 이마트 트레이더스가 있으며 최근 편의점인 이마트24가 증가하고 있다. 젊은 층을 잡기 위해 PB브랜드인 노브랜드, 가공식품 브랜드 피코크와 매장 내 체험테마형 가전전문점 일렉트로마트를 열어 남성 취향의 놀이문화 경험을 제공하고 있다. 간략하게 이마트에 대한 3C 분석의 예시를 들었으나 기업 기본정보, 매출액, 사회 공헌 등 이외 많은 부분들을 비교할 수 있을 것이다.

SWOT 분석

마지막으로 SWOT 분석에 대해 알아보기로 하자. SWOT은 회사, 제품, 혹은 서비스에 대해 강점(strength), 약점(weakness), 기회(opportunity), 위협(threat)의 4개 차원으로 파악하는 분석방법이다. 강점과 약점은 기업이 의지를 가지고 통제하고 개선할 수 있다는 점에서 내부요인(internal factor)이지만 기회와 위협은 제도나 법규 등 정책적 변화나 사회적, 문화적 트렌드 변화로 기업의 직접적 통제가 불가능하기 때문에 외부요인(external factor)이다. 각 차원별로 살펴보면, 강점은 기업이나 브랜드가 현재 잘 하고 있는 경쟁력이 있는 부분이고 약점은 타사와 비교해 못하는 부분으로 쉽게 설명할 수 있다. 기회는 외부로부터 발생하는 우호적인 환경 변화이며 위협은 외부로부터 기인하는 불리한 환경 변화라고 할 수 있다.

여기서 각 차원의 분석에서 그칠 것이 아니라 둘 이상의 차원을 조합하여 새로운 전략을 제시할 수 있다. 전략적 차원에서 강점을 가지고 기회를 살리는 접근을 SO전략이라고 하며 강점을 가지고 위협을 최소화하는 접근을 ST전략이라고 한다. 예를 들어, SO전략의 경우 자사의 가용한 핵심 역량과 자원 바탕으로 변화하는 정책과 트렌드를 예측해 신제품이나 서비스를 출시할 수 있다. ST전략은 자사의 핵심역량인 인맥이나 네트워크를 통해 유통망 축소를 최소화하거나 유지하는 것을 들 수 있다. 약점을 보완하고 역으로 기회를 살리는 접근을 WO전략이라고 한다. 예를 들어, 기술적 제약을 위협적인 존재와 전략적 제휴를 맺어 극복할 수 있다. 마지막으로 약점을 보완하면서 위협을 최소화하는 접근이 WT전략이다. 예를 들어, 원가절감이나 사업 축소로 위협을 선제적으로 예방할 수 있는데 자동차 업계에서 소형자동차의 수요감소를 예측해 단계적으로 감산하는 경우이다. 여러분의 이해를 돕기 위해 아래 구글(Google)의 SWOT분석을 참고해보길 바란다.

표 5-2 구글 SWOT 분석

강점(Strength)	약점(Weakness)
• 높은 글로벌 인지도 • 세계 1위 검색엔진 • 세계최대 오픈 소스 안드로이드 운영체제 • 유튜브로 다양한 콘텐츠 제공 • 애드센스(adSense)와 애드워즈(adWords)의 높은 광고효과	• 지나친 광고수익 의존 • 구글 플러스 사업 종료 • 정보의 신뢰성 문제 • 일부 구글 제품에 대한 지나친 의존 • 정보독점과 개인정보 노출 문제
기회(Opportunity)	**위협(Threat)**
• 코로나로 비대면 산업 성장 • 중국시장 진출 가능성 • 모바일 시장의 급성장 • 인터넷 시장의 세계적 성장	• 페이스북 등 다른 SNS와 경쟁 • 애플, 아마존과 스마트폰 등 미래사업영역 중복

4 상황분석과 광고전략

이번 장에서 상황분석을 이해하기 위해 제품분석, 시장분석, 경쟁분석에 대해 살펴보았다. 이번 장에서 설명한 모든 내용들은 상황분석을 위해 필수적으로 조사 및 분석해야 할 것이다. 그렇다면 광고전략 수립이 이러한 분석과 어떤 관련이 있을까? 앞에서도 잠깐 언급했지만 마케팅의 4P 중 프로모션은 넓은 의미의 촉진활동에 속한다. 즉, 마케팅의 4P 중 프로모션 혹은 촉진활동은 광고를 포함한 다른 통합적 마케팅 커뮤니케이션(Integrated Marketing Communications: IMC) 수단인 인적판매, 홍보, SNS, 블로그, 데이터베이스 마케팅, 옥외광고 등 여타 소비자와의 접점을 형성하는 모든 커뮤니케이션 활동을 의미한다. [표 5-3]을 보면 우리가 알고 있는 샘플이나 쿠폰 등은 협의의 프로모션이며 이는 마케팅 4P 중 넓은 의미의 프로모션에 포함되는 것으로 이해하면 된다. 따라서 광고전략을 개발하기 위해서는 당연히 상황분석에 대한 이해가 필수적이다.

광고콘셉트, 카피, 그래픽 및 매체에 관한 광고전략을 수립하기 위해서는 촉진활동을 포함한 4P에 대한 철저한 이해가 선행되어야 하며 보다 근본적으로 거시적, 미시적 환경분석, SWOT, STP에 대한 분석과 이해가 필요하다. 예를 들어, 4P 중 제품에 대한 특장점은 광고카피의 중요한 소구점(selling point)이 될 수 있다. 애플 아이폰이 처음 출시된 2007년 잡지광고를 보면 'Touch is believing'이라는 카피와 함께 손가락

표 5-3 4P 중 프로모션과 광고의 관계

제품(Product)	가격(Price)
제품군, 품질, 디자인, 제품특징, 포장, 크기, 서비스, 보증, 반품 등	소비자 가격, 할인, 수당, 지불기간, 신용구매 조건 등
(광의의) 촉진(Promotion)	**유통(Place)**
광고, (협의의) 샘플, 쿠폰 등 촉진, 인적판매, 홍보, SNS, 블로그, DB마케팅 등의 모든 IMC 채널	유통채널, 지역커버리지, 종류, 위치, 재고, 교통, 로지스틱스 등

으로 화면을 조작하는 단순하지만 중요한 속성을 강조하였다. 이처럼 언뜻 보면 광고전략과 마케팅 전략은 무관해 보이지만 마케팅 목표에 관한 전체적인 큰 그림을 이해해야 일관성 있고 설득력 있는 광고전략을 수립할 수 있다. 즉 광고콘셉트, 카피, 그래픽, 매체 등은 광고목표를 달성하는데 상호보완적으로 구성되어야 하며 나아가 다른 IMC 채널과 함께 4P의 촉진활동의 목표를 달성에 도움을 주어야 할 것이다.

2007년도 아이폰 광고
출처: MacDailyNews. https://macdailynews.com/2007/07/12/apple_debuts_new_iphone_print_ad_with_image/

누구나 마케팅목표와 광고목표가 일관성을 가져야 한다는 말은 하기 쉽다. 그러나 촉진활동이 소비자에게 자사 브랜드를 구매하라고 소통하고 설득할 수 있지만 실제 소비자의 구매행위로 항상 연결되지는 않을 것이다. 왜냐하면 설득으로 광고태도나 브랜드태도 그리고 구매의도가 증가했다고 하더라도 구매행위에 미치는 외적 요인이 너무나 많기 때문이다. 예를 들어, 여러분이 좋아하는 패션 브랜드를 구매하려고 하지만 경제적으로 여의치 않아서 또는 여러분의 부모님이나 친구의 반대로 구매하지 못할 수 있기 때문이다. 그러나 상황분석을 통해 자사 제품 및 시장에 대해 철저히 이해한다면 마케팅 및 광고목표 달성에 한 걸음 더 다가갈 수 있을 것이다.

참고문헌

광고계동향(2020). [AD Insight] 코로나19가 강타한 2020년 상반기 광고시장 리뷰. https://www.adic.or.kr/mobile/journal/column/info.mjsp?ukey=541334&oid=@5489%7C1%7C8

남주현(2020). 롯데마트·홈플러스 사업 축소에도 이마트, "내 갈 길 간다". 이투데이. https://www.etoday.co.kr/news/view/1917583

대홍기획(2020). After Corona Trends Top7. 대홍기획 빅데이터마케팅센터.

박용선(2019). 포화상태 밀폐용기 '빅2' 생존전략…선택과 집중 vs 사업 다각화. 조선비즈. https://biz.chosun.com/site/data/html_dir/2019/08/22/2019082201889.html?utm_source=urlcopy&utm_medium=share&utm_campaign=biz

안광호·하영원·유시진·박흥수(2018). 마케팅원론, 제7판, 학현사.

원호연(2020). 제품디자인의 아이코닉(Iconic) 디자인 속성과 전략적 가치 연구-시장 선도 전자기업의 제품을 중심으로. 기초조형학연구, 21(4), 223-236.

유동근·서승원(2017). 통합 마케팅. 제7판, 법문사.

Aguilar, F. J. (1967). Scanning the business environment. Macmillan.

Feigenbaum, A. V. (1983). Total quality control(3rd ed.). New York: McGraw-Hill.

Ford, G. T., Smith, D. B., & Swasy, J. L. (1988). An empirical test of the search, experience and credence attributes framework. ACR North American Advances.

Forza, C., & Filippini, R. (1998). TQM impact on quality conformance and customer satisfaction: a causal model. International journal of production economics, 55(1), 1-20.

Maslow, A. H. (1943). A theory of human motivation. Psychological Review, 50(4), 370-96.

Ohmae, K. (1991). The Mind Of The Strategist: The Art of Japanese Business, McGraw-Hill, 1991.

Percy, L. (2018). Strategic integrated marketing communications. Routledge.

Smith, W. R. (1956). Product differentiation and market segmentation as alternative marketing strategies. Journal of marketing, 21(1), 3-8.

5장: 생각해 볼 문제 (Review Questions)

- 제품품실에 영향을 미치는 요인으로 이번 장에서 설명하지 않는 요인은 무엇이 있을까?
- 브랜드는 소비자와 그 의미와 가치를 함께 생산한다는 말은 어떤 의미일까?
- 최근 공동 브랜딩 또는 콜레보레이션의 예로는 무엇이 있을까?
- 시장세분화에서 동질적 패턴을 파악하는 것이 왜 중요할까?
- 빅데이터, 인공지능 등 초개인화 기술이 마케팅에 적용되고 있다. 이에 대한 장단점을 논의해 보자.
- 근래 인기있는 브랜드를 하나 생각해 보자. 차별화 마케팅과 집중화 마케팅 중 어떤 것을 사용했고 효과유무를 논의해 보자.
- 최근 자동차 산업은 수소 및 전기자동차 산업의 발달로 급변하고 있다. 자동차 산업에 대한 PEST 분석을 실시해 보자.
- 최근 언택트(untact) 문화로 비대면 산업이 급성장 중이다. 비대면 산업 중 하나의 업종과 브랜드를 선정하고 SWOT 분석을 실시해 보자.

성공적인 기업과 브랜드의 마케팅 및 광고 활동의 핵심은 소비자이다. 즉 소비자에 대한 철저한 분석과 이해에 기초한 마케팅 및 광고 전략과 집행은 경쟁 우위를 점하기 위한 필수 요소이다. 이번 장에서는 성공적인 소비자 지향적 마케팅에 반드시 필요한 요소 및 관련된 전략 그리고 소비자 구매 행동에 대해 살펴보고자 한다. 우선 현재 및 잠재 고객의 집합인 시장을 효과적으로 세분화하고(Segmentation), 장기적이며 상호 수익적인 관계 형성에 최적화된 핵심 고객 집단을 찾고(Targeting), 이 고객 집단에게 경쟁 기업 및 브랜드와 차별화된 특징을 인식시키고(Positioning) 핵심 고객의 긍정적인 반응과 지지를 이끌어내는 과정을 고찰한다. 더 나아가서 시장세분화에 근거한 구체적인 전략 설정 및 위치 설정에 대해 논의한다. 다음으로 소비자가 특정 제품과 서비스를 구매하기 위한 의사결정에 대한 다양한 접근 방식을 살펴보고자 한다. 성공적인 마케팅 커뮤니케이션을 위해 소비자의 의사결정 과정에 대한 이해는 필수적이다. 전통적 의사결정 모델, 관여도 수준에 따른 상이한 의사결정 모델 그리고 최근 각광받고 있는 소비자 의사결정 여정의 기본적 가정 및 특징을 상세하게 논의한다.

CHAPTER

VI

소비자 지향적 마케팅 및 소비자 행동

VI

소비자 지향적 마케팅 및 소비자 행동

+ 6장 도입사례

롯데호텔 L7과 신라스테이의 '로케이션 & 시장세분화' 사례

비즈니스호텔이 진화하고 있다. 5성급 호텔보다 상대적으로 저렴한 가격을 고수하면서 전문 미팅룸과 식음료장, 파티시설 등을 확충하며 프리미엄급 호텔로 나가고 있다. 특히 연령 및 상권 등 지역 특성에 맞는 콘셉트를 택하면서 투숙객뿐 아니라 식사, 여가, 미팅, 회의 등 투숙 목적 외 방문객이 크게 늘고 있다. 호텔이 숙박을 넘어 '엔터테인먼트 공간'으로 진화하고 있다. 최근 중국 사드 사태와 코로나로 인해 외국인 관광객이 감소하면서 개별 관광객과 내국인 확대를 새로운 출구 전략으로 삼고 있다. 5성급 호텔 못지않은 시설을 갖추고, 해가 지면 풀 파티와 라이브 공연이 펼쳐진다.

L7홍대 21층 블루루프 라운지

2018년 1월 31일 오픈한 롯데호텔의 L7홍대 이 호텔은 문화와 예술 기운이 넘치는 홍대 상권의 특성에 맞춰 '젊은이들의 놀이터'를 콘셉트로 잡았다. 루프톱 바와 수영장을 갖추고, 독특한 인테리어로 젊은 층을 겨냥했다. 21층 블루루프 라운지에 설치된 홍대 예술가들의 작품도 다양하고, 정보통신기술(ICT)에 익숙한 세대를 위해 키오스크 셀프체크인·체크아웃 시스템을 갖추었다. L7 측은 "홍대는 명동보다 젊은 관광객의 비중이 더 높아 이들을 타깃으로 콘텐트를 구성했다"고 말했다. 게스트하우스가 대부분이었던 호텔 불모지 홍대에 새로운 랜드마크가 나타난 것이다.

신라스테이 광화문점의 가장 바쁜 시간은 점심 무렵이다 회사가 많은 곳이라 점심시간이면 30~40대 직장인들로 뷔페레스토랑 '카페'가 북적인다. 주중 가격 2만 3,000원으로 2주일 전에 예약해야 할 정도로 인기. 보통 특급호텔의 뷔페 메뉴는 120가지가 넘지만 신라스테이는 이를 60가지로 압축하고 대신 최상급 식재료를 택했다. 가성비 최고의 뷔페로 입소문이 나면서 호텔 투숙객뿐 아니라 주변 직장인, 여성들에게 인기다. 신라스테이 관계자는 "음식 종류는 줄이고 품질을 올리는 '소품목 고품질 전략'이 성공한 사례다. 뷔페의 인기가 신라스테이 방문과 객실 예약으로 이어지고 있다"고 말했다.

신라스테이 광화문점 뷔페레스토랑

롯데호텔의 라이프스타일 브랜드인 L7의 경쟁력은 지역 특성에 따라 콘셉트를 달리하는 '로케이션 전략'에서 나온다. 우선 명동, 강남, 홍대 등 서울에서도 대표성을 지닌 지역을 선정한다. 이후 지역의 특성을 호텔 전체에 녹여내기 위해 기획 단계부터 상권분석을 철저하게 진행했다. 롯데호텔 관계자는 "상권분석이란 영업을 위한 일반적인 경제적 분석뿐만 아니라 각 지역의 문화적 분석을 말한다"며 "그 지역을 대표할 수 있는 키워드와 그곳 사람들의 라이프스타일 및 트렌드 등을 고려해 하드웨어와 소프트웨어를 구성했다"고 설명했다.

2016년 L7의 첫 작품인 L7명동의 콘셉트는 '영감을 주는 여행(A journey for inspiration)'이었다. 롯데호텔은 명동을 개성 있는 20~40대의 문화가 집결하는 곳, 옛 한국과 새로운 한국이 조화를 이루는 곳, 내외국인이 자유롭게 섞일 수 있는 곳으로 규정했다. L7 관계자는 "내국인은 관광객의 흥분을, 관광객은 한국 직장인의 모습에서 일상적인 지역특색을 체험할 수 있는 공간으로 만들자는 의도였다"며 "쇼핑과 관광은 물론이고 현지인과 교류할 수 있는 라운지와 바 공간을 갖춘 호텔로 기획됐다"고 설명했다. 자유로운 미팅이 가능한 3층 버블라운지, 풋스파를 즐기며 릴랙싱할 수 있는 루프탑 바 플로팅 등이 대표적이다. 음반, 사진, 액세서리 등 한류 상품을 편리하게 구매할 수 있는 'ATM 스토어', 자전거를 활용한 인력거로 서울 도심 곳곳을 체험하는 '아띠 인력거'도 눈에 띄는 차별화다.

두 번째 프로젝트인 L7강남도 트렌드를 주도하는 지역 특성을 한껏 살리고자 했다. 강남역, 삼성역, 청담, 압구정, 신사 일대를 아우르는 낮과 밤의 차이에 주목했고, 그 결과 메인 키워드를 '상반된 것이 공존하는 것'으로 선정했다. L7강남은 낮에는 자유로운 비즈니스 장소로, 밤에는 스타일 있는 파티를 즐길 수 있는 공간으로 변신했다. 9층에 위치한 '토크 앤 플레이'에서는 디제잉, 라이브 밴드 공연, 출판 파티, 강연 등 다양한 이벤트를 즐길 수 있다. 특히 최상층인 27층 스위트 '어퍼 하우스'는 프라이빗 파티 공간으로 인기다.

L7홍대는 거리문화와 예술의 중심지인 홍대 앞이라는 입지에 L7의 DNA를 결합했다. 특히 22층 최고층에 위치한 루프톱 바와 수영장은 '놀이터'라는 L7홍대의 콘셉트를 극대화한 공간이다. L7 관계자는 "도시의 야경과 한낮의 여유, 칵테일과 음악을 담았다"며 "디제잉과 유명 뮤지션의 공연, 풀 파티가 펼쳐져 홍대 지역의 새로운 놀이 문화를 선도하는 핫플레이스가 될 것"이라고 말했다. 지하 1층부터 3층까지 입주 예정인 패션매장·레스토랑·아트갤러리·VR체험장도 홍대 앞을 찾는 젊은 층을 겨냥한 구성이다.

2017년 서초점과 해운대점 오픈으로 현재 11개점을 운영 중인 신라스테이는 5성급 호텔의 시설 및 서비스 강화로 차별화에 나섰다. 우선 호텔 본연의 기능을 살린 객실 서비스 업그레이드가 눈에 띈다. 특히 객실 구성에 전력을 다해 '프리미엄 룸'을 지향했다. 시몬스의 프리미엄 뷰티 레스트 침대, 100% 최고급 헝가리산 거위 털을 사용해 가볍고 포근한 침구가 자랑거리다. 신라스테이 관계자는 "우리는 호텔 침대 등급 6등급 중 2등급 모델을 사용하고 있다. 신라와 롯데, 포시즌스 정도를 빼면 대부분 5성급 호텔들이 2등급을 사용 중이다"라고 말했다. 친환경 라이프스타일 브랜드로 유명한 아베다(Aveda)를 욕실에 구비한 것도 여느 비즈니스호텔과 다르다.

콤팩트한 메뉴와 합리적 가격을 내세운 뷔페레스토랑도 5성급 수준이라는 평가다. 서울 신라호텔의 유명 뷔페인 파크뷰의 이름을 따라 '쁘띠 파크뷰'라는 별칭이 붙었을 정도다. 직장인이 주로 찾는 광화문점에서 대게와 LA갈비, 초밥과 파스타, 고르곤졸라 피자, 쌀국수 등이 인기다. 신라스테이 관계자는 "직장인들이 많이 이용하는 지역은 짧은 점심시간을 위해 실속 있는 메뉴로 구성했다"며 "신라스테이 마포의 뷔페도 마포와 여의도 직장인들이 주로 이용하며 최소 일주일 전 예약이 필수"라고 말했다.

서초점에선 비즈니스와 관련된 부대시설을 대폭 확대하면서 신라호텔 수준의 이그제큐티브 라운지를 마련했다. 5층을 미팅과 연회 공간으로 조성했는데, 비즈니스 미팅이나 중·소규모 모임이 가능한 총 6개 타입의 미팅룸이 들어섰다. 연회장은 최대 114명까지 수용할 수 있다. 첨단 ICT도 속속 적용되고 있다. 객실 키 없이 휴대전화 애플리케이션(앱)만으로 객실 문을 열 수 있게 하거나 무인 체크인·체크아웃 시스템을 도입하는 비즈니스호텔들이 늘고 있다. L7 호텔 고객은 QR코드를 이용해 체크인부터 결제까지 가능하다. 시설과 서비스를 넘어 고객 편의성을 극대화하는 장치를 신속하고 도입하고 있는 것이다. 호텔업계 관계자는 "무한경쟁 체제에서 더욱 자별화된 마케팅을 위해 5성급에 준하는 시설과 서비스 경쟁이 갈수록 치열해질 것"이라고 말했다.

훌륭한 광고 전략 및 기획은 세밀한 소비자 세분화, 타기팅, 포지셔닝 그리고 소비자 행동에 대한 깊은 이해에서 출발한다. L7과 신라스테이 사례가 광고를 직접 다루고 있지는 않지만, 차별화에 초점을 맞춘 마케팅의 중요성을 역설하고 있다. 소비자에게 경쟁사 대비 제품과 서비스의 차별점을 각인시키는 포지셔닝이 강조되는 현실과 끊임없이 변화하는 소비자의 구매의사결정에 대한 깊은 이해는 소비자와 성공적인 커뮤니케이션을 위한 기본 중의 기본이다.

출처: 포브스 코리아(2018), 비즈니스호텔 '로케이션 차별화' 가속

1 왜 광고에서 소비자 분석이 중요한가?

일반적으로 소비자는 같은 제품과 서비스로부터도 서로 다른 가치를 얻는다. 즉, 같은 제품을 구매하는 소비자들도 각기 제품을 구매하는 이유가 다를 수 있다. 기업은 이런 다양한 소비자의 욕구를 이해하고 소비자에게 중요한 것이 과연 무엇인가를 고민하면서, 소비자의 특별한 욕구를 최상으로 만족하게 함과 동시에 기업에 가장 많은 수익을 창출할 수 있는 소비자 시장을 선택할 필요가 있다. 광고 목표를 달성하기 위한 전략을 효율적으로 세우기 위한 첫 걸음은 소비자의 분석이다. 소비자 분석을 통해 다양한 욕구를 가진 소비자 집단, 즉 시장을 세분화할 수 있다.

시장에서 기업이 제공하는 제품과 서비스의 기능적 차이가 줄어들고, 소비자의 욕구가 다양해지면서 시장을 세분해야 할 필요성이 커지고 있다. 기업에 어떤 제품이나 서비스가 가진 모든 특성에서 경쟁사의 제품이나 서비스를 뛰어넘는 것은 불가능하다. 따라서 기업은 자신이 강조할 제품이나 서비스의 특정 속성을 결정하고 그 속성에서 다른 기업과 비교해서 경쟁적 우위를 얻기 위해 노력하고 있다. 이런 점에서 기업이 자신이 선택한 속성을 중심으로 시장을 세분하고, 그 세분된 시장에서 기업이 최상으로 만족하게 할 수 있는 소비자 그룹을 선택하고, 그 소비자에게 제품의 경쟁적 우위 특성을 알리고 전달하는 것이 중요한 과제가 되었다.

일반적으로 기업이 계획하고 집행하는 마케팅이 대량마케팅에서 시장세분화를 바탕으로 한 표적마케팅으로 변화하고 있는 까닭은 바로 소비자를 더 만족하게 할 수 있는 세분된 제품을 공급함으로써 기업은 제품에 프리미엄 가치를 덧붙일 수 있고, 결국 더 높은 수익을 거둘 수 있기 때문이다. 시장세분화는 기업의 마케팅 비용을 증가시킨다는 점을 고려하면, 시장세분화를 통해서 기업이 추가적인 이익을 거두지 못할 경우에는 표적마케팅의 효과가 떨어지게 된다.

표적마케팅을 단계별로 살펴보면, 시장을 세분화하고, 그 세분화된 시장에서 기업에게 가장 적합한 시장을 선택하며, 마지막으로 그 선택된 시장에서 가장 효과적일 수 있는 제품과 서비스의 가치를 소비자에게 알리고 전달하는 시장위치 선정(positioning)을 통해서 이루어진다.

2 시장세분화(Market Segmentation)

5장에서 간략히 설명하였듯, 소비자를 하나 또는 그 이상의 기준으로 나누는 것을 시장세분화라고 한다. 아마도 가장 바람직한 시장세분화는 기업의 제품이나 서비스를 구매할 사람과 구매하지 않을 사람, 좋아할 사람과 좋아하지 않을 사람으로 구분하는 것이다. 문제는 이런 세분화는 시장에서 실행하기가 어렵다는 점이다. 결국 이런 이상적인 시장세분화에 가장 가깝게 시장을 나눌 수 있는 요인을 찾는 것이 세분화 과정에서 가장 중요하다.

시장세분화에 접근하는 방법은 크게 두 가지 방법으로 나눌 수 있다. 먼저 소비자의 욕구를 조사하고, 우리 제품의 장점과 단점을 조사한 후에, 소비자가 특히 좋아하는 제품과 서비스의 특성 중에서 우리 제품과 서비스의 특성과 일치하는 부분을 찾고, 그 특성을 중요하게 생각하는 소비자를 찾아낼 수 있는 세분화 기준을 찾는 것이다. 다음 방법은 내 제품을 이미 좋아하고 사용하고 있는 소비자의 특성을 조사하여, 그 중에서 소비자를 분류할 수 있는 기준을 찾는 방법이다. 두 방법 모두 결국 소비자의 선호 특성과 제품의 특성 간의 일치성을 그 기준으로 하고 있다.

일반적으로 시장세분화의 수준을 나눌 때, 그 세밀한 정도에 따라 대량마케팅, 세분시장마케팅, 미시마케팅, 일대일마케팅(pinpoint marketing) 등으로 구분하기도 한다.

대량마케팅에서 일대일마케팅까지를 비용적인 측면에서 비교하면, 소비자 한 명당 마케팅 비용은 일대일마케팅에서 가장 높고, 미시마케팅, 세분시장마케팅, 대량마케팅의 순서로 그 비용이 높아진다고 할 수 있다. 따라서 굳이 시장세분화가 필요하지 않은 경우에 세분화를 하게 되면, 비용만 증가하고 수익은 그대로인 기업에게는 바람직하지 않은 상황을 초래할 수도 있다. 제품과 서비스의 종류에 따라서 대량마케팅이 세분화 마케팅보다 유리한 경우도 있다. 양초, 우산, 이쑤시개 등과 같은 가격이 낮고 기초적인 기능을 중시하는 제품에는 특별히 시장세분화가 중요하지 않다고 할 수 있다.

그림 6-1 시장세분화 수준

이런 시장세분화 과정에서 때로는 틈새시장을 찾

아내어 마케팅에 이용하기도 한다. 틈새시장은 기존에 이미 존재하는 시장에서 주로 찾을 수 있는 것으로, 시장 경쟁이 치열해진 지금은 틈새시장을 발견한다기보다는 틈새시장을 예측하고 또 만드는 과정이 기업에게 더욱 중요할 수도 있다.

대량마케팅(Mass Marketing)

소비자가 원하는 특성이 단일한 제품과 서비스의 경우에는 대량마케팅이 비용 면에서 더 효과적이다. 앞에서 제시한 양초, 우산, 이쑤시개 같은 제품들로부터 소비자의 욕구가 비교적 단일한 음료수나 과자 등의 제품은 여전히 대량마케팅을 주로 이용하고 있다. 대량마케팅이 유용한 제품 중에서도 특정한 기능을 강조하면, 시장세분화 전략을 사용한다. 예를 들어, 건강에 좋은 과자, 칼로리가 낮은 과자로 시장을 세분화해서 공략하기도 하고, 음료수의 경우 기능성 음료수와 웰빙 음료수 등 그 특성을 강조하여 세분시장을 개발할 수 있다.

또한, 제품과 서비스를 시장에 진입시키는 제품수명주기의 초기 단계에는 그 제품 특성이 비교적 간단하기 때문에 대량마케팅을 중심으로 소비자를 공략하기도 한다. 시장이 성장하면서 소비자의 욕구가 다양해지고 시장 내에 경쟁사가 진입하게 되면, 결국 기업은 자신이 가진 제품과 서비스가 경쟁적 우위를 확보할 수 있는 특성을 통해서 세분된 시장을 공략해야 하는 필요성이 생기게 된다.

대량마케팅의 가장 큰 장점은 비용과 효율성 측면에서 찾을 수 있다. 일단 소비자 한 명당 마케팅 비용이 낮으며, 많은 사람들에게 동시에 마케팅한다는 점에서 그 효율성을 높일 수 있다. 시장에서 기업이 대량마케팅을 여전히 많이 사용하고 있지만, 소비자가 세분된 욕구를 가진 제품과 서비스에서는 대량마케팅의 효과에 의문이 제기되고 있다. 결국 대부분 제품에서 기초적인 욕구를 중심으로 마케팅을 시작하게 되지만, 시장이 성장하면서 일반적으로 소비자의 욕구는 다양해지기 때문에 기업은 시장의 세분된 욕구를 관찰하고 예측하면서 그런 세분화를 이끌 수 있어야 경쟁사와의 경쟁에서 승리할 수 있다.

세분시장마케팅(Segment Marketing)

대량마케팅에서 시장을 세분화하기 시작하면서 세분시장마케팅의 개념이 형성되었다. 시장의 세분화 정도는 결국 소비자의 욕구가 얼마나 다양하고, 그 욕구의 다양성에 따른 기업의 시장 수익성이 얼마나 되는가에 달려 있다.

벤츠나 BMW는 시장세분화를 통해서 고급시장을 공략해서 성공한 대표적인 사례이다. 고급시장을 공략함으로써 제품에 프리미엄 가치를 창조하였고, 그 프리미엄 가치에 높은 가격을 책정하면서, 기업은 높은 수익을 달성할 수 있었다. 자동차 산업의 경우, 제품들이 소형, 중형, 대형, 고급의 이미 확립된 뚜렷한 세분화된 시장을 가지고 있다. 자동차 산업에서 기업은 추가적인 시장을 개발하기 위해서 준중형이나 프리미엄급의 자동차 제품을 개발하기도 하였다. 준중형은 소형을 타기에는 위신이나 안전 면에 우려가 있는 고객들을 대상으로 개발된 제품의 경우이고, 프리미엄급은 고급 중에서도 고급 자동차를 원하는 고객을 대상으로 제품을 개발한 경우이다. 호텔 산업에서도 Marriott 기업의 경우에서 관찰할 수 있듯이 소비자에 따라서 호텔, 모텔, 인 등의 숙박시설을 제공하면서 시장을 세분화하여 마케팅을 실행한다.

결국 모두에게 그저 그런 만족을 주는 제품과 서비스보다는 세분화된 시장 각각에서 최상의 만족을 제공할 수 있는 제품과 서비스를 제공하는 것이 소비자의 만족을 높이고 기업의 수익을 높이는 방법이며, 기업이 제품, 가격, 유통, 촉진의 마케팅 믹스 모두를 효율적으로 집행할 수 있는 방법이다.

미시마케팅(Micro Marketing), 일대일마케팅(Pinpoint Marketing)

일대일마케팅으로 불리는 미시마케팅은 결국 시장 세분화 정도에 따라서 세분시장 마케팅을 분류하는 방법이라고 할 수 있다. 특별한 개인 및 작은 집단의 취향에 적합하도록 마케팅믹스를 개발하는 것이 결국 미시마케팅과 일대일마케팅의 핵심적인 내용이다. 대한민국의 강남 지역처럼 특별한 지역을 중심으로 마케팅하거나, 특정 개인이 모인 작은 집단을 대상으로 마케팅하는 경우에는 그 대상이 많이 제한되므로 미시마케팅이나 일대일마케팅으로 분류하게 된다.

고급 수입차와 명품은 시장 세분화의 정도가 더 세밀해진다. 시장에서 제품의 수요가 제한적이므로, 타깃이 되는 소비자를 정확하게 설정하고, 마케팅을 집중하는 기업의 노력이 필요한 산업이다. 이런 집중적인 마케팅을 통해서 시장의 실제 수요와 잠재적 수요에 마케팅을 집중할 수 있는 장점이 있다. 특히 일대일마케팅은 소비자와 관련된 다양한 데이터베이스 이용이 가능해지면서, 소비자 개인별로 알맞은 마케팅을 적용할 수 있는 가능성을 이용한 개인적인 마케팅 방법이다.

예전 고급 맞춤양복이나 최근 수입 자동차 등이 아마도 일대일마케팅의 대표적인 예라고 할 수 있으며, 최근에는 신용카드나 금융서비스 등의 제품과 서비스에서도 개인의 특성을 파악하고 그 특성에 맞는 마케팅을 개발하려는 노력이 진행 중이다. 미시마케팅이나 일대일마케팅의 가장 큰 장점과 단점은 결국 한 명당 마케팅 비용이 많이 지출된다는 단점을 가지고 있지만, 효과적으로 구매를 이끌 수 있는 집단을 선정할 수 있다면, 더 효과적인 성과를 거둘 수 있다는 것이다. 물론 이런 시장세분화가 실패한다면 마케팅 비용만 높아지는 역효과를 얻을 수도 있다.

틈새시장마케팅(Niche Marketing)

틈새시장은 쉽게 정의내리기 어려운 개념이지만, 일반적인 정의로는 이미 확립된 제품과 서비스의 시장에서 새로운 욕구를 지닌 소비자 집단을 찾아 마케팅하는 것을 의미한다. 시장에서 실제로 수익성 있는 틈새시장을 발견하기는 쉽지 않고, 발견하더라도 이미 경쟁자가 존재하기 쉽다. 결국 틈새시장은 기업의 노력을 통해 개발하는 것이라 이해할 수 있다.

틈새시장을 개발하기 위해서는 먼저 소비자에 대해 완벽한 이해가 필요하다. 기존 시장에서 기존 제품과 서비스에 만족하지 못하는 고객을 찾는 것은 쉬운 일이 아니기 때문에, 소비자의 시장 반응을 조심스럽게 살피면서, 기존 시장에서 소외된 소비자를 위한 제품을 개발하는 것이 일반적인 틈새시장 개발 방법이라 할 수 있다.

다음으로 틈새시장을 개발하는 또 다른 방법은 새로운 기술이나 혁신을 제품에 적용하여 소비자로부터 개발된 제품에 대해 구체화된 욕구를 이끌어내는 것이다. 기업이 특히 집중해야 할 부분이지만, 성공 가능성보다는 실패 가능성이 높기 때문에 기업의 조심스러운 접근이 필요하다. 기존의 제품이나 서비스가 이미 만족시키고 있는 시장에서 더 잘 만족시킬 수 있는 제품과 서비스를 개발하는 과정이므로, 그 가치의 차이가 분명하게 느껴지는 제품을 제공할 수 있어야 한다.

틈새시장의 일반적인 장점은 그 규모가 작고, 아직 경쟁자가 없다는 것이다. 물론 경쟁자가 없다는 것은 아직 시장이 충분히 매력적이지 않다는 점을 반영하기도 한다. 즉, 틈새시장은 먼저 시장을 장악하고, 그 시장의 성장으로부터 기업이 수익을 거둬야 한다는 위험이 존재한다. 하지만, 장점으로는 틈새시장의 구성원들의 욕구가 강하면 제품과 서비스에 대해 더 높은 가격을 기꺼이 지급한다는 점이다.

3 구체적인 시장세분화 요인

소비자를 세분화하는 데에는 다양한 변인 혹은 요인이 사용된다. 이런 요인을 시장세분화 변수라고도 한다. 변수는 일정 범위 내에서 변화하는 수로 이런 변수의 변화를 기준으로 소비자를 집단으로 분류할 수 있다. 예를 들면, 남성과 여성으로 변화하는 성별 변수에 따라서 소비자 집단을 남성과 여성으로 분류하는 것과 같은 예이다.

앞에서 설명한 대로 기업이 원하는 가장 이상적인 세분화 변수는 결국 기업의 제품과 서비스를 구매하거나 좋아하는 정도를 가지고 소비자를 분류하는 것이다. 하지만, 현실적으로 시장에서 이런 세분화가 불가능하기 때문에 이와 가장 유사한 소비자 집단을 찾을 수 있도록 분류하는 기준을 찾게 되는 것이다.

대표적으로 마케팅에서 많이 사용하는 세분화 방법은 변수의 형태에 따라서 지리적 세분화(geographic segmentation), 인구통계적 세분화(demographic segmentation), 심리묘사적 세분화(psychographics segmentation), 행동적 세분화(behavioral segmentation) 등으로 나눌 수 있다. 물론 이런 세분화 변수들을 다양하게 혼합한 복수 세분화 기준을 시장세분화에 사용하기도 한다.

이 중에서 인구통계적 세분화 변인을 이용한 방법을 가장 많이 사용하는데, 그 이유는 우선 소비자를 이 기준에 따라서 분류하기가 쉽다는 것이다. 다음으로는 실제로 인구통계적 세분화 변인이 심리묘사적 세분화와 행동적 세분화 변인과 서로 밀접하게 연관되어 있다는 것이다.

마케팅에서 유용한 세분화는 소비자의 구매와 직접적으로 연결된 소비자의 심리나 행동과 관련된 변인을 이용한 세분화이다. 하지만, 심리와 행동과 관련된 변인은 실제로 소비자로부터 그 정보를 얻기도 힘들고, 따라서 마케팅에 사용하기가 어렵다. 직접적으로 이런 변인을 이용하는 대신에 소비자의 비슷한 심리와 행동을 찾을 수 있는 인구통계적 세분화 변인을 대신 사용하는 것이다.

예를 들어, 소비자를 나이별로 세분화한다면, 그 세분화를 마친 다음에 그 나이 대에 속하는 소비자의 심리와 행동을 자세히 묘사하는 것이 일반적인 접근법이다. 즉, 10대의 인구통계학적 세분화 집단을 심리나 행동으로 묘사하면, 10대는 항상 새로운 것을 좋아하고, 제품 구매에서 적극적인 행동을 보이며, 또래 집단의 구성원으로부터 영향을 많이 받는 집단으로 묘사할 수 있다. 소비자를 나이를 기준으로 세분화했지만, 실제 마케팅에 사용되는 집단의 특성은 결국 소비자의 심리와 행동에서 나타나는 특징이다.

지리적 세분화(Geographic Segmentation)

국가, 도시, 농촌, 도시 규모, 인구 밀도, 기후 등 시장의 지리적 차이를 기준으로 소비자를 세분화하는 방법이 지리적 세분화이다. 일반적으로 같은 지역에 거주하는 소비자는 같은 특징을 갖게 되는 경향이 있다. 만약 마케터가 타이어를 판매하는 때에는, 추운 북쪽 지역에서는 소비자가 스노타이어를 구매하는 경향을 보일 것이고, 더운 남쪽 지역에서는 소비자가 사계절 타이어를 구매하는 경향을 관찰할 수 있을 것이다.

물론 국내 시장은 지리적으로 비교적 협소하기 때문에 이런 지리적 세분화를 이용하는 마케팅을 펼칠 기회가 그리 많지 않다. 하지만, 음식 프랜차이즈 같은 경우라면, 각 지역의 입맛대로 그 메뉴에 변화를 줄 필요가 있을 것이다. 또, 다양한 제품과 서비스에서 지역적인 특성을 어느 정도 반영할 기회가 있다.

특히, 지역이 공유하는 특별한 문화나 가치가 있다면 그런 가치를 이용한 세분화 마케팅이 더 효과적일 수 있다. 비가 많이 오는 지역은 습기에 강한 제품을 제공해야 하고, 날씨가 추운 지역은 추위에 강한 제품을 공급해야 하는 것처럼 기후에 따라서 제품의 사양을 달리해야 하는 때도 있다. 또한, 지역적 특성이 심리적 특성과 연결된 시장도 존재하는데, 소비자가 안전을 더 중시하는 구미 시장에서는 자동차에 더 완벽한 에어백 옵션을 제공해야 하고, 반대로 속도를 중시하는 지리적 시장에서는 자동차의 힘을 더욱 향상해야 한다.

인구통계적 세분화(Demographic Segmentation)

광고종사자에게 가장 익숙한 세분화 방법인 소비자 나이, 성별, 가족 형태, 가족수명주기, 소득, 직업, 교육, 종교, 인종 등은 소비자의 기본적인 인구통계적 특성을 변인으로 이용한 세분화이다. 일반적으로 개인은 같은 가족수명주기를 통해서 성장하면서 각 단계에서 비슷한 심리적 행동적 특성을 갖게 된다. 따라서 마케팅에 이용하기 쉬운 인구통계적 변인들이 소비자가 가진 심리적, 행동적 특성을 나타내는 변인과 밀접한 연관을 하게 되기 때문에 인구통계적 세분화 변인을 선호하는 이유이다. 또한, 소비자의 가장 기초적인 특성이므로 그 측정이 쉽다는 장점도 있다.

대부분의 개인은 초등학교, 중학교, 대학교 등의 교육 과정과 사회 진출, 결혼 등 나이에 따라 비슷한 성장 과정을 겪게 된다. 이런 비슷한 환경에서 비슷한 집단 속에서 생활하면서 소비하는 제품에 대한 선호나 구매 행동에 유사성을 보인다. 따라서 나이는 가장 자주 사용되는 인구통계학적 세분화 변인이다.

비슷한 맥락에서, 가족수명주기도 특정 제품과 서비스에는 중요성을 가진다. 가족수명주기에서 개인은 독신으로부터 결혼하고, 아이를 낳고, 자녀가 학교에 들어가고, 사회에 진출하고, 결혼해서 독립하고, 부부 중의 하나가 세상을 떠나고, 마지막으로 홀로 되었다가 다시 본인이 세상을 떠나는 이런 단계를 거치게 된다. 각 단계별로 특별하게 필요한 제품과 서비스가 존재하는 것이 특징이다.

예를 들면, 아기를 가진 가족은 기저귀나 분유 등 유아용 제품을 많이 사용하며, 자녀가 학교에 입학하면서 학원과 학습지 등 교육 관련 제품을 많이 사용하게 된다. 대학에 입학하는 학생은 노트북을 처음으로 구매할 가능성이 있으며, 사회에 처음 진출하는 개인은 자동차를 구매할 가능성이 커진다. 결혼하는 신혼부부는 다수 가전제품과 가구를 동시에 구매하며, 신혼여행패키지나 주택을 구매할 가능성도 있다. 아이를 독립시킨 부모는 노년 여행과 다양한 레저 생활을 즐길 가능성이 커지며, 나이가 더 들면, 의료서비스의 필요성이 커진다. 마지막으로 실버타운이나 요양원, 그리고 장례 서비스의 이용도 개인이 속한 가족수명주기 유형에 영향을 받게 된다. 이상에서 설명된 제품들은 특정 시기에 대상 소비자에게 집중적으로 마케팅을 집행해야 할 필요가 있다.

소비자 성별도 세분화에 중요한 변인이다. 일반적으로 의류나 화장품 잡지 등과 같은 성별을 뚜렷이 구분해서 마케팅을 할 필요가 있는 제품이 존재한다. 현대 사회에서는 특히 여성의 구매력이 많이 증가하였다. 과거에도 대부분 제품과 서비스를 여성이 주로 선택했지만, 자동차나 집과 같은 가격이 비교적 높은 고관여 제품은 남성이 구매를 결정하는 경향을 보였다. 하지만, 지금은 거의 모든 제품 구매를 여성이 결정하고 있다. 시장에서 모든 제품과 서비스의 특성이 대체로 여성화 경향을 보이는 이유가 바로 이것이다. 여성이 바로 소비자일 정도로 마케팅에서 그 중요성이 커졌기 때문이다.

물론 이런 특징 때문에 제품과 서비스의 틈새시장으로 남성 시장을 자주 사용하기도 한다. 최근 화장품 업계에서 남성을 표적으로 하는 제품과 서비스를 확대하는 것이 그 예라고 할 수 있다. 즉, 주된 소비자가 여성이기 때문에 거의 모든 제품과 서비스에서 주목받지 못하는 남성을 대상으로 하는 틈새시장을 찾을 수가 있다. 패션 산업에서도 단조로운 남성복 시장에 다채롭고 화려한 패션스타일을 도입하려는 기업의 시도가 관찰된다. 이런 노력을 통해서 남성의류 시장을 실제로 확장시킬 수 있을 것이다.

소득은 가격을 중심으로 마케팅을 하는 제품과 서비스의 시장세분화에 특히 중요하다. Wal-Mart 기업처럼 저소득을 중심으로 마케팅하는 판매점과 Target 기업처럼 중간 이상의 소득을 가진 소비자를 중심으로 마케팅하는 판매점이 그 가격 마케팅의 양극단을 비교할 수 있는 대표적인 예이다.

우리 주위에서 낮은 가격을 경쟁적 우위로 삼는 기업을 찾는 것은 어렵지 않다. 거의 모든 제품과 서비스에는 항상 낮은 가격을 무기로 시장을 공략하는 기업이 존재하고 있다. 반대로 명품과 같은 높은 가격과 프리미엄 이미지를 중심으로 마케팅을 하는 기업 또한 존재한다. 이런 기업에 소비자 소득은 아마도 가장 중요한 세분화 변인일 것이다. 소비자의 소득과 직접적으로 연관되어 있는 세분화 변수는 교육 수준과 직업이다. 이런 요인들을 복합적으로 사용하면서 소비자의 구매능력을 확인할 수 있다.

심리묘사적 세분화(Psychographics Segmentation)

심리묘사적 세분화는 개인인 소비자가 가지고 있는 심리적인 특성을 나타내는 변인을 중심으로 시장을 분류하는 것이다. 예들 들면, 대한민국 중년 세대는 체통과 위신을 중요시 하는 심리적인 특성을 가지며, 청년 세대는 스타일과 멋을 추구하는 그런 심리적인 특성을 가진다. 개인의 심리는 결국 개인의 태도와 행동에 직접적인 영향을 주는 요인이기 때문에 중요하지만, 실제로 측정하기가 쉽지 않다는 단점이 있다. 즉, 모든 소비자를 대상으로 한 측정 과정을 거치지 않고는 소비자를 집단으로 세분하기가 쉽지 않다는 문제가 있다.

MBTI(Myers-Briggs Type Indicator Test) 검사가 개인을 심리적으로 분류하는 측정 방법의 대표적인 예이다. 이 인성검사는 미리 구성된 100여 개의 문장으로 개인을 분류하는 데, 개인의 응답에 따라서 외향적인지 혹은 내향적인지, 감각적인지 혹은 직관적인지, 생각을 강조하는지 혹은 감정을 강조하는지, 사물에 대해 판단하는지 혹은 인식하는지 등으로 분류하는 방법이다.

마케팅에서 사용될 가능성이 큰 심리적인 특성은 과연 제품 소비의 동기가 무엇인지, 제품의 어떤 특성을 중요하게 생각하는지, 소비자가 지닌 욕구 중에서 어떤 것에 더 중요성을 두는지 등을 조사하는 것이다. 같은 제품도 소비자에 따라 구매 이유에 차이가 나는 것이 바로 이런 심리적인 특성의 결과이다. 제품과 서비스의 특징을 고려하고, 선택하는 과정에서 과연 어떤 심리적 특성이 중요한지를 알아내는 것이 마케터에게 중요한 일이다.

행동적 세분화(Behavioral Segmentation)

결국 마케팅의 최종 목표는 소비자가 제품과 서비스를 구매하도록 행동하게 하는 것이다. 즉, 소비자의 구매 행동이 마케팅의 최종적인 목표이다. 실질적으로 관찰되는 소비자의 행동을 중심으로 하는 세분화가 중요한 이유이다. 소비자의 행동은 관찰을 통해서 직접적으로 측정할 수도 있으며, 설문을 통해서 간접적으로 측정할 수도 있다. 소비자의 행동은 마케팅에 있어서 여러 과정에서 다양하게 이용되고 있다.

예를 들면, 일반적인 상점의 제품 진열은 소비자의 행동 패턴에 초점을 맞추고 있다. 충동적으로 구매하는 제품은 소비자가 이동하는 경로인 벽을 따라 진열되어 있으며, 필요해서 찾는 제품은 사람들이 일반적으로 움직이는 경로가 아닌 점포의 중심에 진열되어 있다. 일반적으로 사람은 왼쪽으로 도는 것에 익숙하기 때문에 이동하는 경로도 오른쪽 입구로 들어가서 왼쪽 출구로 나오는 방식으로 구성되어 있다. 이렇게 특히 제품 진열에서 소비자의 동선을 고려할 필요가 있다.

소비자가 제품을 얼마나 자주, 어디에서 구매하는지 등의 행동적 요인도 중요하다. 대형할인점은 소비자의 구매량이나 빈도를 동시에 늘이기 위해서 노력하고 있다. 제품과 서비스에 따라서는 다량으로 제품을 소비하는 소수의 소비자(heavy users)가 중요한 때도 있고, 소량으로 제품을 소비하는 다수의 소비자(light users)가 중요한 경우도 있다. 주류나 햄버거, 피자 등의 제품은 소수의 소비자가 그 대부분 제품을 소비하는 예이며, 쌀, 과자, 라면 등은 다수의 소비자가 제품을 조금씩 소비하는 예이다. 파레토의 법칙(20:80)의 법칙은 20%의 소비자가 80%의 제품을 소비하는 상황을 설명하는 데 이용할 수 있는 이론이며, 롱테일(long-tail) 법칙은 다수가 조금씩 제품을 소비하는 상황을 설명하는 데 이용할 수 있는 이론이다.

소비자가 과연 우리 기업 제품을 이용하고 있는지의 여부도 중요하게 고려해야 할 행동적 변수이다. 사용하지 않는 소비자, 잠재적으로 사용 가능성이 있는 소비자, 우리 제품을 사용하고 있는 소비자, 경쟁 제품을 사용하는 소비자 등 소비자의 구매 습관에 따라 마케팅의 초점을 맞추어야 할 집단을 선정할 수 있다. 이런 소비의 여부는 주로 소비자가 우리 제품과 서비스에 갖는 브랜드 충성도의 강도에 영향을 받는다. 경쟁이 치열한 시장에서 브랜드 충성도는 시간이 지나면서 조금씩 약해지는 것이 일반적이며, 기업은 약해진 충성도를 다시 강하게 만들기 위해서 노력해야 한다.

소비자의 구매 상태(user status)에 따라서 소비자를 단일 브랜드 사용자, 준단일 브랜드 사용자, 할인 사용자, 인지 비사용자 등으로 나눌 수 있다. 최근에는 여러 개의 브랜드를 동시에 고려하고, 사용하는 레퍼토리 사용자가 늘고 있다.

먼저 단일 브랜드 사용자는 브랜드 충성도가 높은 우리 기업의 제품과 서비스를 사용하는 소비자이다. 준단일 브랜드 사용자는 우리 기업의 제품과 서비스를 사용하는 소비자로 어느 정도 브랜드 충성도를 지녔지만, 매장에 제품이 없거나, 경쟁사가 할인이나 쿠폰을 제공하는 등 구매 상황에 따라서 경쟁사의 제품을 구매할 수 있는 소비자이다. 반대로 할인 사용자는 경쟁사의 제품에 대한 준단일 브랜드 사용자로 우리 기업이 활용하는 할인 및 쿠폰 등의 전략에 의해 우리 제품과 서비스를 사용할 가능성이 있는 소비자이다. 인지 비사용자는 우리 제품과 서비스를 알고 있지만, 경쟁사에 강한 브랜드 충성도를 지녀서 실제로 우리 제품을 구매하지 않는 경쟁사의 단일 브랜드 사용자이다.

여기서 중요한 것은 과연 단일 브랜드 사용자가 전체 고객에서 차지하는 비율이라고 할 수 있다. 기업이 높은 단일 브랜드 사용자 비율을 가졌다면, 경쟁사에 고객을 빼앗길 가능성이 작아지면서, 더 높은 가격을 이용하는 프리미엄 마케팅이 가능해진다. 또한, 경쟁사에 준단일 브랜드 사용자가 많으면 많을수록 공격적인 마케팅을 통해서 경쟁사의 고객을 빼앗아 올 기회가 커진다.

최근에는 한 제품이나 브랜드에 대한 브랜드 충성도보다는 실용적인 소비의 측면을 강조하는 레퍼토리 사용자가 증가하고 있다. 레퍼토리 사용자는 가격 등 촉진을 주로 이용한 마케팅에 민감하지 않고, 우수한 속성을 가진 다수의 브랜드를 가지고 있고, 그들의 속성을 비교함으로써 최종적인 구매 선택을 하게 된다. 레퍼토리 사용자가 늘어나면서, 기업은 더 우수한 품질과 특징을 지닌 제품을 최상의 서비스와 함께 제공해야 할 필요가 생겼다.

복수 세분화 변인 사용

복수 세분화 변인 사용은 시장세분화에서 다수의 세분화 기준을 동시에 이용하는 것이다. 예를 들면, 성별과 구매상태 변수를 이용하면, 남녀의 두 개 분류 기준과 다섯 개의 소비자 제품 구매 상태의 분류 기준을 합쳐서 모두 열 개의 집단으로 소비자를 세분화할 수 있다. 더 많은 세분화 변수를 사용하면, 더 세밀하게 소비자를 분류할 수 있다.

일반적으로 규모가 작고 잘 정의할 수 있는 집단으로 소비자를 세밀하게 나누고 난 후에, 그 세분된 집단 중에서 다수의 집단을 선택하여 마케팅을 집행하는 것이 자주 사용되는 세분화 방법이다.

대표적인 복수 세분화 기준을 사용한 시장세분화의 예로 미국 기업인 Nielsen Claritas사에서 제공하는 라이프스타일 변수와 행동 변수를 결합하여 이용하는 프리즘(PRIZM)이 있다. 프리즘 세분화 방법은 소비자를 분류함으로써 그 분류에 적합한 마케팅 프로그램을 개발할 수 있도록 돕는다. 프리즘에 이용되는 변수는 소비자의 인구통계학적 변인, 행동적 변인, 그리고 지리적 변인이다. 이 방법을 국내에 그대로 적용하기는 무리가 있지만, 복수 세분화 기준을 이용한 시장세분화 성공 사례라고 할 수 있다.

효과적인 세분화 조건

효과적인 시장세분화를 위해서는 세분화에 사용되는 기준으로 사용하는 변인이 측정가능성, 접근가능성, 실질성, 차별성, 행동가능성 등의 특징을 가져야 한다. 먼저 측정가능성은 세분화 변인을 실제로 소비자로부터 효과적으로 측정할 수 있어야 한다는 것이고, 접근가능성은 이렇게 세분화된 소비자에게 마케팅 활동을 위해서 접근할 수 있는 수단이 존재해야 한다는 것이다. 실질성은 그 세분화된 시장의 규모가 기업에게 매력적일 정도로 커야 한다는 것이고, 차별성은 세분화된 집단이 구분될 수 있는 뚜렷한 특징을 지녀야 한다는 것이다. 마지막으로 행동가능성은 실제적으로 세분화된 집단을 중심으로 마케팅을 계획하고 집행할 수 있는 집단으로 분류할 수 있어야 한다는 것이다.

4 시장표적화(Market Targeting)

시장을 세분화한 후, 각 세분시장의 매력도를 평가하고, 선택하는 과정이 시장표적화이다. 세분된 시장의 특성에 따라서 세분화 마케팅을 계획한다. 기업이 가진 역량에 따라서 세분화된 시장에서 한 개 혹은 여러 개의 표적 집단을 선정할 수 있다. 세분시장을 평가하는 과정에서는 고려해야 할 특성들이 존재한다. 앞에서 포트폴리오 분석에서 사업단위의 매력도를 측정하는 부분을 참고하면, 더 쉽게 시장 평가 과정을 이해할 수 있을 것이다.

세분시장의 평가

세분시장을 평가하는 기준이 되는 요인은 시장 규모와 성장 가능성, 시장 구조가 가진 가치, 그리고 기업이 현재 지니고 있는 기업 목표와 자원을 포함하는 기업 역량이다.

1) 시장 규모와 성장 가능성

먼저 시장의 규모와 성장 가능성은 현재 실질적인 시장의 크기와 앞으로 시장이 어떻게 발전할 것인가에 달려있다. 시장의 규모와 성장 가능성을 나타내는 직접적인 지표는 매출액과 매출량 규모와 시장성장률, 그리고 시장의 수익률 등을 고려할 수 있다. 기능을 강조하는 기초적인 제품과 서비스는 규모 면에서 이미지나 기술을 강조하는 제품과 서비스에 비해서 그 규모와 성장 가능성이 떨어진다고 할 수 있다.

예를 들면, 식품과 전자제품을 비교한다면, 특별한 프리미엄 가치가 부여되지 않는 식품은 일반적으로 전자제품에 비해 시장 규모나 성장률 면에서 취약하다고 할 수 있다. 따라서 기업 입장에서는 이렇게 이미지나 기술을 가진 제품이나 서비스를 전략사업단위로 개발하는 것이 더 유리하다고 할 수 있다.

성장 가능성은 시장성장률을 통해서 예측할 수 있는데, 성장률이 높은 시장은 기업에 미래 가치가 높다고 할 수 있다. 최근 전기차 시장이 그 대표적인 예라고 할 수 있다. 기존 자동차시장을 완전히 대체할 수 있는 새로운 시장으로 현재는 그 시장 규모가 그리 크진 않지만, 시장성장률이 매우 높기 때문에 기업에 잠재적인 가치를 갖는 것이다. 문제는 이런 시장 규모와 성장 가능성은 기업의 역량에 따라 상대적으로 적절한 크기를 가진다는 것이다. 기업이 가진 역량으로 최선의 결과를 얻을 수 있는 적정 규모의 세분시장을 선택하는 것이 중요하다.

2) 시장 구조가 가진 가치

시장 구조가 갖는 가치는 제품과 서비스 시장의 구조적 구성에서 얻을 수 있는 시장 매력도를 의미한다. 시장에서 제품과 서비스를 가지고 경쟁해야 하는 경쟁 기업이 아마도 가장 중요한 고려대상일 것이다. 이미 시장에 경쟁적 우위를 갖는 강한 경쟁자가 자리 잡은 경우나 그런 경쟁자가 곧 등장할 예정인 경우, 이 시장은 앞으로 마케팅 비용도 많이 들고, 승리하기 어려운 위험한 시장으로 분류된다. 물론 시장에 경쟁자가 없는 경우를 찾기는 불가능하지만, 선택할 시장에서 경쟁자와 비교해서 우리 제품과 서비스가 차별화된 경쟁적 우위를 확보할 가능성이 있는가를 고민해야 한다.

다음으로 우리 제품과 서비스가 직접적으로 혹은 간접적으로 경쟁해야 할 대체 제품과 서비스의 존재에 대해서도 관심을 가져야 한다. 우리 제품과 서비스를 대체할 수 있는 현재 존재하고 있는 혹은 앞으로 등장 가능한 제품과 서비스에 대해서 기업은 주의를 기울여야 한다. 과거 MP3 플레이어가 유행하던 시기에 스마트폰의 등장은 결국 MP3 플레이어 시장의 급격한 쇠퇴를 가져왔다. 따라서 소비자의 욕구를 만족시킬 수 있는 대체 제품과 서비스의 유무에 대해서도 기업은 관심을 가져야 한다.

시장 구조의 특성상 소비자나 마케팅 협력 기업이 어느 정도의 힘을 가지고 있는가도 시장 구조의 매력도를 결정하는 요인이다. 소비재 중 편의품(convenience goods)은 기능적 차이가 크지 않은 제품으로 소비자의 선호에 따라 그 제품과 서비스의 성공 여부가 결정된다. 이런 경우에 시장에서 소비자가 상대적으로 큰 힘을 가진다고 볼 수 있다. 기술 제품이나 제품의 차별화가 중요한 시장에서는 판매자가 소비자보다 상대적으로 큰 힘을 가진다. 우리 기업과 협력하는 마케팅 협력 기업의 상대적인 힘도 중요하다. 최근 대형판매점들이 강력한 유통망을 기반으로 큰 힘을 갖는 상황이 관찰되고 있다. 이마트나 홈플러스 같은 대형 할인점은 실제로 생산기업에는 기회일 수도 있지만 동시에 위협이 될 수도 있다.

3) 기업이 가진 기업 목표와 기업 역량

기업은 기업사명과 기업목표를 지니며, 그 사명과 목표를 달성하기 위한 기업이나 브랜드의 독특한 성격(CI, Corporate Identity; BI, Brand Identity)을 가진다. 시장이 매력적이라 하더라도 장기적으로 기업이나 브랜드의 성격과 일치하지 않는 시장을 선택하게 되면, 기업과 브랜드의 미래 가치에 부정적인 영향을 줄 수 있다. 순수한 이미지의 월트디즈니 기업이 성인 영화 시장에 브랜드를 갖는 것은 단기적으로 기업의 수익에는 보탬이 되겠지만, 장기적으로 기업이나 브랜드의 이미지에 큰 해를 줄 수 있는 예이다.

기업이 보유하고 있는 기술, 자본력, 인력도 세분된 시장을 평가하고 선택하는 과정에서 고려해야 할 중요한 점이다. 비록 매력적인 시장이라 하더라도, 그 시장의 소비자를 만족할 만한 기술을 개발할 수 있는 토대가 마련되어 있지 않거나, 자본 혹은 인력이 충분하지 않다면 그 시장에서 성공할 수 있는 가능성이 낮다고 할 수 있다. 따라서 기업이 보유한 핵심 역량을 충분히 파악하고, 상대적으로 그 역량에 적절한 시장을 선택하는 문제는 기업의 성공에 매우 중요하다. 앞에서 설명한 포트폴리오 분석의 여러 가지 방법을 이용해서 전략적으로 공략할 제품과 서비스 그리고 시장을 선정해야 한다.

문제는 때로는 기업이 어쩔 수 없이 시장에서 경쟁해야 하는 상황을 맞을 수도 있다는 것이다. 예를 들면, 전기차시장은 자동차를 제조하는 모든 기업이 경쟁할 수밖에 없는 시장이다. 현대, GM, 벤츠, BMW, 테슬라 등 거대 기업이 모두 치열하게 경쟁하는 전기차 시장은 현재 존재하는 자동차 시장을 완전히 대체하게 될 새로운 시장이다.

TV 시장을 보면, LCD, PDP, LED, OLED TV까지 기술적으로 진보하는 과정에서 TV를 생산하는 기업은 어쩔 수 없이 이런 기술적 변화를 따라갈 수밖에 없는 상황을 맞이하고 있다. 이런 시장에서는 기술을 선도하는 기업이 결국 시장에서 경쟁적 우위를 확보하게 된다. 기술이 중요한 제품과 서비스에서 기업의 연구 개발이 특히 더 중요한 이유이기도 하다.

세분시장 선정

세분화된 시장 평가와 동시에 기업은 자신이 집중할 시장을 선정해야 한다. 기업은 세분화된 시장의 성격에 따라서 소비자에 맞는 차별적 마케팅을 펼칠 수도 있고, 소비자 전체를 상대로 하는 비차별적 마케팅을 펼칠 수도 있다. 차별적 마케팅에서는 한 개 혹은 두 개의 시장을 선정하여 집중적 마케팅을 펼치는 전략을 선택하는 경우도 있다. 결국 중요한 것은 기업이 보유한 능력, 소비자의 차별적인 욕구, 제품과 서비스의 독특한 특징 등을 모두 고려해서 가장 높은 수익을 올리면서 동시에 시장에서 경쟁자를 제치고 경쟁적 우위를 확보할 수 있는 시장 범위의 선정이다.

기업이 비차별적 마케팅을 펼치는 때는 마케팅할 제품의 기능적 특성이 중요하지만 큰 차이가 없으며, 이런 제품에 대한 소비자의 욕구가 비교적 단순한 경우이다. 과자, 음료수 같은 제품이 대표적인 비차별적 마케팅이 적용되는 분야이다. 코카콜라나 펩시의 경우, 특별히 소비자를 세분해서 공략하는 마케팅 전략을 사용하지는 않는다. 물론, 다이어트 콜라나 특별한 맛을 추가한 제품을 내놓기는 했지만, 그 제품도 좁은 소비자를 선정하여 마케팅하는 전략을 사용하지는 않았다.

차별적 마케팅은 소비자의 욕구가 구체적으로 차이 나는 세분시장이나 틈새시장을 확보할 가능성이 높은 제품과 서비스에서 사용되는 전략이다. 최근 급격하게 성장하고 있는 SUV 시장이 아마 대표적으로 차별적 마케팅이 적용되는 예일 것이다.

현대자동차는 SUV시장을 세분화 또 전문화해서 소비자의 SUV 사용 이유에 따라서 초소형, 소형, 중형, 대형 SUV의 카테고리로 분류하고 세부적으로 가솔린, 디젤, 하이브리드, 전기차, 수소차 등으로 세부 카테고리로 세밀하게 분류하는 '카테고리'전략을 실행하고 있다. 소비자들의 다양한 라이프스타일과 취향을 고려하여 제품을 시장에 공급하는 전략을 사용하였다. 각기 다른 사용 욕구를 가진 소비자를 차별화된 마케팅 믹스로 공략한 차별적 마케팅의 좋은 예라고 할 수 있다.

대부분의 기술 제품은 제품수명주기 초기에는 제품의 단순한 기능과 비차별적 마케팅을 통해 시장에 진입하지만, 시간이 지나고 시장이 성장하면서 경쟁사와 경쟁하기 위해서 또 세분화된 소비자의 욕구를 만족시키기 위한 점차 차별적 마케팅을 집행하게 된다.

그중에서 집중적 마케팅은 차별적 마케팅의 한 종류인데, 중소기업이나 시장에서의 위치가 충분하지 않은 기업이 주로 선택하는 마케팅 전략이다. 기업이 시장에서 다수 소비자를 동시에 만족시킬 가능성이 낮거나, 그렇게 할 기술이나 재원을 가지고 있지 못할 경우에는, 특정한 소비자 집단을 선택해서 그 시장에서 제품의 경쟁적 우위를 확보하기 위해 노력해야 한다. 한 개 혹은 두 개 정도의 차별화된 욕구를 지닌 시장을 선정해서, 그 시장의 독특한 욕구를 만족시키는 전략이다. 패션 산업에서 밀리터리 스타일이나 고딕 스타일과 같은 독특한 유형의 패션을 선호하는 소수의 소비자를 대상으로 하는 마케팅이 아마 집중적 마케팅의 대표적인 예일 것이다. 집중적 마케팅은 차별화된 제품으로 큰 수익을 거둘 수 있는 장점이 있는 반면에, 시장 규모가 충분히 커지면, 큰 규모의 경쟁사가 등장할 수 있는 문제도 안고 있다. 집중적 마케팅에서 중요한 것은 결국 큰 기업이 할 수 없는 차별화된 소비자 만족을 제공함으로써 브랜드 충성도를 확보하는 것이다.

차별적 마케팅과 비차별적 마케팅의 가장 큰 차이점은 마케팅 비용이다. 전체 마케팅 금액이 아닌 소비자 한 명당 소요되는 상대적인 마케팅 비용은 일반적으로 차별적 마케팅이 더 높은 것이 특징이다. 따라서 제품의 프리미엄 가치를 통해서 소비자의 독특한 욕구를 만족시킴으로써 소비자가 더 높은 가격으로 제품을 구매할 수 있도록 하는 것이 차별적 마케팅에서 꼭 필요한 상황이다. 차별적 마케팅은 기능과 이미지 등 차별화된 제품과 서비스의 특성을 충분히 활용할 수 있는 장점이 있다. 결국 기업 수익성 극대화를 위한 전략의 하나로 마케터는 시장에 대한 마케팅 범위를 결정해야 한다.

시장 범위 전략 선정

시장 범위 선정에서 마케터가 가장 먼저 고려해야 할 것은 기업이 보유한 역량이다. 만약 소비자를 만족시키기에 충분한 역량을 가지고 있다면, 전체적인 시장을 세분화하고, 각 소비자 집단의 만족을 극대화할 수 있도록 차별화된 마케팅을 집행하는 것이 장기적인 차원에서 기업에게는 유리하다.

제품이 시장에서 성장하는 상황인 제품수명주기에 따라서 기업은 제품의 차별화 전략을 결정하기도 한다. 도입기에는 단순한 기초적인 기능을 지닌 제품으로 시장을 비교적 넓게 공략하면서 시장 확장 및 침투를 도모하고, 성공적으로 제품이 성장기에 접어들면서, 경쟁사의 시장 진입을 견제함과 동시에 자신의 제품과 서비스의 독특한 위치 선정을 위해서 시장을 나누고 각 시장을 가장 잘 만족하게 할 수 있는 제품을 개발하면서 차별화된 마케팅을 펼치게 된다. 제품이 성숙기에 접어들면, 경쟁적 우위를 확보한 시장을 중심으로 시장위치 선정을 통한 집중적인 마케팅을 펼치다가 시장에서 제품이 쇠퇴하기 시작하면 마케팅 과정의 원가 절감을 위해 제품을 단순화시키면서 다시 전체 소비자를 대상으로 하는 비차별적 마케팅을 펼치게 된다.

이런 차별화 과정에서 특히 주의할 점 중의 하나는 기업이 이미 지니고 있는 독특한 브랜드 위치에 대해 부정적인 영향을 줄 수 있는 차별화 전략을 피하는 것이다. 결국, 취급하는 제품과 서비스 범위의 이질성은 독특한 기업 혹은 브랜드 이미지 확립에 걸림돌이 된다. 따라서 차별화 과정에서도 제품과 서비스가 공유할 수 있는 기업의 대표적인 가치나 이미지를 확립하는 것이 중요하다. 즉, 소비자의 연령별로 차별화된 제품과 서비스를 개발하더라도 전체 제품을 포괄하는 브랜드 가치를 확립할 수 있는 마케팅 전략이 필요하다는 것이다.

5 시장위치 선정(Market Positioning)

기업이 시장세분화를 통한 시장표적화를 끝내면, 표적으로 삼은 세분시장의 특징에 따라 기업의 광고 전략을 구성하는 것이 중요하다. 여기서 시장위치 선정이란 세분시장에서 제품과 서비스를 비교하고 선택하는 소비자의 인식 속에서 과연 어떤 위치를 차지할 것인가 하는 문제이다.

제품이나 서비스가 가지는 경쟁적 우위는 물론 구체적이고 증명 가능한 객관적인 제품의 우위이기도 하지만, 실제로 더 중요한 것은 소비자가 주관적으로 믿고 있는 제품의 우위이다. 결국 소비자는 경쟁하는 제품 및 서비스와 비교하여 우리 제품이나 서비스를 평가한다. 그냥 화질이 좋은 TV가 아니라, 경쟁사와 비교할 때, 가장 좋은 혹은 비교해보니 좋은 이런 방법으로 평가하는 것이다. 따라서 마케팅에서 실제적인 제품의 특성을 개발하는 것도 중요하지만, 어떻게 소비자에게 그 특성이 줄 수 있는 독특한 가치와 차별화를 알리는 것이 광고 기획과 집행에 중요한 문제가 된다. 제품을 좋게 만드는 것은 결국 마케팅믹스에서 제품 개선을 통해 달성할 수 있겠지만, 위치 선정은 가격, 유통, 촉진 등 나머지 요소들을 함께 계획해서 이룰 수 있는 것이다. 브랜드 마케팅도 결국은 브랜드의 확립을 통해서 소비자가 제품을 선택하는 기준(차별화 하는 기준)으로 브랜드의 가치를 소비자가 지각하고 기억하게 하는 것이다.

제품이나 브랜드가 소비자의 인식 상의 어디에 위치하는가를 간편하게 시각화할 수 있는 방법이 바로 인식지도 작성(perceptual mapping)이다. 소비자가 제품 및 서비스에서 중요하게 생각하는 특성을 조사한 후, 그 특성을 이용해서 과연 우리 제품이나 서비스가 경쟁사와 비교하여 어떤 위치에 있는가를 표현할 수 있는 방법이다. 제품의 시장위치 선정을 검증하기 위한 편리한 방법이라고 할 수 있다.

제품의 경쟁적 우위 선택

소비자로부터 제품의 경쟁적 우위를 확보하기 위한 시장위치 선정을 위해서는 마케팅 전략에서 사용 가능한 제품이나 서비스의 경쟁적 우위를 보유한 특성을 선택하는 것이 중요하다. 과연 제품에서 몇 가지의 경쟁적 우위를 보유한 특성을 제품의 시장위치 선정에 사용할 것인가 하는 결정이 바로 그것이다.

일반적으로 기업은 하나 이상의 차별화된 제품의 경쟁적 우위를 보유한 속성을 사용하게 되는데, 소비자에게 신뢰를 얻을 수 있고, 기업의 독특한 이미지를 만들 수 있는 제품 특성을 선택하는 것이 중요하다. 여기서 경쟁적 우위를 가진 제품 특성은 독특하면서 동시에 중요한 특성이어야 하며, 경쟁사 제품의 특성을 분명히 뛰어넘는 우수한 특성이어야 한다. 물론 쉽게 소비자에게 알리면서 인식 상에서 위치를 선점할 수 있는 특성이 더 유리하며, 기업에게 제품에 프리미엄 가치를 확립하여 더 큰 수익을 올릴 수 있다면 최상의 경쟁적 우위라고 할 수 있다.

기업의 제품에 특별한 경쟁적 강점이 되는 특성이 있다면 시장위치 선정이 용이하다. 광고 메시지 전략에서 USP(Unique Selling Proposition) 전략이 이런 제품의 차별화된 강점을 바탕으로 한 커뮤니케이션 전략이다. USP 전략은 차별화된 제품이나 서비스의 가장 중요한 속성을 중심으로 한 메시지를 통해서 소비자와 커뮤니케이션하는 전략이다. 기업이 특별한 경쟁적 강점을 선택했다면, 그 강점을 더욱 강조하기 위해서 제품을 개선하는 것도 필요하지만, 때로는 그 장점을 소비자에게 다양한 커뮤니케이션을 통해 효과적으로 전달하는 것이 더욱 시급하게 필요한 경우도 있다.

여기서 말하는 제품이 보유한 경쟁적 우위는 결국 소비자의 머릿속에 위치를 정하는 제품과 서비스의 독특한 특징이며, 경쟁사보다 우수한 가치를 전달할 수 있어야 한다. 이 위치선정을 위한 전략은 결국 소비자의 머릿속 인식에 달려 있다. 앞에서 설명한 대로 브랜드에 대한 가치를 시장에 확립했으면, 소비자는 그 브랜드를 선택하면서, 사용하는 과정에서 더 크게 만족할 가능성이 있다.

제품이나 서비스의 특성 중에 기능적으로 특별히 차별화할 경쟁적 우위 요소가 없을 때는, 서비스의 신속성과 편리성, 유통경로 상의 우위, 구성원의 서비스 제공 태도, 브랜드 이미지, 색, 캐릭터 등 제품의 주변 요인들로부터도 경쟁적 우위를 확립할 수도 있다. 최근에는 제품이 지닌 이미지가 추가적인 프리미엄 가치를 창조하는 각광받는 경쟁적 우위로 자리 잡았다. 명품의 경우 브랜드가 갖는 우아하고 세련된 고급 이미지가 바로 그 제품의 가장 강력한 시장위치 선정 수단인 경쟁적 우위로 작용하는 것이다.

시장위치 선정 전략

결국 시장위치 선정이란 바로 왜 우리 기업의 제품과 서비스를 구매해야 하는지 소비자에게 그 특별한 이유를 알리는 것이다. 일반적으로 위치선정을 위해서 사용할 수 있는 특성에는 많은 요소가 있지만, 가장 기초적인 항목으로 소비자가 제품으로부터 얻는 가치나 가격을 그 예로 들 수 있다.

시장위치 선정 전략을 간단히 정리하면, 결국 높은 가격으로 많은 가치를 제공하는 접근과 낮은 가격으로 적은 혜택과 가치를 제공하는 전략으로 나눌 수 있다. 전자는 추가적인 프리미엄 가치를 포함하는 고관여의 제품이고, 후자는 기능적인 가치를 중시하는 저관여의 제품일 것이다. 물론 소비자에 많은 가치를 낮은 가격으로 제공하는 것이 가장 성공 가능성이 크겠지만, 일반적으로 제품을 통해 많은 가치를 제공하기 위해서는 높은 비용이 필요하다는 것이 이런 마케팅 접근이 불가능하다는 것을 시사한다. 박리다매를 통한 마케팅 전략을 선택하는 상황이 아마 이런 접근에 가장 유사한 경우라고 할 수 있을 것이다. 박리다매의 전략은 많은 판매량을 바탕으로 제품에 낮은 가격을 책정하면서 평균 이상의 가치를 제공하는 접근법이라고 할 수 있다.

1) 높은 가치를 통한 높은 가격의 위치 선정

고급 자동차나 명품 같은 고가의 제품들을 마케팅하는 기업은 소비자에 최상의 제품과 서비스를 제공하면서, 그 고급 이미지에서 창출되는 프리미엄 가치를 강조해서, 제품에 높은 가격을 책정한다. 일반적으로 차별적인 마케팅 전략 중에서도 소수 소비자에 집중하는 마케팅을 펼친다. 광고는 제품의 높은 품질을 통해서 위신이나 체면 같은 이미지적인 프리미엄 가치를 창출한다. 일반적으로 제품 생산량을 제한해야 하며, 모두가 탐내지만 모두가 갖지는 못하는 제품 위치를 확보할 필요가 있다. 얼마나 제한적인 소비자를 선택하는가에 따라서 더 큰 프리미엄 가치가 결정된다.

이런 전략의 문제는 품질이 동일하거나 더 우수한 낮은 가격의 제품이 출현했을 때, 위기를 맞을 수 있다. 결국 제품의 프리미엄 가치가 어떻게 형성되고 유지되는가 하는 문제와 제품의 기능 차이가 소비자에게 중요하면서 쉽게 평가할 수 있는가 하는 것이 명품 같은 제품의 시장을 유지하는 데 중요하다. 예를 들면, 패션 제품의 경우에는 그 제품의 기능이 구체적으로 느껴지지 않기 때문에 이미지 중심의 명품 시장을 방어하는 것이 유리하지만, 자동차 같은 경우에는 안전이나 속도, 디자인 등 소비자가 느낄 수 있는 실질적인 기능적인 가치가 존재하므로, 추격하는 기업이 기능적인 가치의 개선을 통해서 위협할 수 있는 종류의 제품 시장이라고 할 수 있다.

기존의 제품과 동일하거나 뛰어난 가치를 더 낮은 가격으로 제공하거나 동일한 가격에 더 많은 가치를 제공하는 위치 선정도 가능하다. 주로 후발 기업이 시장을 점유하고 있는 기존 기업에 도전하는 방법으로, 기술 개선이나 원가 절감 등의 재정적인 노력을 통해 제품 품질은 비슷한 수준을 유지하면서 그 가격을 오히려 낮추는 전략이다. 또 다른 전략으로는 같은 가격의 제품을 판매하면서 소비자에 더 많은 가치를 제공하는 것이다. 이 두 방법 모두 실제로 기업이 실행하기에는 물론 쉽지 않은 전략이다. 결국 제품과 서비스의 가치를 결정하는 소비자에게 중요한 것이 무엇인가를 고려하고, 제품의 마케팅 전략을 짜게 된다.

예를 들면, 이런 낮은 가격이나 추가적인 가치 전략은 벤츠나 BMW 같은 고가의 브랜드의 제품과 경쟁하기 위해서 토요타, 혼다, 닛산 같은 일본 브랜드가 선택했던 마케팅 전략이라고 할 수 있다. 브랜드 가치가 높지 않기 때문에 시장에서 고전하고 있던 일본 기업들은 품질 혁신이라는 수단을 통해서 고가의 차에 결코 떨어지지 않는 제품을 개발하고, 중간 가격이나 중간 가격보다 약간 더 높은 가격을 책정함으로써 자동차 시장을 확장시켰다. 그 이후에 일본 자동차 기업은 고가의 브랜드와 같은 가격에 더 많은 가치를 제공하는 마케팅으로 방향을 전환하였다. 지금 현대자동차도 일본 자동차 기업이 사용했던 이런 전략을 채택하면서, 기존의 저가 위주의 마케팅 전략에 큰 변화를 꾀하고 있다. 지금까지는 경쟁사 자동차와 비슷한 가치에 더 낮은 가격을 제공했었지만, 시간이 흘러 시장에서 브랜드 가치가 확립되면서, 비슷한 가격에 더 많은 가치를 주는 전략으로 수정하는 것이 장기적으로 브랜드 이미지나 수익성 면에서 이로울 것이다.

2) 낮은 가격을 통한 위치 선정

경쟁사와 동일하거나 작은 가치를 제공하지만, 더 낮은 가격으로 소비자에게 제품을 위치선정할 수도 있다. 기업이 가격마케팅을 펼치는 경우인데, 다양한 제품의 할인점이나 저가상표가 그 대표적인 예이다. 일반적으로 소비자에게 가장 강력한 가치 제안 방법 중 하나가 바로 가격을 이용하는 것이다.

특히, 식품과 같은 일상용품은 제품 이미지나 높은 기능이 그리 중요하지 않기 때문에 가격을 이용하는 마케팅이 더 효과적일 수 있다. 버스 정류장이나 지하철 근처에서 흔히 볼 수 있는 다이소가 아마 대표적으로 작은 가치에 아주 낮은 가격을 소비자에 제공하는 예이며, 이마트나 홈플러스는 제품의 비슷한 가치에 낮은 가격을 제공하는 예이다. 여기서 주의할 점은 기업이 이 저가전략을 사용할 경우에는 브랜드 이미지에 어느 정도 부정적인 영향이 있다는 것이다. 일반적으로 소비자는 낮은 가격을 생각하면 자연적으로 제품 품질이 떨어질 것이라는 생각을 하게 되는 성향을 가지고 있다.

저가항공사나 재래시장의 판매점, 대형 창고형 매장 등은 아마도 작은 가치에 가장 낮은 가격을 통한 제품 시장위치 선정을 이용하는 마케팅 전략이라고 할 수 있다. 여기서도 물론 소비자가 추가로 중요하게 생각하는 제품의 다른 특성도 무시해서는 안 된다. 저가항공사의 경우 비행기 안전에 대한 이미지를 만드는 것이 중요하며, 재래시장이나 창고형 매장도 소비자가 쾌적하게 쇼핑할 수 있는 주차장이나 관련된 부가 서비스를 제공하는 것 또한 소홀하게 해서는 안 된다.

3) 커뮤니케이션

결국 이런 시장위치 선정은 결국 기업이 소비자에게 중요한 제품의 특성을 파악하고, 마케팅믹스를 그 특성에 맞추면서, 시장에서 성공할 수 있는 기반을 마련하는 과정이다. 하지만, 그 마지막 단계로 소비자에게 이런 제품이 가진 경쟁적 우위의 특성을 널리 알리고 납득시켜야 할 필요가 있다. 또한 시장위치 선정에서 명심해야 할 중요한 점은 제품에 대한 위치를 일단 선정하면 선정된 제품의 시장위치를 변화하기가 어렵다는 점이다.

신제품은 초기에 시장에 도입하는 과정에서 대규모의 론칭쇼나 이벤트를 통해서 단기간에 제품의 시장위치를 선정하기 위해 노력하고 있다. 제품의 위치 선정이 일단 끝나게 되면, 소비자는 그 위치 선정을 쉽게 바꾸려고 하지 않으며, 위치 선정이 일단 흔들리게 되면 소비자는 그 흔들리는 제품의 위치에 혼란스러워 하고 그 제품이나 서비스에 대한 관심을 거두는 경우도 생긴다. 따라서 조심스러운 소비자 세분화부터, 그 세분화된 시장에서 우리 기업에게 알맞고 수익을 거둘 수 있는 시장을 선택하는 것이 중요함과 동시에 최종적으로 과연 우리 기업을 소비자가 어떻게 인식해야 하는가를 결정하는 시장위치 선정의 역할 또한 기업에 대단히 중요하다고 할 수 있다.

6 소비자 의사결정 과정의 중요성

소비자는 매일 일상적으로 어떤 제품과 서비스를 어느 장소에서, 얼마나, 왜, 언제, 어떻게 구매할 것인가 하는 다양한 문제를 결정하게 된다. 소비자 행동은 소비자가 자신이 갖고 있는 다양한 문제를 해결하기 위해 구매하는 제품의 구매과정전반에 걸쳐서 내리는 모든 의사결정행위로 정의할 수 있다. 마케터 또는 광고 기획자는 소비자 구매 결정 과정의 모든 요소를 이해할 필요가 있지만, 그중에서도 구매 이유(왜)를 알아내기가 가장 어렵고, 또 중요한 것으로 인식하고 있다.

소비자 의사결정은 복합적이고 역동적인 사고과정이다. 전통적 정보처리 관점에서 소비자가 문제를 인식하면, 즉 소비 욕구가 발생하거나 무언가 필요하다고 느끼게 되면), 문제 해결을 위해 필요한 정보를 탐색하고, 몇 개의 대안을 선택하고 각 대안을 비교 평가하는 과정을 거쳐 최종적인 구매 결정에 도달하는 순차적인 단계를 밟게 된다. 전통적인 정보 처리 관점에서 소비자의 행동은 매우 체계적이고 논리적인 과정이고 이성적 합리적 소비자를 가정하고 있다.

하지만 소비자 모두가 체계적이고 동일한 의사결정 단계를 거치지 않으며 언제나 합리적인 구매 결정을 내리는 것은 아니다. 최근 이러한 문제점을 보완하기 위해, 소비자 구매 의사결정 과정에 대한 대안적 모형 또는 모델이 제시되었으며 하나의 체계에서 서로 다른 유형의 소비자 의사결정을 설명하기 노력해왔다. 심지어, 최근에는 의사결정 '과정(process)'을 대신하여 의사결정 '여정(journey)'의 개념까지 제시되어 주목받고 있다.

7 소비자 의사결정 과정의 일반적인 모형

의사결정 과정 및 단계는 매우 다양한 학문 분야에서 높은 관심을 가지고 연구해왔던 주제이다. 소비자 심리학 및 소비자 행동 분야에서 가장 일반적인 모형으로 통용되는 것은 [그림 6-2]와 같은 5단계 모형이다(양윤, 2014). 구체적으로, 이 모형은 경제학적 의사결정 모형과 인지심리학 분야의 정보처리 과정 모형에 기초한 것이며, 소비자

그림 6-2 소비자 의사결정 과정의 일반적인 모형

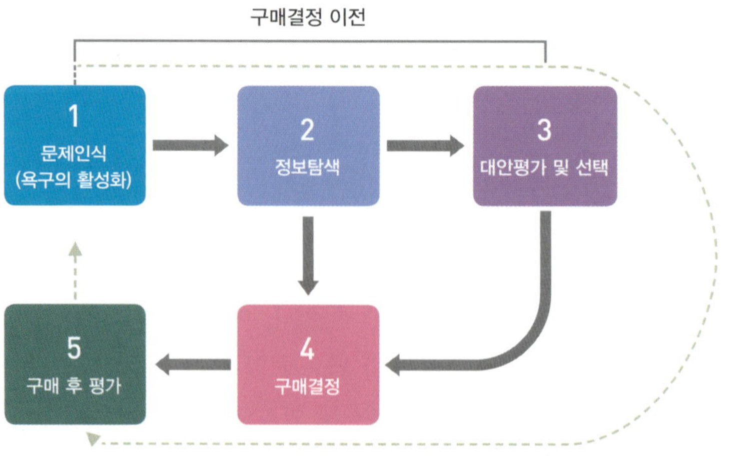

들이 의사결정 과정(혹은 단계)을 따라 신중하고 꼼꼼한 판단을 내린다고 보았다. 이 모형에서 문제 인식과 정보탐색 그리고 대안평가 및 선택은 구매결정 이전 과정에 포함되며, 그 뒤를 이어 구매결정과 구매 후 평가(즉, 구매결정 이후)가 이뤄진다.

구매결정 이전 과정

1) 문제인식

문제인식(욕구 활성화)은 소비자 의사결정이 시작되는 단계이다. 간단하게, 문제인식은 소비자가 뭔가 필요하다는 것을 느낀다는 의미이다. 이것은 소비자에게 어떤 욕구가 일어나는 과정 혹은 해결해야 하는 과제가 생기거나 달성해야 할 목표가 설정되는 과정이다. 세부적으로, 문제인식은 다음과 같은 두 가지 심리적 기제로 작동된다.

첫째는 현재 상태의 불만족으로 인해 문제가 인식되는 것이다. 예를 들어, 충분한 식사를 하여 배가 부른 상태가 만족스러운 상태이다. 하지만 일상적인 활동을 하다 보면 에너지를 소모하게 되고, 이내 배가 고파진다. 즉, 만족스러운 상태에서 불만족스러운 상태로 떨어진 것이다. 이때 느끼는 배고픔(즉, 욕구)은 그것을 해결하기 위한 의사결정을 불러일으킨다. 이와 유사하게, 사용하던 화장품이 다 떨어지거나 스마트폰이 고장 나는 것, 혹은 체중이 늘어 이전에 입던 옷이 맞지 않게 되는 것 등도 의사결정 문제를 인식하게 한다.

둘째는 현재보다 더 나은 이상적인 상태가 촉발되거나 달성하고 싶은 목표가 설정되는 것이다. 예를 들어, TV나 SNS 등을 통해 최근 유행하는 옷을 알게 되었을 때, 취업이나 진학에 유리한 자격증을 알게 되었을 때, 혹은 여름이 다가와서 더 건강하고 멋진 몸매를 가지고 싶어질 때 등이 이에 해당한다. 이러한 이상적인 상태는 주로 외부자극에 기인한다. 환경 및 상황이 바뀌거나, 이전에 몰랐던 '멋진 것'을 접하게 되었을 때, 이상적인 상태가 촉발되며, 소비자들은 그것(즉, 목표)을 달성하기 위한 의사결정을 시작하게 된다.

종합하여 보면, 소비자 의사결정은 불만족에서부터 시작된다. 현재 상태의 결핍 또는 부족을 경험하거나, 어느 순간 갑자기 이상적인 상태를 높여서 발생할 수도 있다 하지만 둘 다 불만족을 '지금 경험'한다는 점에서 같다. 따라서 소비자 의사결정은 당면한 불만족을 해결하기 위한 것이며, 이러한 불만족은 의사결정 '문제'를 인식하는 것과 같다.

2) 정보탐색

소비자의 정보탐색은 '근원적(혹은 내적) 욕구를 충족시키기 위하여 혹은 상황적으로 요구된 목표를 달성하기 위하여, 그것에 적합한 지식을 자신의 기억으로부터 꺼내오거나 외부로부터 취득하는 행위'를 말한다(Engel, Blackwell, and Kollat, 1995). 정보탐색(information search)이라는 단어로부터 '외부의 정보를 찾아보는 것'이라는 착각을 유발하기 쉽지만, 정보탐색의 기본은 내부 탐색이다. 여기서 내부 탐색이란 '소비자가 이전에 경험했던 것 혹은 알고 있던 것(즉, 기억)에서부터 정보를 꺼내오는 것'을 의미한다. 만약, 내부 탐색만으로 충분히 의사결정을 내릴 수 있다면, 소비자가 외부의 정보를 탐색할 필요가 없다.

언제 그리고 누가 더 적극적으로 외부 탐색을 할까? 기본적으로 구매 결정 관련 소비자 자신이 알고 있는 것이 부족하다고 느끼거나 그 정보를 신뢰 및 확신하기 어렵다고 인식할 때, 외부의 정보를 적극적으로 탐색하기 시작한다(이학식·안광호·하영원, 2015). 기본적으로, 탐색하는 정보의 양과 질적 수준은 소비자의 지식 및 경험 수준에 따라 달라진다. 자신이 원하는 것과 관련된 정보를 이미 충분히 가지고 있는 소비자들은 검색량이 적다. 하지만 검색의 질은 높을 수 있다. 왜냐하면, 사전지식 수준이 높아야만 검색의 질도 높아지기 때문이다(즉, 아는 만큼 전문적으로 검색할 수 있다). 반면, 사전지식 수준이 낮은 소비자들은 검색량이 많을 수도 있고, 그렇지 않을 수도 있다. 왜냐하면, 잘 모르기 때문에 더 많이 그리고 더 열심히 찾아볼 것으로 생각하기 쉽지만, 정보탐색 양과 질은 정보처리 동기에 따라 달라지기 때문이다.

정보탐색의 시간과 양이 증가하는 경우는 우선 욕구를 채우려는 강한 소비자의 동기이다. 소비자의 정보처리 동기 수준이 높을수록 더 많은 정보를 더 열심히 찾아본다. 어떤 사람은 다른 사람에 비해 생각하기를 더 좋아하는 더 높은 인지 처리 욕구(need for cognition)를 가지고 있다. 이러한 사람들은 정보를 찾고 비교 평가하는 것 자체를 즐기기 때문에 언제나 더 많은 정보를 더 열심히 찾는다. 제품이나 서비스가 소비자에게 고관여이고 중요하거나, 제품이 높은 가격이거나, 소비자가 그 제품에 대해서 잘 모르거나, 제품 구매에 큰 위험이 따르는 때이다. 자동차나 가전제품처럼 소비자에게 중요한 제품은 정보탐색 시간과 양이 많이 증가하게 된다.

정보탐색을 적게 하는 때는 제품이나 서비스가 저관여이고 중요하지 않을 때, 제품이 낮은 가격일 때, 이미 제품에 대해서 잘 알고 있는 때, 구매에 큰 위험이 따르지 않을 때이다. 이럴 때에는 아주 간단한 결정 규칙에 따라서 제품 구매에 대한 판단을 내리게 된다. 어떤 소비자들은 어떠한 문제에 대해 명확한 답을 얻고자 하는 인지적 종결 욕구(need for cognitive closure)가 높다. 이러한 사람들은 명확한 답을 내리기 좋아하는 사람들이며, 이들은 차후에 더 나은 대안을 찾을 가능성을 열어두지 않는다. 왜냐하면, 가능성을 열어둘수록 모호한 지금의 상태를 더 오래 견뎌야 하기 때문이다. 따라서 정보탐색 역시 서둘러 종결할 가능성이 높다. 덧붙여, 의사결정 시간이 제약된 경우(예, 가격할인 시간이 얼마 남지 않음)에도 소비자들의 정보탐색의 양과 질은 떨어질 수밖에 없다.

마지막으로, 고전 경제학적 관점에서는 소비자들의 합리성을 강조한다. 따라서 이 관점에서의 정보탐색 양은 합리적인 수준에서 그친다. 구체적으로, 정보탐색을 통해 얻을 수 있는 한계이득(marginal profits)이 탐색에 드는 한계비용(marginal cost)을 초과하는 한 소비자의 정보탐색은 계속된다. 즉, 들인 노력에 비해 얻는 정보의 가치가 조금이라도 더 높다면 정보탐색을 계속한다는 것이다. 하지만 실제의 소비자들은 정보탐색의 효용을 최대화하는 것보다 의사결정 상황에서 요구된(혹은 필요로 하는) 최소한의 수준을 넘어선 지점에서 정보탐색을 멈추는 경향성을 보인다(Joseph and Schwartz, 2015). 즉, 소비자들은 새로운 정보가 더 이상 유용하지 않을 때까지 탐색하는 것이 아니라, 적절히 판단 및 결정을 내릴 수 있는 수준에서 정보탐색을 멈춘다는 것이다.

3) 대안평가 및 선택

소비자가 충분한 정보를 탐색하였다면, 결과적으로 소비자는 몇 가지 대안을 손에 쥐게 된다. 일반적으로, 소비자들은 이렇게 설정된 몇 가지 대안을 비교 평가하여 최종적인 하나의 대안을 선택한다. 그러나 때때로 오직 단 한 가지 대안만 가지고서, 그것을 선택할지 혹은 선택을 연기하거나 포기할지를 결정하기도 한다.

여기서 중요한 것은 여러 개의 대안을 한 번에 비교하는 과정과 하나의 대안만을 평가하는 과정이 전혀 다른 방식으로 이뤄진다는 점이다. 여러 대안을 비교평가할 경우, 각 대안이 가지고 있는 공통적 속성 또는 대안 간의 양적인 차이가 두드러지며, 이러한 차이가 대안선택에 중요해진다. 따라서 공통적 속성에서 우위를 가지고 있거나(예, 더 큰 화면), 경쟁 대안보다 어떤 속성에서 양적인 우위를 가지고 있는 경우(예, 최저가), 다른 대안들과 비교평가 구도로 제시하는 것이 효과적이다. 반면, 어떤 한 대안만이 가진 독특한 속성(즉, 차별적인 속성) 혹은 대안 간 질적인 차이의 경우에는 비교평가가 어렵다(Yan, 2018). 따라서 공통적 속성이나 속성의 양적 차원에서 경쟁력이 떨어질 경우, 다른 경쟁 대안이 가지고 있지 않은 전혀 다른 속성을 강조하거나, 어떤 속성의 질적인 측면을 강조하는 것이 바람직하다.

더 나아가, 비교 평가되는 대안의 구성을 어떻게 하는지에 따라 소비자의 선택이 역전될 수도 있다. 예를 들어, 고품질 - 고가격의 대안과 저가격 - 저품질의 대안이 함께 비교 평가될 경우, 중간가격 - 중간품질 대안이 추가될 때 중간 대안으로 소비자의 선택이 집중되는 타협효과(compromise effect)가 나타나기도 하며, 고품질 - 고가격 대안(목표 대안) 옆에 같은 가격이지만 품질이 조금 떨어지거나, 같은 품질이지만 가격이 조금 더 비싼 대안을 함께 제시할 때, 목표 대안의 선호가 높아지는 유인효과(attraction effect)도 나타날 수 있다.

덧붙여, 앞서 정보탐색 과정에서 설명했던, 정보처리 수준 역시 대안평가에 영향을 미친다. 구체적으로, 관여도가 높은 중요한 결정일 때, 혹은 의사결정으로 인한 위험 및 손실에 대한 지각이 클 때, 각 대안의 세부적인 사항이나 속성을 매우 꼼꼼히 비교평가하는 과정을 거친다. 하지만 그렇지 않은 상황일 때, 예를 들어, 위험이나 손실이 크지 않는 상황일 때, 소비자의 관여가 낮은 상황일 때, 혹은 인지적 자원 및 동기가 충분하지 않은 조건일 때, 소비자들은 인지적 노력이 거의 들어가지 않은 자동적인고 직관적인 판단 및 선택을 한다(Petty and Cacioppo, 1983).

구매결정

구매결정은 최종적인 하나의 대안을 선택하는 것을 말한다. 이 과정도 소비자의 정보처리 동기나 상황적 요인 그리고 맥락적 틀(frame)에 따라 다양한 규칙이 적용될 수 있다(Balz, Sunstein, & Thaler, 2014). 대표적으로, 소비자가 설정한 기준에 따라 순차적으로 대안의 수를 줄여나가는 방식이 있다. 구체적으로, 최소한의 기준을 통과하지 못하는 대안을 차례로 빼거나 속성의 우선순위에 따라 가장 중요한 속성을 갖추지 못한 대안을 제거하고, 그다음 중요한 속성을 갖추지 못한 대안을 빼는 방식을 사용할 수 있다.

덧붙여, 전통적인 관점에서는 대안평가 및 선택과 구매결정을 구분하여 순차적인 단계로 간주하였지만, 소비자의 개인적 특성, 상황적 요인 및 맥락적 특성에 따라 어떤 한 과정을 건너뛰거나 상황에 따라 이전의 과정으로 되돌아가는 경우가 종종 발생한다. 바로 이러한 문제점(혹은 한계점)을 더 잘 설명하기 위하여 혹은 더 정확하게 예측하기 위하여, 대안적 모형들이 제안되었다. 이에 대한 설명은 뒤에 이어지는 '소비자 의사결정 유형과 대안적 모델'에 구체적으로 정리하였다.

구매결정 이후 과정

상식적으로, 구매결정이 이뤄지면 소비자 의사결정이 끝난 것으로 생각하기 쉽지만, 구매결정 이후에 소비자들은 곧바로 그 결정의 결과가 자신에게 얼마나 만족스러운 것인지(즉, 옳은 선택 혹은 잘한 결정인지)를 평가하려고 한다(Weaver et al., 2015). 기본적으로, 소비자들은 만족스러운 상태로 의사결정을 끝내려고 한다. 따라서 구매결과가 불만족스럽다면, 구매결정을 철회하거나 변경하려고 한다. 즉, 구매 의사결정을 종결하지 않고 이전 단계로 되돌아가는 것이다. 만약, 불만족스러운 구매결정을 변경할 수 없다면, 구매한 제품을 처분(예, 재판매 혹은 폐기)하려는 의사결정 단계로 넘어가거나, 불만족스러운 상태(예, 후회나 실망 혹은 분노와 같은 부정적 감정)를 완화하기 위한 불평 행동을 하거나, 구매 정당화 혹은 합리화를 시도한다.

광고효과의 측면에서 중요한 것은 구매 정당화 혹은 합리화 과정이다. 일반적으로, 광고효과가 구매결정 이전에만 발생한다고 간주되지만, 구매결정 이후에도 자신의 선택을 정당화시키거나 합리화하는 데 영향을 미칠 수 있다. 즉, 소비자들이 구매결정 이전에만 검색하는 것이 아니라, 구매한 이후에도 검색을 지속한다는 것이다. 따라서 검색광고의 내용에 정당화 단서 혹은 합리화 단서가 제시될 때, 소비자의 구매 만족을 높일 수 있다.

구매결정 이후 과정이 중요한 이유는 소비자의 후속 구매결정에 영향을 미치기 때문이다. 구매결정에 대한 만족도가 높을수록 그 제품(혹은 브랜드)을 재구매할 가능성이 높다. 또한, 구매결정에 대한 높은 만족도는 그 제품(혹은 브랜드)에 대한 긍정적인 태도를 형성하고, 궁극적으로 그 제품(혹은 브랜드)에 대한 소비자의 충성도를 높인다. 특히, 최근에 대두되고 있는 '소비자 의사결정 여정'에서는 구매결정 이후 과정의 중요성을 강조하고 있다. 이와 관련된 설명은 이후 제시될 소비자의 의사결정 여정의 '충성도 루프'에서 다룰 것이다.

8 소비자 의사결정의 유형과 대안적 모델

앞서 살펴본 일반적인 모형은 인지심리학의 정보처리 모형에 근거한 것이며, 고전 경제학의 합리적 이성에 기초한 것이다. 먼저, 정보처리 모형은 순차적인 단계를 가정한다. 즉, 앞선 단계의 정보처리가 완료된 이후에 다음 단계로 넘어가는 것을 말한다. 여기서 중요한 것은, 일련의 단계에서 어떤 한 단계를 생략하거나 건너뛸 수 없고, 정보처리가 완료된 이후에는 다시 이전단계로 돌아갈 수 없는 것을 가정한다는 점이다. 하지만 모든 소비자가 그리고 언제나 의사결정 단계를 순차적으로 진행하는 것은 아니다. 또한, 소비자의 합리적 이성을 전제조건으로 할 때, 소비자들이 모든 의사결정 단계에서 높은 수준의 정보처리를 한다고 가정한다. 하지만 실제의 소비자들이 언제나 높은 수준의 정보처리를 하는 것은 아니다. 기본적으로, 높은 수준의 정보처리가 이뤄지기 위해서는 정보처리 동기 수준이 높아야만 하며, 동시에 정보처리에 사용할 인지적 자원이 충분한 조건이어야만 한다(Schmeichel, Vohs, & Baumeister, 2003). 즉, 정보처리 동기와 인지적 자원이 모두 높은 조건에서만 높은 수준의 정보처리가 이루어진다. 따라서 정보처리 동기가 낮거나 인지적 자원이 부족한 경우, 혹은 둘 다인 경우, 소비자의 정보처리 수준은 낮을 수밖에 없다. 이와 같은 과정에서, 앞서 설명했던 소비자의 사전지식 및 경험, 그리고 인지 욕구와 인지적 종결 욕구, 더 나아가 관여도와 지각된 위험, 그리고 의사결정 맥락이나 상황적 요인 등과 같은 다양한 요인이 소비자의 정보처리 수준에 영향을 미칠 수 있다.

이와 같은 관점에서, 소비자 의사결정의 일반적인 모형이 가진 한계점을 보완하기 위한 다양한 대안적 모형이 제시되어 왔다. 그중에서도, 가장 먼저 제시된 대안 모형은 소비자의 관여도에 따라 서로 다른 두 가지 의사결정 경로를 구분한 것이다.

관여수준에 따른 두 가지 경로

모든 소비자가 모든 의사결정 상황에서 높은 수준의 정보처리를 하는가? 단언컨대, 불가능하다. 왜냐하면, 우리의 정보처리 동기가 좀처럼 활성화되지 않을 뿐만 아니라, 어쩌다 가끔 높은 동기가 활성화될지라도 그 지속기간이 매우 짧기 때문이다. 기본적으로, 높은 수준의 정보처리는 우리의 에너지를 급속하게 고갈시키고 피로도(혹은 스트레스)를 높인다. 이와 같은 맥락에서, 하버트 크루그먼(Herbert Krugman)은 고관여 조건에서는 확장된 결정이 일어나지만, 저관여 조건에서는 제한적인 결정과 소규모의 정보탐색이 이루어진다고 제안하였다(Krugmanm, 1965). 즉, 관여가 높은 의사결정 과제의 경우에는 높은 수준의 정보처리가 이뤄지지만, 관여가 높지 않은 상황에서는 제한적인 범위에서 간편하게 판단을 내리는 전략을 활용한다는 것이다. 이와 같은 상황에서는 대안평가 및 선택의 단계가 매우 간단하게 생략될 수 있다(박세범·박종호, 2009).

예를 들면, 건강한 몸매를 가꾸는 데 필요한 기능성 음료를 선택하는 것은 고관여 상황이다. 이 경우, 소비자들은 음료의 맛뿐만 아니라, 음료의 세부적인 속성이나 성분, 그리고 그것이 우리 몸에 미치는 효과, 가성비, 브랜드의 신뢰성, 유통기한이나 제조일 등과 같은 매우 다양한 요인을 꼼꼼하게 검토할 뿐만 아니라, 여러 개의 대안을 종합적으로 비교 검토하는 과정을 거친다. 반면, 그냥 적당히 마실 만한 음료를 고르는 것은 저관여 상황이다. 이때 소비자들은 음료의 특징이나 속성을 모두 간과하고, 단지 음료의 색깔만으로 대안을 선택할 수 있다. 더 정확하게는 '색깔로 연상되는 맛'에 의존한 판단이다.

정리하자면, 소비자의 관여수준에 따라 두 가지 의사결정 경로가 구분된다. 먼저, 앞서 살펴봤던 일반적인 모형(즉, 전통적 관점)은 고관여 상황에서의 의사결정을 설명한다. 간단하게 설명하자면, 포괄적으로 정보를 탐색하고 심사숙고하여 대안을 선택하는 것을 말한다. 구체적으로, 대상에 대한 높은 관여는 정보처리 동기를 높인다. 따라서 소비자의 정보탐색 양이 증가하고 질이 높아진다. 또한, 여러 대안을 비교평가하는 경향을 보이며, 각 대안의 여러 속성을 꼼꼼하게 따져보고 종합적으로 살펴본다. 최종적인 구매결정을 내리는 과정도 복잡하며, 구매 이후 평가과정 역시

그림 6-3 소비자 의사결정의 유형

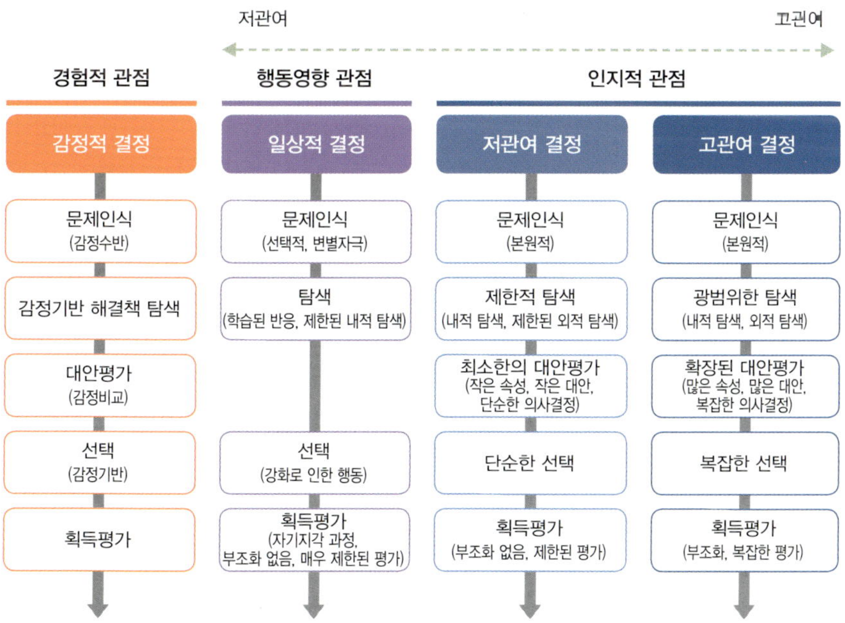

출처: 박세범·박종호(2009)와 양윤(2008)을 취합

다양한 요소들이 복잡하게 상호작용하여 영향을 미친다. 반면, 관여가 낮은 경우에는 매우 단순화된 결정규칙에 의존하거나 직관에 근거하여 대안이 선택되는 제한적인 의사결정이 이뤄진다. 구체적으로, 관여가 낮으면 정보처리 동기도 낮으며, 이것은 정보탐색의 양과 질을 떨어트린다. 그 결과 최소한의 대안만 살펴보게 되며, 그 대안을 비교평가하는 과정 역시 간단한 사고 또는 판단 방식인 휴리스틱(heuristic)이나 직관에 의존하여 구매결정을 내리며, 거의 신경을 쓰지 않은 선택이기 때문에 구매결정 이후 부조화도 크지 않고 합리화도 쉽다. 이에 관한 세부적인 내용은 [그림 6-3]에 정리하여 제시하였다.

행동영향 관점

행동영향 관점은 소비자의 관여도가 극단적으로 낮은 상태에서 내려지는 의사결정을 다룬다. 대표적인 예로, 습관적 소비(habitual consumption)를 들 수 있다. 구체적으로, 습관적 소비란 어떤 한 제품이나 브랜드를 반복적으로 구매하는 것을 말한다. 여기서 중요한 것은 소비자의 의사결정이 자동적이라는 점이다. 거의 의식하지도 못하고 어느 순간 이미 대안을 선택해 버린다. 또한, 이전에 했던 소비 행동의 결과가 그 다음번 구매로 그대로 이어진다는 특징을 가진다(이은경·전중옥, 2015). 이러한 점에서 관성에 의한 소비라고도 한다.

습관적 소비는 조작적 조건형성(operant conditioning)의 원리로 설명할 수 있다. 간단하게, 어떤 행동을 한 결과가 긍정적이라면, 차후에 그 행동을 반복하게 된다. 예를 들어, 편의점에서 커피음료 A를 처음 구매해봤는데, 맛이 괜찮았다. 다음번에 편의점을 갔을 때 이전에 샀던 그 음료를 다시 구매했는데, 역시나 맛이 괜찮았다. 이러한 '행동(구매)-긍정적 결과'의 세트를 몇 번 반복하고 나면, 행동-결과 간의 유관성(contingency)을 높이고, 음료 A를 사는 행동이 강화(reinforcement)된다. 여기서 강화란 '행동의 빈도가 늘거나 강도가 증가하는 것 또는 그 행동의 지속기간이 늘어나는 것 모두를 포함하는 개념'이다. 이처럼, 어떤 행동을 했을 때 긍정적인 결과가 주어지는 관계에서 행동이 강화되는 것을 정적 강화라고 한다. 다른 한편으로, 어떤 행동을 했을 때 부정적인 결과를 해결할 수 있는 것도 행동을 강화하는데, 이를 부적 강화라고 한다. 예를 들어, 두통이 심해 진통제 A를 사 먹었더니, 부작용 없이 바로 통증이 완화되었을 경우, 진통제 A를 사 먹는 행동을 강화한다.

여기서 중요한 것은 제품 A가 변별자극(discriminate stimuli)이 되는지 여부이다. 구체적으로, 제품 A가 다른 커피음료(혹은 진통제)들과 명확하게 구분되며, 그것이 소비자가 '좋아하는 맛'을 예측할 수 있도록 하는 단서가 되었을 때, 제품 A는 변별자극이 되고, 이후 소비자들은 그 자극에 대한 자동적인 반응(즉, 구매결정)을 하게 된다. 일상적인 예를 들자면, 편의점에 비슷한 맛과 특징을 가진 커피음료가 매우 많지만, 소비자의 눈에 그(학습된) 음료가 바로 들어오게 되며, 그 음료를 찾은 소비자는 아무 생각 없이 바로 구매하게 된다. 이렇게 습관적 구매를 하게 된 소비자는 좀처럼 구매 패턴을 바꾸지 않는다. 왜냐면, 그 제품을 선택하는 과정에서 아무런 생각도 하지 않기 때문이다.

광고 측면에서, 습관적 소비자는 탐색활동을 거의 하지 않고, 원하는 대상을 찾아 바로 선택하는 패턴을 보인다. 경쟁 대안, 심지어 가격에서부터 품질까지 모든 면에서 더 나은 대안을 제시할지라도 이전의 선택을 고수하는 경향을 보인다. 따라서 습관적 소비를 바꾸려는 시도보다는 그것을 강화하거나 확장하려는 시도가 바람직하다. 만약, 소비자의 습관적 소비제품을 판매하는 경우라면, 소비자에게 추가적인 보상을 제공하는 것이 학습효과를 더 높인다. 포인트나 할인 혜택과 같은 금전적 보상보다 '2+1'과 같은 보너스 팩(즉, 제품을 더 많이 주는 것)이 더 효과적일 수 있다. 더 나아가, 자극 일반화(generalization)를 시도해보는 것도 바람직하다. 구체적으로, 자극 일반화는 학습된 자극과 유사한 다른 자극에도 학습된 반응이 유도되는 것을 말한다.

경험적(감정적 또는 상징적) 관점

인지적 관점과 달리, 경험적 관점은 소비자의 감정적 측면에 초점을 둔다. 구체적으로, 인지적 관점이 소비자의 이성적 판단에 기초하여, 제품의 기능이나 성능, 혹은 구체적인 속성에 대한 객관적 평가과정을 다루는 것이라면, 경험적 관점은 소비자의 감정반응(혹은 감정 경험)에 기초하여, 제품의 디자인이나 이미지, 혹은 쾌락적 결과(예, 재미, 즐거움, 기쁨 등)에 대한 주관적이고 심미적인 선택과정을 다루는 것이다. 또한, 경험적 관점은 제품 그 자체의 효용을 넘어서 제품에 담긴 상징적인 의미에도 초점을 둔다. 대표적인 예로 사랑하는 사람에게 꽃을 선물하거나 발렌타인데이에 초콜릿을 선물하는 것 등을 들 수 있다. 덧붙여, 경험적 관점은 기능적인 소비재 혹은 실용재가 아니라 쾌락적 소비재에 적합하다. 일반적으로, 여행이나 레저, 혹은 예술문화 상품 등이 쾌락재에 포함된다. 이때 중요한 것은 소비자의 감정적 경험이다.

경험적 관점에서, 문제인식은 감정을 수반한다. 즉, 현실 상태가 바람직한 감정 상태를 충족시켜 주지 못하기 때문에 문제가 인식된다는 것이다. 예를 들어, 과도한 업무로 스트레스가 심할 때(혹은 며칠째 기말고사 공부를 하고 있을 때), 어디론가 멀리

떠나서 즐겁게 놀고 싶어진다. 그러므로 경험적 관점에서 인식되는 문제는 감정적으로 불만족스러운 상태를 해결하는 것이다. 따라서 정보탐색 역시 감정적인 해결책을 탐색하는 것과 같다. 구체적으로, 현재 불만족스러운 상태를 개선하거나 해소할 수 있는 대안을 탐색하게 되는데, 이때 어떤 대안의 기능적 효용이 아니라 그것으로 인한 감정적 영향이나 반응에 초점을 두게 된다. 예를 들어, 스트레스를 받았을 때는 음식의 영양가나 질이 아니라 자극적인 맛을 중심으로 대안을 탐색하게 된다. 더 나아가, 탐색된 대안을 평가하는 과정에서도 소비자의 감정적 기준에 근거하게 된다. 즉, 어떤 대안이 더 합리적이고 가성비 좋은지가 중요한 것이 아니라, 어떤 대안이 나를 더 기분 좋게 만들어 줄 것인지(혹은 지금 나쁜 기분을 말끔하게 해소할 수 있는지)가 중요해진다. 마지막으로, 구매 후 평가 역시 어떤 제품이나 서비스를 구매한 결과가 소비자의 감정적 기대를 얼마나 충족시켰는지에 달려있다.

9 소비자 의사결정 여정

이와 다르게, 소비자 의사결정 여정(consumer decision journey)은 순환적 구조를 가정한다(Court et al., 2009). [그림 6-4]와 같이, 기존 의사결정 모형은 순차적 정보처리에 의한 깔때기 구조를 가진다. 구체적으로, 소비자는 여러 대안에 대한 정보를 탐색한 이후, 몇 개의 적합한 대안을 추리게 되고, 그것을 비교 평가하는 과정을 거쳐, 더 나은 몇 개의 대안으로 점차 줄여간다. 그 과정이 얼마나 신중하고 체계적인지, 기능적인 측면에 초점을 두는지 혹은 감정적인 측면에 초점을 두는지에 따라 조금씩 차이가 있지만, 모든 모형이 동일하게, 의사결정 단계가 진행될수록 대안의 수가

그림 6-4 기존 모형의 깔때기 구조와 소비자 여정의 순환 구조

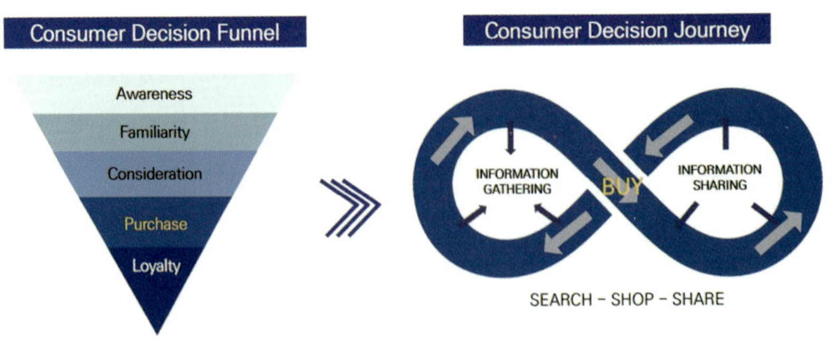

출처: McKinsey Quarterly(2009)

줄어들고, 최종적으로 하나의 대안을 선택하는 구조를 가진다. 반면, 소비자 여정의 경우에는 처음에 머릿속에 떠올렸던 것들보다 이후 정보탐색 과정에서 더 많은 것을 인식할 수 있으며, 이후 대안을 평가하는 과정에서도 고려하는 대안이 줄어들었다가 다시 늘어날 수 있음을 가정한다.

하지만, 소비자가 언제나 이렇게 대안의 수를 차근차근 줄여가는 것은 아니다. 소비자 의사결정 여정의 관점에서, 예를 들어보면, 어떤 학생이 하얀색 스니커즈를 사려고 마음먹었고, 평소에 좋아하던 몇 개의 브랜드를 지정했다. 근데, 딱히 맘에 드는 운동화가 없어서 다시 몇 개의 브랜드를 새로 추가해봤고, 그중에서 맘에 드는 몇 개의 대안을 골랐다. 그 이후, 각 대안에 대한 세부적인 정보를 살펴보다가, 가장 마음에 드는 운동화의 재질이 특이하다는 것을 알게 되었다. 이 재질에 대해서 아는 게 별로 없어서, 그 학생은 구매자들의 후기를 살펴보기도 하고, SNS를 통해 그 재질에 대한 주변인들의 평도 물어 봤다. 전반적으로 모험하기에 위험하다는 생각이 들었고, 평범한 재질의 차선책과 계속 비교평가하다가 끝내 결정을 내리지 못했다. 며칠 뒤, 다시 운동화를 골라야겠다는 생각이 들었고, 이전에 봤던 대안을 다시 비교평가해봤다. 광고를 보게 되었고, 또 다른 브랜드의 운동화도 괜찮다는 생각이 들었다. 즉, 다시 대안이 늘어난 것이다. 이후, 그 학생은 위와 같은 과정을 몇 번이나 되풀이한 끝에 어떤 한 운동화를 구매하였다. 어떤가? 이와 같은 예 역시 우리의 구매 결정 과정을 잘 설명하고 있지 않은가?

여기서 중요한 것은 소비자 의사결정 여정의 개념이 등장하게 된 배경이다. 먼저, 이전과 다른 미디어 환경이 조성되었다. 이것은 소비자의 정보탐색 방식을 바꿔놓았다. 최근의 소비자들은 매우 다양한 채널(혹은 경로나 미디어 등)로 정보를 접한다. 때로는 소비자가 적극적으로 정보를 찾아다니기도 하고, 때로는 정보가 소비자들을 찾아서 오기도 한다. 심지어, '구매 전 – 구매 – 구매 후'에 관계없이, 계속해서 소비자들은 정보를 탐색하기도 하고, 역으로 소비자들이 정보에 노출되기도 한다(문혜리·송지희, 2018). 그 과정에서 어떤 소비자는 점차 확신을 가지고 대안의 폭을 좁혀갈 수 있으나, 다른 소비자는 점점 더 혼란스러워져서 처음 출발지점으로 되돌아가 더 많은 대안을 포괄적으로 검토해볼 수도 있다. 이런 맥락에서 보면, 현대의 소비자들이(혹은 변화된 미디어 환경에 더 잘 적응한 소비자들이) 과거에 비해 더 복잡하고 역동적인 의사결정 과정을 거친다고 볼 수 있다.

소비자 의사결정 여정의 단계

소비자 의사결정 여정은 [그림 6-5]와 같이 4단계로 이루어져 있다(Court et al., 2009). 출발점은 '초기 고려' 단계이다. 무언가를 사야겠다고 마음먹은 소비자들이 몇 개의 대안을 최초로 고려해보는 단계이다. 이때 고려되는 대안은 대략적으로 구성된 것이다. 이러한 초기 고려 대안은 소비자들이 이전부터 알고 있던 것(즉, 내부탐색) 혹은 구매를 고려해야겠다고 마음먹은 시점에서 접한 것(즉, 외부자극)으로 구성된다.

이후, 소비자들은 '적극적 비교' 단계로 진입한다. 이때 소비자들은 다양한 채널을 통해 구매할 만한 대안(제품이나 브랜드)에 대한 정보를 지속적으로 탐색해 나간다. 여기서 주의해야 하는 것은 적극적 비교가 어느 한순간에 집중적으로 이뤄지는 것이 아니라는 점이다. 때때로 소비자들이 집중적인 정보탐색을 할 수도 있지만, 일반적으로 다양한 미디어를 통해 다양한 시점에 걸쳐 다양한 유형의 정보들을 섭렵하는 과정을 거친다. 또한, '적극적 비교' 단계에서 소비자들이 언제나 유력한 대안을 추려 나가는 방식을 사용하는 것도 아니다. 몇 개의 대안이 새롭게 추가될 수도 있고, 어떤 경우에는 고려 대안 전체가 새롭게 구성될 수도 있다. 이를 종합해보면, '적극적 비교' 단계는 지속적으로 이뤄지는 역동적인 정보탐색 과정인 셈이다. 따라서 이 과정에 있는 소비자의 행동이나 반응을 정확하게 예측하기는 어렵다. 그럼에도 불구하고, 다음과 같은 마케팅 시사점을 도출해볼 수 있다.

먼저, 브랜드 인지도가 낮은 경우, '초기 고려' 단계에서 소비자가 고려하는 대안에

그림 6-5 소비자 의사결정 여정

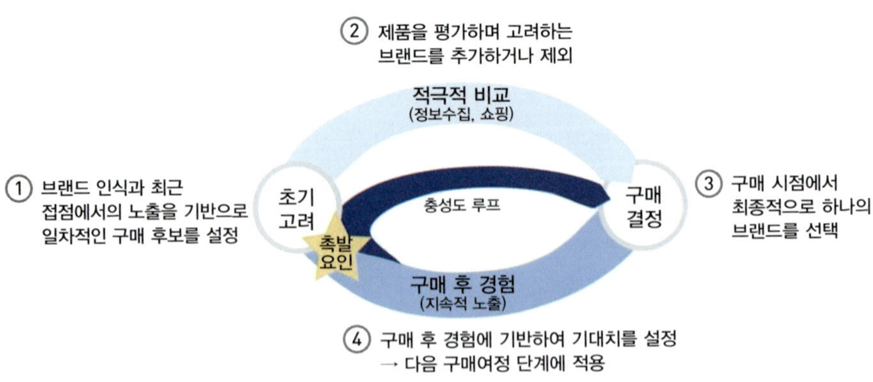

출처: McKinsey Quarterly(2009)

포함될 가능성이 낮다. 왜냐하면, 소비자가 이미 잘 알고 있거나 마케팅 환경에서 자주 접하는 브랜드가 초기 고려군에 포함될 가능성이 높기 때문이다. 따라서 브랜드 인지도가 낮은 경우에는 '적극적 비교' 단계의 소비자들을 공략하는데 마케팅 성패가 달려있다(이장혁, 2015). 다음으로, '적극적 비교'는 지속적으로 이뤄지는 역동적 정보탐색 과정이다. 따라서 언제든지 비교평가되는 대안이 변경(추가 혹은 삭제)될 수 있으며, 이러한 과정이 여러 번 반복될 수 있다. 그러므로 이 단계에 있는 소비자들에게 브랜드 및 관련 정보가 지속적으로 노출되도록 하는 것이 중요하다. 즉, 어느 한 시점에 특정한 정보만 노출시키는 것보다 여러 시점에 걸쳐 다양한 채널을 활용하여 다양한 유형의 정보를 지속적으로 제공하는 것이 바람직하다.

세 번째 단계는 '구매 결정'이며, 이 단계에서 소비자들은 어떤 한 대안을 최종적으로 선택한다. 그다음에 소비자들은 곧바로 구매 후 경험(즉, 평가) 과정으로 들어가게 되는데, 기존의 의사결정 모형과 차별적으로, 소비자 의사결정 여정에서는 소비자들의 지속적이고 역동적인 정보 공유과정을 다룬다(Nieminen, 2017). 먼저, 구매자들은 자신의 경험을 온라인을 통해 다른 사람들에게 공유하고, 다른 사람들로부터 긍정적 혹은 부정적 반응을 얻게 된다. 이 과정 역시 지속적이고 역동적으로 이뤄지며, 이것을 통해 구매한 제품에 대한 브랜드 충성도가 형성된다. 다른 한편으로, 구매자의 주변 사람들 혹은 온라인을 통해 어떤 사람의 구매경험을 접한 다른 소비자들도 고려해볼 필요가 있다. 특히, 자신의 구매경험을 공유하는 사람보다 다른 사람의 구매경험을 참고하는 사람들이 더 많으며, 이러한 참고는 소비자 구매결정 여정의 모든 단계에서 발생한다. 심지어, 소비자들은 이렇게 공유된 구매경험을 다른 채널로 확산시키는 경향을 보인다. 즉, 블로그를 통해 어떤 사람의 구매경험을 접한 소비자는 그 내용을 다른 채널(즉, 페이스북이나 카카오톡 단톡방 등)로 전파한다는 것이다.

따라서 소비자 의사결정 여정의 관점에서 볼 때, 구매 후 과정은 구매자 한 사람의 독립적인 판단과정이 아니며, 그 한 사람에게만 국한된 문제도 아니다. 구체적으로, 온라인을 통해 접하게 되는 다른 사람들의 직접적인 혹은 간접적인 반응이 구매자의 만족/불만족에 영향을 미친다. 예를 들어, 자신이 구매한 내용을 SNS을 통해 공유한 경우, 다른 사람들의 피드백(좋아요나 댓글 등)이 구매만족도에 영향을 미친다. 또한, 자신의 구매경험을 공유하지 않았더라도, 구매 이후 검색과정을 통해 다른 사람들의 구매경험(후기 등)을 접하는 것을 통해 간접적으로 피드백을 받게 되고, 이것 역시 구매만족도에 영향을 미칠 수 있다.

충성도 루프

최근의 연구들은 소비자 여정의 마지막 단계로 '충성도 루프'(loyalty loop)를 추가하고 있다(Riivits-Arkonsuo, Kaljund, & Leppiman, 2015). 비록, 미디어 환경이 완전히 달라졌을지라도, 특정 브랜드에 대해 높은 충성도를 가진 소비자들은 분명히 존재하며, 이들이 의사결정을 내리는 과정(혹은 여정)은 다른 소비자들과 구분된다. 간단하게, 높은 충성도를 가진 소비자들은 '초기 고려' 단계에서 당연히 그 브랜드를 유력한 대안으로 설정할 것이며, 이후 적극적 비교 과정에서도, 충성도가 낮은 소비자들과는 다른 패턴을 보일 것이다. 여기서 더 중요한 것은 구매 후 경험 과정에서 어떻게 충성도가 형성되며, 이것이 어떻게 강화되는지에 관한 것이다.

먼저, 출발부터 친숙한 브랜드가 존재한다. 비록, 소비자가 직접 구매해본 경험이 없을지라도, 그 브랜드 인지도가 높거나 이미지가 긍정적일 경우, '초기 고려' 단계에서부터 유력한 대안으로 포함될 수 있다. 더 나아가, 브랜드 인지도를 높이고 긍정적인 브랜드 이미지를 형성하는 데 있어서, 기업의 마케팅 노력이 중요하겠지만, 소비자가 다양한 채널을 통해서 접하게 되는(혹은 공유된) 다른 사람들의 구매경험 역시 중요한 역할을 한다는 점을 간과하지 말아야 한다. 더욱이, 구매하기 이전부터 친숙했던 브랜드는 소비자의 실제 첫 구매경험을 특별하게 느끼게 할 수도 있다.

다음으로, 어떤 브랜드를 처음 구매한 이후, 그것에 대한 평가 및 경험이 지속적으로 이뤄지는데, 그 과정에서 만족도가 높았던 일부의 브랜드는 충성도 루프로 진입하게 된다. 그렇다면 만족도는 어떻게 높아지는가? 소비자 여정의 관점에서, 구매 후 경험은 다른 사람들과 직간접적인 상호작용으로 이뤄진다. 이 과정에서 자신의 선택을 지지하는 정보가 많이 제시될수록, 그리고 이전에 고려하지 못했던 새로운 정보나 지식을 더 많이(혹은 반복적으로) 얻게 될수록 그 브랜드를 선택한 것이 옳았음을 확신하게 된다. 또한, 그 브랜드를 구매했거나 혹은 구매하려고 하는 다른 사람들과의 동질감이나 유대감도 중요한 역할을 한다. 실례로, 브랜드의 팬층이 두텁거나 열성적인 팬(mania)을 많이 보유한 브랜드일수록 소비자의 브랜드 구매 후 경험을 긍정적으로 이끌어가기 쉽다. 왜냐하면, 이러한 팬들이 그 브랜드의 구매경험을 지속적으로 지지할 뿐만 아니라, 그와 관련된 긍정적인 정보를 더 열심히 공유 및 확산하기 때문이다.

소비자와의 접점(Touch Points)

소비자가 의사결정 여정을 거치는 동안에 매우 다양한 채널을 통해 브랜드에 관련된 정보를 접할 기회를 가질 수 있다. 접점(touch points)은 이렇게 소비자가 브랜드 정보를 접하는 지점을 의미하며, 기업(혹은 마케터)과 소비자 간의 직간접적인 상호작용을 의미한다(Lemon & Verhoef, 2016). 또한, 접점은 소비자의 여정을 구성하는 동시에 소비자 여정의 모든 단계 즉, 정보를 탐색하고 대안을 평가하며 구매결정을 내리고 구매 후 경험을 지속적으로 공유하는 단계를 망라하여 존재한다. 이러한 접점은 다음과 같은 네 가지 범주로 구분된다.

첫째, 기업(브랜드)에 의해 계획되고 관리되는(brand-owned) 접점이 있다. 구체적으로, 기업 및 브랜드가 소유 미디어나 지불 미디어를 통해 소비자와 직접적으로 상호작용하는 것뿐만 아니라, 마케터가 계획하고 통제하는 모든 마케팅 활동이 소비자들에게 간접적으로 영향을 미치는 것도 포함된다. 중요한 것은 기업(마케팅)이 주도한 혹은 의도한 상호작용이라는 점이다. 소비자 여정의 전 영역에 걸쳐 기업이 의도한 대로의 상호작용을 기획할 수 있으며, 이를 위한 자원을 효율적으로 관리하고 조절할 수 있다는 점에서 이점을 가진다.

둘째, 파트너에 의한(partner-owned) 접점이 있다. 소비자와 효과적으로 상호작용하기 위하여, 혹은 협업을 통한 시너지를 얻기 위하여, 기업은 하나 이상의 기업과 함께 접점을 가질 수 있다. 커뮤니케이션 및 마케팅 영역에서 협업할 수 있으며, 유통채널이나 고객관리 접점을 공유할 수도 있다. 기업은 파트너와 공동으로 접점을 운영할 수도 있고, 서로 다른 영역에서 서로 다른 역할을 담당할 수도 있다. 즉, 기업이 다른 기업과 협업하는 과정에서 발생하는 모든 소비자 접점이 파트너에 의한 접점에 포함된다. 다만, 브랜드-소유 접점과 파트너-소유 접점은 때때로 경계가 명확하지 않을 수 있다. 왜냐하면, (비록 협업에 의한 것일지라도) 기업에 의해 계획되고 관리되는 접점이기 때문이다.

셋째, 소비자에 의한(customer-owned) 접점이 있다. 소비자가 특정 브랜드에 대한 구매경험을 평가하고 공유하는 것을 말하며, 여기에 기업이나 파트너가 직접 관여하는 것이 없다. 즉, 소비자가 주도하는 접점이라고 할 수 있다. 이것은 구매 후 과정에서 가장 중요하고 지배적인 영역을 차지하는데, 제품의 기능이나 용도(혹은 사용법), 그리고 성능(효과) 및 품질 등을 다른 소비자들에게 전파하고, 다른 소비자들로 하여금 구매결정을 내리게 하거나, 이미 그 제품을 구매한 소비자들의 브랜드 충성도를 높이는 데 크게 기여한다. 다만, 기업이 계획하거나 관리할 수 없는 영역이기에, 소비자들에게 노출되는 정보의 내용이나 형태를 통제하기 어렵다는 한계점을 가지며, 구매와 관련된 긍정적인 경험보다 부정적인 경험(즉, 불평행동)이 더 큰 효과를 가진다는 위험성도 있다.

마지막으로, 사회적(외적) 접점이 있다. 한 소비자는 다른 소비자들에 둘러싸여 있으며, 이들은 소비자의 구매경험에 영향을 미친다. 이때 다른 소비자들의 구매경험이나 피드백 혹은 주변인들의 영향력이나 환경은 모두 사회적(외적) 접점이다. 여기서 중요한 것은 이러한 사회적 접점이 직접적인 광고와 비슷한 효과를 유발할 뿐만 아니라, 때때로 기업의 직접적인 마케팅 활동보다 더 큰 효과를 유발할 수 있다는 점이다. 앞서 설명한 소비자에 의한 접점이 구매경험 등과 관련된 정보를 올리는(혹은 전파하는) 소비자에 초점을 둔 것이라면, 사회적(외적) 접점은 주변인들로 둘러싸여 있는 구매자에 초점을 둔 것이다. 이러한 사회적 접점은 다른 접점과 함께 작용하여 시너지를 낸다. 특히, 구매 후 지속적인 평가(경험) 과정에서, 구매자의 브랜드 충성도를 높이는데 이와 같은 사회적 접점이 중요한 역할을 한다.

참고문헌

김종의(2004). 소비자행동. 서울: 형설출판사.

문혜리·송지희(2018). 소비자들은 왜 구매 이후에도 정보를 탐색할까? 소비자들의 인지통제 욕구 및 능력통제 욕구를 중심으로. 마케팅관리연구, 23(1), 111-126

박세범·박종호(2009). 소비자행동. 서울: 북넷.

부수현·최고봉(2017). 자기-통제가 작은사치에 미치는 효과: 정당화 단서와 수량-한정 메시지를 중심으로. 한국심리학회지:소비자·광고, 18(3), 461-486

양윤(2014). 소비자 심리학. 서울: 학지사.

이문규·홍성태(2001). 소비자 행동의 이해. 서울: 법문사.

이은경·전중옥(2015). 소비자의 습관적 소비행태에 관한 탐색적 연구. 소비자학연구, 26(3), 1-26

이장혁(2015). 디지털 시대의 소비자와 타깃 마케팅. https://www.adic.or.kr/journal/column/show.do?ukey=410401&oid=@641648%7C1%7C1(검색일: 2019.1.22).

이학식·안광호·하영원(2015). 소비자행동. 서울: 집현재.

포브스 코리아(2018.2.23). 비즈니스호텔 '로케이션 차별화 가속'.

Balz, J., Sunstein, C., & Thaler, R. (2014). Choice Architecture. E. Shafir, The behavioral foundations of public policy, 428-439.

Court, D., Elzinga, D., Mulder, S., & Vetvik, O. J. (2009) The Consumer Decision Journey. McKinsey Quarterly, 3(3), 96-107.

Joseph, S., and Schwartz, B. (2015). The Paradox of Choice. In Joseph, S.(2nd.). Positive Psychology In Practice: Promoting Human Flourishing In Work, Health, Education, And Everyday Life. Wiley, 121-138.

Kotler, P. & Armstron, G. (2020) Principles of Marketing. Pearson.

Krugman, H. E. (1965). The Impact of Television Advertising: Learning without Involvement. Public opinion quarterly, 29(3), 349-356.

Lemon, K. N., & Verhoef, P. C. (2016). Understanding Customer Experience throughout the Customer Journey. Journal of Marketing, 80(6), 69-96.

Nieminen, P. (2017). The interaction between consumers during the online customer journey.

Petty, R. E., Cacioppo, J. T., & Schumann, D. (1983). Central and Peripheral Routes to Advertising Effectiveness: The Moderating Role of Involvement." Journal of Consumer Research, 10(2), 135-146.

Riivits-Arkonsuo, I., Kaljund, K., & Leppiman, A. (2015). Consumer Journey from First Experience to Brand Evangelism. Research in Economics and Business: Central and Eastern Europe, 6(1), 5-28.

Schmeichel, B. J., Vohs, K. D., & Baumeister, R. F. (2003). Ego Depletion and Intelligent Performance: Role of the Self in Logical Reasoning and Other Information Processing. Journal of Personality and Social Psychology, 85, 33-46.

Weaver, K., Daniloski, K., Schwarz, N., & Cottone, K. (2015). "The role of social comparison for maximizers and satisficers: Wanting the best or wanting to be the best?." Journal of Consumer Psychology, 25(3), 372-388.

Yan, D. (2018). Subtraction or Division: Evaluability Moderates Reliance on Absolute Differences versus Relative Differences in Numerical Comparisons. Journal of Consumer Research, 45(5), 1103-1116.

6장: 생각해 볼 문제 (Review Questions)

- 소비자 세분화의 의미는 무엇일까?
- 소비자 세분화의 요인에는 어떤 것들이 있을까?
- 시장표적화 의미는 무엇일까?
- 시장위치 선정(포지셔닝)의 의미는 무엇일까?
- 소비자 의사결정 과정의 일반적인 모형은 무엇일까? 그리고 기본적인 가정은 무엇일까?
- 관여도에 따라 소비자 의사결정은 어떻게 달라질까?
- 소비자 여정과 충성도 루프의 의미는 무엇일까?

브랜드자산이라는 개념은 2000년대 들어 업계와 학계의 주목을 받는 개념으로 부각되었고 기업에게 브랜드가 마케팅전략에서 차지하는 중요성을 재인식시키는 계기가 되었다. 기업의 마케팅 커뮤니케이션 활동은 곧 브랜드자산을 증대하고 관리하기 위한 활동이라고 해도 과언이 아닐 정도로 마케팅 커뮤니케이션 노력의 대부분은 브랜드 수준에서 이루어진다. 애플, 구글, 코카콜라, 삼성갤럭시, 현대소나타, 농심신라면 등은 소비자들에게 자신을 알리고 사랑받기 위하여 적극적인 광고활동을 전개하고 있다. 이와 같이 강력한 브랜드파워를 보유한 브랜드들은 기업에게 엄청난 자산적 가치를 제공하기 때문에 기업의 마케팅 커뮤니케이션 프로그램은 브랜드자산을 구축하고 이를 강화하는 데 초점을 맞추어야 한다. IMC의 주요 수단인 광고도 예외는 아니다. 이번 장에서는 브랜드자산 관리를 위한 광고의 역할과 기능을 살펴보고자 한다. 먼저 브랜드의 의미와 중요성을 개괄적으로 알아보고, 브랜드자산은 무엇이며 구체적으로 어떠한 요소로 구성되는지 살펴보고자 한다. 이어서 광고가 브랜드의 인지도를 제고하고 긍정적인 이미지를 구축하고 강화하는 데 어떻게 기여할 수 있는지 살펴보고자 한다.

CHAPTER

VII

광고와 브랜드자산 관리

VII 광고와 브랜드자산 관리

+ 7장 도입사례

한국관광공사의 'Feel the Rhythm of KOREA(한국의 리듬을 느끼세요!)' 캠페인

흥겨운 국악리듬에 맞춰 "범 내려온다. 범이 내려온다. 장림 깊은 골로 대한 짐승이 내려온다…"는 노랫말로 시작하는 1분 30초 광고 동영상은 2020년 한국관광공사가 집행한 디지털 광고캠페인인 'Feel the Rhythm of KOREA(한국의 리듬을 느끼세요!)'의 서울편이다(아래 그림 참조). 한국관광공사의 유튜브 채널인 'Imagine your Korea'를 통하여 전해진 이 동영상광고는 '한 번도 못 본 사람은 있어도 한 번만 본 사람은 없다'고 할 정도로 커다란 반응을 불러일으켰다. 'Feel the Rhythm of KOREA' 캠페인은 코로나19 확산으로 인하여 여행이 멈춰버린 시기에 커뮤니케이션 활동을 중단하기보다는 시기에 맞는 적절한 화법으로 여행을 기다리는 해외 소비자들에게 한국이라는 관광브랜드를 재인식시키고 이미지를 강화하고자 기획된 캠페인이다. 캠페인의 전체적인 구성과 구체적인 표현전략 그리고 브랜드관리 측면에서의 성과를 살펴보고자 한다.

캠페인의 목표와 구성

한국관광공사는 2020년 여름 코로나19의 확산으로 해외여행이 차단된 어려운 시기에 '한국관광'이라는 브랜드에 대한 인식을 제고하고, '흥과 멋있는 한국여행'이라는 한국관광의 이미지를 강

화하기 위하여 'Feel the rhythm of KOREA'라는 슬로건을 내걸고 자사의 유튜브 채널인 'Imagine your Korea'를 통하여 새로운 캠페인을 전개하였다. 주로 MZ세대인 개별 자유여행자를 목표 소비자로 선정하였고, 이들이 관광명소뿐만 아니라 여행지의 문화에 관심이 많다는 점을 고려하여 세계인들이 즐기고 소비할 수 있는 문화콘텐츠로 뮤직비디오 형식의 동영상 광고를 기획하였다. 언젠가는 코로나 팬데믹 사태가 종식되고 'after corona' 시대가 돌아와 여행이 자유로워졌을 때 이들이 한국을 여행지 우선순위로 떠올리도록 하기 위한 브랜드 커뮤니케이션 캠페인을 기획한 것이다.

코로나 시기이지만 '대한민국을 잊지 말아주세요. 우리 여기 있어요...'라는 일종의 호소라고도 할 수 있는데, 현실적으로 국내 여행이 어렵기 때문에 기존의 화법처럼 관광자원을 소개하고 즐기는 모습을 보여주기보다는 여행객들을 포함한 전 세계 사람들이 즐겁게 소비할 수 있는 콘텐츠 가치가 있는 크리에이티브를 통하여 한국관광이라는 브랜드를 재인식시키고 '흥과 멋'의 이미지를 부각시키고자 하였다. 캠페인은 2020년 7월 30일 서울편, 부산편, 진주편 3개로 시작된다(오른쪽 그림 상단의 3개 동영상). 전통적인 판소리에 현대적인 팝스타일을 적절하게 소화시킨 음악으로 인기를 끌고 있는 이날치밴드, 그리고 앰비규어스 댄스 컴퍼니와 협업을 통하여 진행된 캠페인은 같은 해 10월 13일 안동, 목포, 강릉 등 3편이 추가되어 모두 6편으로 구성되었다(오른쪽 그림 하단의 3개 동영상).

표현전략

한국관광공사와 같은 공공기관들의 광고나 홍보 영상에는 공통점이 있다. 흔히 '애국가영상'이라고도 불리는데 잔잔한 배경음악에 맞춰 저음의 내레이션으로 한국의 자연과 발전상을 상징하는 장면을 보여준다. 서울의 빌딩숲과 행복하게 살아가는 시민들의 모습, 바다와 산, 한강의 모습을 담은 파노라마 영상을 떠올리면 된다. 그리고 이른바 '빅모델'을 기용하는 것도 전형적인 전략 중의 하나이다.

2020년 한국관광공사 캠페인에서는 이와 같은 전형적인 모습을 전혀 찾아볼 수 없다. 영상에는 외국인 관광객들을 홀리러 나온듯한 도깨비들이 나타나 이날치의 음악에 맞춰 신명나는 춤사위를 선보인다. 이들은 대한문을 지키고 있는 수문장을 홀리는 도깨비였다가, 검은 정장에 수영모를 쓰고 부산을 휩쓰는 모습은 고래떼 같기도 하다. 음악과 춤은 물론 장소 역시 전통과 현대가 함께 어우러져 있다. 한국관광이지만 고궁이나 전통시장에 머무르지 않고 영화 '기생충'의 명장면이 탄생한 자하문터널이나 리움미술관처럼 해외의 젊은 세대들이 가고 싶어 하는 새로운 명소들도 담아냈다. 내국인들에게는 현대와 전통이 어우러진 2020년 한국의 모습을 고루하지 않고 자랑스럽게 전달하는 한편, 외국 소비자들에게는 낯설지만 가슴 뛰게 하는 리듬에 새로운 한국의 명소를 담아 호기심을 자극하고자 하였다.

유튜브와 같은 디지털매체에서 젊은 소비자들이 소비하는 공통 콘텐츠는 바로 음악과 댄스인 점에 착안하여 한국적이면서도 현대적인 이날치의 음악과 앰비규어스 댄스 컴퍼니의 조합을 통하여 한국적 공간과 음악 그리고 춤을 통하여 한국적 이미지를 마치 뮤직비디오의 느낌으로 전달하고자 하였다. 즉 한국의 리듬으로 모든 사람들이 갖고 있는 본연의 '흥'을 자극하고자 하였다. 본능을 자극하는 뮤직비디오 영상의 특성을 잘 활용하여 사람들 누구나 느끼는 리듬감, 비트와 동작이 맞아 들어갈 때의 쾌감을 느끼도록 하였고, 음악의 박수와 손동작이 맞아떨어지고 발로 리듬을 밟는 감각으로 세밀하게 편집을 맞췄다. 국악을 새롭게 해석한 이날치의 음악적 참신함, 앰비규어스 댄스 컴퍼니의 춤과 의상, 세심한 촬영과 편집 노력 등 삼박자가 맞아 떨어졌던 것이다.

기존의 광고처럼 한국에 방문하라는 메시지는 담지 않았다. 현실적으로 한국방문이 불가능한 상황에서 방문을 유도하는 메시지가 아니라 디지털 영상 콘텐츠로서의 가치를 높여 자연스럽게 한국관광에 대한 인식과 이미지 형성을 꾀하고자 하였던 것이다. 즉 '한국에 오세요'라는 직접적인 메시지가 아니라 해외여행이 가능해지면 자연스럽게 한국을 떠올릴 수 있도록 '치어 업 더 월드(Cheer up the world)'와 같은 메시지를 전달하였다. 또한 영상에는 미리 준비된 연기자들의 모습보다는 장소마다 시민들의 자연스럽고 리얼한 모습을 담아내었다. 예를 들면, 해동 용궁사에서 절하고 있는 가족들이나 부산 광안리에서 진돗개와 산책하는 사람 등을 영상에 포함시켰다.

캠페인성과와 성공요인

양적으로 캠페인에 포함된 6개의 유튜브 동영상광고 조회수가 총 3억 회 이상인 것으로 나타나 매우 놀랄 만한 성과를 거두었다. 조회의 내용 면에서도 1분 40초의 장초수 영상임에도 불구하고 이탈률이 낮게 나타났고, 자발적 조회를 통하여 '1일 1깡' 처럼 '1일 1범'이라는 말이 회자될 정도로 국내외 소비자들의 많은 관심을 얻었다.

질적인 면에서는 공공기관 광고 캠페인의 역사를 바꾸었다는 조금은 과장된 평도 있을 만큼 한국 소비자들에게는 현대와 전통이 어우러진 2020년 한국의 모습을 고루하지 않고 자랑스럽게 느껴지게 하였고, 외국 소비자들에게는 낯설면서도 가슴 뛰게 하는 음악과 영상이 한국에 대한 호기심을 자극하고 긍정적인 이미지를 갖게 했다는 평을 듣고 있다. 광고를 제작한 HS애드는 이 캠페인으로 대한민국광고대상을 수상하였으며, 제작에 참여한 '이날치' 밴드와 '앰비규어스 댄스 컴퍼니'도 대중적인 관심이 급상승하였다. 유튜브 상에서 "나는 이 영상에 중독됐다", "매우 힙하고 영리한 광고 영상", "모든 영상을 정주행했다", "한국은 언제나 트렌드를 한 발짝 앞서나간다"와 같은 해외 소비자들의 댓글이 남겨졌다.

아직 코로나19가 종식되지 않아 동영상을 매개로 한국에 대한 관심이 실제 방문으로 이어지게 될지는 알 수 없지만 위와 같이 캠페인에 대한 평가와 소비자의 반응은 매우 긍정적임을 알 수 있다. 몇 가지 성공요인을 꼽아 보자면 다음과 같다. 첫째, 전형적인 공공기관의 캠페인 방식에서 탈피하여 광고를 콘텐츠처럼 소비하게끔 할 수 있도록 뮤직비디오 형식으로 메시지를 전달했다는 점이다. 해외여행이 꿈이 아니라 다시 일상이 될 때 소비자들이 가장 먼저 한국을 떠올릴 수 있는 영상을 뮤직비디오의 형식으로 전달한 것이다. 물론 가장 한국적이면서도 외국 소비자들에게 강하게 어필할 수 있는 실력 있는 밴드와 댄스 팀을 기용한 것도 주효했다고 할 수 있다. 둘째는 전형에서 탈피하여 다소 파격적이라고 할 수 있는 이른바 'B+'급 광고의 감성이다. 전형을 탈피한다고 해서 반드시 성공하는 것은 아니지만 선을 넘는 것이 아니라 선을 타는 수준의 콘셉트와 표현력으로 보고 또 보게 되는 광고영상을 창조한 것이다. 셋째, 광고영상에 깃든 깨알 같은 재미 요소들이다. 스님이 빗질하다 춤추는 장면이나 판소리 명창이 직접 원곡을 부르는 장면이 포함되었고, 촬영을 구경하던 시민들이 자발적으로 영상에 참여하여 재미를 더하기도 하였다. 종합해 보면, 'Feel the rhythm of KOREA' 캠페인은 공공기관 광고에 대한 선입견과 편견을 깨뜨리고 생각을 확장하여 일반 대중에게 다가간 점과 가장 한국적인 것이 가장 세계적인 것임을 생생한 영상을 통하여 재생함으로써 '한국관광'이라는 브랜드에 대한 회상과 고유의 이미지를 창출하는 데 기여한 캠페인으로 평가할 수 있다.

출처: 광고대행사 HS Ad 블로그, https://blog.hsad.co.kr/

1 브랜드의 의미

브랜드의 유래와 현대적 의미

브랜드의 유래와 관련하여 여러 가지 견해가 존재한다. 기원전 2000년 경 고대 이집트에서 벽돌의 품질을 보증하고자 제조자의 이름을 벽돌에 명시한데서 유래한 것이라는 견해가 있고, 그로부터 한참이 지난 기원전 700년 경 문맹률이 매우 높았던 고대 그리스와 로마시대에 상점 주인들이 자신이 판매하는 물건을 나타낼 수 있는 그림이나 표시를 상점 앞에 걸어 놓은데서 유래했다고 보는 견해도 있다. 또한 영국의 위스키 제조업자들이 나무통에 인두를 이용해 화인(火印)을 찍어 자신의 제품임을 알 수 있도록 한 것이 브랜드의 시초라는 견해도 있다. 브랜드의 영어 표현인 'brand'의 어원이 '불에 달구어 지진다'라는 뜻으로 사용된 노르웨이의 고어 'brandr' 임을 고려한다면, 고대 유럽에서 가축의 주인이 자기 가축에 낙인을 찍어 소유주를 명시한데서 유래했다고 보는 것이 가장 일반적인 견해라고 할 수 있다. 브랜드의 사전적 의미가 '제조업자가 제품의 품질을 증명하고 고유권을 나타내기 위하여 불에 달구어진 쇠붙이로 인두질하여 만들어 낸 표(標)'라는 점도 이를 뒷받침해 준다.

그렇다면 브랜드는 현대 마케팅의 관점에서 어떠한 의미를 갖고 있을까? 20세기 이후 제조업과 서비스업이 크게 발달하면서 대량생산과 유통이 가능해지고 치열한 경쟁상황으로 접어들게 된다. 기업은 마케팅활동을 통하여 제품을 차별화하여 경쟁우위를 점하고자 하였으며, 이러한 차별화 전략의 수단으로서 브랜드가 중요한 의미를 갖게 되었다. 제품 차별화 수단으로서 브랜드의 현대적 의미는 미국 마케팅학회의 정의에서도 찾아볼 수 있다. 미국 마케팅협회는 브랜드를 '기업이 자신의 제품이나 서비스를 식별시키고 경쟁업자의 제품이나 서비스와 차별화할 목적으로 사용하는 이름, 용어, 기호, 상징, 디자인 혹은 이들 모두의 결합체'로 정의하고 있다. 브랜드가 제품이나 서비스의 정체성을 통하여 경쟁 제품과 차별화하는 중요한 요소임을 강조하고 있다.

브랜드의 정의

앞에서 논의한 미국 마케팅학회의 정의에 의하면, 브랜드는 '제조업자 또는 판매업자가 자신의 제품이나 서비스에 정체성을 부여하여 소비자들이 경쟁 제품이나 서비스와 차별적으로 인식하도록 하기 위하여 사용하는 이름, 용어, 숫자, 심벌, 캐릭터, 슬로건, 디자인, 패키지 또는 이들의 결합체'라고 할 수 있다. 미국의 전설적인 광고인 중의 하나인 데이비드 오길비(David Ogilvy)도 브랜드는 제품이나 서비스의 속성, 이름, 포장, 가격, 역사, 그리고 커뮤니케이션 방식을 포괄하는 무형의 집합체 또는 복잡한 상징이라고 정의한 바 있으며, 마케팅 학계를 대표하는 필립 코틀러(Philip Kotler) 교수도 브랜드를 특정 판매자의 제품이나 서비스를 드러내면서 경쟁 제품이나 서비스와 차별화하기 위하여 만든 명칭, 용어, 표지, 심벌, 디자인이나 그 전체를 배합한 것이라고 정의하였다. 우리나라의 상표법에서도 브랜드(상표)는 '상품을 생산, 가공, 증명 또는 판매하는 것을 업으로 영위하는 자가 자기의 상품을 타인의 상품과 식별되도록 하기 위해 사용하는 기호, 문자, 도형 또는 이들을 결합한 것'(상표법 제2조 1항 1호)으로 정의되고 있다. 이들을 종합해 보면, 브랜드란 기업 또는 판매자가 자신의 제품이나 서비스를 소비자들에게 식별시키고, 경쟁 상대의 제품이나 서비스와 차별화하기 위하여 사용하는 독특한 이름이나 상징물의 결합체라고 정의할 수 있다.

그러나 기업 또는 판매자의 입장에서는 위와 같이 단순히 제품이나 서비스의 차별적 특징을 표현하는 로고, 심벌, 디자인 등의 조합으로 정의할 수도 있지만, 브랜드의 가치는 소비자가 어떻게 인식하는가에 따라 달라질 수 있다. 따라서 소비자의 시각에서 보면, 브랜드는 제품이나 서비스와 관련된 모든 정보를 짧은 시간에 처리하도록 돕는 일종의 압축체, 소비자가 제품을 선택할 때 따르는 위험을 감소시켜주는 장치, 또는 제품이나 서비스와 관련하여 축적된 소비자의 경험과 인식의 총합이라고 정의할 수도 있다. 브랜드관리 측면에서는 소비자 관점에서의 정의가 보다 유용한 시사점을 제공한다고 볼 수 있다.

한 가지 주목할 점은 앞에서 논의된 브랜드의 정의는 정체성이나 차별화의 대상, 즉 브랜딩의 대상을 제품이나 서비스로 한정하였다는 점이다. 일반 대중과 소비자들에게 제품이나 서비스를 생산, 판매, 유통하는 일차적인 커뮤니케이션 상대인 기업 자체도 중요한 브랜딩의 대상이 된다. 왜냐하면 기업의 이미지는 제품이나 서비스의 이미지에 직접적인 영향을 미칠 수 있고, 특히 기업 브랜드를 제품에 동일하게 사용하는 경우에는 더욱 그러하기 때문이다. 따라서 기업도 브랜드 대상에 포함되어야 하며, 이외에 국가, 공공기관, 도시, 지방자치단체, 지역, 여행지 등도 모두 브랜딩의 대상이 된다. 정치가, 운동선수, 연예인과 같은 개인들도 마찬가지이다. 이들을 모두 대상으로 포함하는 포괄적 의미의 브랜드의 정의를 제시하자면 다음과 같다.

브랜드(brand): 기업, 제품, 서비스, 기관, 조직, 개인 등 특정 대상에게 정체성과 차별성을 부여하여 일반 대중 또는 소비자들이 경쟁 대상과 차별적으로 인식하도록 하기 위하여 사용하는 이름, 용어, 숫자, 심벌, 캐릭터, 슬로건, 디자인, 패키지 또는 이들의 결합체

브랜드(Brand)와 상표(Trademark)의 구분

많은 사람들이 브랜드(brand)와 유사한 의미로 상표(trademark)라는 용어를 혼용하여 사용하고 있다. 우리나라 상표법에 의하면 '상표라 함은 상품을 생산, 가공 증명 또는 판매하는 것을 업으로 영위하는 자가 자기의 업무에 관련된 상품을 타인의 상품과 식별하도록 하기 위하여 사용하는 기호, 문자, 도형 또는 이들을 결합한 것'이라고 정의하고 있다. 미국의 경우에도 연방상표법에 의하면, '상표는 제조업자 또는 판매인이 자신의 상품을 경쟁자의 상품과 식별하기 위하여 사용하는 모든 단어, 명칭, 상징, 기호 또는 이들의 결합체'로 정의하고 있다. 이처럼 법에서 규정하는 상표의 의미는 앞에서 살펴본 브랜드의 의미와 크게 다르지 않다. 즉 브랜드와 상표는 기업, 제품, 서비스의 정체성과 차별성을 의미한다는 점에서 본질적으로 동일하다고 할 수 있다.

그러나 브랜드와 상표는 사용용도에서 분명한 차이가 있기 때문에 엄격하게 구분되어 사용되어야 한다. 브랜드가 마케팅 용어라면 상표는 법률 용어이기 때문이다. 브랜드는 특허청에 출원, 등록함으로써 사용에 대한 독점적 배타권이 부여되고, 민·형사상 보호를 받을 수 있게 되는데 이때 등록된 브랜드를 상표라고 한다. 따라서 모든 브랜드를 상표라고 볼 수는 없다. 가장 좋은 예가 오리온 '초코파이'이다. '초코파이'는 상표등록을 할 수 없기 때문에 유명한 브랜드임에는 틀림이 없지만 독점적 배타권을 갖는 '상표'는 아니다. 즉 오리온은 '초코파이'라는 이름을 상표로 등록할 수 없기 때문에 경쟁사인 롯데제과나 크라운제과에서도 '초코파이'라는 브랜드를 사용하고 있는 것이다. 이와 같은 점에서 브랜드와 상표는 구분하여 사용하여야 한다. 브랜드(brand)는 번역할 필요 없이 '브랜드'로 사용해야 하며 트레이드마크(trademark)는 법률용어로서 '상표(商標)'로 번역하여 사용해야 한다는 것이다. 결론적으로 브랜드는 상표에 비하여 넓은 의미로 사용되는 마케팅의 개념으로 이해되어야 하며, 상표는 협의의 법률용어로서 사용되어야 한다.

브랜드와 일반 제품의 차이

브랜드 제품(brand goods)이 경쟁 브랜드와 차별적이고 특별한 이미지가 형성되어 있는 제품을 의미한다면 일반 제품(commodities)은 속명(generic name)으로 불리는 일반적인 제품군을 의미한다. 일반 제품은 브랜드 제품과 구별되는 다른 모든 제품을 총칭하는데, 넓은 의미에서 브랜드 네임이 있더라도 브랜드 이미지가 형성되지 않은 제품도 포함된다. 예를 들어, '운동화', '맥주', '자동차'가 일반 제품이라면, 'Nike',

‘테라’, ‘소나타’는 브랜드 제품이다.

일반 제품에 비하여 브랜드 제품은 경쟁 브랜드와 차별화가 가능하고 이미지를 통하여 소비자와 개별적인 관계가 형성될 수 있다는 점에서 근본적인 차이가 있다. 소비자들은 브랜드 제품과 단계적으로 관계를 형성하게 되는데, 첫 단계는 브랜드 인지의 단계로서 광고나 판촉활동에 접하면서 브랜드를 인지하고 그 속성을 파악하게 된다. 타 브랜드와 차별적인 속성을 인식하게 되면 브랜드에 대한 선호도가 형성되고 이어서 구매에 이르게 된다. 구매 후에는 사용경험을 통하여 확고한 브랜드이미지가 형성되며, 호의적인 브랜드이미지가 지속됨으로써 브랜드에 대한 충성도가 형성되는 것이다. 이와 같이 소비자의 충성도를 얻은 브랜드 제품은 그렇지 않은 제품에 비하여 판매와 이윤창출이 용이하게 된다. 브랜드충성도는 브랜드자산의 중요한 요소로서 일반 제품과 구별되는 가장 큰 장점 요소이며 기업이 일반 제품을 브랜드화하려는 이유이기도 하다. 이 점에서 일반 제조업은 물론 농업, 축산업, 서비스업종 등을 망라하여 브랜드충성도를 제고하기 위한 기업들의 노력이 배가되고 있다.

브랜드의 기능

브랜드는 소유한 기업과 그것을 소비하는 소비자 모두에게 중요한 의미를 갖는다. 브랜드가 왜 중요한 의미를 갖는지는 브랜드가 갖고 있는 기능적 특성을 기업과 소비자 입장으로 구분하여 살펴봄으로써 이해할 수 있다. 우선 기업의 입장에서 브랜드의 특성을 살펴보면 다음과 같다.

- 브랜드가 수행하는 가장 중요한 기능은 제품이나 서비스 또는 기업 자체에 정체성을 부여하고 경쟁 브랜드와의 차별화를 이끌어 낼 수 있다는 것이다. 브랜드의 정체성과 차별화 기능 때문에 기업 입장에서는 생산, 마케팅, 재고관리를 용이하게 실행할 수 있고, 소비자의 직접적인 반응에 대한 조사가 용이하여 효과적인 브랜드 관리를 가능하게 한다.

- 브랜드는 정체성과 차별성을 부각시킴으로써 소비자의 충성도를 제고할 수 있다. 소비자의 브랜드충성도는 자사 브랜드의 반복구매를 유발하며, 경쟁 브랜드 구매를 차단시켜준다. 제품의 기능이나 특성, 디자인 등을 타사가 모방하여 제품을 생산할 수는 있지만 브랜드충성도는 모방이 불가능하기 때문이다.

- 브랜드는 마케팅 전략 측면에서도 기업과 소비자를 연결시켜 주는 중요한 커뮤니케이션 기능을 수행한다. 소비자들은 브랜드를 통하여 기업을 알게 되며 특히 제

품이 기업명을 브랜드로 사용하는 Nike나 오뚜기와 같은 기업의 경우 그 효과가 배가된다.

- 브랜드는 상표등록을 통하여 상표권을 획득함으로써 무형자산으로서의 자산기능과 법적 보호기능을 갖게 된다. 무형자산으로서 브랜드의 가치는 기업의 인수, 합병 시 상표권의 형태로 자산가치에 포함된다. 1988년 담배제조회사인 필립모리스(Philip Morris)사가 치즈로 유명한 식품기업 크래프트(Kraft)사를 장부가격의 6배가 넘는 약 130억 달러에 매입한 것이라든지 2006년 구글이 유튜브 인수를 위하여 약 17억 달러를 지불한 것에서 볼 수 있듯이 강력한 브랜드는 무형자산으로서 금전적 가치를 갖는다.

- 마케팅 측면에서 브랜드는 소비자들의 긍정적인 제품평가와 품질지각을 통하여 구매를 유도하며, 신규제품 도입 시 브랜드 확장을 통하여 광고와 판촉활동에 필요한 마케팅 비용을 절감할 수 있게 해준다. 또한 유명 브랜드는 소비자의 지각된 품질수준이 높고 가격민감도가 낮기 때문에 프리미엄 가격을 받을 수 있고, 판촉활동 의존도가 낮아서 높은 마진을 실현할 수 있다. 따라서 강력한 브랜드는 장기적으로 무형자산을 창출함으로써 기업의 지속가능한 성장을 보장하는 토대가 될 수 있다.

한편 소비자 입장에서 브랜드는 다음과 같은 기능적 특성을 갖는다.

- 브랜드는 소비자에게 제품의 제조업체와 출처를 쉽게 파악할 수 있도록 하여 제품 선택을 용이하게 도와주고 지각된 위험 수준을 감소시켜 준다. 또한 소비자는 브랜드 사용경험이나 습득한 브랜드 지식을 토대로 통하여 브랜드를 평가하게 되는데, 브랜드에 대한 이러한 평가는 새로이 제품을 구매할 때 의사결정에 소요되는 시간을 줄여 준다.

- 브랜드는 제품품질 보증의 척도로서의 기능을 수행한다. 소비자들이 모든 브랜드를 경험하여 제품이나 서비스의 품질을 판단할 수는 없기 때문에 습득된 브랜드 지식을 통하여 브랜드의 품질을 평가하여 브랜드를 구매하게 된다. 강력한 브랜드는 많은 소비자들에게 좋은 품질을 보장하여 확신을 심어주게 된다.

- 브랜드는 소비자와의 관계형성을 촉진하는 기능을 수행한다. 소비자는 브랜드 사용경험을 토대로 브랜드의 성능, 가격, 디자인 등에 대한 기능적 만족감이나 사회심리적 만족감을 형성하게 된다. 이러한 만족감은 소비자와 브랜드 간에 특별한

감정적 유대관계 형성을 촉진하여 브랜드 충성도를 제고하게 된다.

- 소비자행동 측면에서 브랜드는 고려대상 상표군(consideration set)에 포함되거나 소비자의 선택적 주의(selective attention)를 끌 가능성을 높여준다. 또한 구매의사결정에 있어서 브랜드는 강력한 휴리스틱(heuristic) 단서로 작용할 수 있으며, 기업 브랜드의 경우 제품품질 수준을 판단하는데 후광효과(halo effect)를 발휘할 수 있다.

2 브랜드자산

유명 브랜드는 일관된 성능을 갖고 있으며 기대하는 편익을 충족시켜줄 것으로 확신하기 때문에 소비자들은 해당 브랜드를 구매하고 소유하기를 원한다. 기업의 마케팅 커뮤니케이션 활동이 소비자에게 어필할 수 있는 강력한 브랜드를 구축하고 이를 강화하는 데 초점을 두어야 하는 이유이다. 강력한 브랜드란 브랜드자산(brand equity)을 보유한 브랜드를 말한다(Farquhar, 1989). 브랜드자산이란 브랜드로 인하여 제품이나 서비스가 기업과 고객에게 제공하는 가치의 총합, 즉 브랜드가 창출하는 부가가치를 의미한다. 브랜드자산 구축을 위하여 광고는 어떠한 역할을 하는지 파악하기 위하여 먼저 브랜드자산의 의미와 구성 요소에 대하여 살펴보고자 한다.

브랜드자산(Brand Equity)의 의미

브랜드자산에 대한 학자들의 정의는 조금씩 차이가 있지만 가장 널리 수용되는 아커 교수의 견해에 의하면, 브랜드자산은 브랜드 인지도, 고객충성도, 고객신뢰, 제품이나 서비스에 부가된 상징과 가치를 의미한다(Aaker, 1991). 즉 브랜드의 이름 및 상징과 관련하여 형성된 자산의 총액에서 부채를 뺀 것으로서, 브랜드자산이 크다는 것은 브랜드로 인하여 제품이나 서비스가 기업과 고객에게 제공하는 가치가 증대됨을 의미한다. 한편 켈러 교수의 정의에 의하면, 브랜드자산은 제품이나 서비스가 브랜드를 가짐으로써 얻을 수 있는 마케팅 효과(시장점유율, 수익성 확대 등)를 의미하는데(Keller, 2003), 소비자의 입장에서 보면 기억 속에 형성된 브랜드지식을 통하여 해당 브랜드의 마케팅 자극에 대하여 차별적인 반응을 보이게 됨을 말한다. 즉 브랜드가 부착된 제품의 광고나 판촉활동에 대하여 소비자가 호의적으로 반응한다면 긍정적인 브랜드자산을 갖고 있음을 의미한다. 켈러 교수에 의하면, 브랜드에 대한 소비자의 차별적인 반응은 소비자가 해당 브랜드에 대하여 습득한 지식에 의하여 영향을 받기 때문에 브랜드자산은 결국 소비자의 기억 속에 형성되어 있는 브랜드지식에 의하여 결정된다고 할 수 있다. 효과적인 브랜드관리를 위하여 브랜드지식이 무엇으로 구성되며 어떠한 형태로 소비자의 기억 속에 저장되어 있는지를 파악하는 것은 매우 중요하다.

브랜드자산의 요소: 브랜드지식(Brand Knowledge)

앞에서 설명한 것과 같이 브랜드지식은 소비자 중심의 브랜드자산의 본질적 요소이며 소비자의 제품구매 결정에 직접적인 영향을 미친다. 브랜드지식의 구조는 [그림 7-1]에 제시된 연상기억구조모델과 같이 도식화할 수 있다. 이 모델에 의하면 브랜드와 관련된 지식은 개개의 정보들이 고리를 통하여 그물망처럼 연결된 네트워크 구조를 형성한다. 네트워크에 포함된 브랜드의 개별 정보들은 활성화(activation)의 확산이라는 메커니즘을 통하여 차례차례 회상된다. 즉 광고를 통하여 특정 브랜드에 노출된 소비자들은 기억 속에 저장된 해당 브랜드의 다양한 연상들을 떠올리게 되며, 이것은 해당 브랜드에 대한 태도나 구매의도에 영향을 미치게 되며, 결국 브랜드자산으로 강화될 수 있다.

이 모델에 의하면, 브랜드지식은 브랜드에 대한 인지도(awareness)와 브랜드 이미지(image)로 구성된다. 즉 브랜드에 대하여 얼마나 잘 알고 있는지와 알고 있다면 어떻게 인식하고 있는지 등으로 소비자의 브랜드지식을 구분할 수 있다. 소비자가 브랜드와 친숙하고 긍정적으로 인식한다면 해당 브랜드의 자산적 가치가 높아지게 된다. 긍정적으로 브랜드이미지를 인식한다는 것은 브랜드에 대하여 호의적이고, 즉각적으로 회상할 수 있으며, 다른 브랜드와 차별적인 브랜드연상을 갖고 있음을 의

그림 7-1 브랜드지식의 구조

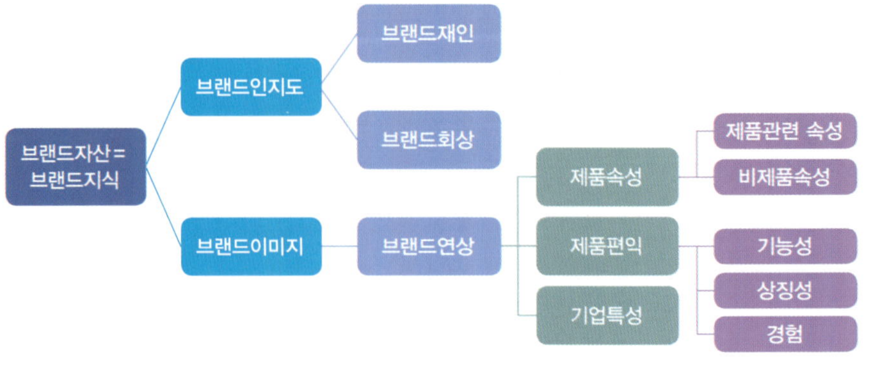

출처: 안광호·김동훈·유창조(2020). 촉진관리. 일부 수정

미한다. 따라서 기업은 브랜드인지도를 제고하고 긍정적인 브랜드연상을 심어줄 수 있는 마케팅 커뮤니케이션 활동을 수행하여야 하며, 광고는 IMC수단의 하나로서 중요한 역할을 담당하게 된다. 이를 위하여 브랜드지식의 원천인 브랜드인지도와 브랜드이미지에 대하여 자세히 살펴보고자 한다.

1) 브랜드인지도(Brand Awareness)

브랜드인지도란 소비자가 한 제품군에 속한 특정 브랜드를 알아보거나 브랜드명을 회상할 수 있는 능력을 말한다. A라는 브랜드를 들어본 것 같다는 약한 강도의 인지에서부터 제품군에는 B라는 브랜드만 있는 것으로 확신하는 매우 강한 강도까지 인지도의 범위는 포괄적이다. 브랜드에 대한 인지의 강도와 내용에 따라 브랜드인지도는 브랜드재인(brand recognition)과 브랜드회상(brand recall)으로 구분할 수 있다.

- **브랜드재인(brand recognition):** 소비자가 특정 브랜드에 대한 단서가 제시되었을 때 그것을 통하여 해당 브랜드를 확인할 수 능력을 말한다. 흔히 보조인지도라고도 하는데 소비자가 과거에 특정 브랜드를 보거나 들어본 적이 있는지를 정확하게 인지할 수 있을 때 발생한다. 브랜드재인은 가장 낮은 수준의 인지도로서 소비자가 매장에서 진열된 브랜드를 보고 과거 광고에서 본 적이 있나고 인지히는 경우에 해당된다.

- **브랜드회상(brand recall):** 비보조상기도와 같은 의미로서 아무런 단서가 주어지지 않아도 소비자가 특정 제품군에 속하는 브랜드 이름을 기억에서 회상할 수 있는 능력을 말한다. 브랜드 이름이 제시되지 않은 상태에서 기억에서 인출되어야 브랜드재인에 비하여 훨씬 높은 수준의 인지도이며, 브랜드가 시장에서 차지하고 있는 위치에 따라 커다란 차이가 나타난다. 비보조상기 테스트에서 특정 브랜드를 가장 먼저 기억에서 인출할 수 있는 능력을 최초 상기 인지도(TOMA: Top-of-mind awareness)라고 하며, 단서 없이 상기된 브랜드 중에서 가장 먼저 떠오르는 브랜드를 최초상기 브랜드라고 한다. 소비자의 기억 속에 자리잡고 있는 브랜드 중에서 가장 특별한 위치를 차지하는 브랜드를 말하는데, 비보조상기 테스트에서 대다수 소비자가 특정 브랜드를 최초로 회상하는 경우 '시장지배적 브랜드'라고 한다. 최초 상기도가 높은 브랜드는 상당한 경쟁우위를 점하고 있다고 할 수 있다.

브랜드인지도는 일반적으로 반복 노출을 통하여 친숙성을 높여주고 제품군 또는 구매상황, 또는 사용용도 등과 브랜드 간의 강력한 연상관계를 창출함으로써 상승시킬 수 있다. 따라서 기업은 다양한 IMC수단들을 활용하여 브랜드명, 슬로건, 로고,

심벌, 패키징 등의 브랜드 구성요소를 반복적으로 노출시킬 필요가 있고, 소비자들이 제품을 사용하는 용도와 상황을 광고를 통하여 자사 브랜드와 강하게 연계시킬 필요가 있다.

2) 브랜드이미지(Brand Image)

브랜드지식의 다른 한 축은 브랜드이미지이다. 단순히 브랜드를 알고 기억한다는 것만으로는 브랜드자산 구축이 충분하지 않기 때문이다. 잘 알고 기억하는 것을 넘어 브랜드를 긍정적으로 인식하여야만이 브랜드자산 구축이 이루어지게 된다. 소비자는 사용경험이나 광고 등을 통한 정보노출에 의하여 특정 브랜드에 대한 연상을 형성하게 된다. 브랜드와 관련하여 기억으로부터 떠오르는 모든 것들을 브랜드연상이라고 하며, 이러한 연상들의 총합이 브랜드이미지이다. 브랜드연상이 긍정적인 브랜드이미지로 연결되어 브랜드자산 구축에 기여하려면, 소비자가 즉시 떠올릴 수 있는 강력함(strong)이 있어야 하고, 다른 브랜드와 차별화되는 독특한(unique) 연상이어야 하며, 긍정적 이미지에 도움이 되는 호의적인(favorable) 연상이어야 한다.

[그림 7-1]에 제시된 것과 같이 브랜드연상은 제품의 속성, 제품의 편익, 그리고 기업과 관련한 연상으로 구분할 수 있다. 속성과 관련한 연상은 다시 제품과 직접적인 관련이 있는 연상(기능, 특성, 품질, 가격 등)과 직접 관련이 없는 연상(브랜드개성, 사용자, 사용용도, 상징, 경험 등)으로 나누어지며, 편익에 대한 연상은 기능적, 경험적, 상징적 편익으로 구분된다. 기업과 관련된 연상은 기업문화, 사명, 가치관, 비전 등 기업의 정체성과 관련한 연상을 말한다. 긍정적인 브랜드이미지 형성에 기여하는 주요 연상들에는 어떤 것들이 있고, 특성은 어떠한지 논의하고자 한다.

- **제품군에 대한 연상:** 제품군과 밀접한 관련이 있거나 그 제품군을 대표하는 브랜드로 연상되는 경우를 말하는데 특정 브랜드와 제품군 간의 연관관계가 강하다는 것은 제품군이 주어졌을 때 소비자가 특정 브랜드를 즉각적으로 회상할 수 있음을 의미한다. 예를 들면, 청량음료 하면 '코카콜라'가 가장 먼저 떠오르거나 일회용반창고 하면 '대일밴드'가 떠오르듯이 제품군을 대표하는 것으로 연상되는 브랜드는 브랜드자산 구축에 강력한 기반이 된다.

- **제품속성에 대한 연상:** 소비자가 바라는 제품의 기능을 수행하는데 필요한 구성요소들에 대한 연상을 말하는 것으로서, 제품속성을 토대로 차별적인 포지셔닝 전략을 취하는 경우 강력한 효과를 발휘할 수 있다. 스웨덴의 '볼보' 자동차가 안전이라는 속성의 강력한 연상을 통하여 포지셔닝에 성공한 것을 예로 들 수 있다.

잇몸강화를 위한 치약 하면 떠오르는 '죽염치약'도 효과적인 속성 연상의 예로 들 수 있다.

- **브랜드개성에 대한 연상:** 브랜드가 갖고 있는 인간적인 특성을 의미하는 브랜드개성도 브랜드자산 구축에 필요한 중요한 연상 중의 하나이다. 브랜드의 개성은 인간처럼 성별, 연령, 사회계층, 라이프스타일, 사회심리적 특성 등 다양한 변수들에 의하여 표현된다. 예를 들면, 오른쪽 그림에서 볼 수 있듯이 롯데칠성이 수입, 판매하고 있는 미국의 청량음료 '마운틴듀(Mountain Dew)'는 용기에 오프로드 차를 타고 음료를 즐기는 젊은 세대, 자아실현에 대한 열망을 뜻하는 산 정상의 발자국 등의 요소를 삽입하여 젊음, 열망, 자아실현 등과 같은 브랜드개성을 표현하고 있다.

마운틴듀(Mountain Dew)의 용기에 표현된 브랜드개성

- **제품사용자에 관한 연상:** 브랜드를 제품의 사용자와 연계하면 사용자가 갖고 있는 인구통계적 속성이나 사회심리적 특성 등이 자연스럽게 연상되어 브랜드자산 구축에 도움을 준다. 예를 들면, 아래 그림에서 볼 수 있듯이 축구선수인 손흥민을 광고모델로 기용하여 제품사용자로 각인시킨 스포츠음료 '게토레이'는 활력적이고 남성적인 이미지가 연상되는 반면, 항상 젊은 여성연예인을 사용자로 등장시킨 '포카리스웨트'는 깨끗하고 청순미 넘치는 여성적인 이미지가 연상된다.

제품사용자 연상

• **제품 사용용도에 관한 연상:** 브랜드가 소비자들이 제품을 사용하는 특정 용도와 강하게 연결될 경우에도 브랜드자산 구축에 도움이 된다. 예를 들면, '모닝케어'는 술 마신 다음 날 숙취 해소용 음료, '불가리스'는 쾌변에 효과적인 유산균 음료라고 연상시킴으로써 시장에서 차별적인 포지셔닝을 구축하였다.

• **원산지와 관련된 연상:** 브랜드가 제품이 생산된 지역이나 국가를 연상시키게 되면 원산지의 이미지가 브랜드와 연결되어 브랜드자산 구축에 도움을 줄 수 있다. 원산지가 프랑스라는 강한 연상을 통하여 강력한 브랜드자산을 구축한 향수 브랜드 '샤넬 No. 5'를 예로 들 수 있다.

• **기업과 관련된 연상:** 기업과 관련된 긍정적 연상이 브랜드와 연결될 경우에도 해당 브랜드의 자산구축에 도움을 얻게 된다(안대천, 2020). 기업은 대체로 구체적이고 명확한 이미지보다는 신뢰성, 일류, 최고 서비스, 사회공헌 등과 같은 추상적인 기업이미지를 구축하여 이를 자사 브랜드에 연결시키고자 한다. 브랜드가 이러한 기업이미지를 연상시키게 되면 브랜드자산 구축에 도움이 되는 것이다. 예를 들면, '우리강산 푸르게 푸르게' 캠페인을 통하여 기업의 이윤을 사회에 환원하는 착한 기업이라는 공익적 이미지를 구축한 유한킴벌리의 기업이미지가 '크리넥스'라는 브랜드에 연결되어 소비자들의 애호도와 충성도 제고에 기여하고 있다.

유한킴벌리의 '우리강산 푸르게 푸르게'의 몽골 캠페인

3 브랜드자산의 구축과 관리를 위한 광고전략

기업은 브랜드명, 로고, 심벌, 슬로건 등을 통하여 고유의 브랜드 아이덴티티를 개발하고, 이를 소비자에게 전달하여 강력하고, 호의적이며, 차별적인 브랜드연상을 창출함으로써 브랜드자산을 구축하고 강화하고자 한다. 이러한 과정에서 광고를 포함한 IMC활동은 브랜드자산의 구축과 강화를 통하여 소비자의 브랜드충성도를 제고하는 데 핵심적 역할을 하고 있다. 제품이 아무리 우수하고 품질이 뛰어나다고 할

지라도 효과적인 IMC 노력 없이 브랜드자산을 구축하기는 어려울 것이다. 그렇다면 IMC의 도구 중의 하나인 광고는 브랜드자산의 구축에 어떻게 기여하고 있을까? 앞에서 설명한 브랜드인지도와 브랜드이미지를 중심으로 브랜드자산 구축을 위한 광고의 역할을 살펴보고자 한다.

광고와 브랜드인지도 관리

인지도가 높은 브랜드는 소비자 구매의사결정 과정에서 특정 제품을 구매하고자 할 때 우선적으로 고려하는 브랜드인 고려대상 상표군에 우선적으로 포함될 수 있다. 또한 소비자는 잘 알지 못하는 브랜드보다는 자신에게 친숙한 브랜드를 구매하는 경향이 있기 때문에 인지도가 높은 브랜드는 소비자의 상표친숙성을 높여 해당 브랜드에 대한 선호도와 선택가능성을 증가시킨다. 브랜드인지도가 선호도 또는 구매행동에 주는 영향은 특히 소비자들이 빈번히 구매하고 사용하는 저관여 제품의 경우에 크게 나타난다. 우리가 거의 매일 먹고 마시고 사용하는 커피, 생수, 과자, 티슈, 치약 등이 해당된다.

1) 반복광고

광고를 통하여 브랜드인지도를 증대시킬 수 있는 가장 효과적인 방법은 반복광고이다. 브랜드와 관련한 메시지를 소비자의 기억 속에 장기간 유지시키고, 필요할 때 즉시 회상할 수 있도록 브랜드명, 슬로건, 로고, 핵심메시지 등을 TV광고, 라디오광고 또는 옥외매체를 통하여 반복적으로 노출시키는 것이다. 다음 페이지에 있는 그림은 효과적인 반복광고를 통하여 우유소비를 촉진한 미국 캘리포니아 우유생산자협회의 '밀크라이프(Milk Life)' 캠페인의 시리즈 광고물이다.

반복광고를 통하여 인지도를 증대시키고자 할 때 주의해야 할 점은 광고효과 감퇴현상(wear-out effect)이다. 소비자들이 동일한 광고메시지에 노출될 경우 한두 번 정도는 긍정적인 인지효과가 발생할 수 있지만, 노출횟수가 늘어나면 오히려 부정적인 반응이 나타날 수 있다는 것이다. 이러한 부정적 효과를 극복하기 위하여 기업은 광고모델, 소재, 배경음악, 톤앤매너 등 광고의 실행방식에 변화를 줌으로써 소비자들에게 새로운 메시지로 인식되도록 할 필요가 있다. 앞에서 예로 든 우유생산자협회의 광고의 경우를 보면 네 가지 광고물마다 등장인물을 변경하여 소비자들이 새로운 메시지로 인식하도록 유도함으로써 광고효과 감퇴현상을 극복하고자 하였다.

미국 우유생산자협회의 '밀크라이프(Milk Life)' 캠페인

2) 청각효과

광고를 통하여 브랜드인지도를 증대시키기 위한 두 번째 방법은 브랜드명이나 제품의 핵심 편익을 소비자가 청각정보인 소리의 형태도 기억되도록 하는 것이다. 소비자의 기억장치 중에서 감각기관을 통하여 유입된 정보를 순간적으로 처리하는 단기기억장치에서는 정보의 조직과 이해를 위하여 유입된 정보를 마음속으로 반복하거나 깊게 생각하는 유지리허설과 정교화리허설 과정으로 구성된다. 이 과정에서 시각 정보와 청각 정보가 함께 잠정적으로 처리되는데 시각정보는 계속적으로 용이한 정보처리가 가능한 청각정보의 형태로 부호화된다고 한다. 단기기억 장치에서 처리되는 정보량의 약 70%가 청각정보인 이유이다. 따라서 기업은 청각정보의 전달이 가능한 TV,

비타민 음료 '오로나민'의 TV광고 장면들

라디오, 온라인동영상 광고 등을 통하여 브랜드명이나 슬로건을 반복적으로 명확하게 전달할 필요가 있고, 로고송, 징글과 같이 음향효과를 적절히 사용할 필요가 있다. 위의 그림은 비타민 음료인 '오로나민'의 영상광고의 한 장면이다. 이 광고에서는 브랜드명인 '오로나민'이 신나는 배경음악에 맞춰 노랫말로 강하고 반복적으로 영상 전반에 걸쳐 반복된다. 청각정보의 효과를 극대화하기 위한 전략으로서 많은 저관여 제품이나 제약브랜드의 경우 이러한 브랜드인지도 제고 전략이 자주 사용된다.

3) 간접광고

브랜드인지도 증대를 위하여 흔히 PPL(product plcaement)이라고 불리는 간접광고 전략도 고려해 봄직하다. 간접광고란 상업적 의도를 감추고 영화나 드라마 등에 프로그램 포맷을 활용하여 브랜드를 노출하는 방식의 광고를 말한다. 옆의 그림과 같이 간접광고에서는 브랜드가 프로

TV프로그램에 삽입된 간접광고물의 사례
위에서부터, SBS 드라마 '스토브리그' 장소 노출과 MBC '무한도전' 단순 노출

그램이나 스토리의 전체 맥락 안에서 자연스럽게 노출되기 때문에 소비자의 반감이나 부정적 정서가 작기 때문에 통상적인 광고에 비하여 효과가 크다고 할 수 있다(탁진영, 2004). 간접광고는 주로 판매증진 또는 브랜드이미지 제고를 위한 목적으로 실시되지만, 새롭게 시장에 진입하는 브랜드의 경우 브랜드가 삽입되는 방송프로그램이나 영화, 뮤직비디오 등 콘텐츠의 인기도에 따라 상당한 수준의 브랜드인지도를 획득할 수 있고, 호의적인 브랜드이미지를 구축할 수 있다. 한국방송광고진흥공사(KOBACO)에서 실시한 2019년 소비자조사(MCR) 결과에 의하면, 간접광고는 소비자 구매의사결정과정 단계 중에서 브랜드인지 단계와 브랜드호감도 형성 단계에서 특히 커다란 효과를 발휘하는 것으로 나타났다(한국방송광고진흥공사, 2019).

광고와 브랜드이미지 관리

브랜드자산 구축에 반드시 필요한 선결과제는 브랜드인지도를 증대하는 것이지만 강력한 자산을 구축하기 위해서는 소비자의 마음속에 긍정적인 브랜드이미지를 심어주어야 한다. 앞에서도 살펴본 바와 같이 브랜드이미지는 브랜드에 대한 전체적인 인상으로서 소비자의 기억 속에 저장된 브랜드에 대한 다양한 연상들이 결합되어 형성된다. 그러나 단순히 여러 연상들의 결합이라기보다는 연상들이 어떤 의미를 갖고 있는 그룹으로 조직화된 결정체라고 할 수 있다. 소비자의 마음속에 의미 있는 결정체로서 브랜드에 대한 긍정적인 인식을 심어주기 위하여 광고의 역할이 중요하다. 광고는 제품의 기능이나 특성, 품질과 가격, 사용용도와 같은 물리적 속성은 물론 제품의 개성이나 상징성, 경험적 효익과 같은 감성적인 속성을 효과적으로 전달함으로써 다른 제품과는 차별화되는 호의적이고 강력한 브랜드연상을 창출할 수 있기 때문이다. 일반적으로 광고 노출이 많이 이루어질수록 강한 브랜드연상이 형성되고 각 연상들 간의 연결 관계도 더욱 강해질 수 있는데, 그렇다면 광고를 통하여 어떠한 연상들이 창출되고 강화될 수 있는지 앞에서 살펴본 브랜드연상의 유형을 중심으로 살펴본다.

1) 제품범주에 대한 연상

섬유유연제 하면 '피죤', 압력밥솥 하면 '쿠쿠'라는 브랜드가 가장 먼저 떠오르듯이 기업이 자사 브랜드를 제품범주와 강하게 연관시킨다면 경쟁제품에 대한 기억을 방해하고 소비자의 구매 선택을 받을 가능성이 매우 높다. 광고를 통하여 제품범주 연상효과를 제고한 예로 동아제약의 '박카스'를 들 수 있다. 1960년대 출시 이후 피로회복제라는 제품군을 대표하는 브랜드로 확고한 위상을 구축하고 있는 '박카스'는

동아제약 '박카스'의 2020년 광고캠페인

광고를 통하여 소비자들의 개인적인 피로뿐만 아니라 사회적인 피로에서 회복하여 소비자들에게 힘과 용기를 준다는 일관성 있는 메시지를 전달함으로써 흔들리지 않는 카테고리 리더로서의 위치를 굳건히 다지고 있다. 2020년 광고캠페인에서도 모두가 공감할 수 있는 이웃의 소박한 일상생활 속 이야기를 주제로 "우리에겐 회복하는 힘이 있습니다"라는 메인 카피와 함께 재미와 감동을 전달함으로써 코로나19 바이러스 감염 확산으로 지쳐있는 국민들에게 "나 스스로의 회복을 넘어 사회적인 회복을 위해 노력하는 모든 분들이 지치지 않고 하루빨리 일상으로 회복할 수 있길 바란다"는 브랜드 메시지를 전달하고 있다.

2) 제품속성 연상

제품범주에 대한 연상과 함께 광고는 소비자들에게 강력한 제품속성 연상을 창출할 수 있다. 제품속성이란 소비자의 욕구충족이나 문제 해결에 필요한 제품의 기능적 특성을 말하는데, 스포츠음료의 갈증해소 기능이라든지 샴푸의 비듬방지 효과 등을 예로 들 수 있다. 광고에서는 제품이 갖고 있는 여러 가지 속성들을 모두 강조하기보다는 소비자들에게 가장 중요하며 다른 브랜드와 차별되는 한 가지 핵심 속성만을 전달함으로써 해당 속성과 브랜드 간에 강한 연결 관계를 구축할 수 있다. 이것을 흔히 USP전략이라고 하는데, 인지능력의 한계로 인하여 하나의 광고메시지를 통하여 여러 가지 속성정보를 전달하게 되면 소비자들은 단 하나의 속성도 제대로 인식하거나 기억하지 못할 가능성이 크고, 브랜드이미지 형성에도 혼란을 야기할 수 있기 때문이다. 따라서 강한 속성연상을 창출하기 위해서는 소비자 및 경쟁자 조사를 통하여 자사 제품이 차별적 우위를 갖는 하나의 속성 요인을 광고를 통하여 일관성 있게 전달할 필요가 있다. 여러 제품을 소유하여 혼합브랜드 전략을 구사하는 기업의 경우에는 보유하고 있는 다양한 제품들을 공통적으로 아우를 수 있는 추상적인 속성 포인트를 개발하여 기업브랜드와의 연상관계를 구축하는 것이 효과적이다.

풀무원의 '바른 먹거리' 광고 캠페인의 TV광고 화면

광고 캠페인을 통하여 기업브랜드의 강한 속성연상을 창출해 낸 대표적인 사례로 식품기업 풀무원의 '바른 먹거리' 캠페인을 들 수 있다. 2004년 이후 기업이 지향하는 핵심가치인 친환경, 자연친화적 이미지를 확보하기 위한 광고활동을 전개해 온 풀무원은 '바른 먹거리'라는 슬로건을 내걸고 창업이념이자 지향점을 워딩화하여 소비자들에게 동일한 기업연상을 심어주고자 하였다. 2012년 풀무원은 CJ의 프레시안, 대상의 청정원과 차별화된 포지셔닝을 위한 공격적인 마케팅활동의 일환으로 '바른 먹거리 Song' 광고 캠페인을 전개하였다. 2010년부터 시작된 풀무원의 사회공헌 캠페인인 '바른 먹거리' 교육 프로그램을 포괄하면서 실체적인 연상 이미지를 확보하고, 강력하고 통일된 연상의 구심점을 전달하기 위하여 이른바 '바른 먹거리 Song'을 개발하였고, TV와 온라인광고를 통하여 집중 노출하였던 것이다. 이 캠페인은 '먹거리에 대한 풀무원의 올바른 생각이라는 추상적인 기업의 가치를 "먹다보면 키가 크는 소리가 들려 맛있게 골고루 꼭꼭 씹어 냠냠냠. 자연의 맛 바른 먹거리, 건강한 맛 바른 먹거리, 스스로 시작해요, 착하고 바른 먹거리"라는 따라 부르기 쉬운 노랫말과 친근감 있는 멜로디를 통하여 효과적으로 전달한 것으로 평가된다. 친환경, 자연친화적, 유기농, 무첨가, 순수함 등의 이미지가 자연스럽게 전달될 수 있었던 것이다. 전통매체인 TV광고와 온라인 매체인 유튜브 광고를 적절히 조합하여 목표소비자에 대한 높은 도달률을 달성한 매체전략도 기업의 속성 연상을 통하여 소비자들에게 긍정적인 브랜드이미지를 심어주는 데 기여한 것으로 평가된다.

한편 제품의 속성과 직접적인 관련은 없지만 차별적인 브랜드이미지 구축을 위하여 브랜드개성, 사용자, 제품의 사용용도와 관련한 연상도 광고를 통하여 창출될 수 있다. 브랜드개성은 브랜드와 소비자 간의 정서적 유대관계와 브랜드에 대한 소비자의 감정과 태도를 이해하는 데 도움을 주며, 소비자들이 자신의 개성 또는 자아개념을 표현하는 수단이 되기 때문에 광고 메시지전략에 지침으로 사용된다. 미국의 담배시장점유율 1위를 지키고 있는 브랜드 '말보로'는 남성의 강인함, 야성, 독립심과 같은 브랜드개성을 소비자에게 각인시키고자 항상 카우보이를 광고 전면에 내세운다. 한편 우리나라 인스턴트커피 시장의 선두주자인 동서식품의 맥심은 여유와 진실함이라는 브랜드연상을 강화하기 위하여 제품마다 연관성 있는 브랜드 슬로건을 개발하였고,

말보로 광고의 카우보이

이들을 광고를 통하여 소비자들에게 각인시켰다. 아래 그림에서 볼 수 있듯이 맥심 모카골드는 '커피한잔이 주는 여유와 행복', 맥심카누는 '세상에서 가장 여유로운 카페'라는 슬로건으로 소비자와 소통하고 있다.

맥심 광고의 브랜드 개성 표현

광고를 통하여 제품의 사용자와 브랜드를 연계시켜 사용자의 이미지가 브랜드에 전이될 경우에도 자연스럽게 브랜드연상이 창출될 수 있다. 맥심모카골드하면 김연아, 게토레이 하면 손흥민, 나이키 하면 타이거우즈가 떠오르듯이 광고에서 제품 사용자로 브랜드이미지를 가장 잘 살릴 수 있는 인물을 메인모델로 기용함으로써 브랜드연상을 창출하는 것이다. 동서식품의 캔커피 브랜드인 '티오피(T.O.P)'는 2008년 첫 광고 이후 무려 10년이 넘는 기간 동안 배우 원빈을 광고모델로 기용하고 있다. 원빈의 고급스러운 이미지와 배우의 길만 걸어가는 우직함이 브랜드가 전하고자 하는 '정통커피 음료', '프리미엄' 등의 이미지를 일관되게 전달하는 데 적합했기 때문이다. 이

동서식품 '티오피(T.O.P)' 사용자 연상 – 원빈

제는 '티오피=원빈'이라는 공식이 성립할 정도로 제품의 대표 사용자로서 강력한 연상이 구축된 예라고 할 수 있다. 광고를 통하여 제품사용자 연상 전략을 구사할 때는 제품사용자가 유명인일 수도 있고 일반인일 수도 있지만 모델은 소비자들이 신뢰할 수 있는 인물로 인식해야만 브랜드자산 형성에 긍정적인 영향을 미친다.

자사 브랜드가 제품의 특정 사용용도와 강하게 연결될 경우에도 브랜드자산 형성에 도움이 된다. 이외에도 제품의 사용시간(하루 중 특정시간, 일주일 중 특정 요일, 1년중 특정 계정 등), 사용장소(실내, 야외), 이용형식(사적, 공적) 등과 연결시킴으로써 강한 브랜드자산을 만들 수 있다. 광고를 통하여 갈증해소를 위한 스포츠 음료라는 제품용도를 강조하여 강한 연상을 만들어낸 '게토레이'라든지, 술 마신 다음 날 숙취해소라는 용도를 강조하는 '모닝케어' 광고가 좋은 예이다. 미국시장에서 '다이어트 코크(Diet Coke)'는 아침에 마시는 음료로 사용용도를 제안하고 있기도 하다.

제품 사용용도를 강조하는 광고

참고문헌

안광호 · 김동훈 · 유창조(2020). 촉진관리: 마케팅 커뮤니케이션 접근. 학현사.

안대천(2020). CSR마케팅. 정독출판사.

탁진영(2004). 텔레비전 연예오락 프로그램에서의 간접광고 운용현황과 개선방안에 관한 연구: PPL을 중심으로. 한국광고홍보학보, 6(3), 229 – 267.

한국방송광고진흥공사(2019). 2019sus 소비자 행태조사(MCR). https://adstat.kobaco.co.kr

HS Ad 블로그(2020). https://blog.hsad.co.kr

Aaker, D. A. (1991). Managing Brand Equity. New York: The Free Press.

Farquhar, P. H. (1989). Managing Brand Equity. Marketing Research, 1(1), 24-33.

Keller, K. L. (2003). Understanding Brands, Branding and Brand Equity. Interactive Marketing, 5, 7 – 20.

7장: 생각해 볼 문제 (Review Questions)

- 브랜드의 개념은 어떻게 설명할 수 있을까?
- 브랜드는 기업과 소비자의 입장에서 각각 어떠한 기능을 수행할까?
- 브랜드자산의 의미는 무엇일까?
- 브랜드자산을 구성하는 요소에는 어떤 것들이 있을까?
- 광고를 통하여 브랜드인지도를 증대시키는 방법에는 어떤 것들이 있을까?
- 광고를 통하여 구축할 수 있는 브랜드연상에는 어떤 것들이 있을까요? 그리고 어떻게 구축할 수 있을까?

광고 캠페인에서 크리에이티브는 그 캠페인의 성공 여부를 결정지을 수 있는 중요한 요소이다. 소비자는 수많은 광고 메시지에 노출이 되어 있고, 대부분의 메시지는 소비자들의 주목조차 받지 못하고 사라지는 경우가 많다. 때문에 광고 메시지를 소비자들에게 인식시키고, 기억하게 만드는 것은 중요한데, 이 역할을 담당하는 것이 광고 크리에이티브이다. 광고 크리에이티브를 담당하는 전문가들은 광고주의 마케팅 목표를 정확히 이해하고, 이를 기반으로 하는 창의적인 아이디어를 떠올릴 줄 알아야 한다. 좋은 크리에이티브 아이디어는 차별성, 연관성, 단순함, 신뢰도라는 속성을 가지고 있어야 하며, 이 아이디어들은 전략적 차원에서 현실화되어야 한다. 제품의 본질, 소비자의 제품 인식, 소비자 욕구에 대한 이해와 해소 방안, 경쟁 상황 등의 여러 요소들이 이 과정에서 필요하다. 크리에이티브 전략이 수립되면 전략에 가장 적합한 광고 소구 방식이 선택되게 된다. 이성적 소구와 감성적 소구 방식이 대표적이라고 할 수 있다.

이 장에서는 광고 크리에이티브의 정의와 구성 요소, 그리고 이 요소들을 바탕으로 하는 크리에이티브 발전 과정을 살펴보고, 효과적인 크리에이티브 생성에 대해 논의하고자 한다. 크리에이티브 전략에 대한 전반적인 설명과 함께 구체적인 실행 방식(광고 소구)을 전달함으로써, 광고 크리에이티브의 역할과 그 수립 및 실행 과정을 학습할 수 있도록 한다.

CHAPTER

VIII

크리에이티브 전략과 광고 캠페인 전략

VIII 크리에이티브 전략과 광고 캠페인 전략

+ 8장 도입사례

예전의 광고 크리에이티브는 소비자 욕구를 이해하거나, 제품의 독특한 속성을 활용하여, 제품과 소비자를 새로운 방식으로 연결하려는 시도에서 많이 생성이 되었다. 전략과 아이디어의 접목이 광고 크리에이티브의 핵심이었다. 광고계에서 전설적 광고로 인정받고 있는 1983년 애플(apple)의 매킨토시(Macintosh) 론칭 광고가 대표적이라고 할 수 있다. 애플은 당시 IBM이 지배하고 있는 시장 상황 속에서 새로운 PC에 대한 소비자 욕구를 파악하고, 이를 효과적으로 전달하기 위해 조지 오웰의 소설 '1984'의 이미지를 차용했다. 시장 분석과 소비자 이해를 바탕으로 기획된 이 캠페인은 애플에게 컴퓨터 브랜드로서 도약의 기회를 제공했을 뿐 아니라 1980년대 가장 창의적인 광고로 선정될 정도로 크게 인정을 받았다.

Apple: Macintosh 론칭캠페인

다양한 디지털 기술의 발달과 이러한 기술이 광고 캠페인에 접목됨에 따라, 기존에는 찾아볼 수 없는 새로운 크리에이티브들이 선보여지고 있다. 소비자의 디지털 디바이스에 대해 의존도가 점점 높아진다는 점에서, 디지털 매체 특히 모바일 매체의 특성을 활용한 독특한 캠페인들이 속속 선보여지고 있는데, 2019년 독일 자동차 브랜드 폭스바겐은 모바일 앱을 이용한 독특한 캠페인을 진행했다. 폭스바겐의 'Road

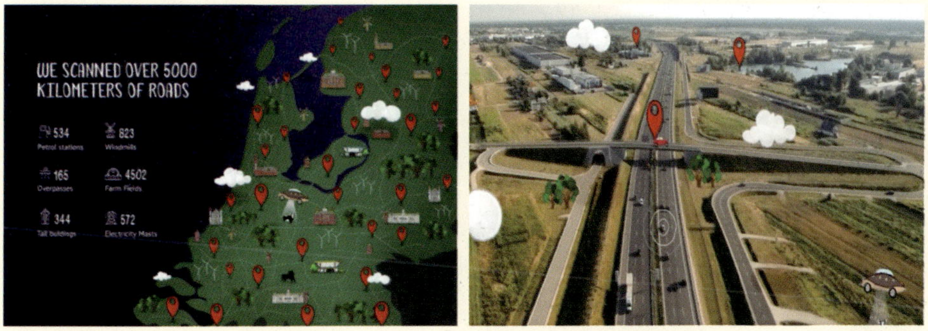

폭스바겐 (2019): Road Tales 캠페인

tales(길 위의 동화)' 캠페인은 네덜란드의 모든 주 고속도로(5,000km 이상)를 분석하여, 그 도로 근처에서 눈에 띨 만한 대상들을 선택하여, 이 대상들을 소재로 동화를 만들었다. 폭스바겐 자동차가 그 대상들이 있는 곳을 지나게 되면, 모바일폰의 네비게이션 기능과 연동되어, 해당 대상과 관련된 동화가 시작되는데, 이 동화는 폭스바겐 자동차의 블루투스 기능을 통해 라디오를 구현이 된다.

예를 들면, 자동차가 터널을 지날 때는 마치 로켓이 우주로 발사되는 것 같은 이야기를 들려줌으로써, 자동차를 타고 있는 아이들에게 자동차 창밖에 대해 관심을 가지게 만드는 것이다. 자동차를 타고 장거리를 가야 하는 것은 아이들에게는 고된 일이고, 이 때문에 어떤 아이들은 자동차를 오래 타는 것 자체를 꺼려하는 경우도 있다. 또한 운전을 하는 부모 입장에서도, 아이들에게 장거리의 여행을 견디게 해 줄 무엇인가를 찾아주는 것은 쉬운 일이 아니다. 폭스바겐은 이러한 소비사의 문제점을 발견하고, 흥미롭고 즐거운 경험을 제공함으로써, 폭스바겐 브랜드에 대한 긍정적인 인상과 태도를 구축할 수 있었다. 새로운 기술을 이용한, 새로운 경험의 부여, 광고 크리에이티브의 새로운 방향을 보여주는 사례라고 할 수 있다.

또 다른 사례로는 2018년 나이키가 AR 기술을 이용해서 진행했던 'A/R Jordan' 캠페인을 들 수 있다. 이 캠페인은 2018년 나이키가 마이클 조던이 자유투라인에서 덩크슛을 했던 올스타 덩크슛 대회 30주년을 기념하며 선보인 Air Jordan III Tinker sneakers를 홍보하기 위해 기획한 캠페인이다. 나이키는 이 캠페인을 위해 스냅챗(Snapchat – 소셜 미디어), 쇼피파이(Shopify – ecommerce), 그리고 다크스토어(Dark-store – 온라인 쇼핑 배송업체)와 협업을 진행했다. 마치 포켓몬 고 게임에서 게임 유저가 몬스터를 잡기 위해 특정 장소를 찾아다니 듯, 에어 조던의 새로운 제품에 흥미를 느끼는 소비자들은 LA에 위치한 Stable center로 모여들었고, 그 스테이디움 주차장에서 3D로 구현된 마이클 조던의 전설적인 덩크 슛 장면은 스냅챗으로 받아볼

나이키 (2019): A/R 조던 캠페인

수 있었다. 단순히 AR 기술로 구현된 조던을 담아내는 즐거움뿐만 아니라, 즉석에서 새로운 제품을 구매할 수 있는 기회를 부여하고, 신속하게 배송해 줌으로써, 소비자의 만족도는 극대화될 수 있었다.

새로운 기술의 발전은 크리에이티브 기획과 운영 방식에 영향을 주고 있다. 전통적인 크리에이티브 기획 방식과 더불어 새로운 방식에도 주의를 기울여야 할 필요가 여기에 있다.

1 광고 크리에이티브 정의

광고 산업에서 크리에이티브는 가장 많이 사용되는 용어 중에 하나이다. 영화나 드라마 속 광고 대행사는 특이한 차림새의, 튀는 생각들의 사람들이 모여 있는 곳으로 그려지기도 한다. 사실 많은 광고 대행사 독특하고 창의적인 아이디어로 명성을 얻고, 평판을 얻기도 한다. 현재 전 세계적으로 가장 강력한 대행사로 알려진 Wieden+Kennedy는 자사를 아래와 같이 소개하고 있다.

> "Wieden+Kennedy is an independent, global creative company. We're here to do the best work of our lives with inspiring clients. We make work that influences culture and builds business values. Our global network comprises eight offices and 1400 people, and our work spans every discipline. We have world class media, design and tech operations. But everyone and everything at W+K is driven by creativity, and a core mission of building strong and provocative relationships between companies and their customers"
>
> Wieden+Kennedy 홈페이지 중에서

자사의 정체성을 크리에이티브 회사로 규정하고, 크리에이티브에 기반한 활동을 한다고 공표하고 있음을 알 수 있다.

하지만 광고 크리에이티브를 규정하는 방식은 너무나 다양하다. 어떤 이는 광고 크리에이티브는 마케팅 목적에 부합될 때 의미가 있다고 말하는 반면, 다른 이는 예술적 혹은 심미적 관점에서 광고 크리에이티브를 바라보아야 한다고 주장하기도 한다. 보통 이러한 관점의 차이는 어떠한 직무를 맡고 있는지에 따라 달라지게 된다. 광고 전략과 기획을 담당하는 부서의 사람들(예: AE 혹은 브랜드 매니저)은 광고를 하나의 마케팅 수단으로 보기 때문에, 효과적이고 성공적인 광고 크리에이티브는 마케팅 목표에 얼마나 잘 부합하는지에 따라 결정된다고 생각한다. 반면에 광고 제작을 담당하는 직무의 사람들은 마케팅 목표와는 별개로 심미성 혹은 창의성 그 자체에 기반하여 크리에이티브로 평가한다. 허시만(Hirschman, 1989)의 연구에 따르면, 아트 디렉터, 카피 라이터 등 제작 직무 인원들은 광고를 그들 자신의 심미적 관점과 개인적 커리어 향상의 수단으로 보는 경우가 있다고 밝혔다. 그들에게 크리에이티브한 광고는 자신들의 창조적 재능을 표현하는 수단이고 이를 통해 그들은 성공의 발판을 마련한다는 것이다.

어느 한쪽의 관점이 절대적으로 옳고 다른 쪽은 틀렸다고 말하기는 힘들다. 마케팅 목표에 지나치게 신경을 쓰다 보면, 크리에이티브는 안정 지향적으로 흐르게 되어 자체의 임팩트는 약해질 수 있다. 그렇다고, 크리에이티브 임팩트만을 너무 강조하게 되면, 무엇을 위한 광고인지를 망각하게 될 수도 있다. 어떠한 광고 캠페인들은 광고대회에서 많은 상을 탔지만, 실제적으로 제품이나 서비스의 판매에 도움이 되지 못한 경우도 많다. 민트 캔디로 유명한 알토이즈(Altoids)의 'Curiously strong(신기하게도 강한)' 캠페인은 수많은 크리에이티브 상을 수상했지만, 알토이즈 매출은 하락했고, 리딩 브랜드로서의 자리를 지키지 못했다. 결국, 알토이즈의 대행사였던 레오버넷은 계약 해지를 통보 당했다.

광고 캠페인을 기획할 때는 광고 크리에이티브의 임팩트를 간과할 수 없다. 하지만 그 크리에이티브가 광고주가 원하는 목표와 연관성이 없이 이루어져서도 안된다. 두 관점 상의 균형을 적절히 맞추어 가는 것이 성공적인 광고 캠페인의 전제 조건이 된다는 것을 인정해야 한다. 또한, 광고는 기본적으로 광고주의 예산으로 진행되는 것이라는 점도 망각해서는 안된다. 광고주의 예산을 받아 진행하면서, 광고 대행사의 고집을 꺾지 않는다는 것은 대행 서비스업이라는 광고 산업의 본질과도 맞지 않는다.

2 광고 크리에이티브 구성요소

소비자는 일상 생활에서 수많은 광고 메시지들에 노출이 된다. 그렇기 때문에, 자신의 메시지를 소비자들에게 인식시키기 위해 광고 전문가들은 독특하고 참신한 메시지를 개발하는 데 매진하고 있다. 많은 연구를 통해서 광고 크리에이티브의 역할에 대해 조사가 되었는데, 틸과 백(Till & Baack, 2005)의 연구에 따르면 광고 크리에이티브는 비보조 광고 회상에 도움을 주는 것으로 밝혀졌다.

좋은 광고 크리에이티브를 구현하는 캠페인들 사이에서는 몇 가지 공통점들이 발견이 되는데, 이 공통점을 기반으로 광고 크리에이티브를 좀 더 살펴보도록 하겠다.

차별성(Divergence)

차별성은 독특함과 다름, 혹은 고유함 등으로 정의된다. 광고가 소비자들을 대상으로 전달되는 메시지임을 감안할 때 사전적인 정의보다는, 소비자가 메시지를 어떻게 인식하고 있는지에 기반한, 인식적 차원의 차별성을 이해하는 것이 더 합리적이다. 쉽게 이야기하자면, 소비자는 기존에 자신이 가지고 있는 인식의 틀에서 벗어난 메시지에 흥미를 느끼고, 관심을 가지게 되는 경우가 많다. 일단 관심을 가지게 되면, 그 메시지를 해석하기 위한 노력을 기울이게 된다.

폭스바겐의 자동차 광고를 살펴보자. 사실 자동차와 고슴도치, 금붕어는 서로 연결고리가 없다. 때문에 소비자가 이 광고를 봤을 때 이 광고를 해석하기 위해 기존의 인식적 틀을 사용하기 힘들다. 이 광고를 이해하기 위해서 소비자는 흔하게 사용하는 방식이 아니라, 일상적이지 않은 새로운 연결고리를 금붕어와, 고슴도치, 그리고 폭스바겐 자동차에 사용을 해야 하는 것이다. 이러한 새로운 연결고리를 통해 소비자는 폭스바겐의 정교한 주차 시스템이라는 숨겨진 의미를 찾아낼 수 있고, 이를 더 잘 기억할 수 있게 되는 것이다. 일상적이지 않은 방식으로 소비자의 인식 틀을 흔드는 것, 그것이 광고 크리에이티브의 핵심이라고 할 수 있다.

스미스와 그의 동료들(Smith et al., 2007)은 연구를 통해, 여러 요소들 중 독창성(originality), 유연성(flexibility), 통합성(synthesis), 정교화(elaboration), 미적 가치(artistic value)가 차별성을 구성하는 주요 요소라는 것을 알아냈다.

① **독창성:** 일반적이고 상식적인 관점에서 벗어난 광고 혹은, 흔치 않거나, 놀라운 요소를 포함하고 있는 광고

② **유연성:** 기대하고 있는 것 이상의 다양한 아이디어를 포함하고 있거나, 보는 관점을 하나의 관점에서 다른 차원의 것으로 바꿀 수 있는 광고

③ **통합성:** 일반적으로 서로 연관성이 없는 사물이나 생각들을 연결하거나 하나로 만드는 광고

④ **정교화:** 기대하지 않았던 세밀함을 포함하고 있거나, 기본적인 생각들을 확장할 수 있도록 하여 좀 더 복잡하고 세련되게 만든 광고

⑤ **미적가치:** 예술적인 언어나 색감, 형태 등을 포함하고 있는 광고

연관성(Relevance)

앞서 언급되었던 스미스와 동료들의 연구 결과는 차별성과 마찬가지로 연관성 역시 광고 크리에이티브를 구성하는 중요한 요소 중의 하나임을 밝히고 있다. 아무리 독특한 아이디어로 광고가 무장하고 있다고 하더라도, 소비자는 그 광고가 자신과 무관하다고 느끼게 되면, 그 광고를 이해하려는 노력을 하지 않는다. 많은 마케팅 연구들이 소비자와 제품의 연관성에 대해 조사를 해오고 있는데, 가령 관여도(involvement) 연구는, 소비자가 광고를 어떻게 자신과 더 연결시키는지, 혹은 그 관련성이 해당 소비자가 광고를 이해하는 데 어떠한 영향을 줄 수 있는지 등에 대해 초점을 두고 있다. 기본적으로 광고 크리에이티브에서 연관성은 광고를 구성하는 요소들이 소비자들에게 얼마나 의미가 있는지, 유용한지, 그리고 가치가 있는지를 파악하는 것에서 이해될 수 있다.

연관성은 광고가 소비자에게 의미 있는 요소들을 포함하고 있을 때 확보될 수 있다. 광고 제작자가 의도적으로 소비자가 자신의 일이라고 느낄 수 있는 요소를 광고에 포함시키거나, 소비자들이 좋아하는 유명인을 사용함으로써 광고가 소비자들과 밀접하게 연결되어 있음을 어필하는 방식이다.

예를 들어, 2020년 전 세계를 강타한 코로나 바이러스는 많은 사람들에게 직접적인 영향을 주었고, 코로나 바이러스로 인해 사람들의 삶은 많이 바뀌었다. 따라서 코로

나 바이러스는 사람들의 직접적인 관심사였고, 이 바이러스와 관련된 정보들은 사람들에게 받아들여질 확률이 높았다. 이러한 사회적 배경을 이용하여 맥도날드는 사회적 거리 캠페인을 진행하였다. 맥도날드 브랜드 로고인 '골든아치'는 널리 알려진 브랜드 상징물이다. 이 로고를 분리시키는 디자인을 선보임으로써 맥도날드는 사회적 거리두기의 중요성을 알림과 동시에 자신들도 이에 동참하고 있는 책임감 있는 브랜드임을 소비자에게 어필하고 있는 것이다. 소비자들의 관심사를 독특한 방식으로 브랜드에 투영함으로써 메시지의 명확성과 수용성을 동시에 높이는 크리에이티브라고 할 수 있다.

소비자가 형성하고 있는 브랜드 이미지를 이용하여 소비자와의 연관성을 높이는 것도 가능하다. 브랜드이미지가 확실히 정립된 브랜드의 경우, 소비자의 삶과 쉽게 연결될 확률이 높다. 예를 들어, 청혼을 하거나, 사랑을 고백할 때 준비하는 아이템 중의 하나는 반지이고, 티파니(Tiffany)는 이러한 상황을 잘 대변할 수 있는 브랜드이미지를 구축하고 있다. 티파니의 브랜드이미지는 반지 구매를 고려하는 소비자들에게 영향을 미칠 수 있기 때문에 이러한 상황적 속성을 효과적으로 활용하는 크리에이티브는 광고 캠페인의 효율성을 높일 수 있다.

단순함(Simplicity)

메시지가 간결하고, 명확할수록 소비자들은 광고를 더 잘 기억할 확률이 높아진다. 특히, 대중을 상대로 하는 광고일수록, 소비자의 주목을 단숨에 잡을 수 있는 간결하고 강력한 카피가 필요하다. 쉽지만 함축적인 메시지를 만드는 것은 많은 정보를 제공하는 메시지를 만드는 것보다 훨씬 어려운 작업을 거쳐야 한다. 실제로 많은 광고 제작자들은 "Less is more(덜어낼수록 많아진다)"라는 표현을 기억하며 단순함의 미학을 실현하고자 노력하고 있다. 아래에 제시되는 슬로건들은 한 문장으로 브랜드의 정체성을 잘 나타내고 있는 사례라고 할 수 있다.

- Just do it – Nike
- Think Different – Apple
- Open Happiness – Coca cola
- Ultimate driving machine – BMW
- Because you're worth it – L'Oreal
- Melts in your mouth, not in your hands – M&Ms
- A diamond is forever – De Beers
- 우리 강산 푸르게 푸르게 – 유한 킴벌리
- 바른 먹거리 – 풀무원
- Asian beauty creator – 아모레퍼시픽

신뢰도(Credibility)

아무리 독특한 크리에이티브라도 메시지에 거짓이 있거나, 지나치게 과장이 되어 있다면, 소비자는 그 광고에 관심을 기울이지 않는다. 혹은 광고 제품이나 브랜드 자체를 신뢰할 수 없는 대상으로 간주하여 추후의 구매 과정에서 배제할 수도 있다. 재미적인 요소로 극대화된 과장 기법을 사용하는 경우가 있는데, 이 경우 소비자가 그 과장이 비현실적이라는 것을 인지할 수 있을 정도로 크리에이티브를 구성하는 것이 필요하다. 신뢰도는 소비자와 브랜드의 관계에 영향을 줄 수 있는 요소이기 때문에, 광고 신뢰도 확보를 위해서는 각별한 주의를 기울여야 한다.

3 광고 크리에이티브 발전 과정

제임스 웹 영(James Webb Young)은 그의 저서 〈아이디어 생산법(A Technique for Producing Ideas)〉에서 아이디어에 관한 몇 가지 전제들을 제시했다. 우선 아이디어는 하늘에서 떨어지는 것이 아니라, 자동차 제조 공정처럼 순차적인 단계를 통해 만들어진다고 주장했다. 아이디어를 만드는 단계에 대해 이해하고, 이를 바탕으로 훈련을 한다면, 누구나 훌륭한 크리에이티브 아이디어를 만들 수 있다고 한다. 영은 창의적인 아이디어는 대부분은 이미 존재하고 있던 아이디어의 새로운 조합에서 만들어진다고 생각했다. 숙박업의 공룡으로 성장하고 있는 에어비앤비(Airbnb)는 창의적인

새로운 비즈니스 모델을 선보였다고 평가 받는다. 하지만, 공유 민박업이라는 개념 자체가 유사 이래 존재하지 않았던 완전히 새로운 것은 아니다. 민박이란 기존의 아이디어를 인터넷이라는 새로운 기술을 통해 효율적으로 재정립한 것이고, 이 새로운 조합이 창의성을 확보하게 해준 것이다. 그렇다면, 이러한 조합을 만들어내기 위해 필요한 능력은 무엇일까? 영은 '관계(relationship)'를 파악할 수 있는 능력에 달려 있다고 조언했다. 기존의 관점에서는 연관성이 없어 보이는 변수들, 요소들을 살펴보고, 이들을 분석함으로써 새로운 관계의 가능성을 찾아내는 능력이 창의성을 만들어내는 주요 능력이라고 제안한다.

영이 제안한 5단계 크리에이티브 아이디어 과정은 다음과 같다.

① **정보수집 단계**(gather raw material): 광고 크리에이티브를 위해서는 광고의 소재가 되는 제품이나 서비스, 그리고 광고의 대상이 되는 소비자에 대한 조사가 필수적이다. 제품과 서비스에 대한 직접적인 자료뿐 아니라, 일반적이고 개괄적인 자료 역시 필요하다. 자료가 많을수록 새로운 관계를 만들 수 있는 소재들이 많아지고, 창의성이 발휘될 확률이 높아진다.

② **정보소화의 단계**(digesting the material): 수집한 정보를 스스로 소화하여, 처리하는 단계이다. 표면적으로 관계가 없어 보이는 정보들 간의 관계를 찾아내려 노력을 해야 한다. 이 단계에서 단편적인 아이디어들이 떠오를 수도 있는데, 그것은 종합적이지 않기 때문에 진정한 의미의 크리에이티브 아이디어라고 할 수 없다.

③ **무의식적 진행 단계**(unconscious processing): 골똘히 생각하는 것에서 벗어나, 무의식의 영역에서 아이디어들이 배양될 수 있도록 조정하는 단계이다. 잠시 다른 일을 하거나, 음악을 듣거나, 산책을 하는 등 관련 주제에 대한 생각을 멈추어 기존의 틀 안에서 아이디어가 한정되는 것을 지양해야 한다.

④ **아이디어 생성 단계**(the A-Ha moment): 이 단계에서는 주제에 대해 끊임없이 생각을 해야 한다. 하나의 주제에 대해 지속적으로 생각을 하다 보면, 어느 순간 하나의 아이디어가 갑자기 떠오르게 된다. 유레카의 순간이 찾아오게 된다.

⑤ **아이디어 실체화 단계**(idea meets reality): 떠오른 아이디어가 현실성이 있는지를 따져보는 단계이다. 많은 아이디어가 사실 이 단계에서 사라지고는 한다. 머릿속으로 떠오를 때와, 이를 비즈니스에 접목시킬 때는 큰 괴리감이 존재하기 마련이다. 때문에 이 단계에서는 실무진이나, 전문가들에게 냉철한 조언을 구하는 것이 필요하다.

크리에이티브 아이디어 과정은 광고 분야에 특히 크리에이티브 분야에 일하는 사람들에게는 많은 도움을 줄 수 있다. 순차적인 과정을 설명하고 있기 때문에, 단계별 역할에 대해 이해할 수 있기 때문이다. 실제 대행사에서 광고 크리에이티브 작업을 시작하게 되면, 전략 혹은 기획팀이 크리에이티브 브리프(creative brief)를 작성하여, 제작팀과 회의를 하게 되는데, 이 단계에서 광고주와 광고 제품 및 서비스에 대한 많은 정보가 제공이 된다. 제품, 서비스, 목표 시장, 소비자, 그리고 경쟁에 대한 이해를 통해 해당 제품과 서비스에 가장 적절한 광고 크리에이티브를 창조할 배경을 만들고, 그 이후에 수많은 고민들을 통해 최종 결과물이 산출되게 된다.

4 광고 크리에이티브 전략

크리에이티브 브리프(Creative Brief)

광고 크리에이티브는 보통 크리에이티브 브리프(creative brief)에서부터 시작이 된다. 전략 혹은 기획팀의 ae는 광고주와 회의를 통해 마케팅 목표와, 이를 기반으로 하는 광고 목표에 대한 기본 구조를 설계하게 된다. 이를 바딩으로 캠페인 방향성을 정하는데, 제품, 서비스, 소비자, 그리고 시장 상황 등에 대한 자세한 정보를 규합하고, 이를 분석하여 제작팀의 광고 캠페인 상황에 대한 이해도를 높이도록 도와주게 된다. 이 시점에서 제공되는 것이 크리에이티브 브리프이다.

대행사에 따라 크리에이티브 브리프의 형식은 다양하다. 어떤 대행사는 한 페이지에 모든 정보를 제공하는 one page brief를 선호하기도 하고, 다른 대행사는 최대한 자세한 정보를 수록하고 있는 제안서 형태의 브리프를 선호하기도 한다. 하지만 기본적으로 브리프에 들어가야 할 내용들은 비슷하다.

① **광고 캠페인의 배경:** 광고주가 광고 캠페인을 계획하게 된 배경을 설명하는 부분으로, 광고주의 상황이나, 해당 브랜드 및 제품이 현재 처한 문제점 등을 이해하는 데 도움이 된다.

② **광고와 커뮤니케이션 목표:** 캠페인을 통해 광고주가 이루고자 하는 목표를 분명히 설명하는 부분이다. 광고 목표가 정확히 전달되지 않을 경우, 그에 상응하는 크리에이티브를 제작할 수 없기 때문에 크리에이티브 브리프에서 가장 중요한 부분이라고 할 수 있다. 크리에이티브의 시작점이라고 할 수 있다. 흔히 사용되

는 광고 목표로는 브랜드 인지도 및 선호도를 증가, 구매 빈도를 촉진, 특정 브랜드 이미지 구축 등이 있다.

③ **타깃 소비자 정보:** 광고의 대상이 되는 소비자를 인구통계학적, 심리학적 그리고 미디어 사용 패턴 등의 정보를 통해 세밀히 묘사할 필요가 있다. 이러한 타깃 소비자 정보들은 크리에이티브를 구성하는 데 중요한 역할을 한다. 특히 타깃 소비자와 광고 대상이 되는 제품이나 브랜드와의 관계 혹은 그들의 제품과 브랜드에 대한 인식은 크리에이티브의 방향성을 잡는 데 큰 역할을 하기 때문에 충분한 정보가 주어질 필요가 있다.

④ **제품 및 브랜드 정보(핵심 소비자 혜택 요소):** 광고의 대상이 되는 제품이나 서비스의 자세한 정보가 제공되지 않으면, 광고는 공허한 약속을 남발할 가능성이 높아진다. 소비자의 문제를 해결할 수 있는 신뢰도 높은 메시지를 구성하기 위해, 제품이 소비자에게 전달할 수 있는 핵심 혜택 요소나 판매 소구점에 대한 자세한 정보가 크리에이티브 브리프에 수록되어야 한다. 또한 브랜드가 시장에서 차지하고 있는 지위와 경쟁상황에 대한 정보 역시 효율적인 크리에이티브 창출을 위해서는 필요하다.

⑤ **크리에이티브 전략 핵심(BIG IDEA - 캠페인 주제):** 타깃 소비자에게 필수적으로 전달하여야 하는 핵심 메시지가 명료하게 제시되어야 한다. 이 전략 핵심, 즉 빅아이디어의 실현을 위해 크리에이티브가 존재해야 하는데, 이 핵심은 제품, 소비자, 시장 등의 모든 정보를 분석한 결과로 창출되는 차별화되고 명확한 개념 이어야 한다.

⑥ **보조 정보와 광고주 요청사항:** 크리에이티브의 대략적인 가이드 라인을 정하기 위한 예산 규모와, 제작 일정 등의 정보와 광고주가 특별히 요청하는 사항이 있을 경우, 이에 대한 설명이 크리에이티브 브리프에 수록되어야 한다.

BIG IDEA의 구체화

크리에이티브 브리프 상의 빅아이디어는 전략팀에서 고안되었기 때문에, 크리에이티브로 구현되기에는 추상적일 경우가 많다. 이 경우, 브리프에 소개된 빅아이디어를 실현하기 위한 구체화 작업이 필요하다. 빅아이디어의 중요성을 아무리 언급해도 지나침이 없다. 현대 광고의 아버지로 불리는 전설적 광고인 데이비드 오길비(David Ogilvy)는 그의 저서 〈광고불변의 법칙(Ogilvy on advertising)〉에서 빅아이디어가 소비자의 관심을 사로잡을 수 있고, 그들로 하여금 제품을 구매하도록 만든다고 했다. 그는 광고에 빅아이디어가 없다면, 그 광고는 불빛없이 밤 바다를 운행하는 배처럼 누구의 관심도 끌지 못하고, 스쳐 지나가는 존재에 불과하다고 말했다. 오길비는 빅아이디어를 찾기 위해 아래의 5가지 질문은 스스로에게 해 보는 것을 추천하고 있다.

① 아이디어를 처음 들었을 때, 놀라서 숨이 멎을 정도였는가?

② 그 아이디어를 자신이 생각했었으면 좋겠다고 희망할 정도인가?

③ 그 아이디어는 독특한가?

④ 그 아이디어는 전략과 부합하는가?

⑤ 향후 30년간 사용 가능할 것이라 생각이 되는가?

1951년 미국의 의류회사 해서웨이는 3만 달러라는 적은 규모의 예산을 가지고 오길비에게 광고 캠페인을 요청했다. 오길비는 처음에는 별 흥미를 느끼지 못했지만, 대행사가 제시하는 카피 한 줄 고치지 않을 것이며, 치후 회사가 성장해도 절대 광고 대행사를 바꾸지 않겠다는 해서웨이 대표의 약속에 마음을 바꾸어 광고를 진행했다.

'The man in the Hathaway shirt' 캠페인(1951)

오길비는 소비자의 관심을 극대화하기 위해, 스토리텔링 기법을 사용하기로 결심하고, 귀족풍의 모델에 안대를 착용시켜서 첫 인쇄 광고를 선보였다. 사고로 한쪽 눈을 잃은 루이스 더글라스(Lewis Douglas)라는 정치인의 사진에서 영감을 받아 제작된 이 광고는, 당시 소비자들에게 모델이 한쪽 눈을 잃게 된 이유에 대한 호기심을 자극했고, 소비자들은 본인들의 상상력을 토대로 여러 스토리들을 창조하기 시작했다. UGC의 시초라고 할 만한 큰 호응이 일어났고, 해서웨이 셔츠는 첫 광고 이후 모든 재고가 소진될 정도로 광고는 성공적이었다. 광고계에도 큰 영향을 미쳤는데, 20세기 가장 훌륭한 광고 캠페인으로 선정되었을 뿐 아니라, 다른 여러 캠페인에도 영감을 주었다. 멕시코 맥주 브랜드 중 하나인 도세키스(Dos Equis)는 해서웨이 캠페인과 거의 맥락이 유사한 광고 캠페인을 수년간 진행하면서 큰 효과를 보았다. '세상에서 가장 흥미로운 사람(The most interesting man in the world)'으로 명명된 이 캠페인은 해서웨이 셔츠의 경우처럼, 배경이 명확치 않은,

하지만 굉장히 흥미로운 인생을 살아온 듯한 중년의 남성을 모델로 하여, 소비자로 하여금 그의 정체에 대해 관심을 가지게 하고 상상력을 자극하였다. 소비자들이 이 모델에 대한 사랑이 얼마나 컸었는지, 2016년 이 모델이 캠페인에서 은퇴할 때는 그를 기리기 위해, 이 모델이 더 멋진 여행을 하기 위해 화성으로 떠난다는 내용의 광고를 제작해 그를 기념하기도 했다. 소비자들의 상상력을 자극하여, 제품을 광고하겠다는 아이디어, 창의적 광고를 위한 빅아이디어의 좋은 예라고 할 수 있다.

Dos Equis: 'The most interesting man in the world' 캠페인

빅아이디어를 구체화하기 위해서는 몇 가지 중요하게 고려해야 하는 요소들이 있다.

1) 제품 본질

빅아이디어를 구체화하기 위해 제품 본질에 대해 심도 있게 조사하거나, 연구하는 것은 도움이 될 수 있다. 광고 대상이 되는 제품이 다른 경쟁 제품과 무엇이 다른지, 어떠한 소비자 혜택을 제공할 수 있는지, 소비자의 라이프 스타일과 얼마나 잘 어울리는지 등은 광고 캠페인의 핵심 아이디어를 구성하는 데 핵심 요소로 활용이 될 수 있다. 버거킹은 세계적인 햄버거 레스토랑 브랜드이지만, 경쟁사인 맥도날드에 비해 구체화된 이미지가 형성되어 있지 않았다. 이를 만회하기 위해, 버거킹의 경쟁사 대비 차별적 요소, '불에 직접 굽는 패티'를 활용하는 캠페인을 2017년에 시작했고, 버거킹의 경쟁력을 증가시키는 데 효율적이었다고 평가받고 있다. 단순히 불에 구워 맛있다는 메시지를 전달하는 것이 아니라, 정말 불을 사용하기 때문에, 가장 많은 화재 사고가 나는 햄버거 브랜드라는 다소 도발적인 아이디어를 사용했다. 제품 본질에 기반을 둔 자극적이고, 창의적인 빅아이디어의 좋은 예라고 할 수 있다.

Burger King, 'Burning Stores' 캠페인

2) 소비자의 제품 인식

때로는 소비자가 어떠한 제품을 어떻게 인식하고 있는지가, 그 제품의 실체보다 더 중요한 역할을 하는 경우가 있다. 특히 요즘과 같이 기술이 발전되어, 시장에 소개되는 제품의 전반적인 질이 유사해진 상황에서는 소비자가 가지고 있는 제품에 대한 인식이 소비자의 정보처리 과정이나, 제품 구매 과정에 많은 영향을 미치게 된다.

1993년은 대한민국 마케팅 역사에서 중요하게 기록되는 캠페인이 시작된 해이기도 하다. 1993년 조선맥주는 경쟁사인 OB맥주의 모기업이 낙동강 페놀 오염 사건으로 이미지에 심대한 타격을 받은 시점에서 맥주 물 논쟁을 일으키며 새로운 브랜드 '하이트'를 론칭시켰다. 지하 150m 천연 암반수를 활용하여 맥주를 만들었다는 하이트는 "물은 가려 먹으면서 맥주는 왜 가려 마시지 않습니까?"라는 도전적인 메시지로, 소비자 인식 상의 맥주 선택의 준거 틀을 '맛'에서 '물'로 바꾸었고, 3년 만에 맥주 시장 No.1 브랜드로 등극했다. 그 후 16년간 하이트는 선도 브랜드 지위를 유지했다. 맥주를 음용할 때 물 맛의 차이를 인지하는 소비자는 그렇게 많지 않을 것이다. 하지만 건강, 환경에 대한 걱정이 증가되는 시점에서, '물'이라는 새로운 인식 상의 준거 틀을 제시함으로써 하이트는 소비자의 의사 결정 구조 자체를 흔들었고, 하이트를 OB 맥주의 대안으로 확실히 자리매김하였다. 흔히 마케팅은 6인치의 전장(뇌의 크기)에서 벌어지는 싸움이라고 한다. 소비자의 인식 구조를 제대로 이해할 수 있다면, 강력한 빅아이디어를 만들어 낼 수 있다.

3) 소비자 욕구와 해소방안

소비자들은 그들의 일상에서 많은 문제점들과 마주치고, 그 문제점들을 해소해 줄 있는 제품이나 서비스, 브랜드에 더 큰 호감을 느끼고 지속적으로 사용할 의도를 형성하게 된다. 때문에 소비자들의 생활과, 그들이 제품 혹은 서비스로부터 원하는 욕구를 파악하고, 이를 이용하는 아이디어를 만들어 내는 것은 광고 캠페인의 성패를 결정지을 수 있는 요소가 된다. 앞서 말했듯, 크리에이티브 브리프를 통해, 그리고 전략/기획 팀과의 회의를 통해 제작팀은 많은 소비자 정보를 얻게 된다. 단순히 이 정보를 습득하는 수준이 아니라, 이 정보를 통해 소비자들을 이해하고, 이해를 기반으로 통찰력을 도출하는 것이 필요하다.

Luvs, 'Live, Learn, & Get Luvs' 캠페인
첫째 아이를 키울 때는 손 세정제를 건네며 손소독 후에 아이를 만질 수 있다던 엄마가, 둘째 아이 때는 거리낌없이 기름때가 손에 묻은 정비공에게 아이를 맡기는 모습을 보여주며 양육의 경험을 강조하고 있다. 프로페셔널한 엄마는 Luv 기저귀를 사용한다는 메시지를 유머러스하게 전달하고 있다.

미국 기저귀 브랜드 중의 하나인 러브(Luvs)는 둘째 아이를 양육하는 부모의 심리를 잘 파악하여, 그들이 동감할 수 있는 메시지를 통해 광고 캠페인을 진행하고 있다. 모든 것이 조심스러운 첫째 아이에 비해, 둘째의 양육은 그간의 경험과 지식으로 좀 더 쉽게 아이를 양육할 수 있음을 강조하여, 가격대비 효용이 좋은(경쟁사 대비 저렴한) 러브의 가치를 쉽게 일깨워주는 것이다. 예를 들어, 첫째 아이를 키울 때는 조금만 무엇이 묻어도 소독을 하며 신경을 곤두세우던 부모가, 둘째부터는 그냥 먼지를 털고 쉽게 쉽게 처리하는 모습을 보여줌으로써 양육에 경험이 많은 부모들의 공감을 불러일으켰다.

4) 경쟁상황

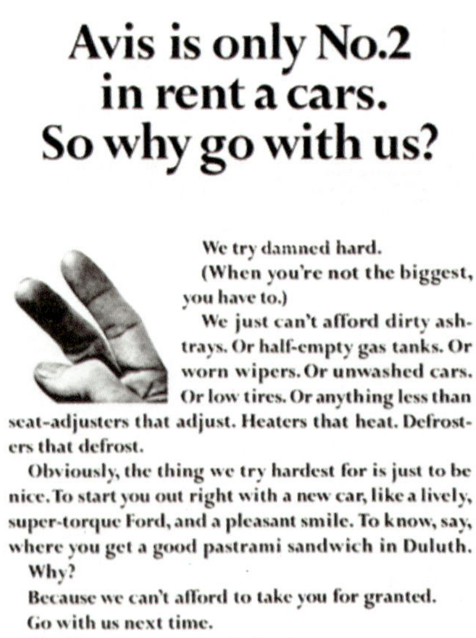

때때로 시장 경쟁 상황이 너무 치열하거나, 강력한 경쟁 브랜드가 시장을 지배하고 있는 경우가 있다. 이럴 경우, 광고 크리에이티브는 경쟁사의 장단점을 파악해서, 이를 기반으로 이루어지기도 하는데, 효과적으로 경쟁사를 이용할 경우 상당한 효과를 볼 수 있다. 상대적으로 영향력이 약한 브랜드가 시장 선도 브랜드와 경쟁 구조를 만들어가면서, 소비자들에게 No.2 이미지를 심어주고, 시장에서의 영향력을 확보해 나가는 전략은 쉽게 찾아볼 수 있다. 가장 대표적인 예가 미국 렌터카 업체인 에이비스(AVIS)의 "우리는 더 열심히 일합니다.(We try harder)" 캠페인이라고 할 것이다. 1960년대 에이비스는 내부적으로는 재정적 위기에 처해있었

고, 외부적으로는 시장 점유율이 70%에 달하는 거대한 경쟁자 허츠(Hertz)와 경쟁하고 있는 사면초가의 상황에 있었다. 위기 상황을 타개하기 위해 유명 대행사 DDB와 계약을 한 에이비스는, 솔직하게 자신들의 상황을 고백하면서, 자신들이 왜 허츠보다 더 열심히 일하는지, 그것이 소비자에게 어떠한 혜택을 제공할 수 있는지를 설명하는 광고 캠페인을 진행했다. 허츠의 경쟁 우위 속성을 더 부각하는 것이 아니냐는 우려도 존재했지만, 에이비스가 2등 브랜드이기에 더 열심히 일한다는 메시지와 동시에 1등 브랜드인 허츠를 현 상태에 안주하고, 고객 서비스 개선 의지가 없는 브랜드로 인지하게끔 유도하는 전략이 효과를 거두며, 괄목할 만한 성과를 이루어냈다.

광고 소구(Advertising appeal)

빅아이디어가 확실히 정립이 되었다면, 그 핵심 아이디어를 소비자에게 전달하는 방식에 대한 고민이 이어져야 한다. 구체적인 표현방식은 크게 이성적 소구방식, 감성적 소구방식, 그리고 기타 소구방식으로 구분이 될 수 있다. 이성적 소구방식은 보통 구매 과정에서 많은 정보가 필요한 고관여 제품군이나 차별화된 속성이 중요한 제품에 효과적인 것으로 알려져 있다. 반면에 감성적 소구방식은 식품 등의 저관여 제품군이나, 상징적 의미가 중요시되는 제품군을 광고할 때 효율적이라고 알려져 있다. 소비자에게 특정 브랜드에 대해 긍정적인 감정을 야기시킴으로써 장기적이고 강력한 브랜드-소비자 관계를 구축, 유지하는데도 효과적인 것으로 알려져 있다.

1) 이성적 소구

이성적 소구 광고는 제품이나 서비스에 대한 기능적, 실용적 속성을 강조함으로써, 해당 제품이나 서비스를 이용함으로써 야기되는 소비자 혜택을 통해 소비자를 설득시키는 광고 소구 양식을 지칭한다. 때문에 이러한 소구 메시지들은 소비자들을 이성적으로 설득시키기 위해 실제적 사실이나, 논리성에 기반을 하고 있다. 기본적으로 이성적 소구 광고는 소비자들의 욕구를 광고하는 제품이나 서비스가 가장 효율적으로 충족시킬 수 있음을 강조하여, 제품의 구매를 유도하는 데 그 목적이 있다.

① USP(Unique Selling Proposition) 광고

USP 전략은 제품이나 서비스가 가지고 있는 차별적 특징을 집중적으로 소구하는 전략 방식이다. 소비자로 하여금, 그 제품이나 서비스를 왜 사용해야하는지를 하나의 속성을 통해 설득시키는 방식이다. 예를 들어, 초콜릿 브랜드인 M&Ms는 자사의 제품이 '손에서는 녹지 않고, 입에서만 녹는다'는 차별적 제품 속성으로

APPLE, 'iPhone 2007' 캠페인

소비자가 M&Ms 초콜릿을 선택해야 할 이유를 제공했다. FedEx의 '무조건 하루만에 배송됩니다', 미국 온라인 자동차 보험 회사인 가이코(Gieco)의 '15분이면, 15% 이상의 보험료를 절약할 수 있습니다' 등이 USP를 강조하는 전략으로 효과를 본 사례라고 할 수 있다. 2007년 애플이 첫 번째 아이폰(iPhone)을 선보일 때, 애플은 TV 광고 전반에 걸쳐 아이폰의 새로운 기능을 직접적으로 보여주는 데 초점을 맞추었다. 이전에는 없던 독특하고 혁신적인 아이폰 기능에 대해 소비자들은 열광했고, 기능을 보여주는 것만으로도 소비자들은 아이폰을 구매하기 위해 긴 줄을 서는 것을 마다하지 않았다. 자사 제품이나 서비스가 경쟁사 대비 차별화되는 고유의 속성이 존재할 경우, 이 속성을 소구하는 것은 소비자를 설득하는 데 효과적이다. 하지만, 기술 발전이 쉽게 이루어지는 요즈음의 시장 환경 상 독특한 USP로 소비자 설득에 성공한 브랜드라도, 곧 경쟁 브랜드에 의해 USP적 속성을 따라 잡히는 경우가 종종 발생한다. 때문에 브랜드들은 USP를 유지하고 개선하기 위해 지속적인 노력을 해야 한다.

② 비교광고

비교광고는 경쟁 브랜드들을 광고 안에서 직·간접으로 거명하여 경쟁 브랜드들의 속성과 자사 브랜드의 속성을 비교하는 광고 전략을 뜻한다. 미국 등의 일부 국가에서는 경쟁 브랜드의 로고나 브랜드 명을 자사의 광고에 직접 노출시키는 것이 가능하나, 대한민국에서는 이 같은 직접적 노출이 불가하다. 직접 비교광고가 허용되는 국가에서는 경쟁 구도를 이용해서 유머러스한 광고를 경쟁 브랜드들끼리 주고 받으며 화제가 되기도 한다. 코카콜라와 펩시는 서로간의 비교광고를 통해 오히려 탄산음료 제품군 안에 두 브랜드만이 존재하는 것 같은 분위기를 조성하고, 시장 양분을 공고히 하기도 한다. 대한민국에서는 간접적인 방식으로 비교광고가 이루어지는데, 경쟁 브랜드를 연상시킬 수 있는 심볼이나, 이미지를 통해 자사 브랜드 포지션을 강화하거나, 차별화를 시도한다. 헤지스가 트래디셔널 캐주얼 의류 시장에 진입할 때, 그 시장은 폴로와 빈폴에 의해 지배받고 있었다. 후발 브랜드로서 존재감을 각인시키기 위해, 헤지스는 도발적이게도, 스스로가 폴로와 빈폴의 대항마임을 공표하는 캠페인을 진행했다. 헤지스 대행사였던 메이트 커뮤니케이션은 폴로와 빈폴을 동시에 겨냥하는 '굿바이 폴'이라는 슬로건 아래, 폴로와 빈폴을 연상시키는 자전거, 말이란 상징물을 등장시키면서, 비교광고지만 유머러스하게 크리에이티브를 구성하였다. '굿바이 폴' 캠페인의 창의적 접근 방식은 소비자들의 관심을 이끌었을 뿐 아니라, 실제적으로도 헤지스가 트래디셔널 캐주얼 시장에 안착할 수 있도록 도움을 주었다

③ **선점전략 광고**

하나의 제품군을 대표하는 속성이나 소비자 편익들을 먼저 자사의 브랜드와 연결시킴으로써, 해당 브랜드를 제품군을 대표하는 것으로 만드는 전략이다. 보통 어떠한 제품군을 먼저 개척하는 리딩 브랜드들이 브랜드 영향력을 공고히 만들기 위해 사용하는 경우가 많다. 이 경우 브랜드 선도 이미지나 권위적 이미지를 부여하는 메시지 소구 방식이 효과적이다. 최근에 새벽 배송이라는 시장을 개척한 마켓컬리는 광고에서 '새벽 배송은 마켓컬리'라는 반복적인 카피를 통해 그 제품군의 대표 브랜드임을 지속적으로 공표하는 전략을 사용했고, 시장에서의 공고한 위치를 확보할 수 있었다.

④ **하드셀(hard-sell) 광고**

소비자들이 합리적 판단에 기반하여 제품을 구매할 것이라는 믿음에 바탕을 둔, 이성적 접근을 통한 제품 지향적 소구 전략이다. 때로는 소비자에게 제품 혹은 서비스의 특장점 및 혜택을 직접적으로 전달하는 것이 좋은 결과를 가져오기도 한다. 하드셀 광고는 해당 브랜드가 판매 증진 등의 단기적 목표를 가지고 있을 때 많이 사용되는 전략이고, 소비자를 설득하기 위해 주장이 강한 메시지를 전달하거나, 빠른 반응을 촉진하기 위한 크리에이티브를 사용한다. 가장 흔하게 사용되는 광고 기법의 하나로서, 보통 소비자들이 일상 생활에서 겪을 수 있는 문제점을 보여주고, 이를 해결하는 방식으로 광고제품이나 서비스를 제시하여 소비자들을 설득하려 노력한다. 냄새 제거제인 '페브리즈'는 이러한 논리 구조를 사용하여 효과적인 캠페인을 진행하고 있다. 소비자가 땀냄새나 음식 냄새로 인해 곤란함을 겪을 수 있는 상황을 먼저 제시하고, 이 상황을 타파할 수 있는 탈출구로서 페브리즈를 소개하는 식이다. 단순해 보일 수 있지만, 제품의 혜택을 직접적으로 보여줌으로써, 소비자들에게 브랜드를 인식시키고, 구매를 유도하는 데 효과를 볼 수 있다.

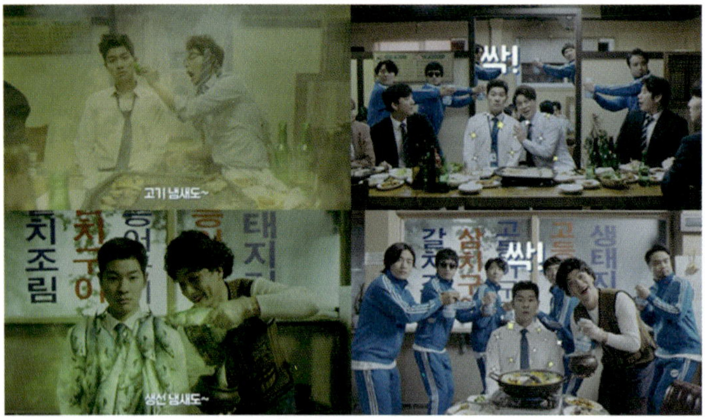

⑤ **증언광고(testimonial advertising)**

소비자들은 브랜드나 제조회사가 주장하는 메시지에 대해서는 우선 의심을 하는 경향이 있다. 이러한 경향을 알고 있는 브랜드나 제조 기업은 소비자가 신뢰할 수 있는 인물을 내세워 광고를 하기도 하는데 이를 증언광고라고 한다. 일반 소비자나 전문가, 사회 저명 인사들이 광고 모델 역할을 하는데, 이 경우 소비자는 광고 메시지에 대해 보다 높은 신뢰도를 보인다. 연예인 등의 전문 모델을 사용할 경우, 광고는 그 유명인의 이미지에 좌우되는 경향이 있는 반면, 일반인 모델을 사용하게 되면, 소비자가 일반 모델에 동질감을 느끼며, 그 모델이 이야기하는 제품에 더 몰입하게 된다.

⑥ 뉴스 소구 광고

브랜드나 제품 혹은 서비스에 새로운 소식이나 소비자에게 알리고 싶은 중요한 뉴스가 있을 경우, 이 뉴스가 광고의 주제로 사용되기도 한다. 새로운 소식을 제공함으로써 소비자의 주의를 환기시키고, 소비자로 하여금 브랜드에 더 높은 관심을 불러일으키게 할 수도 있다. 예를 들어, 대한항공은 2008년 '미국 어디까지 가봤니'로 시작하여, 대한항공의 취항지에 대한 소식을 전하는 창의적인 캠페인을 진행해왔었다. 이 캠페인은 새로운 항로와 취양지에 대한 정보를 알려줌으로써 대한항공의 존재 가치를 각인시키고, 지속적인 관심을 야기하는 데 효과적이었던 것으로 평가 받았다.

2) 감성적 소구

감성적 소구 광고는 소비자들의 구매는 제품의 속성이나 직접적인 혜택에 기반하기보다, 브랜드에 대한 감정적 요인에 기인하는 바가 크다는 점에 초점을 두는 광고 소구 양식이다. 특히, 경쟁이 심화되어 경쟁사들이 자사의 독특한 기능적 속성을 쉽게 따라할 수 있는 요즘과 같은 환경에서는 소비자들의 이성적 판단보다는 그들의 감성에 소구하는 것이 더 효과적이라고 생각하는 경우가 많다. 프링글과 필드(Pringle & Field, 2009)에 따르면 감성적 광고 소구가 이성적 광고 소구보다 2배 이상의 수익 효과 창출에 이바지할 수 있다고 하는데, 이는 감성 소구를 통해 소비자들의 가격 민감성을 둔화시켜, 프리미엄 가격의 제품을 더 많이 판매할 수 있기 때문이라고 한다.

① 브랜드 이미지 광고

브랜드 이미지는 소비자가 브랜드에 대해 가지고 있는 총제적 이미지의 합이라 할 수 있다. 이 이미지는 제품의 속성에서 기인하는 경우도 있지만, 글로벌 브랜드의 경우, 범용적 확장성을 위해 감정에 소구하는 브랜드 이미지를 구축하는 경우가 많다. 예를 들어, 코카콜라는 행복(Open your happiness)을, 맥도날드는 사랑(I'm lovin it)을, 그리고 도브는 아름다움(Real Beauty)를 핵심 개념으로 브랜드를 정립하고 있다. 브랜드 이미지가 긍정적인 감정과 연결이 되면, 소비자들은 이러한

긍정적인 감정을 통해 브랜드를 평가하고, 호의적인 태도를 보이게 된다. 종국에는 이러한 호의적 태도가 브랜드 구매를 촉진하는 역할을 하게 된다. 많은 브랜드들이 가족이나, 반려동물 등과 같은 소재를 이용해 긍정적인 감정을 야기하는 크리에이티브를 선보이고 있는데, 2019년 애플이 크리스마스 시즌에 진행했던 'The surprise(놀라움)' 캠페인은 대표적이라 할 수 있다. 할머니와 최근 사별한 할아버지를 위로하기 위해 크리스마스 연휴에 할아버지를 방문한 가족이 할머니와 관련된 사진들을 이용해, 할머니가 여전히 자신들과 함께 한다는 동영상을 iPad를 이용하여 제작하였다. 이 동영상을 보면서 할아버지는 위로를 받고, iPad와 같은 신기술 제품이 일상 생활에 어떠한 긍정적 영향을 줄 수 있는지를 보여주었다. 애플은 이를 통해 따뜻하고 친근한 감정을 소비자로부터 유도할 수 있었다.

② **소프트셀 광고**(soft-sell advertising)

판매 촉진을 위해 직접적이고 이성적 소구에 집중하는 하드셀 광고와는 다르게 소프트셀 광고는 소비자를 설득하기보다 그들의 공감을 유도하고, 브랜드를 이해시키려 노력한다. 때문에, 소비자의 감성을 자극하는 스토리텔링 기법을 활용하는 경우가 빈번하다. 소프트셀 광고는 브랜드 이미지 광고와 중첩되는 부분이 많기 때문에, 혼용되어 사용하는 경우가 많은데, 소프트셀 광고는 브랜드 이미지를 정립하기 위해서만 사용되는 광고 형태가 아니기 때문에 엄밀한 의미에서는 성격이 다르다고 할 수 있다. 광고를 통해 즐거움을 제공하거나, 호의적인 감정을 야기해서, 소비자와의 관계를 증진하고, 이러한 관계의 증진을 통해 마케팅 효과를 유도하는 중장기적 관점의 광고 전략이라 할 수 있다. 소프트셀 광고가 효과적이기 위해서는 소비자의 제품 사용 경험을 객관적이고 직접적으로 제시하는 것이 아닌, 간접적이지만 흥미롭고 즐겁게 묘사하는 것이 필요하다. 또한 사용 경험을 소비자가 자신의 이야기로 받아들일 수 있도록 소비자와의 개연성을 일정부분 확보하는 것이 필수적이다. 때문에 소비자의 이목을 끌고, 관련성을 만들어줄 크리에이티브가 중요하다.

대표적인 e-commerce 사이트인 아마존은 빠른 배송 서비스인 프라임 서비스를 광고하기 위한 광고를 집행했었는데, 이 광고에서 아마존은 배송력에 대한 직접적인 메시지를 전달하기보다, 강아지와 아이의 관계를 통해 아마존의 프라임 서비스가 왜 필요한지를 간접적이지만 창의적으로 표현했다. 사자 인형은 좋아하지만 반려견에는 거부감을 보이는 아이 때문에 강아지는 우울한 표정을 감추지 못한다. 이를 안타깝게 여긴 주인이 아마존 프라임 서비스를 통해 사자 갈기 모양의 소품을 주문하고, 사자 갈기를 착용한 강아지를 아이가 받아들인다는 내용이다. 서비스 속성을 이야기하고 있지만, 따스함과 귀여움이라는 감정적 요소를 바탕으로 하고 있어, 소비자들에게 긍정적인 태도를 형성할 수 있게 하고, 브랜드에 대한 호감도를 높일 수 있는 전략이라 할 수 있다.

③ **유머 광고**(humor advertising)

유머 광고는 소비자로 하여금 유쾌한 감정을 불러일으켜, 광고물에 대한 호감을 증진시켜 제품에 대한 긍정적 반응을 유도하는 데 그 목적이 있는 광고이다. 특히 미국이나 유럽 같은 서구 문화권에서 많이 활용이 되는 방식인데, 요즘은 우리나라에서도 빈번하게 활용되고 있다. 문화권에 따라 유머 코드가 각기 다른데, 서구의 경우는 단어의 유사성을 이용한 말장난 혹은 패러디 광고가 주류를 차지하는 데 비해, 아시아권은 행동이나 상황, 유명인을 활용하는 방식의 유머가 자주 활용된다. 찬바람이 부는 시즌이 되면 동서식품 미떼는 '찬바람이 불 때'라는 캠페인 주제를 가지고 매년 재미있는 상황을 통한 유머 광고를 집행하고 있다. 긴 머리를 가진 유명 가수를 여자로 인식하여 설레는 상황이라던가, 비슷하게 닮

은 유명인들이 서로 마주하게 되는 상황 등을 통해 유머러스하게 소비자들에게 브랜드를 어필하고 있다.

유머 광고는 단순히 소비자를 웃기려는 것에 초점을 두는 것보다, 제품과 유머러스한 상황이 잘 어울려야 효과적으로 소비자를 설득할 수 있다. 또한, 유머 광고는 광고 핵심 메시지를 분산시킬 확률이 있기 때문에, 인지도가 높고, 소비자에게 친숙한 브랜드가 사용하는 것이 효율적이다. 신제품이나, 구매에 있어 많은 제품 정보가 필요한 제품의 경우 유머 광고는 적합치 않다. 시대에 따라 유머 코드는 바뀌기 때문에 유머 광고를 기획하기 위해서는 시대의 트렌드를 잘 파악하고, 이를 제품에 잘 녹일 수 있는 크리에이티브가 필요하다.

④ 공포 소구 광고(fear advertising)

공포 소구 광고는 유머 광고와는 대비되는 개념이다. 유머 광고가 호의적인 감정을 통해 소비자를 끌어들인다면, 공포 소구 광고는 소비자에게 부정적인 감정을 야기하여, 소비자에게 위험 요소가 되는 것을 방지하는 데 그 목적을 두고 있다. 따라서, 공포 소구 광고는 금연이나 금주, 환경 보존 등의 공익적 캠페인 혹은, 잠재적 위험을 대비하는 보험 광고 등에 주로 사용이 된다. 공포 소구 광고를 효율적으로 활용하기 위해서는 소비자의 공포심 수용 구조에 대한 이해가 필요하다. 소비자는 적정 수준의 공포에는 반응을 하여, 위협이 될 수 있는 요소에 대해 대응하려는 준비를 하지만, 공포가 지나치면, 스스로를 그 공포로부터 분리하여 자신을 보호하려는 방어기제를 작동시키기 때문에 그 공포 메시지를 무시하려는 경향이 있다. 때문에 적정 수준의 공포심을 자

All state 캠페인 – 사고 장면을 강조하는 경우가 많다.

극하는 크리에이티브를 활용하는 것이 필요하다. 또한 문화권에 따라 공포 광고는 다른 양상을 보이기도 한다. 직접적인 커뮤니케이션 방식을 선호하는 서구권에서는 동양 문화권보다 공포 광고가 상대적으로 활발하게 사용된다. 예를 들어, 자동차 보험 광고 같은 경우, 우리나라에서는 실제적인 사고 장면을 보여주는 것을 지양하고, 사고 처리 과정의 신속함이나, 응대 직원의 친절함 등에 초점을 맞추는 반면, 미국의 경우에는 사고 장면을 직접적으로 보여주고, 사고 처리의 전문성을 강조하는 경우가 많다.

3) 기타 소구 방식

① **상징체계 광고**(symbolism advertising)

SSGA – 'Fearless girl' Campaign (2017)

상당수의 광고 콘셉트들은 사랑이나 안전, 행복 등 추상적 개념으로 구성되는 경우들이 많이 있다. 따라서 이런 추상적 개념을 소비자에게 쉽게 이해시키려는 노력이 필요한데, 개념을 대표할 수 있는 어떠한 실체를 통해 구체화시키는 것이 가장 효과적이다. 한 사회에서 통용되는 구체적인 상징물을 이용하게 되면, 누구나 쉽게 이해할 수 있는 메시지를 전달할 수 있는 것이다. 코카콜라의 북극곰은 가족간의 행복을 상징하고, 나이키의 마이클 조던은 승리와 경기의 지배를 상징할 수 있다. 2017년 국제 여성의 날을 기념하여 미국의 투자전문회사 SSGA(State Street Global Advisor)는 130cm 정도의 청동 소녀상을 월스트리트에 설치했다. 월스트리트를 상징하는 돌진하는 황소상(charging Bull)에서 세워진 이 청동 소녀상은 남성 중심의 월스트리트에 여성의 리더십과 중요성에 대한 경종을 울리고자 했다. 4주간의 전시 기간으로 기획이 되었지만, 수많은 사람들이 호응을 하고, 각종 미디어의 관심을 받게 되자, 뉴욕증권거래소 건물 앞으로 이전되어 계속 전시되게 되었다.

상징체계를 크리에이티브에 활용하기 위해서는 상징의 대상이 되는 개념과, 상징물이 그 개념을 구체화하기 적합한지를 정확히 알고 있어야 한다. 때로는 잘못된 상징물을 이용하여, 큰 부작용을 야기하기도 한다. 펩시는 미국 유명 모델인 켄달 제너(Kendall Jenner)를 이용하여 'Live for Now'라는 캠페인을 진행했는데, 켄달 제너를 메인 주인공으로 여러 인종들과 마이너리티 그룹들이 함께 축제

펩시-'Live for Now' 캠페인

2016년 바톤 루우지 시위 장면

분위기의 시위를 하고, 그 시위에 맞서는 경찰에게 펩시를 전달하는 내용이었다. 평범해 보이는 내용이었지만, 펩시는 광고 론칭 하루 만에 미국 소비자들의 거센 역풍을 받고, 이 캠페인을 중지해야 했다. 유색 인종들 특히 흑인들에게 시위라는 것은 즐거운 축제 개념이 아니고 생존을 위한 투쟁인 경우가 많다. 또한 결정적이었던 것은 켄달 제너가 펩시를 전달하는 장면은 2016년 루이지애나 주의 바톤 루우지(Baton Rouge, Louisiana)에서 있었던 흑인 총격 사건 반대 시위의 한 장면을 연상시켰기 때문에 더욱 큰 반발을 불러일으켰다. 심도 있는 상징체계에 대한 이해없이 상징물을 광고에 사용하는 것은 브랜드와 모 기업에 큰 피해를 줄 수 있기 때문에, 상징물을 광고에 사용하는 것은 항상 주의를 해야 한다.

② **성적 소구 광고**(sex appeal advertising)

흔히 성적 욕구는 식욕과 수면욕과 더불어 인간의 3대 욕구라 지칭된다. 때문에 성적 욕구를 자극하는 광고는 오래전부터 사용되어 왔다. 성적인 소구는 소비자의 관심을 유도하는 데 용이하고, 광고를 기억하는 데 도움을 주기도 한다. 유머 광고에 성적인 요소를 가미하는 경우도 많아서, 유머 광고와 혼합되어 사용되기도 한다. 성적 소구 광고는 소비자의 주의를 끌기에는 용이할 수 있으나, 핵심 메시지에 대한 수용도는 감소시킬 수 있기 때문에, 이를 활용하기 위해서는 제품과의 연관성, 모델의 적합성 등을 면밀히 따져보아야 한다. 특히 근래에는 여성의 성적 대

칼스 주니어 캠페인

상화에 대한 문제가 계속 대두되고 있기 때문에 더욱 주의를 기울여야 한다. 실제로, 미국의 햄버거 브랜드인 칼스 주니어 버거(Carl's Jr. Burger)는 오랫동안 성적 소구 광고를 통해 소비자들의 이목을 끌어왔는데, 2017년부터는 여성의 대상화라는 비판에 직면하고, 성적 소구 캠페인을 포기하였다.

③ 티저 광고(teaser advertising)

신제품을 출시할 때 광고주들은 소비자들이 새로운 제품에 관심을 가져주기를 기대한다. 이를 위해, 호기심을 극대화시키는 광고물은 본 캠페인 이전에 한시적으로 활용하기도 하는데 이를 티저 광고 혹은 미스터리 광고라고 한다. 애플 아이폰이 처음 출시되던 2007년에 애플 역시 티저 광고를 활용했는데, 다양한 명화 속의 전화 받는 장면만을 계속 보여주다 마지막에 아이폰의 실체를 잠깐 비추며 "Hello, coming in June" 끝맺음을 하였다. 뭔가 새로운 전화기가 나온다는 기대감을 증폭시켰고, 이어 진행된 캠페인을 통해 아이폰의 실체가 자세히 소개되었다.

④ 후크송과 춤 광고

우리나라 광고에서 근래 가장 인기있는 소구 방식으로 중독성 있는 춤과 음악을 통해 반복적으로 브랜드 이름이나 핵심 메시지를 전달하는 데 초점을 두고 있다. 영화 '기생충'의 제시카 징글처럼 중독성 강한 멜로디를 광고에 활용하는 방식이인데, 단기간에 브랜드 인지도를 높일 수 있기 때문에 신제품이나 새로운 콘셉트를 전달하려는 광고주에게 효율적일 수 있다. 숙박 및 레저 예약 앱 야놀자는 2018년 인기 걸그룹 EXID의 멤버 하니를 이용한 후크송 광고를 선보였는데, 시장에서 큰 호응을 얻고, 후속작으로 사이먼 도미닉을 모델로 활용하여 그의 노래 '사이먼, 사이먼 도

미닉'을 '쌓이면, 쌓이면 돈이니'로 개사하여 성공적인 캠페인을 이어나가기도 하였다. 이러한 트렌드는 소셜 미디어의 인기에 영향을 받았다는 견해도 존재한다. 틱톡 같이 짧은 길이의 흥미로운 콘텐츠를 공유하는 소셜 미디어가 인기를 얻으며, 이런 미디어 이용에 익숙한 소비자들이 후크송과 함께 쉬운 안무를 선보이는 광고를 친근하고 쉽게 받아들인다는 설명이다. 실제로 동원참치는 조정석과 손나은을 활용하여 '이건 맛의 대참치'라는 후크송 광고를 선보였는데, 수능 금지곡이라 불릴 만큼 큰 호응을 얻어 동원참치에 새로운 활력소를 불러일으켰다는 평가를 받았다.

5 광고 크리에이티브 평가

크리에이티브를 평가하는 것은 광고 효과를 측정하는 수단이 될 수 있다는 측면에서도 중요하지만, 추후에 진행될 크리에이티브의 가이드라인이 될 수 있다는 점에서도 의미가 있다. 광고 크리에이티브는 콘셉트의 창의성, 타깃 소비자와의 적합성, 그리고 크리에이티브의 확장성 등 여러 요소에 의해 평가가 될 수 있다. 좋은 크리에이티브 제작을 위한 기본적인 지침들은 다음과 같다.

① 크리에이티브의 광고 목표 부합성

광고 크리에이티브의 최종 목표는 광고주에 의해 제시된 마케팅 목표 혹은 광고 목표 성취에 기여하는 것이다. 아무리 독창적인 광고 크리에이티브가 만들어진다고 해도, 광고 목표에 어울리지 않는다면, 마케팅 측면에서는 예산으로 낭비로 간주될 수 있기 때문에, 광고 목표를 항상 염두에 두고 크리에이티브를 제작하여야 한다.

② 크리에이티브와 소비자 부합성

광고 목표와 전략 수립 시, 마케터들은 표적 소비자의 선정에 큰 공을 들이게 된다. 때문에 크리에이티브 역시, 표적 소비자들을 잘 설득시킬 수 있도록 제작되는 것이 필요하다. 표적 소비자들에게 공감을 얻을 수 없는 광고 크리에이티브는 캠페인 효율 측면에서 부정적인 평가를 받을 수 있다. 이를 위해서 광고 크리에이티브 제작자들은 소비자들의 라이프 스타일이나, 최신 트렌드들에 대해 지속적인 관심을 기울일 필요가 있다.

③ 크리에이티브와 핵심 메시지 관계

광고 크리에이티브는 명확하고 설득적인 광고 메시지를 전달하기 위해 제작되어야 한다. 창의성이나 흥미에 너무 집중하여 소비자들로 하여금 광고의 핵심 메시지에 대한 관심을 분산시킨다면, 그 광고는 좋은 크리에이티브를 활용했다고 말하기 힘들다. 데이비드 오길비는 광고는 항상 제품과 서비스를 주인공으로 삼아야 한다고 했다. 크리에이티브 자체가 아닌, 제품을 독보이게 하는 크리에이티브가 좋은 크리에이티브이다.

④ 크리에이티브와 매체 관계

매체는 각기 독특한 속성을 가지고 있다. 광고 크리에이티브는 매체와의 연동성이 충분히 확보될 때 큰 효과를 발휘할 수 있기 때문에, 광고 크리에이티브를 제작할 때, 어떠한 매체를 통해 송출될 것인지를 염두에 두어야 한다. 가령, 소비자와의 소통을 촉진하는 크리에이티브를 제작한다면, TV나 라디오 같은 전통적 매체보다는 온라인이나 소셜 미디어 같은 쌍방향 매체가 효과적이다. 동일한 크리에이티브를 상이한 매체에 사용하는 것은 효과적이지 않고, IMC 전략에서도 바람직하지 않다.

⑤ 크리에이티브의 신뢰성

광고적 효과를 위해 가끔은 크리에이티브가 과장되는 경우가 있다. 소비자가 과장이라는 것을 인식할 정도의 장치가 마련되어 있다면 문제의 소지가 없지만, 진실과 과장의 경계선 상에 크리에이티브가 존재할 경우, 광고 자체의 신뢰성에 악영향을 미칠 수 있다. 과장 광고로 판명될 경우 법적 책임 소재까지 문제가 될 수 있음으로, 신뢰성을 확보할 수 있는 차원의 크리에이티브 제작이 필요하다.

참고문헌

Belch & Belch (2014). Advertising and Promotion: An Integrated Marketing communications perspective(9th ed.). McGrawHill, 73.

Ogilvy, D. (1983), Ogilvy on advertising, Crown: New York.

Pringe, H. & Field, P. (2009). Brand immortality. How brands can live long a prosper, Kogan Page limited, London.

Smith, R.E., MacKenzie, S.B., Yang, X., Buchholz, L.M., & Darley, W.K. (2007). Modeling the determinants and effects of creativity in advertising. Marketing Science, 26(6), 819-833.

Till, B.D. & Baack, D.W (2005). Recall and persuasion. Does creative advertising matter? Journal of Advertising, 34(4), 47-57.

Young, J.W. (1975). A Technique for Producing Ideas(3rd ed.). Crain Books, Chicago, IL.

8장: 생각해 볼 문제 (Review Questions)

- 감정 소구와 이성 소구 광고의 차이점을 바탕으로, 어떤 경우에 감정 소구 혹은 이성 소구 크리에이티브가 더 효율적일지 논의해보자.
- 빅아이디어가 무엇인지 생각해보고, 근래 봤던 광고 중에 가장 인상적이었던 빅아이디어가 무엇인지 논의해보자.
- 여러 광고 소구 방식 중에 가장 효율적인 소구 방식은 무엇일까? 그 이유는?
- 좋아하는 브랜드를 하나 선정한 후, 그 브랜드의 이미지 광고에 대한 크리에이티브 브리프를 작성해서 동료들과 토론해보자.
- 가장 선호하는 광고 캠페인을 선정한 후, 그 광고 캠페인의 크리에이티브 전략을 역으로 분석해보자.

훌륭한 광고 메시지라도 소비자에게 효율적으로 전달되지 않는다면 뛰어난 광고 효과를 기대하기 어렵다. 인터넷을 활용한 디지털 미디어를 필두로 뉴미디어의 출현으로 인해 광고에서 다매체 시대가 본격적으로 열리고 광고 메시지를 전달한 수단의 다양화로 매체기획에 대한 중요성이 더욱 강조되고 있다. 매체가 다양하다는 것은 광고주가 더 많은 매체 대안을 갖게 되었다는 것을 의미하고. 선택 대안이 많다는 것은 효과적인 매체기획과 효과적이지 못한 매체기획의 차이를 더욱 크게 만든다. 더불어 매체가 다양하다는 것은 그만큼 수용자들이 여러 매체에 분산됨을 의미하며, 그것은 기존의 방식으로는 과거와 같은 매체 효과를 얻기가 어렵다는 것을 의미한다. 이번 장에서는 광고에서 매체의 의미와 중요성, 다양한 매체의 종류의 특징, 트리플 미디어 분류, 매체기획의 전반적인 과정과 광고 매체의 효율성 측정을 위한 다양한 방식에 대해서 논의한다. 더불어 매체기획에 반드시 필요한 예산 설정, 매체별 구매, 스케줄링 전략에 대해서도 살펴본다.

CHAPTER

IX

매체 계획과 전략

IX 매체 계획과 전략

+ 9장 도입사례

꼭꼭 숨어라 광고 보일라, 앰비언트 옥외광고

해머링 맨

서울 광화문에 있는 서울역사박물관 건너편에는 키 22미터의 거인(巨人) 한 명이 우뚝 서 있다. 온종일 쉼 없이 망치질을 하고 있는 이 거인의 형상은 주변을 지나는 사람들에게 잠시나마 놀라움과 즐거움을 선사한다. 사실 〈해머링 맨(Hammering Man)〉은 미국의 조각가 조너던 보로프스키(Jonathan Borofsky)의 설치 예술품이다. 작품의 뛰어난 의외성과 독창성으로 광화문의 대표 볼거리가 됐다. 광고 크리에이티브도 이 작품처럼 소비자의 자발적인 관심을 받을 수는 없을까? 그 해답은 앰비언트(Ambient) 옥외광고에 있다.

광고주나 광고 종사자들은 인정하기 싫겠지만, 이미 많은 소비자는 광고 메시지를 회피하는 데 '달인'의 경지에 이르렀다. TV나 온라인을 통해 전달되는 다수의 광고 메시지는 소비자로부터 주목받지 못한 채 사라진다. 일상에서 접하는 광고가 너무 많고, 기존 미디어의 정형화된 광고 포맷(길이, 크기, 위치 등)이 소비자를 자극할 만큼 참신하지 않은 것도 이유일 것이다. 주목받지 못한 광고물이 어찌 소비자로부터 인지되고, 이해되며, 나아가 목표한 행동을 유발할 수 있겠는가!

주변의 시설물이나 자연 공간을 미디어로 활용하는 앰비언트 옥외광고는 1999년 영국에서 그 용어가 탄생했다. 도심 거리나 공공건물 등에서 보는 예상치 않은 기발한 설치물이 이 부류에 속한다. 칸 국제광고제도 앰비언트 옥외광고 부문을 별도로 시상한다. 앰비언트 옥외광고는 TV나 온라인 같은 주력 광고 미디어와는 다른 광고 효과를 유발한다고 평가된다. 소비자에게 놀라움을 자극해 인지, 이해, 행동과 같은 후속 인지적 반응을 촉발한다. 이것이 소비자와의 교감을 중시하는 최근의 체험 마케팅에서 앰비언트 옥외광고를 적극 활용하는 이유다. 적은 비용으로 소비자가 자발적으로 주목하게 만드는 앰비언트 옥외광고 사례를 세 가지 유형으로 나누어 소개한다.

① 신규 설치 앰비언트

오른쪽 그림의 사례는 경찰박물관이 위치한 건물에 팻말을 들고 있는 경찰관의 모습을 건물 외벽에 새롭게 설치해 주변 보행자는 물론 운전사들의 높은 주목도와 관심을 유도하고 있다. 단순한 학교 폭력 근절 메시지가 아닌 소위 '빵셔틀'이라는 단어를 사용해 재치 있게 학교 폭력에 대한 경각심을 일깨우고 있다. .

경찰박물관에 설치된 공적 광고

② 기존 시설물 활용 앰비언트

2010년 칸 국제광고제에서 동상을 수상한 폭스바겐의 Piano 계단은 스톡홀름의 한 지하철역에 있는 계단 사용을 장려하기 위한 캠페인. 빈 계단을 옆에 두고 에스컬레이터로 몰리는 지하철 출구에서 계단 이용객에게 경쾌한 피아노

Volkswagen Piano 계단

소리를 선사한다. 이 피아노 계단이 설치된 후 계단 이용자 수가 현격히 증가했다고 한다. 계단 이용자는 건강이 증진되고 에스컬레이터를 운영하는 에너지도 절감되는 효과도 얻었다.

이 캠페인은 하나의 앰비언트 옥외광고가 일반인들의 행동을 변화시킨 대표적인 사례로 평가된다. 또 이 광고는 여러 언론 매체에 기사화돼 폭스바겐 브랜드에 긍정적인 영향을 줬다고 한다. 이후 세계 여러 국가의 지하철과 병원에도 피아노 계단이 속속 등장했다. 국내에도 여러 공공장소에 피아노 계단이 설치돼 이용자들에게 즐거움을 선사하고 있다.

③ 기존 광고 규격 활용 앰비언트

허가된 OOH의 규격 내에서 광고물을 좀 더 창의적으로 표출한 경우이다. 아래 사진은 수년 전 출시된 삼성 3D TV의 제품 속성을 입체 형태로 표현해 소비자의 인지 감각을 자극한 사례다.

삼성 3D LED 광고

IKEA 광고

이케아(IKEA)가 게시판(Billboard)을 창의적으로 활용해 자사 제품의 특징을 강조한 사례도 눈길을 끈다. 한편 전통적인 OOH스크린에 인터넷 기술을 접목해 British Airway 항공기가 근처를 통과할 때 비행기의 편수와 출발 도시를 알려주는 광고가 운영된 경우도 있다. 이 캠페인은 광고 소재와 실제 브랜드를 연계하는 놀라움으로 소비자의 광고 관여도를 높였다는 평가를 받는다.

British Airways Interactive 광고

미래의 앰비언트 OOH는 계속 진화할 것이다. 앰비언트의 의외성과 기발함은 다양한 디지털 기술과 연계되면서 계속 주목될 것이다. '안면 인식 기술'과 '행동 인식 기술' 등이 앰비언트 미디어와 결합되면서 특정 소비자 그룹에 최적화된 창작물이 깜짝 표출될 것이다. 더해서 AR(Augmented Reality) 및 VR(Virtual Reality) 같은 미래의 디지털 기술이 엠비언트 미디어로 활용되면 현재와는 다른 차원의 놀라움과 즐거움을 소비자에게 제공할 것이다.

1 광고 매체의 이해

1992년 12월 국내 최대 광고대행사의 매체 기획팀에 근무하는 A씨는 1993년 대행사의 최대 고객 회사에서 새롭게 출시하는 신제품 냉장고의 연간 매체 계획을 수립하고 있다. 기획팀에서 보낸 자료에 의하면 신제품 냉장고의 잠재 구매고객은 25~49세 여성이며 시장 점유율 1위의 시장 지배적 위치의 브랜드로서 다음과 같은 3가지 광고 목표를 가지고 있다. 첫째, No. 1 브랜드로서 업종 전체의 소비자 니즈 증대, 둘째, 회사 전체의 대표 브랜드로서 동일 회사의 타제품 이미지까지 향상, 최초 상기도의 지속적 증대로 브랜드 파워 증대이다. A씨는 주 매체로 TV를 선정하고 전체 매체 예산의 65%를 배정하였다. TV 광고 수요 폭발로 광고를 집행할 인기 프로그램 확보의 어려움이 예상되어 MBC의 프로그램 중 표적 소비자의 59.6%가 시청하는 '사랑이 뭐길래'에 광고 노출을 집중시켜 비용 효율성을 최대한 확보하고자 한다.

2020년 12월 여전히 같은 대행사에서 매체 계획 업무를 하는 A씨는 최근 경쟁이 격화되고 있는 시장에 새롭게 선보일 냉장고의 연간 광고 매체 집행 기획을 작성하며 전체 예산의 60%를 인터넷 기반의 디지털 매체에 할당하고 공중파 3사에 예산의 15%, 케이블과 종편 채널에 15%, 나머지 10%는 극장 광고와 디지털 사이니지에 집행하기로 계획하였다. 디지털 매체에 광고를 집행하기 위해 광고주와 협력하여 표적 소비자의 프로파일과 소비자의 최근 검색 기록, 방문 매체, 관심사를 분석하여 게재 지면이나 위치가 아니라 표적 소비자에게만 광고를 노출시키는 전략을 수립하였다. 더 나아가 구글과 페이스북 등의 다양한 광고 플랫폼과 애드 네트워크 그리고 검색광고 플랫폼을 활용하여 예상되는 노출, 클릭, 공유, 회원 가입, 구매 전환 등의 구체적 성과 중심으로 세부 집행 계획을 수립하였다.

비록 가상의 예이지만, 인터넷이 대중화되기 전인 1992년과 PC와 스마트폰 중심의 디지털 매체 이용 패턴이 보편화된 2020년을 비교하면 매체 계획의 틀 자체가 변했다고 무방하다. 최근 다매체 시대가 본격적으로 열리면서 광고 영역에서 매체기획에 대한 관심이 부쩍 늘어나고 있다. 디지털 매체의 출현은 매체 기획을 중요하게 만든 것은 광고할 수단을 다양화시켰기 때문이다. 매체가 다양하다는 것은 광고주가 그만큼 더 많은 선택 대안을 갖게 됨을 의미하며, 선택 대안이 많다는 것은 올바른 선택과 옳지 않은 선택의 차이를 더욱 크게 만든다. 더불어 매체가 다양하다는 것은 그만큼 타깃 소비자들이 여러 매체에 분산됨을 의미하며, 그것은 기존의 방식으로는 과거와 같은 매체 효과를 얻는 것이 매우 어렵다는 것을 의미한다.

전통적 4대 매체 중심의 매체 계획이 광고 노출의 효율성에 초점을 맞추었다면, 디지털 매체 중심의 광고 집행은 소비자의 인터넷 행동 데이터를 인공신경망(artificial neural network), 즉 머신러닝의 한 종류인 딥 러닝(deep learning)을 활용해서 다층적으로 분석하고 선택된 표적 소비자에게만 광고 메시지를 노출하고 광고에 대한 직간접적 반응과 성과 중심으로 이루어진다. 요약하자면, 전통적 매체 중심의 광고 집행은 게재 위치를 구매하여 비용 대비 노출 효율성을 확보하고 광고 목표 달성이 초점이라면, 디지털 매체 중심의 광고 집행은 소비자의 행동 데이터를 분석하여 선택된 표적 소비자에게 광고를 노출하거나 검색 행위를 통하여 찾아오는 소비자에게 광고를 노출하여 구체적으로 성과를 측정하고 수치화된 목표 달성에 초점을 맞춘다.

2 광고 매체 왜 중요한가?

매체의 정의와 역할

매체(media)는 '중간(middle)'을 뜻하는 라틴어에 기원을 둔 단어로 광고에서 매체는 메시지를 소비자에게 전달하는 역할을 한다. 여기서 전달의 의미는 광고 메시지를 표적 수용자에게 노출시키는 것이다. 라스웰(Lasswell, 1948)의 커뮤니케이션 모델(source → message → channel → receiver → effects)에 의하면, 광고는 송신자이자 정보원인 광고주의 메시지는 채널을 통해서 수용자인 소비자에게 효과적으로 전달되면 의도된 효과를 발생시킨다. 광고주의 메시지를 소비자에게 전달하는 모든 채널을 매체라고 볼 수 있다.

효율적인 광고 집행을 위해 실무자들은 대단히 많은 노력을 기울인다. 소비자를 분석하고, 시장을 분석하고, 기타 여러 환경적인 변화 요소들을 분석한다. 방대한 양의 분석 결과들은 다시 중요한 것과 중요치 않은 것으로 분류되며, 이를 바탕으로 마케팅 목표를 달성하기 위한 광고 목표와 전략이 수립되어진다. 그러나 전문적인 분석이 이루어지고 훌륭한 목표, 그리고 전략이 수립되더라도 광고 활동의 결과물에 반영되지 못한다면 소비자들이 광고주가 전달하는 메시지를 인식하지 못하고 구체적인 행동으로 연결되지 못할 것이다.

소비자와 직접 접촉하는 광고 활동의 두 가지 결과물은 광고소재(크리에이티브)와 매체 집행이다. 광고소재는 일단 광고물을 본 소비자가 얼마나 메시지를 잘 이해하고 설득되어질 수 있는가에 관심을 가진다. 그러나 아무리 효과적인 광고물을 제작한다 할지라도 그것을 소비자에게 노출되고 인지되지 않는다면 효과를 기대하기 어렵다. 즉, 효과적인 광고소재는 광고를 본 소비자들을 설득하는 일을 하지만, 효과적인 매체 집행은 비용효율적으로 소비자에게 광고를 노출시키는 역할을 한다. 광고활동의 결과물은 이 두 가지가 전부이며, 아무리 뛰어난 분석과 훌륭한 전략을 가졌더라도 이것이 제작물과 매체에 반영이 되지 못한다면 그것은 현란한 말잔치에 불과할 것이다.

매체 기획의 중요한 결정 사항

매체 기획은 구체적으로 네 가지의 결정들을 포함한다. 첫째로 그것은 광고비를 결정하는 문제이다. 광고 캠페인을 통하여 얼마나 많은 사람들이 몇 번이나 광고를 노출해야 충분한지를 이해해야 하며, 이를 위해 얼마나 많은 매체와 비이클을 구매해야 하는지 알고 있어야 한다. 이를 바탕으로 광고 예산이 결정되어질 수 있다. 광고 예산의 결정 문제는 광고주가 미리 결정하기도 하며, 이렇듯 매체 효과를 고려하면서 목표과업법에 입각하여 결정하기도 한다.

둘째로 광고물을 보게 하는 작업은 광고 시점을 결정하고 각 시점의 노출량을 결정하는 문제를 포함한다. 매체 기획들은 특정 시점에 수용자들이 얼마나 많이 광고 메시지를 보아야 하는지를 결정하여야 하며, 또한 1년 동안의 시기별, 월별 어느 수준의 노출이 이루어져야 하는지를 결정하여야 한다. 일 년 동안 꾸준히 노출하는 것이 효과적일 수도 있고, 광고의 노출과 비노출 과정을 반복하는 것이 효과적일 수도 있다.

셋째로 이것은 매체를 선정하고 각 매체에 얼마나 광고비를 집행할 것인지를 결정하여야 한다. 매체 기획에서 광고 매체란 광고 메시지를 전달하는 수단을 의미하는데, 서로 다른 매체에서 소비자에게 광고 메시지들이 전달되었을 때 창출되어지는 효과는 각기 다르다. 이러한 매체 효과를 생각하면서 매체 기획자들은 어떠한 매체를 사용하여 메시지를 전달하는 것이 가장 효과적인지를 결정하게 된다.

매체 기획에서 어느 프로그램에 몇 번씩 광고할 것인가의 문제는 연간 예산의 규모와 월별, 매체별 광고 예산이 결정된 후에 최종적으로 결정되어지는 문제이다. 예를 들어 진라면의 1년 예산이 30억원이며 1월의 텔레비전 광고비로 5억원을 집행하기로 결정된 후 5억원의 광고비로서 최고의 효과를 올릴 수 있는 매체별, 비이클별 집행 횟수의 결정이 이루어진다.

그림 9-1 매체 기획과 연관된 중요 결정 사항

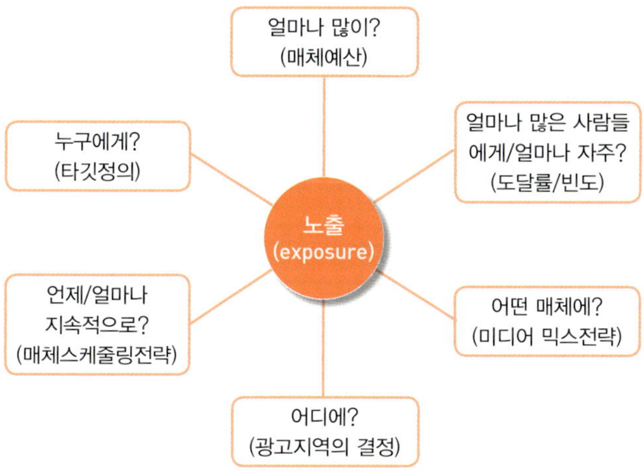

이렇듯 다양한 매체의 결정 중에서 광고 시점의 결정과 집행 매체의 선정 문제를 매체 기획의 전략적 결정이라 부르며, 프로그램 구매와 관련된 결정을 전술적 결정이라 규정한다. 그리고 광고 예산의 결정은 매체 전략의 수립 결과로서 나타나는 부산물이다. 언제나 전략적인 결정이 언제나 전술적인 결정보다는 더 중요하다 할 수 있으며, 매체 기획에 있어서도 어떤 프로그램을 구매하는가의 문제보다는 어느 시점에 어느 매체에 얼마나 광고할 것인가를 결정하는 문제가 한층 더 중요하다.

요약하면 [그림 9-1]과 같은 사항들이 매체 기획 과정에서 결정된다.

매체 유형, 비이클, 유닛

일상에서 흔히 지칭되는 매체는 TV, 라디오, 신문, 잡지, 옥외, 인터넷 기반의 웹사이트와 모바일 앱을 의미하며 매체 유형 또는 매체 타입으로 쓸 수도 있다. 매체의 가치 평가 방법 중 하나가 도달 범위인 커버리지(coverage)이다. 각 매체의 커버리지 측정은 다음과 같다. 신문, 잡지에는 발행 부수 또는 판매 부수, TV, 라디오는 소유 세대수, 라디오 세트 보유수, 또는 어떤 전파가 항상 시청/청취되는 TV, 라디오의 소유 세대수를 가리킨다. 옥외 광고에서는 노출되는 지역에 접촉한다고 생각되는 교통량, 역이나 공항의 승차인 수, 극장 광고에서는 영화관의 입장객 수이다. 디지털 광고에서는 PC와 Mobile 기기를 소유한 소비자의 수가 된다. 추가로 광고 매체를 통하여 도달될 수 있는 지역의 범위 또는 인구의 총수인 넷 커버리지(net coverage), 즉 순 도달 범위가 사용되기도 한다.

비이클은 하나의 매체를 구성하는 동종의 집합체로써 매체 유형 내의 개별 메시지 전달자(carrier)를 말한다. 즉, 매체 비이클은 매체 유형 내에서 광고물이 게재 또는 운영될 수 있는 구체적인 지면을 말한다. 텔레비전과 라디오 매체의 비이클은 여러 종류의 특정 프로그램들이며 JTBC '뉴스룸', MBC의 '나 혼자 산다'가 예가 된다. 신문매체의 비이클은 조선일보의 1면, 동아일보의 사회면, 잡지 매체의 비이클은 여성동아, 주부생활 등 잡지의 특정 섹션 또는 지면이 된다. 디지털 매체의 비이클은 특정 포털, 뉴스사이트, 개인 블로그 등을 포함한다.

유닛은 비이클을 구성하는 개별 광고물의 형태로써, 비이클 내 광고물의 크기, 게재 위치, 길이, 색상 등을 의미한다. 즉 매체 단위는 매체 비이클에 게재 또는 운영되는 광고물의 크기를 의미한다. 신문 전면광고, TV 30초, 특정 웹사이트의 배너가 매체 단위이다. 메시지는 매체 단위를 통해 TV의 경우 CF(commercial film), 신문과 잡지의 경우 인쇄광고물(print advertisement), 인터넷을 활용한 다양한 형태의 디지털 광고 콘텐츠의 형태로 소비자에게 노출된다.

[그림 9-2]의 미국광고연구재단의 모델은 광고 매체와 메시지의 역할을 확실하게 구분하고 있다. 즉, 이 모델에서 비이클 분배, 비이클 노출, 광고 노출은 매체의 역할이고 광고 지각, 광고 커뮤니케이션 효과 발생, 판매 반응은 메시지의 역할로 구분된다 광고는 이와 같은 매체와 메시지의 결합으로 완성된다. 비이클 분배(vehicle distribution)는 발생부수와 같은 매체 비이클의 유통, 비이클 노출(vehicle exposure)은 광고 메시지를 전달하는 매체 비이클(예, TV 프로그램)에 대한 노출, 광고 노출(advertising exposure)은 광고 메시지에 대한 노출을 의미한다. 비이클 노출은 광고 노출의 필요 조건이지만, 필수 조건은 아니다. 즉, 비이클 노출은 광고를 볼 기회만을 의미하며, 매체 비이클에 노출되었다고 해서 반드시 광고 노출이 이루어졌다는 보장은 없다.

광고 효과는 노출에서 시작하여 브랜드 인지도 및 브랜드에 대한 태도, 구매 의도를 향상시키고 결과적으로 소비자의 실제 구매를 유도한다. 즉 세밀한 소비자 분석에

그림 9-2 매체와 메시지의 역할 도식

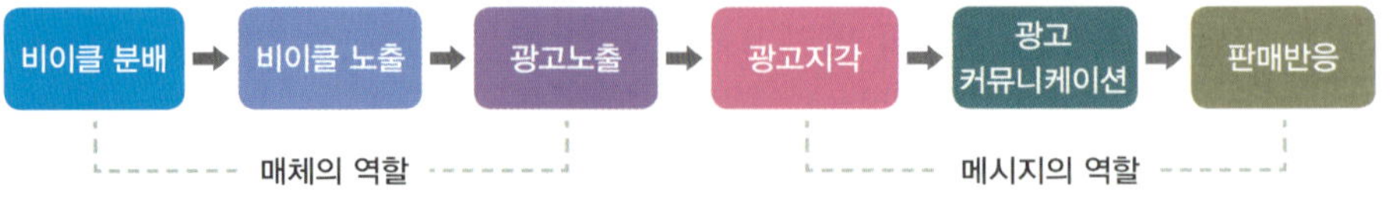

근거한 창의적인 광고 전략과 광고 콘셉트가 도출되고 소비자의 관심과 주목을 유도할 수 있는 독창적인 광고 크리에이티브가 제작되더라도 효과적으로 소비자에게 노출될 수 없다면 광고 효과는 발생할 수 없고 성공적인 광고 캠페인을 기대할 수 없다. 결과적으로 광고 노출은 광고효과 발생의 첫 단계라고 할 수 있다. 매체 기획은 단지 매체의 유형만을 다루지 않고, 비이클과 유닛까지 포함하여 다루게 된다. 따라서 매체 전략과 전술을 수립할 때 매체, 비이클, 유닛의 차이를 반드시 알아야 한다.

3 광고 매체의 분류

광고 매체는 수평적 범위와 수직적 범위로 분류할 수 있다. 광고의 수평적 범위는 우선 대중매체와 비대중매체 그리고 ATL과 BTL로 구분 가능하다. 인터넷 기술의 대중화로 기업들이 생산하는 콘텐츠를 직접 배포하면서 매체를 지불 미디어(paid media), 소유 미디어(owned media)와 획득 미디어(earned media)의 세 분류로 나눌 수 있다. 요약하면, 수평적 범위 분류는 매체의 특성과 역할에 따른 분류와 유형들을 의미하며 수직적 범위는 매체 유형(media type or media class), 매체 비이클(media vehicle), 매체 단위(media unit)와 같은 매체의 계층을 의미한다.

대중 매체 vs. 비대중 매체

광고매체는 크게 대중 매체와 비대중 매체로 구분할 수 있다. 대중매체는 불특정 다수에게 획일화된 메시지를 전달하는 TV, 라디오, 신문, 잡지 등을 말하며, 비대중 매체는 이러한 대중 매체를 제외한 모든 매체들을 지칭한다.

전통 매체 vs. 뉴미디어

전통매체는 TV, 라디오, 신문, 잡지를 포함한 4대 매체와 옥외 매체(out-of-home media)를 말하며, 뉴미디어는 전통 매체의 상대적인 용어로서 인터넷 기술을 활용한 웹사이트와 모바일 앱 등을 의미한다. 최근 스마트폰, 소셜미디어, 스마트 TV, 태블릿 PC 등을 따로 스마트 미디어로 분류하지만, 모두 인터넷을 활용해서 콘텐츠와 광고가 소비자에게 전달된다는 점을 고려하며 뉴미디어 또는 디지털 미디어 매체로 통합해서 말할 수 있다.

ATL vs. BTL 매체

광고 캠페인에서 통합적 마케팅 커뮤니케이션(IMC)에 대한 필요성이 증가하면서 광고 매체를 단순히 광고 메시지 전달의 역할뿐 아니라 PR, 판매 촉진, 이벤트 PPL 등을 지원하기 위한 도구로 활용하면서 광고대행사는 광고캠페인에서 광고매체의 역할과 특성에 따라 광고매체를 ATL과 BTL로 구분하여 활용하기도 한다.

ATL(above the line)이란 텔레비전, 신문, 잡지, 라디오 광고, 극장광고, 옥외광고 등의 전통 4대 매체를 포함한 대중 매체를 활용한 비대인적 커뮤니케이션 활동을 말한다. 반면에 BTL(below the line)은 ATL을 제외한 주로 대인 커뮤니케이션 방법을 활용하는 비대중 매체 커뮤니케이션(non mass media communication) 활동을 말한다. 최근 광고 캠페인에서 BTL이 차지하는 비중이 매우 빠르게 증가하고 있다. 그 이유로 소비자의 변화, 매체 환경의 변화, 광고 효과의 감소, 유통 영향력의 증대 등을 꼽을 수 있다. 특히 현재 소비자들은 전통적 대중 매체를 통한 브랜드와의 간접적인 접촉에서 벗어나 콘텐츠를 적극적으로 생산하고 소비하고 경험하는 경향을 보이고 있다. BTL은 단순히 브랜드 관련 정보를 소비자에게 알리기가 아닌 체험, 태도 변화, 단기적 구매 행동의 유발뿐만 아니라 장기적 브랜드 구축도 가능케 한다.

매체를 ATL과 BTL로 분류하는 방식은 전통 4대 매체 중심의 광고 캠페인에서 유용하였으나, 다매체, 다채널 시대의 도래로 브랜드의 접촉 방식과 양상이 빠르게 변화하면서 다양한 매체를 특히 디지털 매체 중심으로 브랜드 접촉점을 관리하는 것이 기업의 중요 과제로 떠오르고 있다. 최근 인터넷 기반의 다양한 디지털 매체(예, 인터넷 포털, 검색 엔진, SNS, 모바일 앱)가 광고 매체로써 영향력을 크게 확대하면서 ATL과 BTL을 통합하여 커뮤니케이션 시너지 효과를 극대화하기 위한 전략과 실행이 뚜렷하게 나타나고 있다.

4 트리플 미디어 분류 방법

인터넷 기술을 기반으로 다양한 디지털 매체의 혁명적 등장은 기업이 소비자들과 커뮤니케이션하는 방식 자체를 바꾸었다. 이전과 다르게 기업들은 자체적으로 브랜디드 콘텐츠(branded content)를 제작하고 쉽게 배포하고, 소비자들과 직접 소통할 수 있는 환경이 조성되었다. 더 나아가서 소비자들도 적극적으로 제품과 서비스에 대한 정보를 생산하고 서로 공유하고 있다. 앞서 언급된 매체 분류 방식은 기업들의 변화된 광고 커뮤니케이션 행위 설명에 한계가 있다. 이러한 한계점을 극복하는 하나의 방법으로써 지불 미디어, 소유 미디어, 획득 미디어의 분류를 통해 기업들의 변화된 매체 활용에 대한 설명이 가능하다. 최근 기업들은 세 가지 미디어를 효과적으로 통합 운영하는 것에 초점을 맞추고 있다. 과거와 달리 단순히 광고로만 소비자를 설득하는 대신, 소비자와 적극적으로 소통하고 동시에 소비자들이 기업과 브랜드에 대한 긍정적인 콘텐츠를 양산하도록 적극 유도하고 있다.

지불 미디어(Paid Media)

기업의 입장에서 비용을 투입하여 지면과 시간 등을 구매하여 광고 메시지를 전달하는 매체를 지불 미디어라고 간략하게 정의할 수 있다. 비용을 지급하기 때문에 기업이 일정 수준 이상의 조절과 권한을 가지게 되며, 즉각적인 광고 효과가 발생할 수도 있다. 대중 매체를 이용한 대규모 광고 캠페인을 집행할 경우 높은 수준의 브랜드 및 광고 인지도를 쉽게 확보할 수 있다는 장점이 있지만 비용 대비 고객의 행동적 반응과 메시지 신뢰도가 낮을 수 있다는 단점도 존재한다. 최근 소비자들의 대중매체 이용률이 현저하게 감소하면서 다양한 디지털 플랫폼을 지불 미디어로써 활용하는 현상이 빠르게 확산되고 있다.

예를 들어, 유명 블로거, 유튜버, 인플루언서를 활용한 체험 콘텐츠를 제작하고 배포하는 것도 지불 미디어를 활용한 메시지의 전달이라고 볼 수 있다. 인기 유튜버의 채널에서 특정 제품을 활용하는 광고 사례를 보여주고 있다. 유명 유튜버를 활용하면 콘텐츠에 소개된 제품에 대한 소비자의 호응도, 공감이 증가하고, 자연스럽게 콘텐츠가 SNS를 통해 공유가 될 수 있기 때문에 획득 미디어로 활용할 수 있는 장점도 있다. 게임 콘텐츠에 브랜드를 자연스럽게 노출시키거나 특정 제품을 게임 아이템으로 제공하여 소비자의 인지도 및 친밀도를 높이는 전략도 빈번하게 사용되고 있다. 게임 자체가 기업에게 지불 미디어로 작동하고 있다. 다양한 형태의 인게임 광고(in-game advertising)는 단순 배너 노출이 아니라 콘텐츠 자체에 삽입되어 광고 회피를 최소화한다는 장점이 있다.

인기 유튜버 수상한 녀석들의 '티구안' 몰래카메라 광고

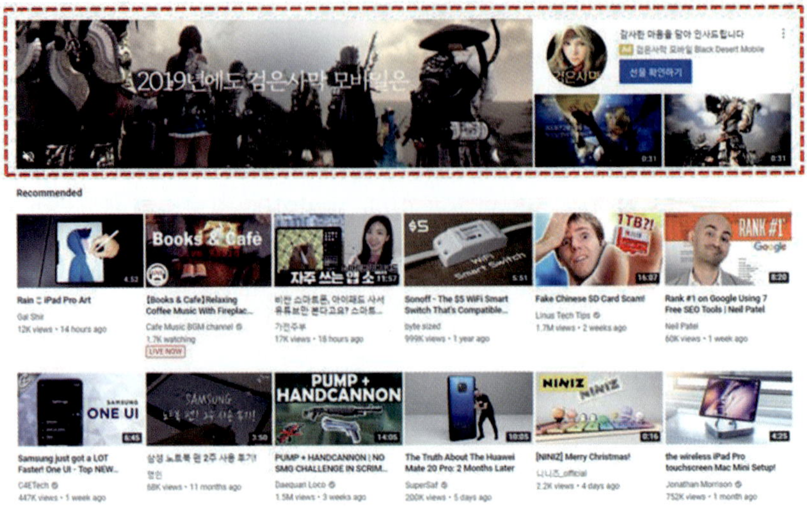

지불 미디어 사례: Youtube 마스트헤드 상품

최근 디지털 광고 영역에서 애드 네트워크 또는 프로그래매틱 바잉을 활용하면 기업은 광고가 노출되는 지면을 구입하지 않고 오디언스 구매 방식을 통해 지정된 소비자에게만 광고를 노출할 수 있다. 이 경우 애드 네트워크나 프로그램 바잉 플랫폼이 지불 미디어의 역할을 대신하게 된다. 10장은 디지털 매체를 활용한 다양한 방식의 광고 형태 및 캠페인에 대해 자세하게 논의한다.

소유 미디어(Owned Media)

다양한 기업이 자체적으로 보유하고 있는 커뮤니케이션 채널이 미디어의 역할을 하는 것을 의미한다. 인터넷 기반의 디지털 플랫폼이 등장하기 전 기업은 고객을 위해 무료로 배포하는 잡지 또는 소식지 정도가 활용 가능한 소유 미디어였다. 하지만 다양한 커뮤니케이션 채널을 기업들이 활용 가능하면서 기업이 적극적으로 고객 지향적 콘텐츠를 기획, 제작, 유통하는 새로운 시도인 콘텐츠 마케팅과 직접 마케팅을 실행하고 있다. 콘텐츠 마케팅은 수익성 소비자의 행동의 유발을 목적으로 정보성, 오락성을 갖춘 콘텐츠의 생산 및 배포를 통해 명확하게 정의된 표적 소비자를 유도, 획득하여 그들과 인게이지먼트 더 나아가서 관계를 형성하는 마케팅 프로세스이자 테크닉이다.

대표적인 기업의 소유 미디어는 기업 및 브랜드 웹사이트, 모바일 웹사이트 및 앱, 블로그, 유튜브 채널, 페이스북 및 인스타그램 계정, 카카오톡 플러스 친구, 최근 사용이 증가하고 있는 온라인 쇼핑몰 등을 포함한다. 특히 소비자의 스마트폰 보유와 사용량이 급증하면서 기업의 소유 미디어 전략도 모바일 매체 중심으로 재편되고 있다. 최근 온라인 쇼핑몰 직접 운영과 마켓 플레이스에 입점하는 병행 전략으로 직접 판매까지 통제하는 양상을 보이고 있다.

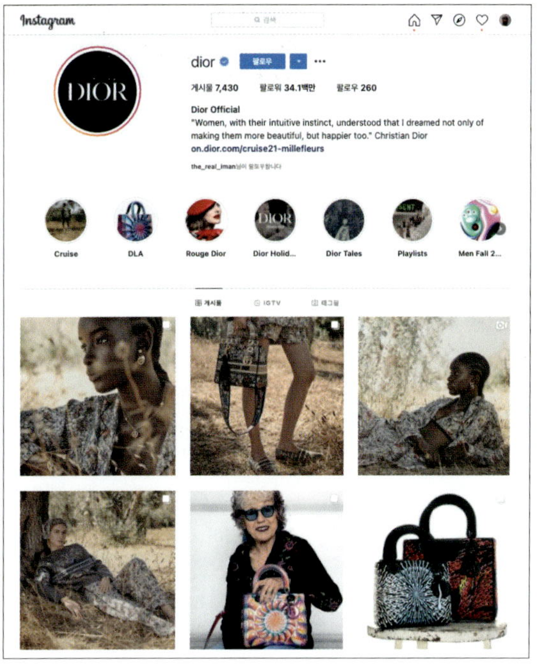

소유 미디어 사례: 디오르 공식 인스타그램 계정

대중 매체를 통한 대규모 광고 캠페인에 비해 비용을 절약하고 커뮤니케이션의 통제권이 지불 미디어에 비해 뛰어나다는 장점이 있지만, 다양한 소유 미디어 채널을 관리하고, 채널별 최적화된 콘텐츠를 꾸준히 생산하고 배포해야 일정 수준 이상의 효과가 발생한다는 점은 단점이라고 할 수 있다. 즉, 단순히 SNS 계정, 유튜브 채널, 웹사이트를 운영한다고 해서 표적 소비자들이 방문하고 상호 작용이 일어나는 것은 아니다. 전문 인력 및 운영 인력의 확보를 통해 정보성, 오락성을 갖춘 콘텐츠를 꾸준히 생산하고 배포해야 하는 비용과 시간을 투자해야 소유 미디어를 통한 효과를 경험할 수 있다. 위 그림은 소유 미디어의 성공 사례인 디오르의 인스타그램 계정을 보여주고 있다. 여기서 주목할 점은 디오르 인스타그램 계정의 팔로워 숫자이다. 3,400만 명의 소비자에게 콘텐츠나 메시지를 직접적으로 배포하기 위해 광고 비용을 고려해 보면, 우수한 소유 미디어 운영의 장점을 쉽게 파악할 수 있다.

획득 미디어(Earned Media)

웹 2.0(web 2.0) 시대의 개막은 소비자가 콘텐츠를 직접 그리고 쉽게 제작하고 배포할 수 있는 환경을 조성하였고, 이제 소비자는 단순히 메시지의 수용자가 아니라 커뮤니케이션 과정에 능동적 생산자로 참여하고 있다. 소비자가 스스로 기업 및 브랜드와 관련된 콘텐츠를 제작하고 배포하는 바이럴 효과에 초점을 맞춘 것이 획득 미디어이다. 획득 미디어는 기업의 입장에서 매체비를 지불하거나 소유를 위해 구축한 미디어가 아니라 소비자의 활동에 의해 획득한 미디어로 분류할 수 있기 때문에 중요성이 매우 크다. 확산 미디어 채널은 SNS, 동영상, 마이크로블로그, 블로그, 제품 후기 등 다양한 형태로 출현하고, 획득 미디어는 온라인 바이럴 마케팅의 핵심 역할을 수행하기 때문에 최근 그 중요성이 강조되고 있다.

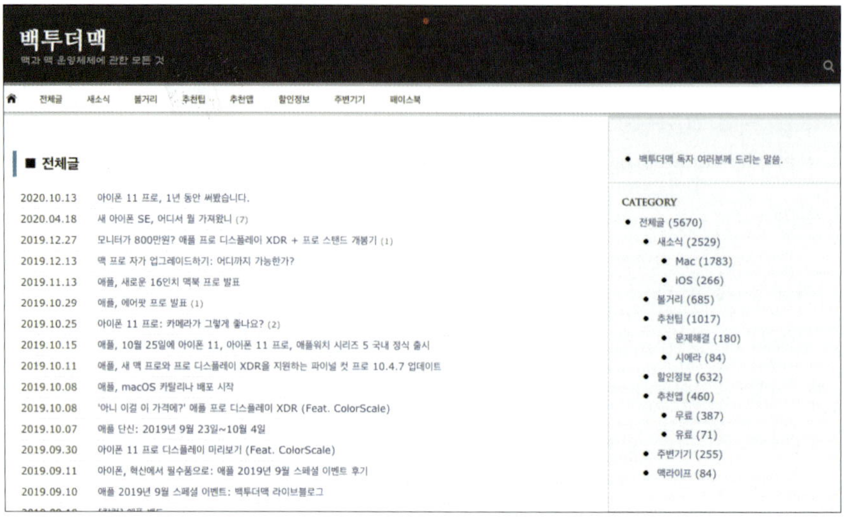

획득 미디어 사례: Back to the Mac

획득 미디어에 의해 배포되는 다량의 브랜드 정보는 고객 사이에 구전되면서 역할이 더욱 중요해지고 소비자들 사이에 구전되는 브랜드 정보는 유료 미디어 및 소유 미디어에 배포되는 정보에 비해 더 신뢰성이 있는 정보로 인식되기 때문에 강력한 영향력을 가진다. 이런 이유로 많은 기업들이 페이스북, 인스타그램, 트위터에 브랜드 페이지를 개설하여 고객과의 소통을 시도하고 소비자들이 자발적으로 브랜드에 대한 긍정적인 정보를 생산하고 배포할 수 있도록 유도하고 있다.

광고비의 지출 없이 소비자들이 자발적으로 기업 및 브랜드에 대한 정보를 양산하고 공유된다는 점은 분명한 장점이나 유료 미디어 및 소유 미디어를 통해 배포되는 정보나 콘텐츠에 비해 통제권이 약하고 부정적인 정보가 공유될 수 있다는 점은 약점이라고 할 수 있다.

5 매체 효과 분석

전통적인 대중매체는 광고 시간 및 지면의 제약, 혹은 커뮤니케이션의 일방향성 등으로 고객 개개인에게 맞춤형 광고 메시지를 전달하거나, 쿠폰 광고, 프로모션 광고, 이벤트성 광고 등 다양한 직접마케팅 수단들을 구사하여 고객으로부터 직접적인 반응을 촉구하거나 결과를 정량적으로 파악하는 데 한계가 있었다. 그러나 디지털 광고는 소비자와 상호작용할 수 있는 양방향 인터페이스를 통하여 소비자로부터 구체적인 행동반응을 이끌어 낼 수 있다. 따라서 디지털 광고의 경우 캠페인 집행 시점부터 종료까지 일반광고와 달리 캠페인이 노출효과 및 커뮤니케이션 효과뿐 아니라 캠페인의 구체적인 성과인 ROAS(Return On Ad Spending) 효과 및 브랜딩 효과를 창출할 수 있다. 광고 매체의 효과는 노출효과, 커뮤니케이션 효과, ROAS 효과, 브랜딩 효과를 포함한다. 특히 대중매체 광고는 캠페인이 매출 증대에 기여하지만 정확한 기여도 측정이 어렵다. 반면 디지털 광고는 노출에서부터 제품구매까지 광고에 대한 반응을 세밀하게 추적할 수 있다. 예를 들어, 구글 또는 네이버 애널리틱스를 사용하면, 사용자의 방문 기록, 사용 기기, 접속 환경, 웹 및 앱 사용 기록, 회원 가입, 구매, ROAS를 광고 및 비광고 효과로 나누어 실시간 측정 가능하다. 애널리틱스를 활용한 디지털 광고는 10장에서 더 자세하게 다루기로 한다.

노출효과

메시지 전달자로써 매체의 노출효과(exposure effect)는 광고 메시지가 얼마나 많은 사람들에게 보이는가를 나타내는 것으로 도달효과(reach effect)와 반복효과(repetition effect)로 구분할 수 있다. 도달효과는 광고 메시지를 얼마나 많은 표적 수용자에게 노출시킬 것인가를 말하며, 반복효과는 광고 메시지를 동일한 표적 수용자에게 얼마나 반복적으로 노출시킬 것인가를 말한다. 도달효과는 도달률(reach), 반복효과는 빈도(frequency)라는 개념으로 표현된다. 도달효과는 브랜드 및 광고 인지도와 밀접한 관련성을 가지며, 반복효과는 커뮤니케이션 효과가 발생하기 위한 최소한의 광고 노출빈도와 과잉 노출로 인한 효과 감소와 깊은 연관성을 가진다.

도달률은 광고 메시지가 일정 기간 동안 하나 또는 그 이상의 매체 비이클에 최소한 번 이상 노출된 표적수용자의 비율을 뜻한다. 즉 광고 메시지가 표적수용자에게 알려지거나 전달되는 넓이라고 정의할 수 있다. 도달률은 전체 이용자 수 대비 메시지가 전달되는 정도를 백분율로 나타낸 것이다. 예를 들어, 국내 TV 이용자수가 5,000만 명이고 이들 중에서 광고 메시지가 3,000만 명에게 노출되었다면, 도달률은 60%가 된다. 빈도는 일정기간 동안 표적수용자 중 실제 한번 이상 노출된 사람들만을 대상으로 이들이 평균적으로 그 매체 비이클에 몇 번 노출되었는가를 구한 수치다. 평균빈도는 한 이용자에게 같은 광고 메시지가 보이는 횟수, 즉 1인당 평균 광고 노출 수를 의미하며 도달률과 보편적으로 함께 사용되는 개념이다.

평균빈도와 도달률을 알면 GRPs(Gross Rating Points)를 계산할 수 있다. GRPs는 시청취구독률의 산술적 합계치를 의미한다. 일반적으로 광고가 표적수용자에게 도달한 비율(도달률)에 평균빈도를 곱하여 계산한 시청취구독률의 총합이라고 정의할 수 있다. 즉 GRPs=Reach(도달률)×Frequency(평균빈도). 예를 들자면 특정 광고 캠페인 A가 1개월 동안 TV 프로그램 B를 통해 표적수용자의 10%에게 도달하고 이들이 평균 5회 노출되었다면 GRPs는 50이 된다. GRPs의 단위는 %이나 관례적으로 %를 생각하고 숫자로 표기된다. GRPs에서 마지막의 's'를 생략하고 쓰는 경우도 있다.

식1: GRPs=Reach(도달률)×Frequency(평균빈도)

GRPs라는 용어와 거의 비슷한 개념으로 TRPs라는 용어도 사용된다. GRPs와 TRPs를 굳이 구분하자면, 전자는 세대나 가구전체를 대상으로 한 누적 시청취구독률이라면, 후자는 특정한 표적수용자를 대상으로 한 누적 시청취구독률을 의미한다. 하지만, 광고업계에서 특정한 표적수용자를 대상으로 한 누적 시청취구독률에도 GRPs라는 용어를 사용한다. 일반적으로 매체 효과를 평가할 때 사용하는 지수(GRP)를 타깃 대상으로 적용한 것이다.

[표 9-1]을 이용하면 도달률과 빈도의 개념을 쉽게 이해할 수 있다. 여기서 전체 타깃 소비자가 10명이라고 가정하면 이 프로그램을 통해 1주 차에 전체 타깃 소비자 10명 중 4명이 광고에 노출되었으며, 중복을 고려하지 않은 발생 노출 횟수의 총합인 총 광고 노출 수는 4회, 도달률은 40%가 되었다. 평균빈도는 1회로 GRPs는 40이 된다. 2주 차에 타깃 소비자 중 3명이 광고에 노출되었으며, 2주 차까지 누적으로 5명에게 노출되었으며, 광고의 누적 총 노출 수는 7회, 평균빈도는 1.4회가 된다. 2주

표 9-1 4주간 특정 TV 프로그램의 광고에 노출 현황

표적 시청자	1주	2주	3주	4주
A	–	–	–	–
B	–	–	–	✓
C	✓	✓	✓	–
D	–	–	–	–
E	✓	–	✓	–
F	–	–	✓	✓
G	–	✓	✓	–
H	✓	–	–	–
I	✓	✓	✓	✓
J	–	–	–	✓

주: ✓ 광고 시청

차까지 누적 도달률은 50%, GRPs는 70이 된다. 3주 차까지 누적 도달률은 60%, 누적 총 노출 수는 12회, 평균빈도는 2회, GRPs는 120이 된다. 4주 차까지 10명의 소비자 중 8명이(도달률 80%) 총 16회 광고에 노출되어, 평균빈도는 2회, GRPs는 160이 된다. 실제 도달률, 평균빈도, GRPs 계산이 위의 표와 설명처럼 간단하지 않지만, 설명에 사용된 원리를 기반으로 시청률 조사와 과거 데이터에 기반 중복을 제거하여 업계에서 GRPs 계산이 이루어진다.

여기서 중요한 의문이 생긴다. 광고에 1회 이상 노출된 소비자에게 동일한 광고 효과가 발생할까? 광고에 몇 번 노출되어야 적절할까? 브랜드 및 광고 인지도 확보, 브랜드 및 광고에 대한 긍정적 태도 양산 및 강화, 브랜드 전환, 메시지 회상, 구매 의향 등의 커뮤니케이션 효과를 획득하려면 광고 메시지 몇 번 반복 전달되어야 하는가? 어느 수준의 도달률과 빈도가 매체 계획에서 이상적인가? GRPs의 계산을 위해 매우 유용한 평균빈도는 위의 질문에 적절한 답변을 제공할 수 없다는 한계점을 지니고 있다. 유효빈도는 평균빈도의 한계점을 극복하기 위해 등장한 개념이며, 유효라는 개념은 커뮤니케이션 효과가 발생하기 위한 광고 메시지의 필요 반복횟수를 의미한다. 요약하면, 유효빈도는 광고 메시지가 커뮤니케이션 효과를 구현하기 위해 필요한 최소한의 빈도 또는 빈도 구간으로 정의된다. 3회 이상의 빈도 또는 5회에서 7회의 빈도로 표현될 수 있다.

유효도달률은 유효빈도에서 달성되어야 할 표적수용자의 노날률을 뜻한다. 예를 들어 특정 광고 캠페인에서 유효 빈도가 2회에서 5회까지라고 결정했다면 유효도달률은 각 빈도별 개별 도달률을 합산한 수치가 된다. 유효도달률은 유효빈도를 어떻게 설정하느냐에 따라 달라진다. 개념적으로 유효도달률의 계산은 유효빈도수의 결정에 영향을 받는다. 유효도달률과 유효빈도의 중요한 이유는 도달효과가 부족하면 광고주가 기대하는 크기의 표적 소비자들에게 광고 메시지를 도달시킬 수 없으며, 반복효과가 부족하면 소비자의 광고 효과가 발생하기 위한 최소 지각 수준을 넘을 수 없기 때문이다. 유효도달률과 유효빈도가 적절히 결합되어야 브랜드 및 광고 인지도, 브랜드에 대한 긍정적인 태도 그리고 구매 의도와 같은 광고 효과를 기대할 수 있다.

광고는 대부분 제한 예산으로 집행되기 때문에 매체 계획과 결과 보고서 작성에서 비용효율성을 고려하지 않을 수 없다. 비용효율성과 관련 가장 흔하며 기본적으로 사용되는 개념이 CPRP(Cost Per Rating Point)이다. CPRP는 GRPs의 1포인트를 상승시키는 데 드는 비용이다. CPP(Cost Per Point)로 불리기도 한다. 5,000만원의 예산으로

GRPs 500을 기록했다면 CPRP는 10만원이다. 목표로 설정한 도달률과 빈도를 기준으로 실제 집행 후 달성 여부 및 향후 개선 사항에 대한 논의가 가능하다.

식2: CPP = Budget(광고 예산) ÷ GRPs(총 시청취구독률)

CPRP와 더불어 CPR(Cost per Reach)도 빈번하게 사용되고 있다. CPR은 광고 도달률(또는 타깃 도달률) 1퍼센트를 올리는 데 드는 비용이다. 4,000만원의 예산으로 도달률 80%를 기록했다면, CPR은 50만원이다. 같은 GRPs 350을 기록하더라도, 도달률 70퍼센트, 평균빈도 5의 집행과 도달률 50퍼센트, 평균빈도 7의 실제 효과는 다를 수 있으며 CPR를 활용해서 비용 대비 도달효율성을 미리 예측하거나 집행 후 검토가 가능하다.

식3: CPR = Budget(광고 예산) ÷ Reach(도달률)

6 광고 매체의 유형

TV

1990년대 중후반까지 TV매체는 지상파TV를 지칭하는 것이었지만, 2000년대 이후 새로운 방송통신 융합형 및 모바일 플랫폼들이 등장하면서 새로운 형태로 진화하고 있다. 전송 기술의 발전으로 새로운 디지털 TV매체들이 등장함에 따라서 기존의 전통적 지상파TV 중심의 광고환경은 급변하고 있다.

특히 디지털 케이블방송, IPTV, 위성방송은 아날로그방식의 TV에 비해 5~6배 선명한 화질의 영상뿐만 아니라 소비자의 광고 및 제품정보에 대한 통제권을 증가시켜 송신자에서 수신자로 이어지는 단선적인 커뮤니케이션에서 벗어나 소비자와의 상호작용적 커뮤니케이션이 가능한 양방향 환경을 조성하고 있다. 디지털 방송들은 상향채널(return path)을 활용하여 다양한 양방향 데이터 서비스를 제공하고 있으며 본격적인 양방향광고(two-way or interactive ad)도 최근 집행이 시작되고 있다. 즉, 소비자가 시청 중 광고에 대한 평가와 브로슈어와 할인쿠폰 등 추가정보 요청, 이벤트참여, 제품구매도 가능해지고 있다.

시청률과 점유율의 차이를 이해하는 것도 TV광고 계획을 위해 유용하다. 시청률(rating)은 TV를 켜 놓았든 꺼 놓았든 TV가 있는 모든 가구 중에서 특정 프로그램 또는 방송국을 시청한사람들의 비율이다. 점유율(share)은 TV를 켜 놓은 가구 중에서 특정 프로그램이나 방송국을 시청한 사람들의 비율이다. 즉 TV이용가구 중에서의 비율이다. 그래서 점유율은 시청률보다 항상 높다. 예를 들어, 서울에 TV보유 가구가 1,000가구라고 가정하면 밤 9시에 TV를 켜 놓은 가구는 500가구이고 9시 뉴스데스크를 시청하고 있는 가구는 200가구이다. 그 채널의 시청률은 20%가 되고 점유율은 40%가 된다.

식4: 시청률(Rating) = 프로그램 시청 세대 ÷ 시청영역 내 수상기 소유세대수

식5: 점유율(Share) = 프로그램 시청 세대 ÷ 시청영역 내 수상기 사용세대수

시청률과 점유율은 특정 지역이나 전국이 될 수 있고, 특정 시간에 특정 프로그램이나 방송국을 시청했던 동일한 사람들을 포함한다. 시청률과 점유율은 주로 비이클이나 유닛을 선정하는 단계에서 주로 사용된다. 점유율은 시장에서 어떤 미디어의 비이클이 다른 비이클보다 상대적으로 얼마나 경쟁우위에 있는지 말해주지만 시청률은 반대로 시장에서 모든 소비자들에게 특정 프로그램이나 인쇄지면이 어떤 정도 인지를 말해주는 절대적 개념이다. 그래서 시청률은 광고주에게 더 유용하게 사용된다.

시청률이 높은 프로그램은 확실히 가시성(visibility)이 높다. 많은 사람들이 시청하고 이용하기 때문이다. 그러면 과연 잘 보이는 시청률 높은 프로그램은 반드시 효과적인가? 잘 보인다는 것과 많은 사람들이 본다는 것은 다른 의미를 갖는다. 잘 보이는 광고는 클러터가 낮은 조건에서 더 효과적일 수 있다. 시청률이 높은 인기 프로그램은 집행되는 광고도 많다. 다시 말하면, 광고가 많은 만큼 혼잡도가 높아져 눈에 잘 안보일 가능성도 큰 것이다.

TV광고에서 평균 광고시청률은 시급과 비례하므로 시청률이 높은 프로그램은 확실히 더 많은 사람들에게 노출이 된다. 일반적으로 시청률에 따라 방송 프로그램은 SA, A, B, C로 분류되며, 시청률 1%를 얻기 위해 들어가는 비용은 보통 SA급이 B급보다 2배나 많다. 프로그램 구매의 기준은 한 번의 노출 효과가 아니다. 더 낮은 가격의 프로그램을 다양하게 구매함으로써 더 높은 도달률과 빈도를 달성하는 것이 나은 전략일 수 있다.

흔히 시청률이 높은 프로그램은 후광효과(halo effect)가 광고에도 유의미하게 나타날 것으로 기대한다. 그러나 사람들이 어떤 프로그램을 좋아한다고 해서, 그 프로그

램 가까이 붙은 광고도 좋아할 것이라는 가정은 잘못된 것이다. 광고는 프로그램을 구매하는 것이 아니라 시간을 구매하는 것이다. TV프로그램 간 관여도(engagement)의 차이는 미디어간 관여도 차이보다 더 적다. 그래서 시청률이 높은 프로그램이 낮은 프로그램보다 항상 관여도가 높을 것이라는 판단은 잘못된 것이다. 대부분의 광고는 다른 광고 뒤에 노출된다. 비싼 매체 비용을 투여해서 적은 양의 노출로 측정이 불가능한 후광효과를 기대하는 것이 위험한 접근 방식이다. 광고예산이 충분하지 않은 광고주가 비싸고 시청률 높은 프로그램만을 통해서 가시성을 높이겠다는 것은 좋은 생각이 아니다.

지상파TV

지상파TV는 거의 모든 가정에 TV세트가 보급되어 있는 현실을 감안할 때, 광고비가 많이 소요되지만, CPRP를 고려할 때 비용효율적인 매체이다. 지상파TV는 광범위한 도달률과 높은 타깃 접촉률로 오랫동안 광고효과가 가장 높은 매체로 인식되었지만, 최근 디지털 광고시장의 급성장으로 성장세가 둔화되었으며 영향력을 빠르게 상실하고 있다. 시청률이 높은 프로그램에 광고가 집중되는 등 광고의 혼잡현상(clutter)이 심하며, 일방적인 메시지 전달로 인한 수용자의 피로감 누적으로 재핑(zapping) 등 광고회피현상도 심하다는 점이 단점으로 지적된다.

TV광고는 방송편성표와 광고의 유형에 따라서 순서대로 게재되며, 프로그램광고(전CM), 프로그램광고(후CM), 자막광고(곧이어), 토막(SB)광고, 자막광고(국명고지)의 순으로 진행된다. 자막광고는 프로그램광고가 끝나면 화면 하단에 화면의 4분의 1 크기의 자막으로 된 10초간 방영된다. 토막광고(SB)는 다음 프로그램이 시작되기 전 90초간 광고(1개의 20초 광고, 1개의 30초 광고)가 나가는 것으로 기준으로 한다. 시보광고는 여러 개의 전CM 광고가 나간 후 정확하게 정시에 시간과 상품을 함께 알리는 고지가 나오는 것을 말한다.

KBS2, MBC, EBS는 한국방송광고진흥공사(KOBACO), SBS는 민영방송 미디어렙인 SBS M&C를 통해 광고요금이 책정되고 판매된다. 방송사는 방송된 총광고비의 19%를 수탁 수수료로 미디어렙에 지불하며 미디어렙은 방송사로부터 받은 19%의 수탁 수수료 가운데 방송발전기금 6% 이내, KOBACO 운영비 2%, 기타 세금 1%을 제외한 약 11%를 대행 수수료로 지불한다.

케이블TV & 종합편성채널

케이블TV는 기본적으로 PP(Program Provider), SO(System Operator), NO(Network Operator)로 구성된다. MSO(Multiple SO)는 여러 개의 SO를 가진 복수 종합유선방송사업자, MPP(Multiple PP)는 여러 개의 PP를 가진 복수PP사업자, MSP(Multiple SO, PP)는 PP와 SO사업을 같이하는 사업자를 말한다.

종합편성채널(일명 종편 채널)은 기존의 케이블 방송사들과는 다르게 모든 장르에 걸쳐서 방송하는 것이 가능한 방송채널을 말한다. 종합편성채널은 모든 장르를 편성한다는 점에서는 지상파와 차이점이 없으나 케이블TV, IPTV, 위성방송 플랫폼들을 통해서만 송출하기 때문에 여기에 가입한 가구만 시청할 수 있다. 특히 우리나라의 경우 전 국민의 80% 이상이 케이블TV, IPTV, 혹은 위성방송을 시청하고 있기 때문에 향후 종편채널은 지상파TV에 맞먹는 영향력을 갖게 될 수 있다.

케이블TV는 프로그램을 제작, 공급하는 PP, 종합편성채널은 자체적으로 광고를 유치해서 편성하고 지상파 방송채널들과 달리 PP와 종합편성채널은 해당 프로그램을 전송하는 SO에 일정비율의 광고시간대를 할애하고 자체 광고가 진행되도록 한다. 케이블TV와 종합편성채널은 프로그램 광고, 토막광고(SB), 자막광고(ID, 곧이어), 시보광고, 협찬광고, 가상광고가 있으며, 광고의 종류마다 크기와 시간유형이 다르며, 세한규정이 있다. 케이블TV와 종합편성채널 광고의 가장 큰 특징은 중간 광고가 공식적으로 가능하다는 점이다. 중간광고의 경우 45~60분 프로그램은 1회, 60~90분 프로그램은 2회, 90~120분 프로그램은 3회 이내로 1회당 최장 1분 이내로 제한된다. 골프와 같은 스포츠 채널 또는 스포츠 프로그램을 방영할 경우 가상광고가 가능하다.

IPTV

IPTV(Internet Protocol Television)는 초고속 인터넷을 이용하여 정보 서비스, 동영상 콘텐츠 및 방송 등을 텔레비전 수상기로 제공하는 서비스를 말한다. 인터넷과 텔레비전의 융합이라는 점에서 디지털 컨버전스의 한 유형이다. IPTV는 셋톱박스가 설치된 가입자의 TV를 초고속 인터넷망으로 연결하고 방송프로그램, VOD, 쇼핑정보 등의 부가 서비스를 양방향으로 추가된다는 점이 큰 특징이다.

IPTV는 시청자가 편리한 시간에 보고 싶은 프로그램만 선택적으로 볼 수 있게 하며, 방송, 통신, 인터넷 서비스들을 동시에 구현 하는 트리플 플레이 서비스(triple service play)가 가능하다. IPTV의 등장은 상호작용성에 기반을 둔 양방향광고(interactive advertising)를 실현하고 있다. iptv광고는 크게 소비자가 광고와 상호작용을 할 수 없는 단방향광고(one-way ad)와 상호작용의 정도가 높은 양방향광고(two-way or interactive ad)로 구분할 수 있다.

라디오

라디오는 오랫동안 광고주가 선호하는 4대 매체 중의 하나로 자리매김했으나, 다양한 형태의 오디오방송(예: 개인음악방송 등)과 유튜브가 활성화되면서 광고시장에서 라디오의 점유율이 하락하고 있다. 최근에 침체된 라디오의 발전과 광고시장 활성화를 위하여 라디오방송에 대한 규제 완화와 디지털 방송에 대한 논의가 이루어지고 있다.

라디오광고는 TV광고에 비해 광고비가 저렴하고 제작비가 적게 들고 프로그램별로 수용자의 특성이 두드러져 타깃 소비자의 선별력이 강하다는 장점이 있다. TV 혹은 신문광고를 통해 창출된 인지도를 지속적으로 유지하기 위한 리마인더(reminder) 매체로써 매우 효과적이다. 제품이 쇠퇴기에 접어들었을 때 상표명 혹은 광고메시지의 핵심내용을 자주 회상시킬 수 있는 매체로 유용할 수 있다. 라디오는 다른 일을 하면서도 청취하는 것이 가능하고, 시공간의 제약이 덜하다는 장점이 있지만, 라디오광고는 이용률이 낮기 때문에 도달률이 낮으며, 메시지 집중도가 떨어지고 청각적 자극만을 제공하기 때문에 브랜드나 광고에 대한 학습, 태도형성이 어렵다는 것이 단점으로 흔히 지적된다.

신문

신문광고는 중앙지의 경우 전국적으로 배포되기 때문에 넓인 도달범위를 갖고 있고, 지방지의 경우 지역적 특성이 있으므로 지역별 광고계획 수립이 가능하다. 신문광고는 매일 발행되고 집행 절차가 간단하기 때문에 시장의 변화에 맞추어 최신 정보를 항상 신속하게 전달하고 광고크기와 게재 횟수 등이 유연하다는 장점이 있다. 신문광고는 신문의 보도, 논평, 해설 등의 저널리즘 기능으로 인하여 신뢰도가 높은 편이다. 신문 광고는 시간의 제약에 자유롭고, 큰 지면을 가지고 있기 때문에 자세한 정보를 담을 수 있어서 광고인지도, 주목도, 접촉도가 높다. 신문광고의 단점은 독자층이 광범위하여 세분화된 목표 소비자에 대한 도달이 어려움 잡지에 비해서 수명이 짧으며 중앙지의 경우 광고단가가 비싸고 칼라 재생능력이 잡지에 비해 떨어진다.

신문광고는 1면, 사회면, 경제면, 뒷면, 기타 면 등 거의 모든 면에 광고를 할 수 있기 때문에 광고캠페인의 목표를 효과적으로 달성하기 위하여 어떤 면을 선택하여야 할 것인지를 잘 결정해야 한다. 일반적으로 1면은 뉴스성과 화제성이 있기 때문에 신제품의 론칭에 적합하며 뒷면 전면광고는 주목률이 가장 높다. 신문광고의 1면과 전면광고는 광고효과가 높지만 예산이 많이 든다는 단점이 있다. 신문광고의 게재 위치를 결정할 때 기사와의 관련성을 고려해야 한다.

잡지

잡지광고는 목표 소비자를 선별적으로 수용할 수 있고 상세한 제품정보를 전달하며 발행 주기가 길기 때문에 4대 매체 중 광고노출 확률이 가장 높다. 재독 및 회독률이 높기 때문에 광고의 반복노출 효과가 크고 광고효과가 오래 지속되며, 고급, 다색도 인쇄가 가능하여 선명한 컬러광고가 가능한 장점이 있다.

잡지광고는 다른 매체들에 비해 도달률이 낮으며, 발행주기가 길기 때문에 최신 정보를 고객에게 신속하게 전달할 수 없고 광고에 대한 반응이 늦다. 페이지 수가 많기 때문에 광고에 대한 접촉률이 균일하지 않으며 광고량이 많아 매체 클러터 현상이 심하다는 단점이 있다.

옥외광고

옥외(OOH)매체는 집밖 외부에 각종 구조물을 이용하여 설치된 광고매체. 옥외매체는 미국에서 out-of-home 혹은 outdoor advertising media로 불린다. 일반적으로 out-of-home이 outdoor advertising보다 더 넓은 의미이다. 즉, outdoor advertising이 빌보드, 포스터, 혹은 네온과 같은 전통적인 형태의 옥외광고를 가리키는 반면 out-of-home은 버스정류장 광고, 쇼핑카트 광고, 비행기 혹은 비행선을 이용한 광고에 이르기까지 집밖에서 노출되는 모든 광고 형태를 포함한다. 전통적인 옥외광고는 불특정 다수에게 메시지를 노출시키고, 타깃 커버리지와 타깃 OTS(Opportunity to See)를 제공하는 것에 초점을 맞춘다.

옥외매체는 사람들의 눈에 많이 띄는 장소이면 어느 곳이나 설치할 수 있으며, 방송 및 인쇄매체와 달리 비교적 시공간의 제약이 작다. 이러한 이유로 광고메시지의 회상 능력이 뛰어나며 지역에 밀착된 광고효과를 창출할 수 있는 장점이 있다. 반면에 옥외매체의 단점으로는 광고메시지가 짧고 특정 목표 소비자를 선별적으로 수용하기 어려우며 설치장소가 부족하다는 점을 들 수 있음 전통적 옥외광고의 효과측정은 차량유동인구, 도보유동인구, 가시각도, 노출시간, 차량 정체도(평균 주행 속도) 등에 따라 달라지며 효과측정요인들 가장 중요한 요인은 DEC(Daily Effective Circulation)이다. DEC는 차량 유동인구와 도보 유동 인구를 합한 일일 유효 노출 사람 수를 나타내는 개념으로써 해당 옥외 광고물을 볼 가능성이 있는 최대 인원 수를 말한다. 전통적 옥외광고의 노출효과는 일반적으로 DEC에 가시각도, 가시거리, 노출시간, 차량 평균 주행속도를 가중치로 적용하여 결정된다.

디지털 사이니지

디지털 사이니지(digital signage)란 네트워크를 통한 원격제어가 가능한 디지털 디스플레이를 공공장소나 상업공간에 설치하여 정보, 엔터테인먼트 프로모션, 광고 등의 다양한 콘텐츠를 제공하는 디지털 매체를 의미한다. 디지털 사이니지는 기존의 전통적인 옥외매체와 달리 유무선 네트워크를 이용하여 언제, 어디서든 타깃이 밀집된 지역에 원하는 정보를 전달할 수 있을 뿐만 아니라 인터랙티브 기능을 활용하여 타깃에게 브랜드와 관련하여 흥미로운 경험을 제공한다는 큰 장점을 가진다. 앞서 사례로 제시되었던 British Airways의 인터렉티브 광고도 디지털 사이니지로 분류할 수 있다. 전통적인 옥외매체는 푸쉬(Push)형 방식으로 일방적으로 소비자들에게 광고메시지를 전달하였으나, 디지털 사이니지는 특정한 시간과 공간 혹은 장소에 속해 있는 사람들의 특성을 파악하여, 맞춤형 메시지를 전달할 수 있으며, 이벤트나 세일즈 프로모션을 통하여 고객으로부터 직접적인 반응을 촉구함. 최근 디지털 사이니지는 무안경 3D 디스플레이 기술, NFC, 증강현실, 멀티터치 기술, 소형 카메라를 활용한 안면인식 기술 등 다양한 기술들이 접목되어 멀티미디어성과 상호작용성을 극대화하고 있다.

디지털 사이니지는 단순히 타깃 커버리지와 타깃 OTS를 넘어서 스마트폰 및 QR코드 기술 등과 연동하여 소비자에게 제품정보 탐색뿐만 소비자로 하여금 광고에 직접 참여하게 하는 등 상호작용적 커뮤니케이션을 구현하고 있다. 소비자를 직접 광고에 참여시켜 광고의 주인공으로 만드는 마케팅방식을 컨슈미디어 마케팅(consumedia marketing)이라고 하며, 최근 관련 광고 상품이 선보이고 있다. 디지털 사이니지는 중앙제어를 통해 과학적이고 정확한 효과 측정이 가능하다는 점에서 차량 및 도보유동인구 조사에 의존하는 전통적 옥외광고의 효과측정과 큰 차이가 있다.

7 매체 목표

매체 목표란 무엇인가?

매체 목표(media objective)란 일반적으로 광고 캠페인의 목표를 달성하기 위하여 캠페인 집행 기간 동안 얼마나 많은 타깃 소비자에게 얼마나, 자주, 지속적으로 메시지를 전달할 것인가에 초점을 맞추었다. 즉 도달률, 빈도, 지속성이 매체 목표 설정과 연결된 중요 변수였다면 디지털 매체의 비중과 중요성이 급증하면서 매체 목표에 소비자의 반응과 성과를 포함시키는 것이 현재의 추세이다. 전통 매체와 디지털 매체가 포함된 캠페인의 매체 목표는 '2020년 캠페인 집행 기간 내 25세에서 49세 여성 80%에게 월 평균 5회 광고 메시지를 노출시키고, 50만 명 이상의 브랜드 웹사이트 방문자 그리고 월 2만 명 이상의 회원 가입'이라고 할 수 있다.

매체 목표의 특성

매체 목표의 구체적이면서, 측정 가능하고, 명확한 기간 내에 달성 가능해야 한다. 만약 매체 목표가 도달률 및 빈도와 같은 계량적인 수치를 이용하여 구체적으로 제시되지 못하거나 추상적이면 매체 전략과 전술의 수립에 정확한 방향을 제시할 수 없다. 매체 목표가 설정되면 타깃 소비자의 매체 이용 분석을 통해 미디어 믹스와 스케줄링 전략, 세부적 매체 전술을 수립하여 구체적으로 광고 캠페인의 목표를 달성하는데 필요한 매체 스케줄을 기획하게 된다.

매체 목표의 설정에 영향을 미치는 요인들

1) 마케팅 & 광고 목표

마케팅 목표는 광고 목표를 통하여 매체 목표에 간접적으로 영향을 미친다. 매체 목표는 광고 목표를 달성하기 위해 필요한 노출량 또는 소비자의 반응(예, 디지털 광고의 클릭)을 나타내며, 따라서 일반적으로 광고 목표는 매체 목표에 직접적인 영향을 미친다. 예를 들어 새로 개발된 스마트폰 브랜드의 마케팅 목표가 신규 고객의 유치라면 광고 목표는 타깃 소비자들이 아직 친숙하지 않은 브랜드의 인지도를 창출하여 12개월 이내 30퍼센트 이상 확보로 설정할 수 있다. 매체 목표는 광고 목표를 가급적 많은 사람들에게 광고 메시지를 전달해야 하기 때문에 우선적으로 도달률이 강조된다. 그러나 도달률만으로 브랜드 및 광고 메시지에 대한 인지도를 창출할 수 없기 때문에, 적절한 수준의 빈도가 확보되어야 브랜드 혹은 광고에 대한 인지도가 발생한다. TV광고를 비롯한 대부분의 대중 매체 광고는 저관여 상태(주의력이 낮은 상태)에서 수용되는 경우가 많기 때문에 한 번의 노출만으로 주의집중이 이루어지지 않으며 따라서 브랜드 혹은 광고 메시지 내용에 대한 기억의 흔적이 남아있지 않다고 할 수 있다. 따라서 브랜드 혹은 메시지 내용에 대한 높은 인지도를 창출하기 위해 적절한 수준의 도달률과 빈도의 조합이 이루어져야 한다.

반면 광고 목표가 상표에 대한 단순한 인지도 창출의 단계를 넘어서 상표에 대한 태도 변화 유도 혹은 구매 의향의 유발과 같은 한 차원 더 높은 커뮤니케이션 효과들을 목표로 한다면 매체목표는 도달률보다 빈도를 조금 더 강조해야 한다. 1~2회와 같은 적은 수의 노출만으로 타깃 소비자의 태도 변화 등을 기대하기 어렵기 때문이다. 매체 목표는 브랜드 인지도 특히 회상을 촉진시키기 위해 광고 메시지를 타깃 소비자의 80퍼센트 이상 도달시키고 5회 이상 반복 노출하는 것으로 구체적으로 설정할 수 있다.

2) 제품 수명 주기 및 재구매 주기

제품 수명 주기(product life cycle)는 제품이 인간의 수명처럼 도입기, 성장기, 성숙기, 쇠퇴기의 과정을 거치는 것을 말한다. 신제품의 도입기에는 타깃 소비자를 대상으로 폭넓은 인지도를 확보하는 것이 중요하므로 도달률이 빈도보다 더 강조된다. 성장기와 성숙기에 접어들면 판매가 증가하고 동시에 경쟁이 치열해지면서 경쟁 제품 대비 차별점을 타깃 소비자에게 소구하는 것이 중요하므로 도달률보다 빈도를 강조하는 전략이 중요하다.

제품 재구매 주기(product repurchase cycle)가 짧고 반복구매가 빈번하게 이루어지는 저관여도 제품은 구매시점 노출을 극대화하기 위하여 지속성을 유지하는 것이 바람직하다. 예를 들어 청량음료나 과자류와 같은 제품은 매일 혹은 일주일 간격으로 재구매가 이루어진다. 이처럼 제품 재구매주기가 짧은 제품들은 상표에 대한 친숙도와 소비자의 기억을 지속적으로 유지하는 것이 중요하다. 따라서 이런 제품의 경우 1회 노출만으로 충분히 소비자의 기억을 유지할 수 있으므로 빈도보다 지속성을 강조하여 소비자가 구매할 준비가 되어 있을 때 광고메시지가 가급적 많은 표적 수용자들에게 노출될 수 있도록 하여야 한다.

3) 타깃 소비자의 범위 및 턴 오버

타깃 소비자가 인구학적으로, 지리적으로 광범위하게 분포되어 있으면 광고 메시지의 도달범위가 넓기 때문에 빈도보다 도달률에 초점을 두어야 한다. 예를 들어 콜라와 같은 청량음료는 성별과 연령, 국경을 초월하여 누구나 다 즐겨 마시는 제품이다. 이러한 타깃 소비자가 광범위하게 분포된 제품의 경우 광범위한 타깃 소비자 계층에게 도달하기 위하여 도달률에 초점을 맞추어야 한다. 반면에 타깃 소비자계층이 비교적 동질적이거나 좁게 정의될 경우 도달률보다 빈도에 초점을 맞추는 것이 바람직하다.

타깃 소비자 계층이 교체되는 것을 턴 오버(turnover)라고 한다. 유아용품(예, 분유 기저귀)과 같은 제품은 사용기간이 보통 1~2년이기 때문에 타깃 소비자 계층이 1~2년 주기로 교체된다. 따라서 턴 오버가 심한 제품의 경우 새로운 타깃 소비자에게 광고 메시지를 최대한 많이 도달시키기 위하여 빈도보다 도달률을 강조하는 것이 바람직하다.

8 타깃 소비자의 매체 이용 분석

광고는 마케팅 과정에서 타깃 소비자와 직접적으로 소통하는 역할을 담당한다. 이런 흐름과 역할을 고려하면 마케팅 목표가 성립되고 목표를 달성하기 위한 전략의 일환으로 타깃 소비자가 설정되면 광고는 이에 맞춰서 무엇을 말할까?(광고 콘셉트), 어떻게 말할까?(크리에이티브 콘셉트), 어디에서 말할까?(매체 콘셉트)를 수립하고 집행하게 된다. 마케팅 과정에서 설정된 타깃 소비자를 대상으로 매체 계획에서 이들의 매체 이용 행태를 정밀하게 분석하는 과정이 반드시 필요하다. 기존 전통 매체와 확연히 구별되는 새롭고 다양한 디지털 매체의 출현으로 매체 계획의 중요성은 더욱 가중되고 있다. 매체 환경 변화와 더불어 소비자의 매체 이용 행태가 급격하게 변화면서 메시지 전달의 효율성에 대한 진지한 고민은 매체 계획에 대한 접근 방식을 바꾸고 있다. 이러한 변화에 최적화된 광고 캠페인의 집행을 위해 타깃 소비자 분석은 성공을 위한 필수 조건이며 특히 소비자의 매체 이용 행태에 대한 깊은 이해는 훌륭한 매체 전략과 계획의 초석이 된다. 현재 소비자의 매체 이용 형태에 대한 유료 및 무료 자료가 풍부하게 생산되고 있다. [그림 9-3]처럼 소비자의 매체 접촉률, 사용시간, 매체 이용 경향에 대한 분석 자료를 활용하면 타깃 소비자의 매체 이용 행태에 대한 파악이 가능하고 이를 바탕으로 소비자 지향적 매체 기획이 시작된다.

그림 9-3 2018~2019년 10대 매체 접촉률 (단위: %)

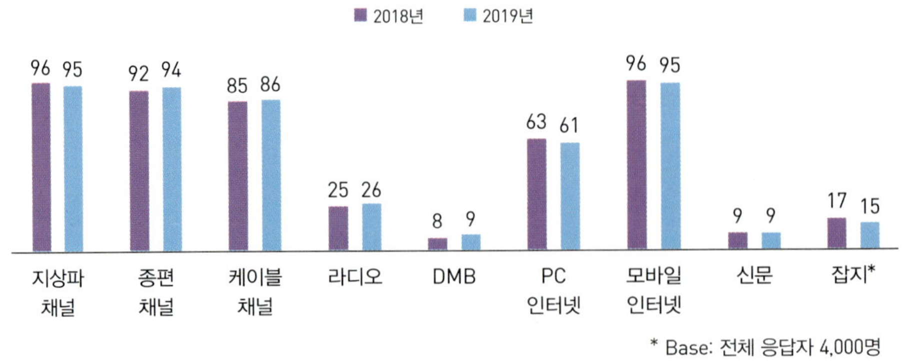

출처: 한국방송광고진흥공사 2019 MCR

9 미디어 믹스, 스케줄링

미디어 믹스

매체 목표가 정해지면 그 다음 설정된 매체 목표를 달성하기 위해 광고 매체, 비이클, 유닛들을 선택하고 선택된 매체, 비이클, 유닛을 구매하기 위하여 매체 예산을 할당하게 된다. 매체 스케줄에 포함된 매체, 비이클, 유닛의 선택은 미디어 믹스, 비이클 믹스, 유닛 믹스의 순으로 이루어진다. 미디어 믹스는 TV, 라디오, 신문, 잡지, 디지털 매체, 옥외 매체 등의 매체 유형을 선택하는 것이고, 비이클 믹스는 매체를 구성하는 동종 집합체를 나타내는 매체 비이클을 선택하는 것을 말하며, 유닛 믹스는 광고 길이, 위치, 크기 등을 결정하는 것을 말한다. 예를 들어 새로 출시될 냉장고의 광고 캠페인의 주 매체로 지상파TV를 활용할 경우 미디어 플래너들은 일차적으로 지상파TV를 선택한 후 그 다음 프로그램(예, SBS 8시 뉴스), 마지막으로 길이 혹은 초수(예를 들어 20초 혹은 30초)와 위치(예, 전CM, 중간CM, 후CM)의 순으로 선택하게 된다.

이러한 매체 유형, 비이클, 유닛의 선택이 끝나면 그 다음 단계는 선택된 각각의 매체, 비이클, 유닛에 어느 정도의 예산을 할당할 것인가를 결정하게 된다. 미디어 믹스, 비이클 믹스, 유닛 믹스 과정에서 각 매체, 비이클, 유닛에 투입할 예산 비중의 결정은 매체, 비이클, 유닛의 중요도 등에 따라 다르다. 예를 들어 광고 캠페인의 목표 달성에 텔레비전 매체가 신문 매체보다 더 중요하다면 텔레비전 매체에 더 많은 광고 예산을 당할당한 일단 선택된 매체, 비이클, 유닛에 적절한 예산을 할당하는 작업이 끝나면 미디어 믹스, 비이클 믹스, 유닛 믹스는 매체 스케줄링과 결합되어 반기별, 분기별, 월별로 더욱 세분화된다.

매체 스케줄링 전략

매체 목표를 설정하고 미디어 전략의 수립과 함께 매체 예산을 언제, 얼마나 지속적으로 얼마나 효율적으로 배분할 것인가를 결정하게 된다. 광고 캠페인은 일회성에 그치는 것이 아니라고 보통 일 년이라는 기간을 기본 단위로 하여 지속적으로 계획되고 실행된다. 매체 스케줄링은 광고캠페인 기간 동안 광고 예산을 언제, 어떻게 배분하면 광고 캠페인의 목표를 효과적이고 효율적으로 달성할 수 있을 것인가에 대해 답하는 과정이다. 구체적으로 매체 스케줄링은 광고 예산의 배분량(media weight) 및 배분시점(timing)이 광고 캠페인 기간 동안 매월 혹인 매주 일정하지 않고 얼마나 변화하는가를 말한다.

현실적으로 광고 예산의 제약 때문에 광고주가 원하는 만큼의 충분한 노출량을 광고 캠페인 기간 동안 지속적으로 유지하기는 어렵다. 제한된 예산으로 경쟁자들을 제압하고 광고 목표를 성공적으로 달성하기 위하여 광고 예산을 캠페인 기간 동안 효율적으로 배분하는 것은 매우 중요하다. 즉, 광고 예산을 캠페인 기간 동안 얼마나 효율적으로 배분하는가에 따라 캠페인의 성공 여부는 많은 영향을 받는다.

매체 스케줄링의 유형들

매체 스케줄링의 유형은 예산의 배분량과 배분시점의 차이에 따라 크게 지속형(continuous), 펄싱형(pulsing), 플라잇형(flight), 집중형(blitz)의 네 가지 기본적인 유형으로 구분된다. [표 9-2]에서 제시하듯 광고예산의 변동이 클수록 불규칙적(non-evenly) 스케줄링, 작을수록 규칙적(evenly) 스케줄링으로 분류할 수 있으며, 배분시점의 변동이 클수록 플라잇 스케줄링, 작을수록 비플라잇(non-flight) 스케줄링으로 분류할 수 있다. 즉, 광고예산의 배분량(media weight)과 배분시점(timing)의 변동이 크면 클수록 플라잇형 스케줄링에 가까운 반면에 광고예산의 배분량과 배분시점의 변동이 작으면 작을수록 지속형 스케줄링에 가깝다. 따라서 이들을 조합하면 매체 스케줄링의 유형은 크게 다음의 네 가지 유형으로 나타난다.

표 9-2 매체 스케줄링의 유형

구분	광고예산의 배분량의 변동이 큼 (Non-evenly)	광고예산의 배분량의 변동이 작음 (Evenly)
배분시점의 변동이 큼 (Flight)	불규칙적 플라잇형 (Non-evenly Flight)	규칙적 플라잇형 (Evently Flight)
배분시점의 변동이 작음 (Non-flight)	펄싱형 (Pulsing)	지속형 (Continuous)

지속형 스케줄링은 광고 캠페인 기간 동안 일정수준의 광고량을 지속적으로 유지하는 것을 말한다. 즉, 지속형 스케줄링은 매일 혹은 매주 일정한 비율의 광고량을 계획된 캠페인 집행 기간 동안 일정하게 투입하는 것을 말한다. 예를 들어, L음료의 탄산음료가 3개월의 캠페인 기간 동안 총 1,200 GRPs를 매주 100 GRPs씩 12주에 걸쳐 동일하게 배분한다면 지속형 스케줄링이라고 할 수 있다. 지속형 스케줄링은 일반적으로 매출이 캠페인 기간 동안 꾸준히 발생해야 하는 경우에 바람직하다. 지속형 스케줄링의 장점은 소비자의 기억을 일정하게 유지하는 것이며, 광고의 판매 탄력성이 높은 성장기의 제품에 효과적이다. 그러나 지속형 스케줄링의 단점은 과다노출로 인한 높은 감퇴효과의 발생이며 반복 노출에 의한 소비자의 주의 감소와 높은 광고 비용이다. 지속형 스케줄링의 효율적 집행을 위해 일정량 이상의 GRPs와 반도수가 달성될 경우 소재 교체를 고려해야 한다.

펄싱형 스케줄링은 지속형 스케줄링과 플라잇형 스케줄링의 중간 형태로서 캠페인 기간에 광고는 지속적으로 유지하면서 광고 예산의 배분을 시장 상황에 맞추어 탄력적으로 집행하는 것을 말한다. 예를 들어 [표 9-3]처럼 일 년의 캠페인 기간에 총 1,350 GRPs의 광고량을 매월 마케팅 상황에 따라 탄력적으로 배분한다면 펄싱형 스케줄링이라고 할 수 있다. 펄싱형 스케줄링이 플라잇형 스케줄링과 다른 점은 광고를 전혀 하지 않는 기간에도 최소한의 광고량은 유지한다는 것이다. 펄싱형 스케줄링은 제품 판매량이 계절적 요인에 의하여 불규칙적으로 나타나는 경우나 시장 상황의 변화에 따른 경쟁자 광고에 적극적으로 대응하여야 하는 경우에 많이 사용한다. 펄싱형 스케줄링의 장점은 비용 효율성이 좋고, 표적시장의 구매주기와 일치시킬 수 있으며, 경쟁자의 광고전략에 유연하게 대응이 가능하다는 점이다. 반면에 펄싱형 스케줄링의 단점은 경쟁자의 스케줄링 전략에 큰 영향을 받으며, 매체와 광고시간 선정의 어려움을 들 수 있다.

플라잇형 스케줄링은 광고예산과 노력을 시차를 두고 집행하는 스케줄링 전략이다. 일반적으로 광고를 한 달 혹은 그 이상의 간격으로 건너뛰면서 집행한다면 플라잇형 스케줄링이라고 할 수 있다. 펄싱형 스케줄링과 다른 점은 플라잇형 스케줄링은 캠페인 기간에 매월 광고를 지속적으로 유지하지 않고 광고를 하지 않는 휴지기가 존재한다는 것이다. 예를 들어 [표 9-3]에서 일 년의 캠페인 기간에 총 1,200 GRPs를 적게는 1개월, 길게는 3개월의 간격을 두고 광고를 집행한다면 플라잇형 스케줄이라고 할 수 있다.

플라잇형 스케줄링은 광고 예산의 제약 등으로 광고를 지속적으로 하지 못할 경우 혹은 판매의 계절성이 뚜렷한 경우에 많이 사용한다. 플라잇형 스케줄링의 장점은 비용효율성이 가장 높고, 경쟁사에 유리한 대응이 가능하다는 점이다. 반면에 플라잇형 스케줄링을 선택할 경우 주의해야 할 점은 광고를 하지 않는 동안 발생하는 광고효과의 소멸 및 경쟁자 광고의 간섭현상이다. 예를 들어, 장시간 광고를 하지 않으면 타깃 소비자의 관심 및 기억에서 멀어지게 되고, 광고를 하지 않는 기간이 길어지게 되면 광고의 효과가 소멸될 뿐만 아니라 경쟁자 광고가 타깃 소비자의 마음속에 침투하여 마인드쉐어(mind share)를 증대하게 된다. 이런 이유로 플라잇형 스케줄링은 광고 예산이 매우 제한적일 경우, 시장에서 브랜드 포지셔닝이 확고할 경우, 광고의 누석 효과가 클 경우, 혹은 광고를 줄여도 매출에 큰 장애가 되지 않는 경에 많이 활용한다.

집중형 스케줄링(blitz scheduling)은 광고예산 및 노력을 특정 시점에 집중하는 것을 말한다. 이 전략은 계절적 요인의 영향을 많이 받는 제품, 예를 들어 에어컨 같이 특정 시기에만 많이 판매되는 제품의 경우에 사용된다. 또한 신제품을 시장에 출시할 경우 소비자의 인지 수준을 단기간에 끌어올릴 필요가 있을 때 초기에 집중형 전략을 채택할 수 있다. [표 9-3]에서 보여지듯 일 년의 캠페인 기간에 총 1,200 GRPs를 제품 판매 성수기인 7월과 8월에 집중해서 배분한다면 집중형 스케줄링 전략이라고 할 수 있다.

표 9-3 매체 스케줄링 유형별 집행 사례 (단위: GRPs)

월별	1월	2월	3월	4월	5월	6월	7월	8월	9월	10월	11월	12월
지속형	100	100	100	100	100	100	100	100	100	100	100	100
펄싱형	200	200	150	50	50	50	50	50	100	50	150	150
플라잇형	300	-	300	-	-	-	300	-	-	-	300	-
집중형	-	-	-	-	-	-	650	550	-	-	-	-

10 광고 매체의 구매와 집행

매체별 구매 과정

매체 구매 및 집행은 브랜드와 소비자를 연결시켜주는 최종작업이기 때문에 효율적인 집행을 위한 구매과정은 전략의 수립만큼이나 중요하다. 그러나 매체 기획이 구매 결과와 반드시 일치하지 않을 수도 있고 구매결과가 계획보다 더 좋은 성과를 낼 수도 있고, 반대의 경우가 발생하기도 한다. 구매가 계획했던 것보다 좋지 않은 성과를 냈다면 매체 계획이 구매 환경을 반영하지 않았거나 구매가 매체계획대로 이루어지지 않았기 때문이다. 매체 구매와 집행을 효과적으로 하려면 매체별 구매특성을 이해하고 소비자반응과 시장의 변화에 능동적으로 대처해야 한다. 그러기 위해서는 미디어의 구매 및 집행 결과에 대한 평가와 분석이 반드시 수반되어야 한다.

매체마다 광고를 구매하는 방식이 모두 다르다. 공중파TV의 구매방식은 업프론트(up-front), 수시물 구매(scatter), 일회 구매(opportunistic)의 3가지가 있다. 업프론트는 일반적으로 6개월 이상의 장기간에 걸쳐 동일 시간대를 구매해야 한다. 업프론트 구매는 프로그램 개편 시즌에 맞춰 봄과 가을에 연간 2회에 걸쳐 이루어진다. 업프론트 광고주에게는 양질의 프로그램 확보, 비수기 할인, 보너스 등 많은 혜택이 있기 때문에 연간 광고비용이 일정할 경우 활용될 수 있다. 수시물은 보통 1개월 이상을 판매하는 것으로 광고비용을 탄력적으로 활용하고 시청률 변화에 빠르게 대응할 수 있는 장점이 있다. 그러나 수요가 많은 성수기에는 수시물의 구매경쟁이 심하기 때문에 원하는 프로그램의 확보가 쉽지 않을 수 있다. 일회 구매는 예산을 가장 탄력적으로 활용할 수 있는 방법이지만 원하지 않았거나 기대에 못 미치는 프로그램을 구매할 확률이 높다.

케이블TV, 종합편성채널은 광고주에 따라 연간 단위로 계약하고 GRPs를 보장받기도 하지만 대체로 월간 단위로 구매를 한다. 채널별로 비용 단위를 기준으로 구매하는 것이 일반적이고 공중파TV처럼 프로그램 단위로 구매를 하는 경우는 많지 않다.

신문은 광고구매가 가장 탄력적인 매체 중 하나다. 매일매일 구매하거나 주간 혹은 연간단위로 구매할 수도 있다. 잡지는 보통 발행주기에 따라 주간, 월간 단위로 구매를 하지만, 좋은 지면과 가격할인 등의 혜택을 받기 위해서 연간단위로 구매하는 경우가 많다. 디지털 매체의 구매방식은 광고의 형태에 따라 매우 다양한데 일반적으로 CPM과 임프레션을 기준으로 구매하기도 하고 키워드 검색광고는 클릭 수에 따라 구매하기도 한다. 노출량과 광고비용에 따라 구매기간은 유동적이다. 디지털 매체의 구매 방식은 10장에서 자세히 다루도록 한다. 극장광고는 보통 1개월 단위로 구매를 하고 광고비용에 따라 메가박스, CGV, 롯데시네마 등 극장별 패키지 구매를 한다. 옥외광고 역시 기본적으로 1개월 단위로 구매하지만 네온, 빌보드 등의 광고는 1년 이상의 장기구매가 요구되기도 한다.

어떤 미디어든 구매주기가 짧으면 짧을수록 시장의 변화에 탄력적으로 대응할 수 있다. 하지만 구매할 수 있는 물량은 제한되어 있기 때문에 구매 경쟁도 치열할 수밖에 없고 계획한 시기에 광고 집행을 못할 수도 있다는 단점이 있다. 반면 장기구매는 미디어 시장 수요와 공급 변화의 영향을 적게 받고, 목표로 했던 계획을 안정적으로 실행할 수 있다. 그리고 단가 할인 혜택을 누릴 수 있으며 선호 시간대나 지면을 경쟁 없이 확보할 수 있다. 그러나 재정적인 문제가 발생하거나 미디어 소비자의 변화에 대응하기 어렵다는 단점이 있다. 따라서 광고의 구매기간과 구매량을 결정할 때는 단가, 미디어시장의 수요와 공급, 소비자의 미디어 소비 등의 변화를 면밀히 살펴봐야 한다.

크리에이티브와 매체 집행의 시너지 극대화

할당된 예산의 효율적 사용을 위한 매체 계획 및 집행은 위해 광고 소재 집행과 교체와 깊은 관련성을 가진다. 매체 기획자는 매체 구매 단계에서 단일 소재로 광고가 집행되는지 혹은 복수의 소재로 광고가 집행되는지 확인해야 한다. 전략적으로 티저(teaser) 광고를 먼저 집행하는 경우도 있고 다양한 소재를 동시에 집행하는 경우도 있다. 소재 교체는 언제가 가장 효과적일까? 소재 교체의 시점은 기간의 문제가 아니라 노출량을 따져봐야 하는 문제이다. 지나치게 빈도가 높다면 소비자는 쉽게 지겨움(wear-out)을 느끼게 되고, 충분히 빈도가 확보되지 않은 상태에서 소재를 교체하면 아무리 훌륭한 소재라고 할지라도 기대한 커뮤니케이션 효과를 얻기 힘들다. 광고의 회상도와 구매 의도 측면에서 지겨움이 발생하기 시작하는 시점을 파악하고 소재 교체 여부를 결정해야 한다. 소재를 교체했을 경우와 하나의 소재를 계속해서 노출했을 경우의 광고 회상도와 구매 의도의 차이가 발생할 수 있다.

매체를 집행할 때 전략적으로 고려해야 하는 요소는 광고의 길이다. 장초수 광고가 짧은 광고보다 더 효과적이라는 증거는 없다. 다만, 스토리텔링등을 위해 긴 메시지가 전략적으로 필요한 브랜드의 경우에는 30초 이상의 장초수 광고 집행비율을 늘려야 하고, 의도된 메시지의 연장선상에서 '새로운 것', '이용 권유' 등을 강조할 때는 짧은 광고가 더 효과적일 수 있다. 30초 이상의 긴 광고를 구매하고자 한다면, 공중파TV의 물량은 제한적이기 때문에 케이블TV, 극장, 디지털 매체 특히 유튜브를 활용해서 노출량을 증대시킬 필요가 있다.

미디어 집행 보고와 활용

광고 매체 집행이 계획했던 대로 잘 이루어지고 있는지 정기적으로 검토하고 보고서를 작성할 필요가 있다. 검토 결과는 보통 주간, 월간, 연간, 캠페인 기간 단위의 포스트바이라고 하는 미디어보고서를 통해 광고주에게 보고된다. 미디어보고서에는 해당 기간 동안 경쟁사 대비 광고비 분석, 매체효과 분석, 목표 대비 달성 등이 포함되는데 가장 중요한 것은 KPI(Key Performance Indicator)의 달성 여부이다. KPI는 브랜드마다 달라질 수 있는데 대개는 목표 GRPs, 도달률, CPRP, 디지털 매체에서는 클릭, 구매 전환, 회원 가입, 앱 다운로드등 등이 포함된다. 실제 결과가 KPI를 달성하지 못했을 경우에는 원인을 분석하고 다음 달 혹은 다음 년도의 계획에 반영해야 한다. KPI의 수립은 매우 신중하게 해야 한다. 광고단가 인상, 시청률추이 등 통제가 불가능한 미디어 환경을 고려하지 않으면 매달 관리하는데 어려움이 발생하기 때문이다.

매체 보고서의 작성은 단순히 목표대비 결과를 광고주에게 알려주기 위한 형식적 과정이 아니라 효과적인 관리를 위한 검토 과정이기도 하다. 매체 보고서는 경쟁사 집행 패턴 등에 대한 관찰과 향후 대응전략도 함께 언급해야 하고, 한 가지 소재가 지나치게 많이 노출되어 지겨움(wear-out)이 발생하거나 판매가 정체되고 있다면 새로운 미디어나 소재교체 시점 등을 광고주에게 제시해야 한다. 따라서 광고캠페인이 진행된 후 소비자 효과조사를 실시하고 미디어 플래너가 조사결과를 분석하는 것은 매우 중요한 일이다. 예를 들어 A다이렉트 자동차보험은 론칭 초기 신문광고만 집행했었다. 그러나 신문광고를 집행한 날에는 가입문의 전화가 일정수준으로 유지되고 있었지만, 광고가 없는 날은 전화문의가 급감했다. 일일 콜(call)수를 증대시키고 싶었지만 신문광고만으로 성장의 한계가 있었다. 도달률 증대를 통한 인지도 확보가 숙제를 푸는 열쇠라고 믿고 TV광고와 신문광고를 동시에 집행했다. 모두 TV광고 집행 이후 전화문의가 2배 이상 늘었다. TV를 고려하지 않고 신문의 광고노출만 늘렸다면 어떤 결과가 나왔을까? 미디어를 구매한 이후에도 계획한 대로 광고가 잘 실행되고 있는지 살펴보고 관리하는 것과 성과에 대해서 검토를 하고 개선점을 광고주에게 제시하는 것은 미디어 프로세스에 꼭 필요한 일이다. 미디어의 KPI가 소비자의 반응, 브랜드의 지표, 판매효과에 어느 정도 상관성을 갖는지도 살펴봐야 한다.

GRPs와 CPRP 자체만으로는 광고의 효과를 판단하기가 어렵기 때문이다. 광고 매체에 대한 평가는 매체 지표에 대한 분석뿐 아니라 시장에서 어떤 변화가 일어나고 있는가도 포함되어야 한다. 판매가 기대에 못 미치거나, 초과하거나, 경쟁사가 기대 이상으로 적극적인 광고활동을 진행할 때는 기존의 계획을 수정하거나 보완해야 한다. 이것을 컨틴전시 플랜이라고 하는데, 이는 광고비용을 따로 책정하는 것이 아니라 예상치 못했던 상황에 대비하기 위해 미리 작성하는 또 하나의 미디어플랜이다. 갑자기 광고단가가 상승하거나, 시청률이 저조해서 더 많은 노출을 필요로 하게 될 때도 있을 것이다. 특히 신문광고를 집행할 때 컨틴전시 플랜이 필요한데, 신문사가 기사PR과 관련된 제안을 예기치 않게 하거나, 원하든 원치 않든 광고와 PR의 '부적절한 관계'를 유지하기 위해 지원광고가 필요한 경우가 종종 발생하기 때문이다. 이런 경우, 컨틴전시 비용과 컨틴전시 플랜이 필요하다. 미래에 일어날 일을 예측하는 것은 어려운 일이다. 따라서 미디어의 성과에 대한평가와 분석은 광고주에게 보고하고 광고회사가 평가받기 위한 것이 아니라 환경변화에 효과적이고 능동적으로 대처하기 위한 전략을 수시로 수립하기 위한 것이어야 한다.

11 광고예산의 설정

광고캠페인의 집행에 소용되는 전체 예산의 약 80% 이상은 매체의 지면과 시간 구입에 투여된다. 광고 예산이 매우 중요하기 때문에 광고 예산을 설정하는 여러 가지 방법이 개발되었고 현재 다양하게 사용되고 있다. 광고 예산의 설정은 크게 계량적 모형 이용법과 계량적 모형 비이용법의 두 가지의 유형으로 분류할 수 있다. 먼저 계량적 모형을 이용하는 방법은 매출과 광고비 간의 수학적 함수 관계를 나타내는 광고의 판매반응함수를 도출한 후 이를 이용하여 적정 광고예산을 책정하는 방법이다. 판매반응함수를 이용하는 방법은 광고점유율 기준법(MS-SOV, 관계분석법), 한계분석법, 회귀분석 이용법 등이 포함된다. 이 방법들은 주로 오랜 기간에 걸쳐 수집된 광고예산 및 매출액 자료 등을 사용하기 때문에 객관적 자료에 근거한 광고예산 설정방법이라고 할 수 있다. 광고점유율 기준법은 시장점유율과 광고점유율 간의 관계를 토대로 시장점유율 달성을 위해 필요한 광고점유율과 광고예산을 책정하는 방법이다. 한계분석법은 한계비용과 한계수익이 일치하는 점에서 광고예산을 설정하는 방법이다. 회귀분석 이용법은 과거 매출과 광고비와의 수학적 함수관계를 회귀분석을 통하여 파악한 다음 이를 근거로 새로운 예산 설정에 이용하는 방법이다.

반면에 계량적 모형 비이용법은 경영자 혹은 광고예산 담당자의 주관적 판단과 경험에 의거하여 광고예산을 책정하는 방법이다. 지불능력 기준법, 매출비율법, 경쟁자 기준법, 목표과업법 등이 여기에 속한다. 지불능력 기준법은 자금운영에 관련된 사향을 고려하야 광고비로 사용 가능한 금액을 광고예산으로 책정하는 방법이고, 매출비율법은 매출의 일정비율을 광고예산으로 책정하는 방법이다. 경쟁자 기준법은 동일 산업 내 경쟁사가 투입하는 광고비를 기준으로 광고예산을 책정하는 방법인 반면에 목표과업법은 마케팅 목표와 광고 목표를 결정한 후 이러한 목표를 달성하기 위해 필요한 광고 예산을 설정하는 방법이다.

광고예산의 설정은 또한 광고예산이 광고캠페인 계획 수립에 앞서 최고 경영진 또는 광고 책임자 등의 주관적 판단과 경험에 의거하여 미리 설정되느냐 아니면 광고캠페인 목표 수립 후 이를 달성하기 위하여 필요한 예산을 추후에 산출하느냐에 따라 하향식 접근방법과 상향식 접근방법으로 구분한다. 하향식 접근방법은 경영자 혹은 광고예산 담당자의 주관적 판단 혹은 경험에 의해 광고예산을 광고캠페인 계획 수립 전 먼저 설정하고 광고 캠페인 활동을 전개해 나가는 방식인 반면에, 상향식 접근방법은 광고목표를 수립하고 이를 달성하기 위하여 소용되는 예산을 추후에 설정하는 방법이다. 일반적으로 하향식 접근방법보다 상향식 접근방법이 광고목표 달성에 유리하며, 기업의 광고 노력을 광고목표에 집중한다는 점에서 합리적인 방법이라고 할 수 있다. 그러나 기업의 지불능력을 고려하지 않은 채 지나치게 목표에만 집착한다는 단점도 지적된다. 반면에 하향식은 광고예산을 쉽게 산출할 수 있으며 최고 의사결정권자를 쉽게 설득할 수 있다는 장점이 있다. 그러나 이 접근방법은 광고가 매출에 영향을 미친다는 전제에 근거하고 있지 않기 때문에 광고예산의 설정이 비논리적이라는 단점도 갖고 있다. 하향식은 상향식에 비해 주관적 판단과 경험의 법칙보다 객관적 자료에 근거한다. 예를 들어 매출비율법은 주관적 판단에 근거한 반면에 회귀분석 이용법은 객관적 자료에 근거한다.

표 9-4 광고예산의 접근방법들

구분	계량적 모형 이용법 (판매반응함수 이용법)	계량적 모형 비이용법 (판매반응함수 비이용법)
하향식 접근방법 (Top-down Approach)	–	지불능력 기준법 매출비율법 경쟁사기준법 임의할당법
배분시점의 변동이 작음 (Non-flight)	광고점유율기준법(MS-SOV법) 한계분석법 회귀분석 이용법	목표과업법

참고문헌

박원기·오완근·이시훈·이승연(2010). 광고매체론: 조사 계획 그리고 구매 중심(2판). 서울: 커뮤니케이션북스.

박현수(2019). 광고매체기획론(4판). 서울: 한경사.

이경렬(2019). 디지털시대의 광고매체론(2판). 서울: 서울경제경영.

이시훈·권오윤(2017). 미디어 혁명의 흐름과 함의. 서울: 한경사.

조정식(2010). 도대체 매체기획이란 무엇인가? https://www.kocca.kr/cop/bbs/view/B0000149/1280438.do?statisMenuNo=200910(검색일: 2020.11.19)

한국방송광고진흥공사.(2019). 2019년 소비자형태조사 보고서.

Lasswell, H. D. (1948). The structure and function of communication in society. In L. Bryson (Ed.), The communication of ideas: A series of addresses. New York, NY: Institute for Religious and Social Studies, 37-51.

Cheil Magazine.(2020). 놀랍고 즐거운 미디어, 앰비언트 OOH. https://blog.cheil.com/magazine/42998(검색일: 2020.12.22).

9장: 생각해 볼 문제 (Review Questions)

- 광고에서 매체의 역할은 왜 중요할까?
- 매체 기획에서 중요 결정 사항은 무엇일까?
- 트리플 미디어란 무엇일까? 그리고 각 미디어의 특성은 무엇일까?
- 노출 효과는 구체적으로 무엇을 의미할까?
- 마케팅 목표, 광고 목표, 매체 목표란 무엇일까요? 세 목표의 상관관계는 무엇일까?
- 기본적인 미디어 스케줄링 전략은 무엇일까?
- 광고예산 설정에서 하향식과 상향식의 장단점은 무엇일까?

인터넷을 활용한 디지털 매체의 출현과 빠른 영향력 확대는 광고에 대한 패러다임을 완전히 바꾸고 있다. 최근 국내외 광고 시장에서 디지털 광고의 비중은 급성장하고 있다. 디지털 광고는 전통 광고 대비 독특한 특징을 가지고 있고, 디지털 매체를 활용한 다양한 종류의 마케팅 커뮤니케이션이 활발히 진행되고 있다. 10장은 우선 디지털 광고 용어, 디지털 광고의 특징, 디지털 광고에서 사용되고 있는 비용 산정 방식 그리고 디지털 광고 시장의 주요 구성원에 대해 살펴본다. 다음으로 디지털 광고를 대표하는 검색광고, 디스플레이 광고에 대해 알아본다. 최근 디지털 광고 산업에서 다양한 플랫폼의 등장과 활용이 활발히 논의되고 있기 때문에 업계의 뜨거운 화두인 프로그래매틱 바잉의 특징과 구조에 대해서 자세하게 살펴보고자 한다. 더불어 디지털 기술을 활용해 광고주들이 자체적인 콘텐츠 생산과 배포를 통해 소비자와 적극적인 커뮤니케이션 활동을 하고 있는 상황을 반영해 이번 장에서 콘텐츠 마케팅과 네이티브 광고의 특징과 활용 전략에 대해서 논의한다.

CHAPTER

X

디지털 매체와 광고 환경의 변화

X

디지털 매체와 광고 환경의 변화

+ 10장 도입사례

검색광고와 콘텐츠가 만났을 때

국내 대표 검색엔진인 네이버(Naver)는 PC와 모바일 통합 검색 결과에 노출되는 검색 대응형 네이티브 광고 상품인 '파워콘텐츠'를 개발하여 판매하고 있다. 디스플레이 광고가 광고주가 고객을 찾아 광고 메시지나 동영상을 노출하는 방식이라면, 파워콘텐츠는 검색 행위를 통해 찾아오는 고객에게 블로그의 형태로 검색어와 연관된 정보를 노출한다.

유료 검색광고와 블로그 콘텐츠를 통합한 네이티브 광고상품으로서 파워콘텐츠는 세 가지 특징을 가지고 있다. 첫 번째, 파워콘텐츠는 검색 결과 페이지에서 노란 배경을 사용하여 유료 광고상품라고 표시되며 오가닉 검색 결과 상단에 위치한다. 두 번째, 파워콘텐츠는 브랜드나 제품명이 아니라 검색결과와 관련성이 높은 콘텐츠의 제목과 세부 내용을 노출시키며, 오가닉 검색 결과로 노출되는 일반 블로그 또는 포스트 형식과 유사하다. 세 번째, 네이버의 검색 사용자가 파워콘텐츠에 나열된 검색 결과를 클릭해서 보는 광고주의 콘텐츠는 네이버 블로그의 형태로 일반 블로거가 올리는 블로그 콘텐츠와 형식적으로 매우 유사하다. 예를 들어, 미국유학으로 네이버에 검색을 하면 기존 검색 광고는 광고주인 미국전문유학원의 명칭이 우선적으로 노출되고, 파워콘텐츠는 관련 콘텐츠인 '미국유학 FAQ로 해결하기'와 같은 제목과 세부 내용이 간략하게 소개되고 광고주의 이름은 콘텐츠 제공자의 형태로 노출된다. 광고주의 블로그 페이지는 사용자가 입력한 검색어와 관련성이 깊은 콘텐츠에 초점을 맞추어 운영되며, 정보 제공업체인 광고주 정보는 블로그의 상단이나 하단에 간략하게 노출된다.

레스트빈의 네이버 포스트 페이지

레스트빈은 갓 볶은 신선한 커피 원두를 전문적으로 판매하는 소기업이다. 레스트빈의 윤주희 대표는 네이버 블로그를 활용하여 파워콘텐츠를 일정기간 진행하면서 두 가지 문제를 직면하였다. 첫째, 파워콘텐츠 운영 결과, 네이버에 모바일 기기로 접속하는 소비자에게 파워콘텐츠의 노출량이 월등히 높다는 것을 확인하였다. 하지만 파워콘텐츠를 시작하면서 PC에 최적화된 네이버 블로그 중심으로 운영하였기 때문에 네이버 모바일 웹과 앱에서 유입된 고객의 이탈률을 방지하기 위한 대책이 필요했다. 둘째, 레스트빈이 소비자에게 제공하는 콘텐츠의 차별성에 대한 고민이었다. 레스트빈의 독특한 차별점을 소비자에게 어필하기 전략적으로 진행하게 파워콘텐츠가 경쟁사의 잦은 내용 카피로 차별성의 확보가 어려졌다.

레스트빈은 과감히 PC보다는 모바일에 더 최적화될 수 있는 방법에 대해서 또한 경쟁사가 사용하지 않는 채널에 대해서 고민하게 되었고 그 결과 네이버의 모바일 블로그 서비스인 포스트로 채널 자체를 변경하게 되었다. 포스트 카드형의 경우 텍스트 및 레이아웃의 제약사항들이 많기 때문에 고객들의 지속적인 흥미를 유발하지 않는다면, 바로 이탈로 이어질 수 있어 포스팅 기획 단계에서 이탈률을 방지하기 위한 전략이 필요했다. 레스트빈은 선택과 집중의 전략을 활용하여 브랜드를 전체적으로 홍보하기 보다는 콘셉트에 맞는 몇 가지 원두를 선정하여 고객이 궁금해할 만한 정보와 믹싱하여 Q&A 형태로 제공하였고, 자연스러운 플로킹을 유도하였고 소개된 원두의 구매페이지를 인위적인 배너 형태가 아닌 콘텐츠 내, 링크 설정으로 삽입하여 이질감 없이 고객들이 클릭하여 자연스럽게 레스트빈의 구매 사이트로 접속할 수 있게 하였다.

전략 수정으로 파워콘텐츠의 효율 개선은 물론 네이버 검색광고까지 전체적인 네이버 광고의 구매 건수 및 매출 상승을 확인할 수 있었다. 전략 수정 후, 기존 파워콘텐츠 구매전환율 대비 200% 효율이 증가하였고, 전체 매출은 약 111% 상승하는 효과가 발생하였다. 채널을 과감히 교체하여 경쟁사와의 차별성을 가지게 되었고, 정체된 매출도 상승시키는 것을 확인하였기 때문에 윤주희 대표는 앞으로도 다양한 전략을 가지고 파워콘텐츠를 지속적으로 운영할 예정이라고 밝혔다.

레스트빈의 사례는 광고주가 디지털 광고 상품에 대한 높은 이해도를 바탕으로 광고 전략을 수정, 집행하여 월등히 향상된 광고 효과를 직접적으로 보여준다. 최근 디지털 매체 중심으로 광고 집행이 이루어지고 있는 상황을 고려하면 디지털 매체 그리고 변화하는 광고 환경 및 다양한 광고 상품에 대한 높은 이해가 훌륭한 광고 캠페인의 중요 요소임을 반드시 명심해야 한다.

디지털 광고는 초고속 인터넷의 보급과 스마트폰의 빠른 대중화로 광고 산업의 지형 자체를 바꾸고 있다. 디지털 광고란 광고주가 자신 또는 재화 등에 관한 사항을 정보통신망을 통하여 이용자, 그 밖의 다른 사람에게 널리 알리거나 제시하는 행위 또는 그 정보를 말하며, 최근 무섭게 성장하고 있는 모바일 광고 또한 디지털 광고에 속한다. 2019년 국내 광고 시장에서 디지털 영역에 지출된 광고비는 국내 전체 광고비의 44.1퍼센트를 차지하며, 2020년에는 46.5퍼센트를 차지한다(제일기획, 2020).

디지털 광고는 그동안 광고 산업의 가장 큰 약점으로 지적되어 왔던 '측정'의 불명확성을 해결해 주었다. 광고주는 디지털 광고를 통해 제시되는 측정지표를 통해서 드디어 자사의 광고가 정확히 몇 명의 사람들에게 노출되었고, 그중 몇 명의 사람들이 해당 광고를 통해서 나의 웹사이트를 방문하고, 회원가입을 하며, 자사의 물건을 구매하는지를 파악할 수 있게 된 것이다. 그리고 광고주는 비로소 자신이 쓴 광고비용이 얼마만큼 효과적인지를 알 수 있게 되었다.

전통매체를 통한 광고와 달리 디지털 광고는 유형별, 이용 기기별, 과금 방식별로 분류가 가능하다. 우선 광고 유형별로 분류하면 소비자가 검색엔진에 검색어를 입력하면 광고주의 검색광고가 노출되는 검색 광고와 텍스트, 이미지, 동영상 등의 광고물을 소비자에게 노출하는 디스플레이 광고로 크게 분류할 수 있다. 디지털 광고가 노출되는 소비자의 이용 기기를 기준으로 PC 광고와 모바일 광고로 세분화할 수도 있다. 10장에서는 우선 디지털 광고에서 널리 쓰이는 용어를 익히고 광고 유형별 특징과 장단점, 그리고 진화하고 있는 디지털 광고 상품에 대해 논의한다.

1 디지털 광고 용어

디지털 광고의 이해를 위해 업계와 학계에서 빈번하게 사용되는 용어를 정확하게 숙지할 필요가 있다. 다음의 용어는 이 교재에서도 자주 사용되므로 정확한 의미의 파악이 디지털 광고 산업을 이해하는 첫 걸음이다.

- **Publisher**: 웹사이트, 모바일 앱, 블로그 등을 통해 콘텐츠를 발간(배포)하는 개인이나 회사를 지칭한다. 관례적으로 광고가 게재되는 웹사이트, 모바일 웹 등을 매체(또는 매체사)로 지칭하지만, 퍼블리셔라고 지칭하는 것이 적절하다. 최근 개인 블로그나 개인 개발자들이 개발한 앱에도 광고 네트워크를 통해 광고가 게재되는 현상을 고려하면 광고가 게재되는 웹사이트, 모바일 앱, 블로그 등을 운영하는 회사나 개인을 통합적으로 지칭하기 위해 퍼블리셔로 통일하는 것이 용어 사용의 혼동을 최소화할 수 있다.

- **Impression(임프레션)**: 사이트의 특정 페이지가 열리면서 광고가 1번 노출된 경우를 1impression으로 계산한다. 광고를 기획하고 운영하는 입장에서 임프레션은 사이트를 방문한 이용자에게 배너광고가 노출된 횟수를 말한다. 웹페이지가 한번 열릴 때 그 안에 포함된 배너광고도 한번 노출된 것으로 계산된다. imps로 표시하기도 한다. 임프레션을 활용해서 클릭 비율, 노출당 비용, 노출 대비 성과를 계산한다.

- **Inventory**: 디지털 광고에서 인벤토리는 특정 퍼블리셔가 운영하는 웹사이트 또는 앱에서 일정한 기간 내에 팔 수 있는 광고 총 분량에서 팔린 광고의 물량을 뺀 광고를 팔 수 있는 수치를 의미한다.

- **SEM(Search Engine Marketer)**: 판매채널로 대행사 또는 대행사를 통해 인터넷 포털 사이트의 키워드광고를 전담하여 광고를 진행하는 마케터를 의미한다.

- **SEO(Search Engine Optimization)**: 검색엔진최적화를 의미한다. 검색엔진최적화는 검색엔진과의 친밀도를 향상시켜 사용자가 검색엔진을 통해 특정 단어를 검색할 경우 검색결과의 상위링크에 노출될 수 있도록 웹 페이지나 전체 웹사이트를 최적화하는 활동으로 정의할 수 있다.

- **Log Analysis**: 웹 서버가 사이트 방문자에게 서비스를 제공하면서 생성되는 로그 파일을 분석하여 사이트 방문자의 유입경로, 위치, 검색어, OS/브라우저 등 사용

자의 특성을 정의할 수 있는 모든 정보 및 체류 시간, 방문 페이지뷰 등 기본적인 웹사이트 사용량에 대한 분석을 의미한다.

- **Rich Media**: 단순한 텍스트나 그래픽을 넘어서 강렬한 색감으로 움직이는 애니메이션, 자극적이고 매력적인 사운드, 화려한 동영상 등 다양한 도구를 활용하여 상호작용을 가능하게 함으로써 메시지를 좀더 "풍부하게" 전달하는 디스플레이 광고 상품을 지칭한다.

- **CPM(Cost Per Mille)**: 전통매체 광고에서도 사용되는 CPM은 광고가 1,000회 노출되는 데 소요되는 비용을 지칭한다. 광고비가 10,000,000원이고 5,000,000번 노출이 된다면 CPM은 2,000원이 된다. 광고 상품의 위치가 좋고 특수 상품일수록 CPM 단가는 높아진다. CPM은 타깃 소비자가 접촉한 TV, 라디오, 신문, 잡지, 옥외 등 모든 매체에 대해서 계산이 가능하다. CPM은 주로 동일한 매체 유형 내에서 매체 비이클 간의 도달효율성 비교에 많이 사용된다. 다른 조건이 동일하다면 CPM이 가장 낮은 매체 비이클이 가장 효율적이므로 매체 비이클의 선정에서 우선적인 기준이 된다.

  식1: CPM=(광고비÷총 노출 수)×1,000

  매체 유형이 다른 경우에도 CPM은 비교 가능하다. 다른 매체 유형 간의 CPM 비교 시 단지 물리적인 노출정도 만 개략적으로 비교할 수 있고, 그 이상의 의미는 없다. 즉 어떤 TV 프로그램 A의 CPM이 4,000원이고 어떤 신문 B의 CPM이 6,000원이라고 했을 때 단지 물리적인 노출면에서 TV가 신문에 비해 1.5배 정도 효율적인 것이지, TV가 신문에 비해 1.5배 효율적이라고 할 수 없다.

- **Click**: 사이트 또는 앱 이용자가 해당 디스플레이 광고 또는 검색 광고를 클릭하는 행위를 말한다. 클릭을 통해 디지털 광고의 상호작용성이 소비자의 행위로 명확하게 표현된다. 광고 캠페인에서 사이트 이용자가 해당 배너광고를 총 클릭한 횟수를 총 클릭(Total Clicks)이라고 하며 중복 클릭을 제거하지 않은 개념이다. 순 클릭(Unique Clicks)은 중복을 제거한 총 클릭 횟수를 의미한다.

- **CTR(Click-through Rate)**: 노출 대비 클릭 횟수를 의미한다. 소비자가 디지털 광고에 대해 얼마나 반응하는지 확인할 수 있는 지표이다. 디지털 광고의 총 노출 수 대비 이용자가 디스플레이 광고나 검색 광고를 클릭한 횟수를 백분율로 환산한 수치이다. 광고캠페인 A의 총 노출수가 100만 번이고 총 클릭이 4만 번 발생했다면 CTR은 4%가 된다.

식2: CTR(%)=총 클릭 수÷총 광고 노출 수

- **Landing Page**: 광고나 마케팅 메시지에 소비자가 반응(클릭)했을 때, 도착하게 되는 페이지를 의미한다. 즉, 클릭했을 때 노출되는 페이지이며, 웹사이트나 블로그, SNS 페이지, 앱마켓 등 다양한 플랫폼을 랜딩 페이지로 활용할 수 있다.

- **CPC(Cost Per Click)**: 한 번의 클릭으로 발생하는 비용으로 정의된다. CPC는 총 광고비용을 총 클릭수로 나누어서 구할 수 있다. 실시간으로 1회 클릭당 비용이 차감되는 광고 상품이 대중화 되면서 PPC(Pay Per Click)로 불리기도 한다. 동일한 CPM으로 광고가 집행되더라도 CTR이 높으면 CPC는 떨어지므로, 더 효율적인 광고 집행이라고 평가할 수 있다. 광고비가 10,000,000원인 캠페인에서 100,000번의 클릭이 발생했다면 CPC는 100원이 된다.

식3: CPC=총 광고비용÷총 클릭 수

- **CPA(Cost per Action)**: 소비자가 광고에 반응하여 광고주가 기대한 행동(예, 회원 가입, 이벤트 참가, 상품 구매, 앱 다운로드)이 발생했을 때 발생하는 비용으로 정의된다. 회원 가입 관련 CPL(Cost Per Lead), 앱 인스톨 기준 CPI(Cost Per Install)도 업계에서 통용되고 있다. 퍼블리셔의 입장에서 광고비를 CPA 기준으로 진행하면 큰 위험 부담을 갖게 된다. 성과가 광고주의 크리에이티브나 광고주의 웹 페이지 설계에도 영향을 받기 때문이다. CPA 방식의 광고는 광고주와 퍼블리셔가 긴밀한 협력 관계를 맺고 실적과 비용에 대한 협의가 이루어진 후 집행된다. 광고주는 다른 방식으로 광고가 집행되더라도 CPA를 기준으로 광고 성과를 평가할 수 있다.

식4: CPA=총 광고비용÷총 전환수(소비자의 행동)

- **CVR(Conversion Rate)**: 광고를 클릭한 사용자가 광고주의 랜딩 페이지 방문 후 광고주가 원하는 특정 행동이 발생하는 비율을 의미한다. 전환율이 높을수록 광고효과가 높다고 평가된다. 예를 들자면, 클릭을 10,000번 발생하여 구매가 400번 발생했다면 구매 전환률은 4%이다.

식5: CVR(%)=(행동전환 수÷광고 클릭 수)×100

- **CPT(Cost Per Time)**: CPM이 광고 노출 횟수를 기반으로 광고비를 산정하는 방식이라면, CPT는 일정 기간(시간)에 대한 고정 광고비를 지불하고 기간 및 광고 위치를 보장하고 광고비를 산정하는 방식을 의미한다. 네이버 초기 화면의 상단 배너

를 한 시간 단위로 독점 노출 상품 타임보드와, 유튜브 초기 화면에서 하루 독점으로 노출되는 마스트헤드 상품이 CPT를 활용한 대표 광고 상품이다. 전체 페이지뷰(PV)가 적은 퍼블리셔는 노출 횟수를 약정하는 CPM 방식 대신에 CPT를 통해 디스플레이 광고를 판매하기도 한다.

- **CPV(Cost Per View)**: 소비자 영상 광고를 시청한 경우에만 과금하는 방식으로 디지털 동영상광고에서 CPM 방식보다 더 많이 사용되고 있는 비용 산정 방식이다. 유튜브의 트루뷰 광고가 CPV를 사용하는 대표적인 광고 상품이다.

- **Organic Reach**: 광고를 통하지 않고 순수하게 광고주의 메시지가 전달되는 이용자의 전체 수 또는 넓이를 의미한다.

- **Retargeting**: 잠재 구매 고객으로 판단되는 대상을 타기팅하여 광고를 노출시키는 것을 의미한다. 구글은 리마케팅(remarketing)이라고 부른다. 예를 들어, 화장품을 오픈마켓에서 상품 정보를 검색하거나 읽은 소비자가 뉴스 사이트나 포털 사이트로 이동했을 때, 해당 화장품 광고를 그 소비자에게 다시 노출시키는 것을 의미한다.

- **Engagement**: 소셜미디어를 활용한 광고와 마케팅에서 소비자가 브랜드 계정의 포스트에 참여하는 것을 의미한다. 예를 들어, 페이스북에서 '좋아요'를 누르거나 '공유' 또는 '댓글'을 남기는 행동 모두 인게이지먼트에 해당한다.

- **Query**: 검색 요청을 의미한다. 검색엔진에서 사용자가 정보를 찾기 위해 검색을 요청하는 행위를 의미한다. 검색어의 선호도나 검색엔진 최적화를 위해서 분석하는 경우가 많다. 검색 쿼리를 이용한 빅데이터 분석도 최근 증가하는 추세이다.

- **Unique Visitor(UV)**: 특정 사이트나 어플리케이션에 방문하는 사람 중 중복 방문을 뺀 순수한 방문자 수, 순 이용자와 같은 의미로 사용된다.

- **Feed**: 피드는 '웹 피드(web feed)' 또는 '뉴스 피드(news feed)'의 축약어이다. 사용자에게 자주 업데이트되는 콘텐츠를 제공하는 데 쓰이는 데이터 포맷 또는 활동을 의미한다. 콘텐츠 배포자들은 웹 피드를 중개함으로써 사용자들이 이들을 구독할 수 있게 한다. 소셜미디어 마케팅에서는 콘텐츠제작/ 배포자(광고주)가 해당 콘텐츠를 이용자의 타임라인, 뉴스피드 등에 노출시키는 활동을 의미한다.

- **Ad Network**: 한 광고주의 광고가 다수의 웹사이트 또는 모바일 앱에 노출될 수 있도록 제휴를 통해 광고 인벤토리를 네트워킹하고 취합하여 광고를 내보내는 네트워크 솔루션을 의미한다.

- **Programmatic Buying**: 애드 익스체인지(광고 거래소)에 자동화된 시스템을 사용하여 광고 인벤토리를 사고 파는 과정으로 정의할 수 있다. 프로그래매틱 바잉에 실시간 입찰 방식(Real Time Bidding)이 포함되어 있다.

- **Ad Exchange**: 수많은 애드 네트워크가 연결되어 구매자인 DSP와 판매자인 SSP 사이에서 거래 중개를 하는 중개소 역할을 한다. 애드 네트워크보다 거래 유동성을 더 확보할 수 있고, 다수의 애드 네트워크에 한 번에 연동 가능하며, 소규모 애드 네트워크도 사업화를 가능하게 한다. 기능적 측면에서 광고 인벤토리를 타 플랫폼과 교류하는 것으로, 예를 들어 A광고 매체가 인벤토리가 부족하고, B매체가 인벤토리의 여유가 있을 경우, A에서 수주한 광고를 B인벤토리로 전환하여 노출시키는 것 또는 그런 것이 가능한 플랫폼을 의미한다.

- **RTB(Real Time Bidding)**: 실시간 경매 방식을 의미한다. 사용자에게 최적화된 가격의 광고를 노출시키는 실시간 경매시스템을 지칭한다.

- **DSP(Demand Side Platform)**: 프로그래매틱 바잉에서 애드익스체인지를 통해 효율이 높다고 판단되거나 표적사용자의 접속이 파악된 적절한 웹사이트 또는 모바일 앱을 채택해 광고를 할 수 있도록 하는 플랫폼을 의미한다.

- **DMP(Data Management Platform)**: 특정 웹사이트 또는 모바일 앱에 접속한 사용자가 광고주가 설정한 표적사용자인지 판단할 수 있도록 해당 사용자의 정보를 조회해 파악해서 DSP에 데이터를 제공하는 플랫폼을 의미한다.

- **SSP(Supply Side Platform)**: 웹사이트 또는 모바일 앱(퍼블리셔)의 이익을 최대화하기 위해 다양한 경로로 들어오는 광고들 중 가장 높은 수익을 가져다 줄 수 있는 광고를 선별해서 사용자에게 송출하도록 하는 플랫폼을 의미한다.

- **ROAS(Return On Ad Spending)**: 광고수익률이란 광고비용 대비 얼마의 매출을 발생시키고 있는지 백분율로 나타낸 값으로, 광고 효율을 단적으로 보여주는 수치이다. 흔히 알고 있는 투자대비수익(ROI: Return On Investment)과 구분해본다면, 광고비용 1원 대비 발생하는 '순이익'이 ROI이며, 동일한 조건에서의 '매출액'이 ROAS이다. 일반적으로 광고 효과를 이야기할 때 ROAS를 많이 언급하는 이유는 명확하게 확인 가능한 매출액을 기반으로 관리하는 것이 더욱 효율적이기 때문이다. ROAS란 광고비용 대비 높은 수익률을 달성하기 원할 경우 꼭 관리해야 할 지표이며, '광고를 잘 하고 있는지' 진단해줄 수 있는 주요 요소이다.

- **Content Marketing**: 콘텐츠 마케팅은 수익성 있는 소비자 행동의 유발을 목적으로 가치 있고 매력적인 콘텐츠의 생산 및 배포를 통해 명확하게 정의되고 이해된 표적수용자를 유도 획득하며 그들과 인게이지먼트하는 마케팅 프로세스이자 테크닉이다.

- **Native Advertising**: 네이티브 광고란 소비자들이 느끼기에 웹페이지 또는 모바일 애플리케이션의 내용과 잘 조화되고, 디자인에서 적절하게 동화되며 플랫폼의 성격과 조화를 이루는 유료 광고이다.

2 디지털 광고의 특징

1990년대 초반 월드 와이드 웹(WWW) 기술의 개발은 본격적인 디지털 광고의 시작과 성장에 큰 역할을 하였다. 1994년 10월, 미국의 통신서비스 기업인 AT&T가 'You Will'이라는 광고 캠페인을 TV를 통해 진행하면서 동시에 youwill.com이라는 웹사이트로 소비자의 방문을 유도하는 캠페인을 진행이 본격적인 디지털 광고의 시작이라고 알려져 있다. 이 최초의 배너광고에는 'Have you ever clicked your mouse right HERE'라는 문구를 삽입해 클릭을 유도하는 당시로서는 획기적인 아이디어였다. 이후 배너 광고가 CPM 기준으로 활발하게 판매되면서 전통 매체 광고의 대안으로 서서히 자리매김하였다.

최초의 배너 광고
출처: wired.com

1990년 후반 검색엔진의 기능이 향상되면서 소비자의 인터넷 검색 행위에 초점을 맞춘 검색광고가 고투닷컴에 의해 개발되었다. 소비자가 입력하는 검색어, 그 하나의 단어가 경제적 가치를 활용한 초기 검색광고 모델은 게임체인저라고 불릴 만큼 혁신적인 콘셉트였다(Jansen, 2011). 검색어를 입력한 사용자가 자사의 검색광고를 클릭할 때만 광고비를 지불하는 클릭당 지불(pay-per-click) 방식을 채택한 점, 그리고 클릭을 하지 않으면 아무 비용이 발생하지 않은 채로 검색광고를 소비자에게 노출할 수 있는 점 등은 기존의 광고에서 찾아볼 수 없었던 혁신이었다. 광고주의 입장에서 소비자들이 검색광고를 클릭했는지를 파악하여 명확한 효과측정이 가능했기 때문에 기존의 푸시(push) 기반의 노출(impression)을 목표로 하는 방송 및 인쇄 매체 광고와 차별화되는 장점을 체험할 수 있었다.

2007년 애플 아이폰의 등장과 스마트폰의 대중화는 소비자의 인터넷 접속 기반을 확대하고 이용 시간을 현저하게 증가시켰고 동시에 인터넷 이용 패턴까지 변화시켰다. 스마트폰의 높은 인기와 대중화는 모바일 광고라는 새로운 패러다임의 시작이었다. 2019년 기준 모바일 광고는 국내 광고 매체비의 약 28.6퍼센트 차지하며 매체 플랫폼 기준 1위를 차지하였고, 향후에도 높은 성장이 예상된다(제일기획, 2020). 모바일 광고로 기존 디지털 광고 상품의 확장이 이루어졌고 더 나아가서 소비자의 이동성을 고려한 새로운 광고 상품의 출시되었다. 이동통신사의 위치 기반 서비스(location-based service)를 통해 얻은 정보를 바탕으로 사용자에게 특화된 광고 메시지를 발송하여 광고효과를 향상시킬 수 있다.

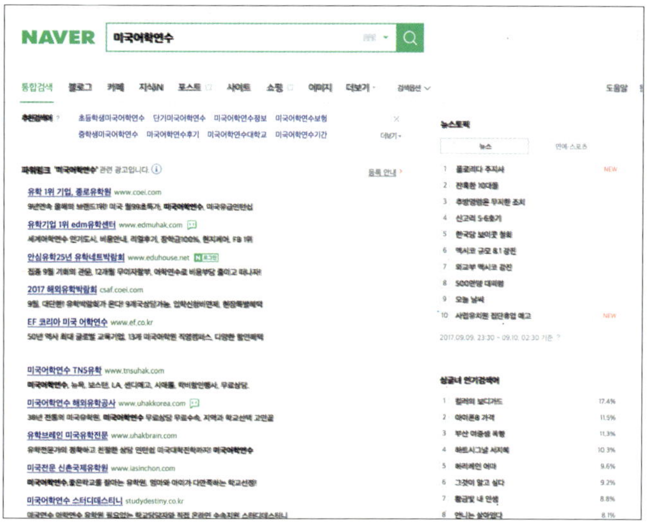

네이버 검색광고 사례

전통적 광고에서 광고효과 측정에 대한 갈증을 해결해준 디지털 광고가 소위 '퍼포먼스' 광고로 불리며 급성장하게 된 것은 당연한 일이었다. 우리는 TV, 신문, 잡지, 라디오 등의 아날로그 매체를 흔히 '전통매체', '올드미디어', '레거시미디어' 등으로 부르는데, 전통 매체와 디지털 매체를 통한 광고를 가장 잘 구분하는 특징으로 바로 이 성과측정의 정확성을 꼽을 수 있다. 요약하면, PC와 모바일 광고를 포함하는 디지털 광고가 급성장할 수 있었던 배경은 기존 전통매체 광고의 한계를 뛰어넘는 상호작용성, 선택성, 실시간성, 이동성, 그리고 측정가능성의 특징 때문이다.

상호작용성

기존 전통매체 광고와 디지털 광고를 구별짓는 가장 중요한 차별점은 상호작용성(interactivity)이다. 디지털 광고가 등장하기 전, 전통매체 광고의 상호작용성은 상대적으로 낮았다. TV나 신문 광고에 등장하는 전화번호를 통해 광고주에게 물건을 주문하는 수준이었다. 첫 배너 광고가 소비자의 클릭 즉 반응을 적극 유도했던 것처럼, 디지털 광고에 반응하여 소비자가 광고 메시지를 직접 클릭하거나, '좋아요'를 선택하거나, 다른 소비자에게 메시지를 공유할 수 있으며, 이벤트에 참여하거나, 광고주의 웹사이트에 회원 가입을 하고 바로 상품을 구매할 수도 있으며, 앱을 다운로드 받아서 설치할 수도 있다. 광고주는 소비자의 행동을 실시간으로 파악할 수 있으며, 소비자의 반응에 적극적으로 실시간으로 대응할 수 있다. 최근 웹 기술의 발전으로 기업은 디지털 광고를 통해 소비자와 더욱 적극적으로 상호작용하고 있다.

수용자 선택성

디지털 광고는 고객 데이터베이스 및 프로파일 분석, 최근 검색어 입력 내용 및 사이트 방문 등 방대하고 다양한 데이터 분석을 통해 개인별 맞춤형 광고가 가능해졌다. 기존 전통매체 광고의 약점이었던 수용자 선택성(targeting)이 디지털 광고의 강점으로 부각되었다. 최근 디지털 광고의 수용자 선택성은 더욱 강화되고 있다. 잠재 구매고객으로 판단되는 대상을 광고주가 직접 선택하여 광고를 노출시키는 수준까지 발전하였다. 최근 프로그래매틱 바잉을 통해 광고주가 지정한 소비자 집단에만 광고를 노출시키는 캠페인의 수도 증가하고 잇다.

실시간성

디지털 광고는 실시간성(timing)에 기반을 두어 집행되므로 시공간 제약을 받지 않는 광고 집행이 가능하다. 광고 집행과 동시에 즉각적 효과를 얻을 수 있고, 실시간으로 광고 효과를 점검할 수 있다. 실시간으로 광고 효과를 모니터링 할 수 있기 때문에, 효과가 낮은 광고물 교체가 가능하다. 검색광고의 경우, 실시간으로 검색광고 노출 순위가 결정되기 때문에 광고주는 노출 순위에 실시간으로 대응할 수 있고, 효과가 낮은 검색광고 소재는 즉각 교체할 수 있다. 디스플레이 광고에도 플랫폼 기반의 광고 구매, 집행이 도입되면서, 타깃 수용자의 설정, 집행 시간, 광고 예산 등을 실시간으로 집행할 수 있는 환경이 더욱 발전하고 있다. 모바일 광고는 특정 시간대를 타깃으로 메시지나 쿠폰을 발송할 수 있는 장점 때문에 최근 더욱 각광받고 있다. 예를 들어, 맥주 소비가 급증하는 금요일 저녁 시간에 타깃 수용자를 대상으로 제품 할인 쿠폰을 전송한다면, 광고의 효과는 실시간으로 급증할 것이다.

이동성

스마트폰을 대표로 하는 모바일 기기의 특징은 이동성이다. 스마트폰은 휴대가 편하기 때문에 소비자가 늘 소지하고 이동한다. 디지털 광고 특히 모바일 광고는 위치기반성(location)을 이용해 고객의 현 위치를 파악 분석 가능하고 이를 통해 고객이 필요로 하는 시간에 실시간으로 광고성 정보를 제공할 수 있다. 예를 들어, 중국인이 한국으로 관광을 왔을 경우, 중국인 관광객에게 한국 관련 상품 광고를 노출시킬 수 있으며, 한국에 거주하고 있는 소비자가 미국 뉴스 사이트에 접속할 경우, 접속 위치를 파악해서 한국 기업의 광고를 노출할 수 있다.

측정가능성

전통매체를 사용해온 이전의 광고들은 "Spray and Pray", 즉 몇 명인지 정확히 알지 못하는 불특정 다수의 소비자에게 일단 메시지를 뿌리고 될 수 있는 한 많은 사람이 우리 광고를 봐주기를 바라던 비효율적인 방식이었다. 물론 예를 들어 주부들이 많이 보는 TV 프로그램에 주부들이 관심을 가질 만한 세탁기 제품 광고를 집행하는 식으로 제한적이나마 타기팅(targeting)이 이루어지기는 하였으나, 해당 TV프로그램을 시청하는 시청자 중 주부가 얼마나 되며, 그 주부들 중에서 세탁기 구매에 관심을 가질 만한 사람은 얼마나 되는지에 대한 파악은 요원하였다. 가장 큰 문제 중 하나는 과연 몇 명이 우리 광고를 봤는지조차 알 수 없었다는 점이다. 그리고 오늘날에도 전통매체를 활용한 광고는 수십 년 전의 상황과 별반 다르지 않다. 현재도 TV, 라디오, 신문, 잡지, 옥외광고 등 전통매체를 통하여 광고를 집행하는 광고주들은 여전히 '소비자들이 광고를 볼 가능성'에 광고비를 지불한다. 예를 들어 아침 6시 뉴스보다 저녁 9시 뉴스의 광고비가 더 비싼 이유는 아침 뉴스보다 저녁 뉴스가 시청률이 더 높으므로 '광고를 볼 가능성'이 더 크기 때문에, 같은 2호선이지만 종점 까치산역 보다 강남역의 지하철역 광고비가 더 비싼 이유는 강남역이 유동인구가 더 많으므로 보행자들의 '광고를 볼 가능성'이 더 크기 때문이다. 이렇듯 전통매체를 통한 광고에서는 '몇 명이 내 광고를 보았느냐'가 아닌 '몇 명이 내 광고를 볼 가능성이 있느냐'에 의지해왔다.

이렇게 가능성을 토대로 운영되던 전통 광고산업은 1994년에 배너광고가 등장하고, 이어서 1998년에 검색광고가 등장하면서 대변혁을 맞이한다. 배너광고(banner ad; display ad)와 검색광고(search ad)로 대표되는 온라인광고는 그동안 광고산업의 가장 큰 약점으로 지적되어 왔던 '측정'의 불명확성을 해결해 주었다. 광고주는 온라인 광고가 제시하는 측정지표를 통해서 드디어 자사의 광고가 정확히 몇 명의 사람들에게 노출되었고, 그중 몇 명의 사람들이 해당 광고를 통해서 나의 웹사이트를 방문하고, 회원가입을 하며, 자사의 물건을 구매하는지를 파악할 수 있게 된 것이다. 그리고 광고주는 비로소 자신이 쓴 광고비용이 얼마만큼 효과적인지를 알 수 있게 되었다. 디지털 광고가 소위 '퍼포먼스' 광고로 불리며 급성장하게 된 것은 당연한 일이었다. 우리는 TV, 신문, 잡지, 라디오 등의 비온라인 매체를 흔히 '전통매체', '올드미디어',

표 10-1 디지털 광고의 특징

특성	내용
상호작용성(Interactivity)	광고에 노출된 이용자가 이벤트 참여, 회원 가입, 상품 주문, 공유, 좋아요 반응, 댓글 달기 등 다양한 형태의 상호작용이 가능하며 고객의 반응을 즉시 확인 가능
수용자선택성(Targeting)	고객 데이터베이스, 프로파일 분석, 최근 검색어 입력 내용 및 사이트 방문 등 방대하고 다양한 데이터 분석을 통한 개인별 맞춤형 광고가 가능
실시간성(Timing)	시간과 공간의 제약 없이 실시간 서비스가 가능하며, 즉각적 효과발생 가능
이동성(Location)	고객의 현 위치 분석을 통해 고객이 필요로 하는 시간에 적절한 정보 제공 가능
측정가능성(Measurement)	실시간으로 광고의 노출량, 클릭, 구매, 비용 효율성 등 광고 효과를 실시간으로 측정 가능

'레거시미디어' 등으로 부르는데, 디지털 광고를 가장 잘 구분하는 특징으로 바로 이 광고성과측정의 정확성을 꼽을 수 있다.

3 디지털 광고비 산정 방식

디지털 광고 시장에서 광고비는 고정 기준, 노출 기준, 성과 기준으로 산정되며, 노출 기준과 성과 기준이 보편적으로 사용되고 있다. 고정 기준 광고비 산정 방식은 텍스트, 이미지, 동영상 등 웹사이트의 특정 위치에 고정적으로 노출되는 광고에 적용되며, 광고비는 사전 협의되거나 정해진 단가로 결정된다. 관리가 용이하고, 광고비 산정이 쉽고 단순하다는 장점이 있으나, 일정 수 이상의 광고 노출, 광고의 클릭 수 등을 고려하지 않는 단점이 있다. 최근 네이버의 타임보드(첫 페이지 상단 배너로 1시간 고정 노출)와 유튜브의 마스트헤드(첫 페이지 상단 일 고정 노출)는 광고 도달률의 극대화를 위해 개발된 상품으로 널리 활용되고 있다.

노출 기준 광고비 산정(CPM)은 광고 노출량에 따라 광고비가 결정되며 대부분의 국내 디스플레이 광고 판매에 사용하고 있다. 노출 기준 비용 산정은 광고 노출량이 보장되고, 일정한 광고 효과를 예측할 수 있는 장점이 있다. 하지만 광고 노출 후 소비자의 행동 및 집중도, 광고 효과의 질적 측면 등을 측정할 수 없는 단점이 있다. 디스플레이 광고에 고정 기준, 성과 기준으로 광고비가 결정되기도 하지만 한정적으로 사용되고 있다.

성과 기준 광고비 산정 방식은 광고 목표와 관련된 행위(예, 클릭수, 회원 가입, 구매)를 단위로 광고비를 산정한다. 성과 기준 광고비 산정은 일정한 광고 결과를 보장하며 CPM 방식에 비해 이용자의 광고에 대한 주목 정도를 좀 더 자세히 파악할 수 있는 장점이 있다. 성과 기준 광고비 산정에서 CPC(또는 PPC)가 통상적으로 사용된다. CPC의 단점은 클릭 이후 이용자의 행동에 대해 파악할 수 없고, 클릭 자체가 실질적 회원 가입, 이벤트 참여, 구매를 의미하는 것은 아니기 때문에 높은 수익을 낼 수 없다는 것이다. 모바일 광고에서 CPI(Cost per Install)는 앱 설치를 완료했을 때 광고비를 산정하는 방식이고, CPA(Cost Per Action)/CPE(Cost per Engagement)는 앱을 실행했을 때, 또는 앱 안에서 특정 행동을 했을 때 광고비를 산정하는 방식이다.

성과 기준 광고비 산정 방식은 소비자의 행동 완료 기준으로 광고비가 책정되는 모델이므로 세 가지 광고비 산정 방식 중에서 광고주에게 가장 유리하다. 광고 크리에이티브, 제품 품질 등의 퍼블리셔가 통제할 수 없는 요인으로 성과 기준 광고비 산정은 퍼블리셔의 광고 매출에는 불리하게 작용할 수 있다. 최근 모바일 광고 영역에서 CPI 산정 방식의 단점과 광고주 불만을 해소하기 위해 eCPI(effective Cost Per Install, 유효 앱 설치당 비용)가 사용되기도 한다. 예를 들면, 새로운 모바일 게임앱을 론칭한 광고주에게 가장 중요한 성과는 실제 앱 사용자의 유입이기 때문에 CPM 또는 CPC로 진행된 광고 캠페인도 eCPI로 환산해 최종 광고비가 청구될 수 있다.

모바일 플랫폼 광고를 기준으로 [그림 10-1]에서 왼쪽으로 갈수록 매체에게 유리한 광고비 산정이며 브랜딩에 유리하고, 오른쪽으로 갈수록 광고주에게 유리한 광고비 산정으로 직접적 광고효과 달성에 유리하다. 광고 인벤토리는 왼쪽으로 갈수록 많고 오른쪽으로 갈수록 적어진다. 모바일 광고를 보고 앱 설치 후 실행으로 이어졌을 때의 절차를 생각해보면, 1) 모바일 광고를 본다(CPM으로 광고비 결정), 2) 관심이 가서 광고를 클릭해 본다(CPC로 광고비 결정), 3) 광고물을 클릭하고 앱스토어를 통해

그림 10-1 모바일 광고비 산정 방식의 종류 및 특징

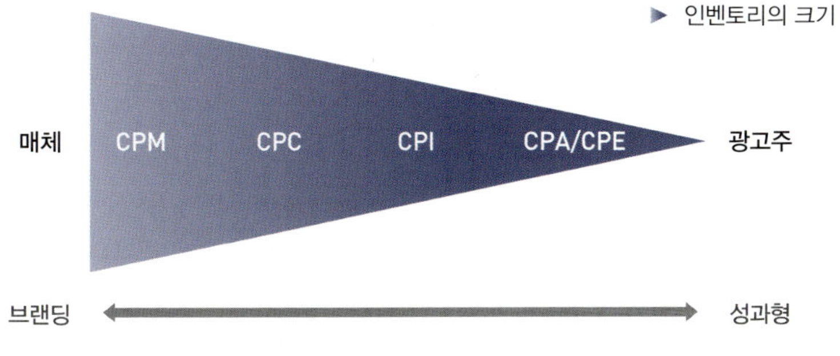

앱을 설치한다(CPI로 광고비 결정), 4) 앱이 깔리면 앱을 실행하고 특정 액션을 한다. 예를 들어, 회원 가입하거나, 제품 구매를 하거나, 게임이라면 튜토리얼을 마칠 수도 있다. 앱 인스톨 후 광고주가 원하는 행동을 소비자가 실행한 경우 CPA/CPE 방식으로 광고비가 결정된다.

CPI, CPA/CPE가 광고주에게 유리한 이유는 그림에서 오른쪽으로 갈수록 광고주의 리스크가 감소하기 때문이다. 매체는 1번만 해도(CPM) 광고주로부터 광고비를 받을 수 있는데 4번 또는 5번의 과정을 거친 후 광고주에게 비용을 청구하는 것은 훨씬 어려운 과제이다. 1번에서 5번으로 갈수록 광고 수용자가 특정 행동을 해야 광고비를 청구할 수 있기 때문에 매체는 노출만으로 광고 수익을 획득하고자 할 것이고, 광고주는 광고 목적의 달성에 따라 광고비를 지급하길 원한다. [그림 10 - 1]을 보면 회색 화살표의 왼쪽은 브랜딩, 오른쪽은 성과형이라고 적혀있다. 광고주가 브랜드 인지도를 향상을 목적으로 광고를 집행한다면 노출량 극대화에 초점을 맞춘 CPM을 기준으로 광고비를 산정하는 것이 유리하고, 앱 설치 등의 성과에 따라서 광고비를 지출하고 싶다면 오른쪽에 있는 단가를 고르는 게 유리하다.

4 디지털 광고 시장의 주요 구성원

국내 디지털 광고 산업의 주요 구성원은 크게 광고주, 광고대행사, 퍼블리셔(매체사, 예, 네이버, 카카오, 구글), 미디어렙으로 분류될 수 있다. 광고대행사는 광고주의 광고 업무를 대행하여 계약에 따라 광고를 기획, 제작, 집행 후 효과 등에 분석하는 등의 서비스를 제공하는 사업자이다. 디지털 광고는 다양한 종류의 광고 상품이 존재하기 때문에 특정 광고 상품에 특화된 광고대행사가 존재한다. 퍼블리셔는 네이버와 같이 광고를 게재하여 이용자들에게 직접 광고를 노출시킬 수 있는 공간을 보유하고 있는 사업자이며, 검색광고와 모바일 광고는 플랫폼에 의해서 광고의 구매와 판매가 이루어지기 때문에 매체사를 플랫폼 사업자라고 부르기도 한다.

미디어렙은 광고주의 요구에 적합한 광고를 집행할 수 있는 포털, 웹사이트 등 광고 매체를 기획하고 확보하여 제공하는 업무를 수행한다. 좀 더 쉽게 설명하자면, 광고주와 광고대행사는 최소의 비용으로 최대의 효과를 원하고 미디어는 항상 최대 매출을 원한다. 미디어렙은 양쪽의 요구사항을 적절히 반영을 하여 최적의 광고효과를 제공하는 비즈니스 모델이다. 퍼블리셔를 대신해 광고주들로부터 광고를 수주하고,

광고주와 광고대행사에게는 자체 개발한 광고 분석 솔루션을 기반으로 과학적인 광고 데이터를 제공하는 역할을 수행한다. 하지만 미디어렙사의 역할은 디스플레이 광고에 국한되어 있다. 검색광고는 광고주가 직접 운영하거나 대행사만 고용해서 운영할 수 있기 때문에 미디어렙의 필요성이 매우 낮다. 전통매체 시대에는 미디어 환경의 변화와 매체의 수가 한정되어 있었기 때문에 미디어렙이 영업에 초점을 맞추었다면, 디지털 시대에는 미디어 환경이 매체의 다양성과 개인화로 인해 광고 집행이 매우 복잡해져 광고 매체의 운영과 효과 분석에 특화되어 온라인 전문 미디어렙이 국내 시장에서 발전할 수 있었다.

최근 국내 디지털 광고 산업에 애드 네트워크(ad network)와 광고 관련 테크 서비스를 광고주와 광고대행사에게 제공하는 사업자가 새롭게 등장하기 시작했다. 직접 광고주에게 광고 서비스 구성과 판매가 가능할 정도의 기술력과 마케팅 능력을 보유한 대형 퍼블리셔와 이런 능력이 상대적으로 부족한 중소 퍼블리셔를 묶어 광고 매체로 활용하는 애드 네트워크가 미국 디지털 광고 시장에 등장하여, 대형 매체사와 중소 매체사가 고르게 발전할 수 있었다. 그러나 국내 디지털 광고 시장은 중소 매체를 묶는 애드 네트워크가 발전하지 못했고, 결과적으로 디지털 광고 시장이 대형 포털 중심으로 발전하였다. 최근 모바일 광고가 급성장하며, 국내에도 다양한 모바일 애드 네트워크 제공 업체가 사업을 개시하였고 시장 점유율을 빠르게 확장하고 있다. 모바일 광고의 구매와 판매가 플랫폼에 의존하는 현상이 강해지면서 광고주와 광고대행사에게 전문 테크 서비스를 제공하는 업체들도 활발하게 사업을 전개하고 있다.

5 검색광고

최초의 검색광고 모델을 탑재한 고투닷컴 이후, 검색 분야에서 빠른 성장을 보이던 구글은 2002년 검색광고에서 기존의 노출 방식을 포기하고 CPC 모델을 도입하며 새로운 변화를 추구했다. 첫 번째로, 구글의 검색광고는 일차가격경매(first-price auction)보다 안정적으로 평가받았던 이차가격경매(second-price auction) 방식을 도입하게 된다. 이차가격경매 방식에서는 가장 높은 가격으로 입찰한 광고주가 낙찰을 받지만, 경매에 참여한 두 번째로 높은 가격만 지불하면 되는 형식이다.

두 번째로, 구글은 오직 입찰가에 따라서 광고노출 순위가 정해지는 모델을 탈피하여, 품질평가 점수(quality score)를 통합 반영하는 방향으로 변화를 주었다. 이 질적 점수 요인에는 클릭률(CTR: Click Through Rate, 광고가 클릭된 횟수를 광고가 게재된 횟수로 나눈 값), 키워드와 광고의 연관성, 랜딩 페이지의 질적 수준 등 다양한 변인들이 반영되게 된다. 이를 통해 어떤 광고주도 소비자들의 클릭을 얻어내지 못하면 아무리 비싼 돈을 내더라도 상위 순위에 노출될 수 없는 시스템을 구축하였다. 이는 질 낮은 웹사이트를 운영하거나 기만적 광고를 하는 광고주들을 걸러낼 수 있는 방편을 마련하였다는 점에서 검색광고 발전사에 큰 의의를 가진다고 평가된다. 최근 검색광고는 입찰 가격과 해당 광고의 품질지수를 반영하여 노출 순위를 정하므로 무분별한 광고비 경쟁을 방지하고 있다.

일련의 변화를 통해 검색광고 운영과정에서 검색엔진이 오직 수익만 추구하는 것이 아니라 소비자들에게 보다 양질의 검색결과를 제공하는 방향으로 발전적인 변화를 추구하였다. 또한 검색서비스 제공자 입장에서는 자사의 경매를 기존의 일차가격경매 방식보다 안정적이고 보다 수익성 있는 방향으로 발전시킬 수 있었다. 이렇게 초창기의 검색광고 모델을 보완·발전시킨 구글의 검색광고 운영방식은 그 핵심적인 요소들이 현재까지 크게 변화되지 않았을 정도로 그 완성도가 높았으며, 이후 검색광고산업을 대표하는 비즈니스 모델로 자리 잡게 된다.

검색광고는 그 탄생 이후 빠르게 온라인 광고시장을 장악해 나갔으며, 그 과정에서 광고주에게는 보다 합리적이고, 소비자에게는 덜 기만적이고 덜 성가신 광고로 자리매김하기 위한 진화를 거듭해 나갔다. 스마트폰의 높은 보급으로 소비자의 정보 검색은 더욱 증가할 것으로 예상되기 때문에 검색광고가 국내 디지털 광고에서 차지하는 비중과 중요성은 지속적으로 확대될 것이다. 검색광고의 정의와 장점을 중심으로 살펴본다.

검색광고의 정의

검색서비스에서 검색자(searcher)가 검색어(search term)를 입력하여 검색했을 때, 검색결과페이지(SERP: Search Engine Results Page)가 출력되며, 이 검색결과페이지는 크게 검색광고(SA: Search Advertising)와 입력된 검색어와 관련성이 높은 콘텐츠들을 웹상에서 선별하여 노출하는 결과물인 자연검색결과(organic search results)로 나눠진다. 이때, 검색광고는 소비자가 입력한 특정 검색어에 대응하여 도출된 검색결과페이지에서 해당 검색어 내의 키워드에 대응하여 맞춤형으로 노출되는 광고를 뜻한다. 검색광고는 흔히 키워드광고, CPC광고, PPC광고, 스폰서드검색 등 다양한 용어로 통용되는데, 흥미롭게도 이들 검색광고의 또 다른 이름들은 검색광고의 특징들을 잘 담고 있어, 이들을 통해 검색광고를 더욱 잘 이해할 수 있기도 하다.

검색엔진마케팅(SEM: Search Engine Marketing)은 검색엔진에 광고를 구입함으로써 자사의 웹사이트 트래픽을 획득하는 방식의 마케팅을 뜻하며 검색광고는 이 검색엔진 마케팅의 핵심 수단이다. 검색엔진마케팅(SEM)이 검색광고를 구입함으로써 검색엔진의 결과페이지의 상위에 노출되어 웹사이트 트래픽을 획득하는 방식이라면, 검색엔진최적화(SEO: Search Engine Optimization)는 웹사이트의 구조 및 내용을 개선하여 검색엔진의 결과페이지 중 자연검색결과페이지(organic search result) 상에 자사의 웹사이트가 상위에 노출될 수 있도록 하는 방식이다. 따라서 검색엔진최적화와 검색광고는 서로 이질적이나 자사 웹사이트 유도를 목표로 한다는 점에서 그 지향점은 같다.

검색광고의 특징과 의의

검색어를 입력해서 찾아오는 소비자에게 광고를 노출한다는 점에서 검색광고는 소비자의 관심 그리고 정보 검색 행위와 관련성이 매우 높다. 소비자가 관심 키워드를 검색창에 입력하는 행위 자체가 매우 고도화된 타기팅이기 때문에 검색 광고는 고객의 상황이나 인구통계학적 타기팅 및 웹서비스 이용 이력에 근거하는 타 광고상품보다 전환으로 이어지는 광고 효율이 상대적으로 높다(Rutz et al., 2011). 검색광고는 기존의 광고와는 많은 부분에서 대비되는 고유한 특징을 가진다. 광고성과의 측정, 소비자 맞춤형광고, 과금방식, 경매기반의 가격결정, 셀프서비스, 품질평가점수로 나누어 검색광고의 특징과 의의에 대해서 살펴보자.

1) 광고성과의 측정

디지털 광고의 가장 특징 중 하나가 성과의 정확한 측정이라는 것은 이미 설명하였다. 가장 기본적인 성과 측정은 소비자의 직접적 반응인 클릭이다. 클릭 이후 소비자의 후속 행동인 회원 가입, 앱 인스톨, 구매 등의 전환 효과도 검색광고 플랫폼(예, 네이버, 구글)이 제공하는 광고 관리 시스템과 로그 분석 시스템을 통해 입체적으로 그리고 통합적으로 분석이 가능하다. 구체적으로 광고관리 시스템과 로그분석 시스템을 결합하여 운영하면 순수 광고 유입효과와 자연 유입효과를 구분한 데이터를 획득할 수 있다. 사이트 내부로 들어온 고객의 유입경로, 이동경로, 구매전환 경로 및 소비자의 특성 등을 분석할 수 있다. 로그분석 서비스는 광고의 효율성을 포함하여 전체적으로 다른 모든 소스(채널)에서의 효율성과 함께 비교할 수 있다는 것이 강점이다. 이를 통해 광고 예산의 적절한 분배, 구매전환을 위해 어떤 부분을 개선해야 하는가 등의 이슈를 해결해 나갈 수 있는 단서를 제공한다.

2) 풀(Pull) 기반 소비자 맞춤형광고

검색광고는 오직 검색자가 입력한 검색어(query)와 광고주가 타기팅한 키워드(keyword)가 매치되었을 때만 작동된다. 즉, 검색광고는 소비자가 자발적으로 직접 입력한 특정 검색어에 대한 검색결과의 일환으로 노출되며, 소비자가 입력한 검색어에 어떤 형식으로든 연관되어 있어야 한다. 이처럼 검색광고는 자신의 필요에 의해 자발적으로 정보를 탐색하는 소비자의 여정을 방해하지 않으면서 상품정보에 자연스럽게 노출될 수 있도록 하는 풀(pull) 형식의 광고이며, 이는 광고 수신을 동의하지 않은 소비자들에게 도달하기 위해 일방적으로 메시지를 전달하는 푸시(push) 형식으로 집행되는 배너광고와 차별된다.

검색광고는 그 탄생부터 타기팅이 가능한 광고로 등장했다. 검색광고를 통해 전통매체와 온라인매체를 통틀어 광고 역사상 처음으로 매스미디어를 통한 풀(pull) 기반의 광고가 가능해졌다고 해도 과언이 아니다. 즉, 소비자가 수동적으로 광고에 우연적 노출되는 푸시(push) 방식의 광고를 탈피하여, 소비자가 검색엔진에 직접 자신이 원하는 검색어를 입력했을 때에만 해당 검색어와 관련이 있는 광고가 노출되는 풀(pull) 기반의 광고가 탄생하게 된 것이다. 아무 때나 불특정 다수에게 광고 메시지를 강제 노출하는 것이 아니라 소비자가 원하는 때에만 그 소비자가 관심이 있는 검색어와 관련이 있는 광고들에 한해서 맞춤형으로 노출되게 되는 혁신이 가능해진 것이다.

3) PPC(Pay-per-click) 과금방식

광고의 혁신을 가져온 검색광고의 세 번째 중요한 특징은 클릭당지불(PPC: Pay-per-click)이라고 불리는 합리적인 과금 방식에 있다. 검색광고에서 광고주는 오직 사용자가 검색광고를 클릭하였을 때만 광고비를 지불한다. 단순히 소비자의 검색결과페이지 상에 검색광고가 노출되는 것만으로는 광고비를 지불하지 않는 것이다. 검색광고가 흔히 퍼포먼스 광고로 불리는데 '클릭'과 같은 성과가 발생한 경우에만 비용을 지불한다는 의미를 담고 있기 때문이다. 다양한 국내외 학자들의 연구를 살펴보면, 클릭이 이루어지지 않고 검색결과가 단순히 노출되는 것만으로도 상당한 영향을 미칠 수 있다는 것을 알 수 있는데, 이는 검색광고가 클릭을 통한 트래픽 획득이라는 본래의 취지 외에도, 브랜드 인지도 확보와 같은 브랜딩적 도구로써도 충분히 활용될 수 있음을 시사한다. 즉, 광고 클릭이 이루어지지 않은 상태에서도 광고주들은 무료로 소비자에게 자사의 광고를 노출시켜 추가적인 성과를 챙길 수 있는 셈이다.

4) 경매기반의 가격결정(Auction-based Pricing) 방식

검색광고에는 전통적 광고에서 찾아볼 수 없는 독특한 시스템이 있는데 바로 경매기반의 가격결정 시스템이다. 검색광고의 비용은 광고주가 직접 하는 경쟁 입찰방식을 통해 결정된다. 이때 광고주가 경쟁 입찰하는 상품은 키워드, 즉 사용자가 입력할 만한 단어이며, 키워드라는 상품의 가치는 판매자(검색플랫폼)가 제시하는 가격이 아닌 구매자들(광고주)이 제시하는 가격으로 정해진다. 경매기반의 가격결정방식에 기반하는 검색광고는 기본적으로 시장원리를 따른다. 시청률이 높은 시간대의 TV광고일수록 더 많은 사람들이 볼 가능성이 있으므로 그 가격이 더 비싸진다. 마찬가지로, 검색광고에서는 검색이 많이 일어날 가능성이 있는 키워드일수록 자사의 검색광고를 더 많은 사람에게 노출할 수 있으므로 경쟁은 심해지고 그 가격은 비싸진다.

일반적으로 대표 키워드, 즉 특성 상품 혹은 서비스를 대표하며 해당 카테고리에서 조회 수가 가장 많은 인기 키워드들에 대한 경쟁이 심화되어 가격이 높게 책정되는 경우가 존재한다. 조회 수가 높은 인기 키워드의 경우 과다 경쟁으로 그 가격이 매우 높아져 광고비의 증가를 감당하기 힘든 광고주들이 존재한다는 점도 부정할 수 없는 현실이다. 이러한 한계를 극복하기 위해서 검색광고를 운용하는 광고주들에게는 상품명, 서비스명 등과 같은 세부 키워드, 혹은 특정 이슈, 이벤트, 계절에 따라 조회 수가 증가하는 시즌 키워드 등을 발굴하여 키워드를 확장해 나가는 롱테일 키워드의 활용이 필수적으로 요구된다. 대표 키워드의 경우 조회 수는 높지만 구매전환율이 낮은 특징이 있다면, 롱테일 키워드들은 일반적으로 조회 수가 낮지만 구매로 연결될 가능성이 높고, 상대적으로 광고비가 저렴하다는 특징이 있다(Geddes, 2014). 경매기반의 가격결정 방식은 광고주들의 노력 여하에 따라서 소액으로도 충분히 효과적인 광고를 운영할 수 있도록 만드는 검색광고의 핵심적인 특징으로 보는 것이 합리적이다.

5) Self-service를 통한 누구에게나 열린 광고

검색광고의 또 다른 장점은 성과의 즉시성에 초점을 맞추는 소액광고주의 높은 접근성이다. 검색광고는 광고주가 광고비를 정하고, 광고를 만들고, 트래픽을 스스로

모니터링할 수 있다. 검색광고의 이러한 특징으로 인해 검색광고는 중소상공인들이 자사의 상품과 서비스를 알릴 수 있는 효율적인 방법으로 자리매김하였다. 디스플레이 광고에 비해 검색광고는 소액으로 집행할 수 있기 때문에 국내에서 연간 35만 명 이상의 광고주가 검색광고를 사용하고, 소액 광고주의 절대 다수가 10만원 미만의 광고비를 지출하고 있다. 검색엔진을 운영하고 검색광고 플랫폼을 운용하는 기업인 구글과 네이버는 수십만에서 수백만의 광고주가 검색광고를 운영하기 때문에, 자율적으로 경매시스템에 참여해서 자신이 원하는 검색 키워드를 구매하도록 유도하고 있다. 광고주는 설정한 예산 범위 안에서 실제 소비자의 행동인 클릭이 발생할 경우에만 비용을 지불하기 때문에 합리적인 예산 분배와 집행이 가능하고 많은 중소상공업자들이 검색광고를 적극적으로 활용하고 있다. 최근 디지털 상거래가 증가하며 등장한 쇼핑 검색 상품은 중소 상공업자들의 검색광고 활용 빈도와 양을 증가시키고 있다. 소비자의 온라인 쇼핑과 구매가 빠르게 증가하고 있기 검색광고 플랫폼들은 적극적으로 쇼핑 검색 상품을 출시하는 모습을 보이고 있으며 중소 상공업자들은 쇼핑 검색을 통해 소비자에게 제품의 이미지와 가격을 직접 알리고 있다.

검색광고회사에 대행을 맡길 수도 있지만 이마저도 여력이 안 되는 이들은 스스로 계정을 만들어서 검색엔진 기업에서 제공하는 교육의 도움을 받아 시행착오를 거치면서 배워나갈 수 있다. 물론 검색광고는 자영업자와 중소업체들뿐만 아니라 대기업에도 열려 있기 때문에 다윗과 골리앗의 경쟁이 존재할 수밖에 없는 구조다. 즉, 앞서 살펴본 바와 같이 경매기반의 가격결정 방식에 의해서 일부 인기 대표 키워드들은 매우 비싼 가격을 지불해야 하는 한계점들이 존재하지만, 이러한 문제들은 효율적인 키워드 운용을 통해 극복이 가능하다. 검색광고로 인해서 어디에서나 누구나 동일한 과금방식을 통해 소비자들에게 자신의 메시지를 전달할 기회를 가지게 되었다는 점은 부정할 수 없는 사실이다.

6) 품질평가점수

검색 광고에서 게재 순위는 검색광고 효과를 결정짓는 일차적 요소이며, 게재 순위 결정은 검색광고 전략의 중요한 부분을 차지하고 있다. 게재 순위를 결정짓는 중요한 요소는 광고주가 입찰한 CPC와 품질평가점수이다. 품질평가점수는 예상 클릭률, 광고 관련성, 방문 페이지 만족도로 구성되며 점수가 높으면 비용은 감소하고 광고 게재 순위는 상승하는 효과가 있다. 검색광고 및 방문 페이지가 소비자와 관련성이 높을수록 품질평가점수도 높아진다.

표 10-2 입찰 CPC, 품질평가점수, 게재 순위 및 실제 CPC

광고주	최대 입찰 CPC	품질평가점수	광고 등수	게재 순위	실제 CPC
A	200원	0.8	160	2위	123원
B	200원	1.0	200	1위	170원
C	300원	0.3	90	3위	최소 입찰가

다음의 예를 품질평가점수의 중요성을 설명한다. 플랫슈즈를 판매하는 세 광고주(편의상 A, B, C로 지칭)가 있다. [표 10-2]는 각 광고주의 최대 입찰 CPC와 품질평가점수(최고점 1.0), 광고 등수(최대입찰 CPC×품질평가점수), 광고 게재 순위, 실제 과금되는 CPC 정보를 보여준다. C광고주가 최대 입찰 CPC를 제시했지만, 품질평가점수가 0.3을 기록해서 광고등수는 90을 획득하였다. A와 B광고주는 동일하게 CPC 200원으로 입찰하였지만, B광고주의 품질평가점수가 1.0이여서 광고 등수 200을 기록한 반면 A광고주의 품질평가점수는 0.8로 광고 등수 160을 기록하였다. C광고주가 최대 CPC로 입찰하였지만, 게재 순위는 3위였고, 품질평가점수가 가장 우수한 B광고주의 광고 문안이 우선 게재되었다. 순위 획득을 위한 최소 입찰 CPC의 계산은 다음과 같다.

식6: 최소 입찰 CPC=(아래 순위의 광고등수÷나의 품질평가점수)+10원

검색광고 역할의 변화

전통적으로 검색광고는 소비자가 검색엔진에서 검색하였을 때, 검색결과페이지에 광고주의 사이트로 이동할 수 있는 링크를 광고 카피와 함께 노출하는 텍스트 위주의 광고 형식이 일반적이었다. 따라서 기존의 검색광고에 대한 정의들을 살펴보면 '인터넷 이용자가 특정 키워드로 검색했을 때 검색결과의 하나로 해당 키워드와 관련이 있는 광고를 노출시키고, 이용자가 노출된 검색 광고를 클릭할 경우 링크를 통해 바로 광고주의 웹사이트로 연결해 주는 방식의 온라인 광고 또는 인터넷 광고(네이버, 2014)', '네이버나 다음(DAUM) 등의 검색사이트에 특정의 키워드로 검색하는 유저들에게 광고주의 사이트를 노출시키는 광고기법(김은화 외, 2017)' 등 광고주 사이트로의 트래픽 획득에 한정되어 있는 것이 특징이었다.

전통적 검색광고들은 주로 광고주 사이트로의 트래픽 획득에 그 주목적을 두고 있는 유형이었으나 이후 검색광고는 다양한 형태로 진화하여 현재는 전통적인 랜딩 페이지형 텍스트 기반 광고는 물론, 사진과 동영상 등의 멀티미디어 기반의 검색광고,

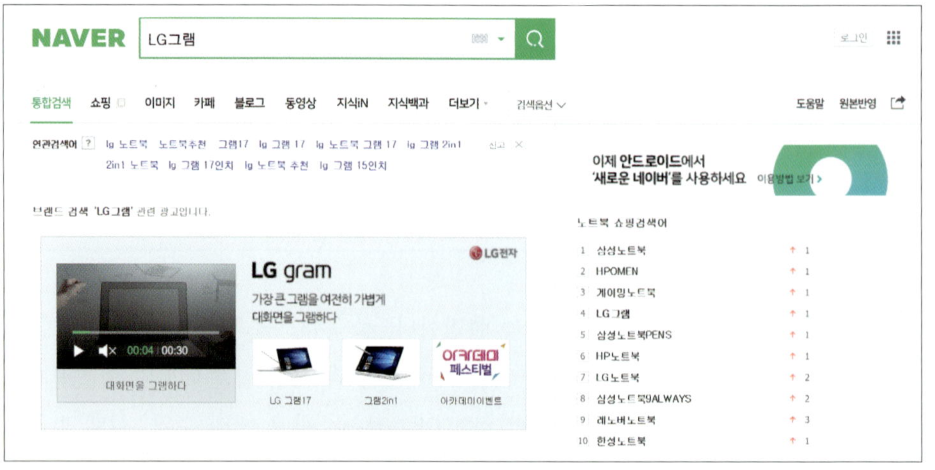

멀티미디어형 검색광고 – 네이버의 브랜드검색

콘텐츠 기반의 검색광고 등으로 다변화되어왔다. 또한 네이버, 구글과 같은 검색엔진사이트에 한정되어 사용되던 검색광고는 이제 그 범위를 넓혀 현재 대부분의 온라인 쇼핑 사이트에서도 쇼핑검색광고(PLA: Product Listing Ads) 형식으로 사용되고 있다.

이렇게 사용자 검색에 연동하여 노출되는 검색광고의 형식이 다양해지면서 검색광고의 목적도 다변화되고 있다. 기존 검색광고는 트래픽을 유도하여 구매로의 전환, 회원가입, 다운로드 등의 퍼포먼스를 내는 것에 그 목적이 있었다면, 현재는 소비자들이 콘텐츠형 검색광고를 통해 해당기업에 대한 브랜디드 콘텐츠에 노출되고, 멀티미디어형 검색광고를 통해 랜딩 페이지로의 이동이 이루어지지 않을 때도 제품 및 브랜드의 이미지, 동영상등에 노출되는 등 검색광고는 브랜드인지도 상승과 같은 브랜딩의 영역에서도 큰 역할을 기대할 수 있게 되었다. 이렇게 검색광고의 형식, 그 종류와 명칭은 시시각각 변화하는 산업의 흐름과 함께 다양한 형식으로 변화하여 왔고, 앞으로도 그 진화는 계속될 것이다.

6 디스플레이 광고

디스플레이 광고는 PC 기반의 웹과 모바일 기반의 웹 그리고 모바일 앱에서 노출되는 배너, 리치미디어 광고로 불리는 특수형 배너, 동영상 광고를 포함한다. 최근 SNS를 중심으로 뜨거운 관심을 모으고 있는 네이티브 광고의 일부 유형과 1인 미디어 기반의 MCN(Multi Channel Network) 광고도 디스플레이 광고로 포함된다. 일반적으로 배너는 CPM을 기준으로 판매되고 운영된다.

배너 광고의 CTR이 지속적으로 하락하고 즉시적 성과에 대한 의문이 제기되면서 다양한 그리고 많은 수의 퍼블리셔를 하나의 애드 네트워크로 통합하여 운영하는 디스플레이 상품이 개발되어 활발하게 운영되고 있다(예, Google Display Network). 네트워크 상품은 광고 목표에 따라 CPM과 CPC 방식을 광고주가 선택해서 운영할 수 있는 장점이 있다.

브랜딩에 초점을 맞추는 대형 광고주를 대상으로 일 방문자가 많은 네이버나 유튜브는 시간 독점 방식의 CPT 상품을 운영하고 있다. 일반적인 배너 상품에 비해 네이버나 유튜브의 CPT 상품은 광고 비용이 매우 높지만, 짧은 시간(예, 1시간, 1일)에 높은 도달률이 달성 가능하다. 동영상 압축 기술의 발달, 유튜브로 대표되는 같은 동영상 사이트의 대중화, 그리고 SNS의 동영상 플레이 기능이 강화되면서 동영상 광고가 보편화되고 있다.

최근 디스플레이 광고 영역에서 가장 큰 흥미로운 현상은 실시간 경매(RTB)를 사용한 프로그래매틱 바잉과 어드레서블 TV광고의 도입이다. 전통적인 광고가 게재되면 또는 시간의 구매였다면 프로그래매틱 바잉과 어드레서블 TV는 타깃 소비자를 구매하는 방식으로 광고 패러다임의 변화를 주도할 새로운 영역으로 인식되고 있다. 국내 광고 시장에 도입되기 시작한 프로그래매틱 바잉 그리고 어드레서블 TV광고에 대해 살펴본다.

배너 광고

배너 광고는 디스플레이 광고의 가장 대표적인 형식으로 웹페이지와 모바일 앱의 특정한 위치에서 사각형 형태로 노출되는 광고를 지칭한다. 소비자의 인터넷 이용 기기별로 배너 광고를 분류하면 PC 웹 배너 광고, 모바일 웹 배너 광고, 모바일 In-App 배너 광고로 구분할 수 있다. 초기 배너 광고는 정지된 그림이나 이미지 파일에 의존했지만, 소비자의 주목도를 높이기 위해 애니메이션 형태의 리치미디어(rich media)광고가 널리 활용되고 있다. 최근 스마트폰의 보급률이 90%를 상회하고 이용 시간이 더욱 길어지면서 배너 광고의 중심도 PC에서 모바일로 급속하게 이동하고 있다.

모바일 배너 광고는 PC 배너 광고와 달리 앱을 통해서도 노출된다. 모바일 In-App 배너는 앱의 특정 영역을 활용하여 광고를 노출하는 방식이다. PC 배너 광고가 시장 점유율이 높은 대형 포털을 중심으로 집행된다면, 모바일 배너 광고는 대형 포털의 앱뿐만 아니라 수많은 앱을 묶은 AdMob, ADLocal, 라이브포인트, CAULY, inMobi와 같은 네트워크 플랫폼을 통해 집행된다. 모바일 In-App 배너가 네트워크 플랫폼을 중심으로 집행되는 이유는 소비자의 모바일 앱 사용기간이 짧고, 앱의 수가 빠르게 증가하고, 소비자별로 사용하는 앱이 상이하기 때문이다. 모바일 네트워크 플랫폼은 소비자의 다양한 앱 이용 활동을 분석하여 다양한 광고 타깃을 광고주에게 제공하는 장점이 있다.

PC와 모바일 일반 배너 광고 사례

위 그림은 PC와 모바일 웹에서 볼 수 있는 일반형 배너 광고이다. PC와 모바일 웹 배너 광고는 웹페이지의 일부분을 광고 지면으로 활용한다는 측면에서 매우 유사하다. 모바일 웹 배너 광고는 PC 배너 광고와 비교하면 상대적으로 광고물의 크기가 매우 작다. 하지만, PC 대비 스마트폰의 화면 주목도가 높다는 점을 고려하면 배너 사이즈의 영향은 유의미하지 않을 수 있다. 왼쪽 그림은 모바일 In-App 배너의 일반적 유형을 보여준다. 일반형 배너 광고의 약점은 소비자의 광고 주목도가 상대적으로 낮다는 점이다. 낮은 주목도를 극복하기 위해 다양한 형태의 특수형 배너 광고가 활발하게 집행되고 있다.

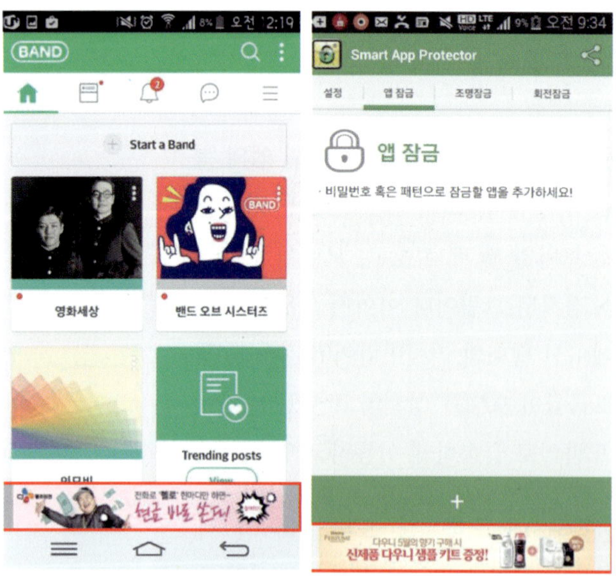

모바일 In-App 배너 광고 사례

리치미디어 광고

퍼블리셔, 온라인 미디어렙, 애드 네트워크 플랫폼은 낮은 주목도를 가진 일반 배너 광고의 약점을 보완하기 위해 소비자를 시각적, 청각적으로 자극할 수 있는 다양한 형태의 리치미디어 광고를 개발해서 운영하고 있다. 소비자의 주목도를 높이기 위해 리치미디어 광고는 다양한 노출 방식으로 시도되고 있다.

아래 그림의 사례는 소비자가 마우스를 광고 영역으로 이동하였을 때, 해당 웹페이지의 콘텐츠 영역까지 일반형 배너가 확장되면서 TV광고에 사용된 동영상 광고물을 보여준다. 소비자가 무심코 마우스를 광고 영역으로 이동시키더라도 동영상 광고가 활성화되기 때문에 노출 확률이 매우 높다.

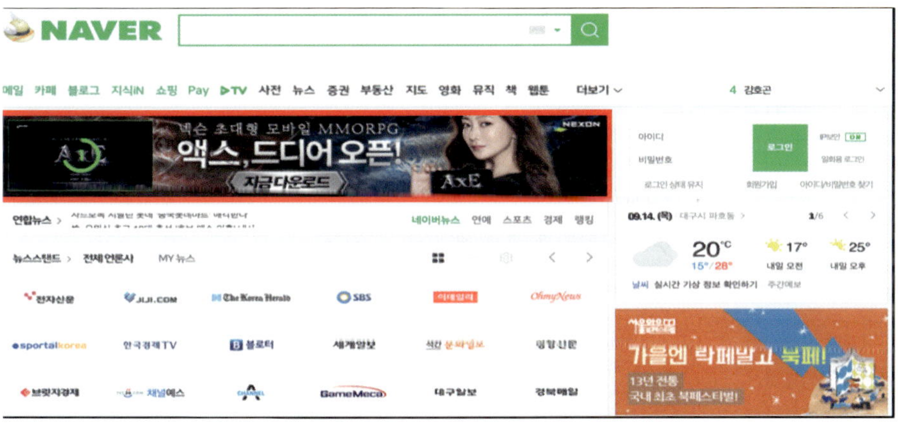

일반형 배너가 마우스 오버 후 확장되고 동영상 재생

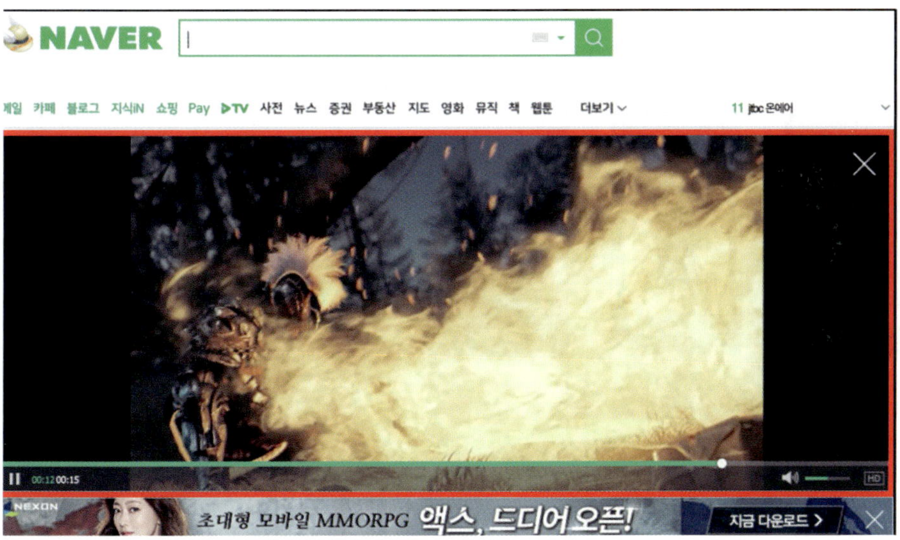

확장형 배너 광고 사례

사용자 행동형 배너 광고 사례(슬라이드형 동영상 광고)

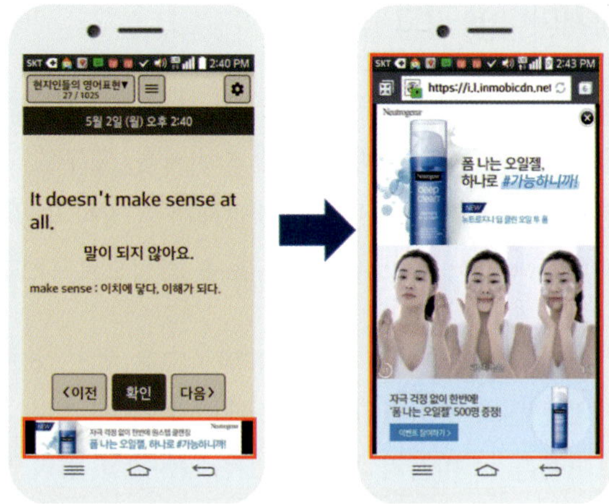

사용자 행동형 배너 광고 사례(클릭형 동영상 광고)

위 그림 슬라이드형과 클릭형은 특수 배너 광고 중 하나로써 사용자가 특정 행동을 수행하였을 때, 광고가 노출되는 사례이다. 마우스 오버 광고보다 발전된 형태의 광고로 소비자의 행동을 수행하게 하고 그 결과로 확장된 배너가 노출되도록 하는 형태이다. 사용자 행동 광고는 사용들의 관심을 불러일으키고 특정 행동을 취해야만 배너인 광고가 활성화되기 때문에 광고에 대한 거부감이 상대적으로 적다. 그 형태로는 슬라이드형, 더블앤, Touch형, 스프링형, 에로우형, 큐브, 크래시 롤페이퍼, 플래그 등에 이르기까지 운영 주체에 따라 이름을 다르며 다양한 광고 상품이 존재한다.

기존 인터스티셜 광고를 모바일에 응용한 모바일 전면 광고는 이용자가 이동하려고 하는 앱 페이지가 로딩되기 전에 강제 노출되는 형식의 광고이다. 예를 들어 이용자가 A 페이지에서 B 페이지로 이동하고자 할 때, 광고 메시지인 C 페이지가 활성화되는 방식이다. 모바일 전면 광고는 스마트폰의 전체 크기에 해당하는 광고 메시지가 노출되기 때문에 광고 주목도는 매우 높다. 하지만 사용자의 광고에 대한 거부감을 유도할 확률이 높다.

모바일 전면 광고 사례

동영상 광고

초기 동영상 광고는 방송사 사이트의 동영상 콘텐츠 즉 VOD(Video on Demand: 주문형 비디오) 중심으로 개발, 발전되었다. 초기 동영상 콘텐츠의 대표적인 형태는 방송사 정규 프로그램 다시보기(뉴스, 스포츠, 드라마, 예능 프로그램 등), 프로그램 예고보기, 생방송 보기 등이다. 동영상 콘텐츠의 시작 전, 중간, 후에 동영상 광고가 비디오 콘텐츠 시청자에게 노출되었다. 소비자들은 동영상 광고를 시청하는 대신으로 유료 비디오 콘텐츠를 무료로 시청할 수 있었다.

방송사 사이트를 통한 동영상 광고

동영상 콘텐츠를 TV를 통해 소비하던 시대가 지나고 다양한 기기로 특히 스마트폰으로 시청하고 소비하는 행위가 보편화되었다. 유튜브로 대표되는 동영상 전문 퍼블리셔의 폭발적 인기는 동영상 광고가 급성장할 수 있었던 중요한 요인이다. 최근 SNS에서 소비자의 동영상 시청이 급격하게 증가하면서 페이스북과 같은 SNS에서 동영상 광고가 빈번하게 노출되고 있다. 아래 그림은 유튜브의 대표적 동영상 광고 상품인 트루뷰(true view)이다. CPV 기준으로 판매되는 트루뷰 상품은 광고가 재생된 뒤 소비자가 광고 시청 여부를 선택할 수 있고, 사용자가 광고 동영상을 시청할 경우에만 광고주에게 과금한다. 반면에, 유튜브의 범퍼(Bumber) 광고는 동영상 재생 전 6초만 재생되며, CPM 기준으로 판매된다. 리치미디어 광고 또는 배너 광고에 동영상 광고를 포함시켜 집행하는 경우도 빈번해졌다. 동영상 광고는 보편적인 디스플레이 광고의 형태로 자리매김하고 있으며 디스플레이 광고의 지속적 성장을 견인하고 있다.

유튜브 트루뷰 광고 사례(PC/모바일 버전)

동영상 광고의 장점은 우선 생동감이 넘치고 기억에 남는 동영상 광고는 글이나 사진으로는 알릴 수 없는 장소의 분위기나 색다른 서비스 등을 효과적으로 표현 가능한 것이다. TV CF를 디지털 영역에서 노출할 수 있기 때문에 메시지의 통합적 전달이 가능하다. 최근 TV 시청률의 하락으로 도달률에 고민하고 있는 광고주와 대행사에서 훌륭한 대안으로 인식되고 있다.

위치기반 광고

위치기반 서비스를 활용한 쿠폰 전송 광고 사례

위치기반 서비스(location-based service)는 이동통신사의 통신망이나 위성항법장치(GPS) 등을 통해 얻은 위치정보를 바탕으로 사용자에게 특화된 서비스를 제공한다. 위치기반 광고는 위치기반 서비스 기술을 이용하여 모바일 단말기에 소비자의 위치를 파악해 맞춤형 광고를 발송하는 서비스이다. 사용자가 모바일 웹사이트에 접속하면 주변의 음식점, 문화정보, 교통정보 등을 안내하며, 실시간으로 할인쿠폰을 제공하기도 한다. 영국 이동통신사 'O2'는 위치정보서비스 'Placecast'를 통해 스타벅스 매장 근처에 있는 O2 서비스를 이용하는 사용자에게 스타벅스가 판매하는 인스턴트 커피 상품인 'Via Ready Brew' 상품의 50% 할인쿠폰을 발송하는 광고를 집행하였다.

최근 위치 기반 광고는 더욱 진화하여, 소비자의 위치를 타기팅하여 다양한 형태의 광고를 노출하고 있다. 아래 그림은 최근 국내에서 집행된 위치기반 타기팅을 활용한 모바일 디스플레이 광고의 사례들이다. 위치 기반 광고를 통해 공항과 공항철도 주변에 있는 해외여행객들에게 면세점 광고를, 영화관, 백화점, 마트, 서점 주변에 있는 여성을 대상으로 로맨스 영화 광고를, 국내에 입국하는 해외 여행객을 대상으로 면세점 광고를 노출할 수 있다.

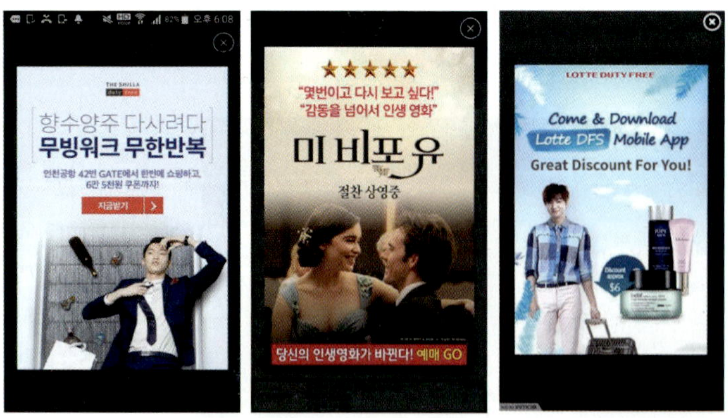

위치기반 타기팅을 활용한 모바일 광고

7 진화하는 디스플레이 광고

사람 vs. 플랫폼

전통적으로 광고를 집행하기 위해 미디어 구매 담당자는 전화나 이메일로 광고 판매 담당자에게 연락을 하고, 집행 예산과 광고물 게재 위치에 대하여 협의한다. 광고 캠페인 집행이 결정되면 구매 담당자는 판매 담당자에게 광고를 예약하고, 집행일 이전에 광고물을 전달하고 집행이 시작된다. 미디어 구매와 집행이 사람 대 사람의 커뮤니케이션을 통해 실행된다.

초기 디지털 광고도 사람 대 사람의 커뮤니케이션을 통해 집행이 진행되었지만, 최근 디지털 구매는 점차 사람 대 플랫폼으로 진화, 발전하고 있다. 사람 대 플랫폼의 첫째 장점은 광고의 구매와 집행의 즉시성이다. 플랫폼 중심의 광고 집행은 크리에이티브와 타깃 소비자의 변경이고 그리고 둘째 장점은 시공간의 제약 극복으로 업무 효율성의 큰 향상이다.

특히 애드 네트워크를 활용한 광고 집행에서 사람 대 플랫폼의 활용이 두드러진다. 수많은 퍼블리셔가 가입된 애드 네트워크 플랫폼을 활용하면 정교한 타기팅 및 리타기팅 기법이 가능하다. 즉, 문맥 및 게재 위치 타기팅으로 비즈니스와 관련이 높은 사이트에만 광고를 게재하거나, 주제 및 관심분야 타기팅으로 해당 비즈니스에 관심이 있을 법한 잠재 고객에게 광고를 노출시킬 수 있다. 리타기팅 기법을 활용하면 홈페이지에 방문한 적이 있는 고객에게만 광고를 노출할 수 있고, 또는 이 모든 기능을 한 번에 다 사용할 수도 있다. 네트워크 광고 상품은 클릭당 또는 노출당 과금된다. 광고주의 입장에서 네트워크 광고 상품을 운영하면 탄력적인 예산 집행이 가능하다.

프로그래매틱 바잉

애드 네트워크의 장점을 극대화하며 광고 매체 계획과 구매를 실시간 경매 방식을 활용하는 새로운 방식인 프로그래매틱 바잉(programmatic buying)이 새롭게 떠오르고 있다. 미디어를 통해 광고 메시지가 소비자에게 전달될 때, 광고에 노출된 소비자가 모두 마케팅 기획자가 설정한 타깃 소비자일까? 광고에 노출된 모든 소비자가 마케팅 기획에서 설정한 타깃 소비자가 되는 것은 불가능하다고 여겨진다. 광고에 등장하는 제품에 무관심하거나 실제 구매자가 아니라면 매체 비용은 낭비될 수 있다. 이러한 문제점을 해결하기 위해 등장한 것이 프로그래매틱 바잉이다.

현재 디지털 시대에서 소비자의 행동 하나하나는 기록되고 자료로 축적되며, 다양하게 활용되고 있다. 개별 소비자가 어떤 정보를 검색하고, 어떤 콘텐츠를 소비하고 어떤 상품에 대해 관심을 보이고, 실제 구매하는지, 소셜 네트워킹 사이트를 통해서 어떤 인맥 관계를 형성하고 교류하는지 모두 데이터로 축적된다. 이렇게 방대한 빅데이터를 분석하면 소비자에게 최적화된 맞춤형 정보나 상품을 제공할 수 있다. 미세먼지에 대한 위험이 높아지면서 공기청정기에 대한 관심이 가진 주부에게 공기청정기 신제품이나 공기청정기에 필요한 필터 정보를, 노트북을 자주 찾아본 대학생에겐 노트북 신상품 광고를 노출시킬 수 있다. 단순 인구통계학적 타기팅을 넘어서서 문맥, 관심사, 쇼핑 구매와 같은 데이터를 활용하여 소비자에게 직접적으로 노출할 수 있는 광고 매체 기획의 새로운 패러다임을 프로그래매틱 바잉이 제시하고 있다.

프로그래매틱 바잉의 핵심은 광고가 노출되는 지면을 구매하는 것이 아니라 광고주가 관심을 가지고 타깃으로 설정한 소비자 그룹에게만 광고를 노출하는 것이다. [그림 10-2]는 프로그램매틱 바잉의 구조를 보여주며 중요한 참여자들과 구성 요소들을 보여준다. 프로그래매틱 바잉을 위해 광고주 혹은 대행사는 광고 캠페인의 목적과 타깃, 소비자 행동모델 등의 변수를 미리 프로그래밍된 플랫폼에 입력한다. 이런 니즈를 위해 DSP와 ATD가 필요한다. DSP(Demand Side Platform)는 광고주와 대행사가 하나의 인터페이스를 통해 여러 애드 네트워크가 보유한 인벤토리를 애드 익

그림 10-2 프로그래매틱 바잉의 구조

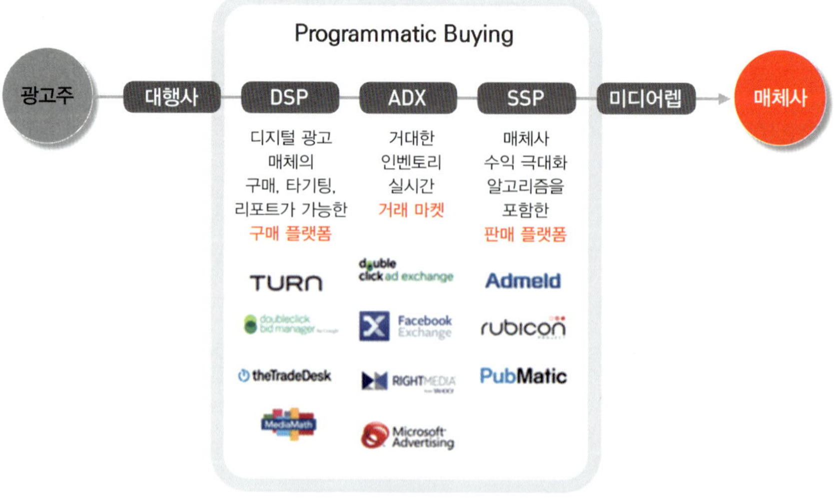

스체인지를 통해 관리하고 구매할 수 있도록 해주는 플랫폼이다. DSP를 통해 광고주 또는 대행사는 게재 지면 하나하나를 고르는 게 아니라 지역, 행동 등 광고주가 원하는 타깃 소비자 정보에 광고를 효율적으로 구매할 수 있다. ATD(Agency Trading Desk)는 주로 광고 대행사의 특별한 유닛으로, DSP 또는 다른 기술을 활용해 '프로그래매틱' 또는 경매 형태로 미디어를 구매하고 최적화하는 작업을 한다.

퍼블리셔는 광고 수익의 최대화를 원한다. 매체들의 니즈에 맞춰 탄생한 기술이 SSP이다. SSP(Supply Side Platform)는 퍼블리셔가 인벤토리를 자동으로 관리하고, 판매하고, 최적화할 수 있도록 돕는 시스템이다. SSP는 다양한 애드 네트워크, 애드 익스체인지 그리고 DSP와 연동되어 있어 더 많은 구매자들에게 도달할 수 있도록 하며, 구매자들로 부터 RTB(실시간 경매방식)로 광고를 팔아 매체사의 수익을 최대화할 수 있도록 돕는 플랫폼의 역할을 한다.

애드 익스체인지는 애드 네트워크에서 한 단계 나아간 형태로, 다수의 애드 네트워크에 동시에 연결되어 있어 인벤토리의 구매와 판매가 발생하는 거래소의 역할을 한다. 즉 DSP와 SSP의 가운데에서 거래 중개를 하는 중개소 역할을 한다. 애드 네트워크의 결합된 형태이므로 더 많은 인벤토리를 확보할 수 있기 때문에 타기팅의 범위와 정밀도를 높일 수 있다.

DMP(Data Manage Platform)는 광고 구매에 필요한 소비자 행동 데이터를 모아서 통합 분석하고 제공하는 플랫폼이다. DMP는 수많은 관련 데이터들을 모으고 분석해 퍼블리셔, 광고주, 그리고 광고 관련 업체들에게 유용한 결과물로 제공하는 역할을 수행한다. DMP는 광고주, 대행사, 퍼블리셔 모두가 이용하고 있으며, DSP와 SSP와 연동되어 구매 결정을 돕는다.

요약하면, 프로그래매틱 바잉은 애드 네트워크들이 결합된 애드 익스체인지를 통해 모여진 광고 인벤토리, 즉 타깃 소비자에게 노출될 지면을 실시간(real time) 또는 비실시간(non real time)으로 입찰(bidding)하여 구매하고 특정 광고를 타깃 소비자에게 전달하는 일련의 과정이다.

8 콘텐츠 마케팅과 네이티브 광고

콘텐츠 마케팅

광고는 비인적 매체의 게재 지면이나 시간을 구매하여 타깃 소비자를 설득하는 커뮤니케이션이다. 하지만 기업들이 소유 미디어와 획득 미디어를 효과적으로 활용하여 타깃 소비자에게 중요하고 관련된 콘텐츠를 제공하면 태도와 브랜드 관계를 효과적으로 향상시킬 수 있다. 인터넷이 활성화되기 전 콘텐츠 제작과 배포 과정 자체가 복잡하고 많은 비용이 소요되기 때문에 브랜드가 기존의 미디어에 의존해야 했지만, 기술의 변화와 발전으로 콘텐츠 생산 및 유통의 제약이 대부분 사라졌다.

이런 관점에서 콘텐츠 마케팅은 소비자 행동의 유발을 목적으로 매력적인 콘텐츠의 생산 및 배포를 통해 명확하게 정의된 타깃 소비자와 상호 수익적인 관계를 맺는 마케팅 테크닉이다. 오늘날 브랜드는 기술의 발전과 환경의 변화로 콘텐츠를 능동적으로 생산 및 배포하는 퍼블리셔 혹은 미디어 기업으로 빠르게 진화 중이다. 브랜드가 전통적 미디어 기업이 생산하는 콘텐츠보다 우수한 양질의 콘텐츠를 제작할 수 있는 능력을 보유할 수 있는 환경이 조성되었고, 브랜디드 콘텐츠를 배포하기 위해 광고를 적극 활용하는 현상도 빈번해지고 있다. 소유미디어 특히 SNS와 소비자가 배포하는 획득미디어를 활용하면 타깃 소비자 설득과 관계 형성이 훨씬 쉬워질 수 있다.

콘텐츠 마케팅의 구조와 과정

콘텐츠 마케팅의 목적은 획득미디어 채널을 구축하면서 동시에 강력한 소비자 관계를 형성하는 것이다. [그림 10－3]은 언급된 목적 달성을 위한 콘텐츠 마케팅의 구조와 과정을 보여준다. 브랜드 퍼블리싱은 브랜드가 관심 있는 토픽에 대한, 브랜드에 관련된, 브랜드의 상품에 관한 콘텐츠를 진정성 있고 매력적이며 자기 홍보적이지 않은 방식으로 스토리텔링을 하는 것을 의미한다. 브랜디드 콘텐츠는 소비자에게 엔터테인먼트 혹은 교육적 부가가치를 제공하는 것을 목적으로 브랜드에 의해 제작 또는 큐레이션되며, 상품 및 서비스의 판매가 아닌 브랜드에 대한 고려와 선호도의 증가를 목적으로 디자인된 콘텐츠를 의미한다. 네이티브 광고는 게재되는 웹페이지 또는 앱 콘텐츠와 응집력 있게 결합되어 있고, 디자인이 동화되어 있으며 플랫폼의 구성과 일치하여 사용자가 해당 플랫폼과 이질감이 없음을 느끼게 하는 광고 형태를 의미한다. 스폰서드 콘텐츠는 네이티브 광고의 한 형태로서 브랜드의 콘텐츠를 '브

그림 10-3 **콘텐츠 마케팅의 구조와 프로세스**

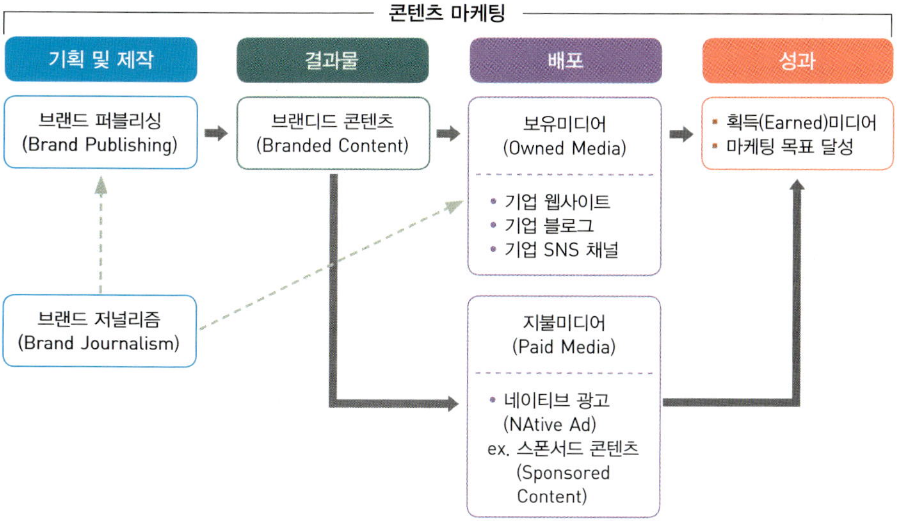

랜드가 소유하지 않은 매체'의 공간에 노출시키기 위하여 비용을 지불하며 배포시키는 콘텐츠로 최근 SNS를 통해 활발하게 활용되고 있다. 브랜드 저널리즘은 전통적 언론, 마케팅, PR 활동의 혼합된 형태로서 브랜드가 언론적 접근법을 사용하여 브랜드 콘텐츠를 대중에게 전달하는 커뮤니케이션 모델을 의미한다.

네이티브 광고

광고에 대한 '회의적 태도(skepticism)'는 새로운 개념이 아니다. 특히 다양한 마케팅 전술에 대한 소비자들의 지식은 높고, 따라서 광고에 대한 일반적인 태도 및 신뢰도는 높지 않다. 이런 상황에서 광고를 통해 사람들의 태도를 바꾸는 것은 매우 어려운 작업이기에 광고를 광고처럼 보이지 않게 하는 다양한 기술이 발달해왔다. 초기 게릴라 마케팅에서부터 PPL, 게임 속 광고, 스텔스마케팅(stealth marketing), 스폰서십, 그리고 인포머셜(informercial)과 애드토리얼(advertorial)까지, 꼼꼼히 따져보지 않으면 광고인지 아닌지 인식하기 어렵다. 따라서 이러한 기법들은 일반적인 광고에 비해 훨씬 높은 주목도와 기억은 물론, 태도 변화까지 유도할 수 있었다.

이러한 배경에서 '광고의 콘텐츠화'라고 요약할 수 있는 '네이티브 광고'가 탄생한 것이다. 네이티브 광고는 소비자들이 느끼기에 웹 페이지 또는 모바일 앱의 내용과 잘 조화되고, 디자인에 적절하게 동화되며 플랫폼의 성격과 일관성을 유지하는 유료 광고라고 정의할 수 있다(IAB, 2013). 네이티브 광고는 배너 광고에 비해 유저 경험을 해치지 않아 상대적으로 소비자들의 거부감이 적은 광고 형식으로 각광받고 있

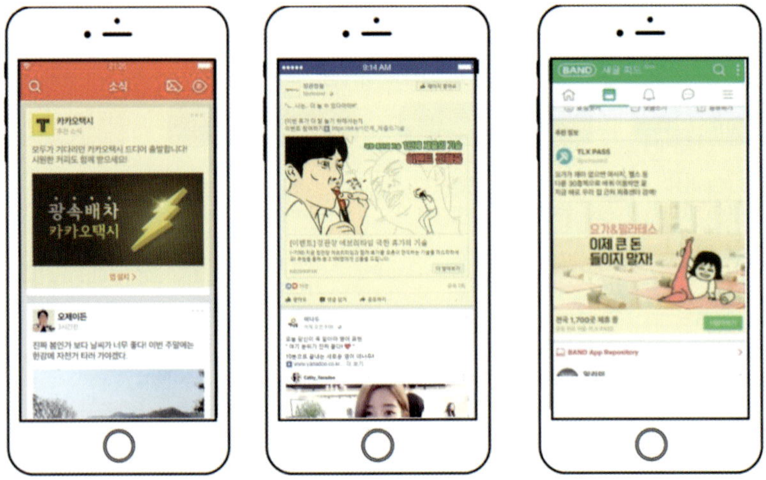

SNS 피드 사이에 노출되는 네이티브 광고 사례

다. 최근 SNS를 활용한 콘텐츠 유통 기술은 브랜디드 콘텐츠를 네이티브 광고 형식으로 리타기팅하여 소비자에게 노출하는 것도 가능하다.

네이티브 광고의 특성

네이티브 광고는 기존의 광고보다 사용자의 높은 몰입을 유지한 상태에서 노출된다. 네이티브 광고는 게재되는 플랫폼의 디자인에 자연스럽게 조화되어 소비자의 혼돈을 유발할 수 있기 때문에 '유료 광고' 또는 '스폰서드 콘텐츠'라는 점을 명징하게 소비자에게 고지하며 노출된다. 페이스북의 스폰서드 피드 포맷은 가장 유명한 네이티브 광고이며, 인스타그램은 여기서 한발 더 나아가 스토리텔링을 접목한 상품을 운영 중이다.

네이티브 광고의 또 다른 특징은 브랜드가 제공하는 정보(콘텐츠)가 개별 소비자에게 최적화되고, 일정한 플랫폼을 통해 많은 관련 정보들이 자동적으로 함께 제공된다는 점이다. 관련성 높은 정보의 제공이 다양한 디지털 기술 및 미디어 플랫폼과 맞물리면서 정보의 전달 과정도 복잡해진 건 분명하다. 그러나 소비자들이 광고가 아니라 정보로 인식하게 하는 데 효과적인 형태로 진화하고 있고, 그것이 네이티브 광고라는 하나의 카테고리로 묶여지고 있는 셈이다. 결국 광고주들이 네이티브 광고에 매력을 느끼는 이유는, 소비자들이 광고주가 전하는 브랜드 메시지를 광고로 느끼기보다는 하나의 가치 있는 콘텐츠로 받아들이게 할 수 있다는 점 때문이다.

네이티브 광고의 또 다른 특징이자 장점은 형식적인 포맷의 탄력성이다. 웹사이트 또는 애플리케이션은 독자적으로 플랫폼과 디자인 측면에서 차별성을 갖기 때문에, 네이티브 광고의 형식적인 포맷은 개별 웹사이트 또는 애플리케이션에 맞춤화되어 제작된다. 대부분의 배너광고가 표준화된 형식에 맞추어 제작되어 노출된다면, 네이티브 광고는 이용자의 콘텐츠 소비 경험을 저해하지 않기 위해 개별 웹사이트 또는 애플리케이션의 콘텐트와 디자인을 고려하여 탄력적으로 제작된다. 이러한 네이티브 광고의 특성 때문에 네이티브 광고의 형식은 단순히 크기나 위치가 아니라 유형별 특성이 중요하며, 다양한 유형으로 소비자에게 노출된다.

소비자의 SNS 채널 밖에서의 브라우징 히스토리, 검색 리스토리, 관심사 등을 브랜디드 콘텐츠를 네이티브 광고 형식으로 리타기팅해서 타깃 소비자에게 노출할 수 있다. 콘텐츠 생산, 유통에 있어서 새로운 유형의 서비스 기업, 플랫폼들이 생성되고 있으며 산업 구성이 변화 중이며, 이를 기반으로 네이티브 광고의 영역에 앞서 설명된 프로그래매틱 바잉이 빠르게 도입되고 있다. 프로그래매틱 바잉을 활용한 네이티브 광고는 정밀한 타기팅을 통해 브랜드의 광고 노출, 광고에 대한 거부감이 적고 구매력이 높은 타깃 소비자에게 광고를 노출이 가능하고 더 나아가서 정확한 광고 효과 데이터 산출이 가능하다. 광고 효과에 대한 정밀한 분석이 가능하며, 타 매체 대비 적은 비용으로도 효과를 확인 가능하다.

네이티브 광고 제작 원칙과 고려 사항

네이티브 광고 제작에서 가장 중요한 원칙은 타깃 소비자와의 관련성이다. 네이티브 광고를 통해 제공하는 콘텐츠는 결국 타깃 소비자가 찾는 것과 관련이 되어야 한다. 두 번째 중요한 원칙은 고객이 경험할 정보성이다. 네이티브 광고를 통해 전달되는 콘텐츠는 고객에게 일회성 정보가 아니라 꾸준히 정보를 제공해야 한다. 세 번째 중요 원칙은 고객이 경험할 오락성이다. 브랜드가 제공하는 네이티브 광고를 통해 고객은 "재미"를 경험해야 한다. 재미라는 요소가 제공되면 소비자가 네이티브 광고에 대한 높은 주목도를 보일 것이다. 하지만, "정보"없는 재미의 허무함을 주의해야 한다. 네이티브 광고를 통해 일회성 웃음이 아니라 정보와 오락성을 내포한 브랜디드 콘텐츠를 일관성 있게 공급하여 소비자와 지속적인 관계를 형성해야 한다. 연관성, 정보성, 오락성에 기반을 둔 네이티브 광고에 노출되고 브랜드를 경험하게 된다면 브랜드 인게이지먼트는 자연스레 향상될 것이다. 즉 네이티브 광고에 포함된 브랜디드 콘텐츠를 소비하고 공유하면서 브랜드 인게이지먼트를 경험한다. 이러한 인게이지먼트를 통해 소비자는 브랜드와 관계를 형성하게 되고 제품을 구매할 확률이 매우 높아진다.

참고문헌

권오윤·이은지·문장호·성용준(2018). 소비자가 인지하는 검색 대응형 네이티브 광고의 가치와 재사용 의도: 파워콘텐츠 상품을 중심으로. 광고PR실학연구, 11(2), 9-29.

권오윤·김지영·문장호·부수현·이병규·최세정(2019). 검색광고의 이해. 서울: 한울M플러스.

김은화·김남진·천현숙(2017). 검색광고마케터. 명진C&P.

네이버(2014). 네이버 검색광고스토리. 네이버.

이시훈·권오윤(2017). 미디어 혁명의 흐름과 함의. 서울: 한경사.

Geddes, B. (2014). Advanced Googld Adwords. Sybex.

Jansen, J. (2011). Understanding Sponsored Search: Core Elements of Keyword Advertising. Cambridge.

IAB (2013). The Native Advertising Playbook. Six Native Ad Categories, Six Marketplace Considerations, and IAB Recommended Disclosure Principles. Retrieved from: https://www.iab.com/wp-content/uploads/2015/06/IAB-Native-Advertising-Playbook2.pdf

Internetlivestats.com (2019). Googld Search Statistics. Retreived from: https://www.internetlivestats.com/google-search-statistics/?office=3535

10장: 생각해 볼 문제 (Review Questions)

- 디지털 광고의 다섯 가지 특징은 무엇일까?
- 디스플레이 광고 대비 검색광고의 특징은 무엇일까?
- 디지털 광고에서 비용 산정에는 무엇이 있을까?
- 검색광고의 장점에는 무엇이 있을까?
- 리치미디어 광고란 무엇일까?
- 최근 모바일 광고가 더욱 중요해지는 이유는 무엇일까?
- 디지털 광고에서 프로그래매틱 바잉이 작동하는 원리는 무엇일까?
- 콘텐츠 마케팅과 네이티브 광고는 각각 무엇을 의미할까? 그리고 그 관계는 무엇일까?

광고 캠페인의 기획은 치밀한 조사를 통해 진행되며 단계별로 활용 목적과 상황에 따라 다양한 조사방법을 사용할 수 있다. 조사 결과를 바탕으로 객관적이고 합리적인 의사 결정을 내릴 수 있고 광고 캠페인 수립 및 전략도출에 아이디어를 반영할 수 있다. 객관적인 조사 결과는 누구라도 동의할 수 있는 일관성 있는 기준을 제공한다. 개인의 직감, 느낌 또는 경험을 토대로 내리는 결정은 여러 면에서 신뢰하기 힘들다. 결과적으로 상식적, 경험적 판단이 정확하다 할지라도 성공적인 광고기획을 위해서는 객관적인 정보가 필요할 것이다.

특히 광고전략조사를 위해서는 상황조사와 예산 및 매체조사가 중요하다. 상황조사 결과를 바탕으로 목표 소비자를 파악하고 내외부 프로파일 분석과 적절한 브랜드 포지셔닝 전략을 수립할 수 있다. 예산 및 매체 조사는 매체 구입에 상당한 비용이 든다는 점에서 중요하며 매체 스케줄링, 매체유형, 매체 비이클 및 단위에 대해 알아보기로 한다. 마지막으로, 광고집행 전과 후로 광고효과 측정방법에 대해 논의할 것이다. 광고집행 전 콘셉트 개발을 위해 메시지조사 및 표적집단 면접법 등 다양한 조사를 실시하게 된다. 실제 광고집행 후 효과를 알아보기 위해 브랜드 재인이나 회상 또는 매출 등을 측정할 수 있다.

CHAPTER

XI

광고조사 방법

XI

광고조사 방법

+ 11장 도입사례

2020년 11월말 일본에서 공개된 '미래는 기다리지 않는다(The Future Isn't Waiting)' 광고에는 일본 학교에서 괴롭힘을 당하는 재일한국 조선인 등 10대 축구소녀 3명이 등장한다. 일본 내부에서 왜 외국 브랜드가 일본 내부 문제에 관여하는지에 대한 의문을 제기하는 등 논란이 되고 있다. 그러나 나이키는 전 세계적으로 소수자 차별 반대 캠페인을 펼치고 있다. 2018년 '저스트 두 잇(Just Do It)' 캠페인 30주년 기념 "Dream Crazy" 광고 캠페인에 인종차별 반대 시위 주인공인 미국 샌프란시스코 포티나이너스(49ers) 프로풋볼선수 콜린 캐퍼닉을 광고모델로 기용하였다. 그는 미국 경찰의 흑인 과잉진압이 논란이 된 2016년 경기 시작 전 애국가 제창을 거부하고 무릎을 꿇는 퍼포먼스를 처음으로 시작했다. 이러한 저항은 풋볼뿐만 아니라 프로야구와 농구로 확산됐으며 인종을 뛰어넘어 많은 호응을 얻었으나 한편 사회적 분열을 부추겼다는 비난도 적지 않았다.

저스트 두 잇 30주년 광고에서 그는 "모든 걸 희생하더라도 신념을 가져라(Believe in something. Even if it means sacrificing everything)"라는 카피와 함께 TV광고 및 각종 지면광고와 옥외광고에 등장하였다. 캐퍼닉의 광고로 흥분한 소비자들은 나이키 제품을 불태우거나 불매운동에 적극 참여하였으며 정치인들뿐만 아니라 도널드 트럼프 미국 대통령도 나이키가 무엇을 하고 있는지 모르겠다는 글을 트위터에 올렸다. 그러나 흥미롭게도 이 캠페인은 SNS에서 많은 사람들의 관심과 주의를 끌었으며 나이키가 단순히 제품 판매가 아니라 중요한 사회적 의미와 가치를 표현하는 데 적극적으로 동참하는 기업임을 각인시켰다.

광고 캠페인 이후 나이키의 온라인 매출은 전년도 대비 31%가 증가했다. 논란의 후폭풍이 거셌지만 오히려 이는 나이키에 대한 노출과 대중의 지지로 이어졌다. 캐퍼닉의 30주년 광고는 많은 소비자들에게 광고뿐만 아니라 나이키 브랜드 자체에 대한 긍정적 또는 부정적 태도를 형성하고 나아가 이러한 태도를 강화했을 것이다. 또한 잠재 소비자들에게 브랜드에 대한 인지도와 회상률을 높였을 것이다. 2019년 이 광고는 칸느 광고제에서 엔터테인먼트 옥외광고 그랑프리 수상작으로 선정되었다. 논란이 될 수 있는 캐퍼닉의 30주년 광고를 나이키가 아무런 사전조사 없이 기획하지 않았음은 틀림없다. 광고 조사는 목표 시장을 대상으로 광고 기획 및 효과를 측정하는 전 과정에 걸쳐 도움을 준다. 이번 장은 조사가 무엇이고 어떤 종류가 있는지 구체적으로 살펴본다. 또 조사를 어떻게 수행하고 무엇이 필요한지 학습함으로써 기초적인 조사 기획 및 실행능력을 갖추도록 한다.

2018년 콜린 캐퍼닉의 나이키 '저스트 두잇' 30주년 기념 광고(위)
2020년 나이키 재팬 광고(아래)
출처: 나이키

1 조사의 목적과 관점

조사의 목적

광고조사의 목적은 광고목표와 나아가 마케팅목표를 효과적으로 달성하기 위한 지침을 제공하는 것이다. 내외부 환경 분석, 3C 분석, SWOT 분석 등 전반적인 상황 분석을 위한 마케팅조사가 필요하지만 이번 장에서는 광고목표를 달성하기 위한 광고조사에 중점을 두기로 한다. 특히, 광고기획 과정에서 목표 소비자에 대한 이해가 중요한데 어떻게 하면 이들의 필요나 욕구 또 관심 제품이나 서비스에 대한 태도, 구매의향 등에 대해 파악할 수 있을까? 세분화된 시장 중 어떤 시장을 공략해야 하며 어떤 매체에 광고를 게재하고, 어떤 콘셉트로 포지셔닝해야 할 것인가? 또한 광고 캠페인 이후 성공 여부와 피드백을 얻기 위해서 어떤 조사를 해야 할 것인가? 이와 같은 질문에 대한 답변은 마냥 직관이나 개인적 경험 또는 아집에 의존에 결정하기에는 위험성이 크다.

인간은 이성적이고 합리적인 존재로 생각되지만 한편으로 상당히 주관적, 감성적이며 비논리적인 결정을 내릴 때가 빈번하다. 예를 들어, 부모님에게 꾸지람을 듣거나 사랑하는 연인과 심각한 다툼이 있었다면 이는 냉철하고 이성적인 의사결정이나 판단에 부정적 영향을 미칠 것이다. 인간의 정신적 에너지는 한정적이라 분산되어 사용된다면 정교화된 정보처리를 하기 어렵다. 이는 부주의하고 부정확한 관찰과 인지적 왜곡을 일으킬 것이다. 또한 많은 경우 몇 가지의 사례를 통해 일반화의 오류를 범하거나 필요한 정보만 선별적으로 노출하거나 반대로 불필요한 정보를 의도적으로 회피하는 경우도 있다. 따라서 체계적이고 객관적인 결과를 도출하기 위해서 과학적 방법의 대표적 도구인 조사가 필요한 것이다.

조사는 당면한 문제를 해결하는데 판단의 근거나 정보를 제공한다. 정보를 다면적으로 분석하고 해답을 도출하는 일련의 과정을 통해 우리는 효과적인 광고전략을 수립할 수 있다. 나아가 그 효과를 분석하고 검토하여 차기 광고 캠페인 전략 수립에 반영할 수 있을 것이다. 물론 조사한 결과에 대한 최종 결정은 역시 사람의 몫이라 아무리 객관적이고 과학적이라 한들 주관적인 판단을 근본적으로 배제할 수 없다. 그럼에도 불구하고 최소한 누구라도 공감할 수 있는 해답은 과학적이고 객관적인 조사를 통해 도출할 수 있는 것이다. 예를 들어, 길이가 다르거나 측정 단위가 다른 줄자로 대상을 측정한다면 누가 측정을 했고 어떻게 했는지에 따라 결과의 신뢰도에 의문을 제기할 수 있을 것이다. 동일한 측정 도구와 방법으로 측정했을 때 적어도 일관성 있는 결과를 얻게 된다. 이와 함께 특정 시각과 의도된 결과를 배제하고 현상을 이해하기 위해 열린 마음과 태도를 견지하는 것이 무엇보다 중요하다.

조사 방법의 2가지 관점

조사는 크게 정량적 조사(quantitative research)와 정성적 조사(qualitative research)로 구분된다. 정량적 조사는 실증적 연구라고도 하는데 다양한 현상을 수치화하여 측정, 평가, 추론한다. 일반적으로 사회과학에서 통계적, 수학적 기법을 활용해 이론을 개발하고 가설을 검증하는 과정을 거치게 된다. 사회 현상을 수치화한다는 점에서 객관적인 결과를 도출할 수 있다는 장점이 있다. 한편 모든 사회 현상을 계량화해 숫자로 표현될 수 없는 의미 등을 측정하기 어렵다는 점에서 비판을 받기도 한다. 주요 조사 방법으로 모델링, 서베이, 실험 등이 사용된다.

대조적으로 정성적 조사는 질적 연구라고도 하는데 단순히 양적 비교보다는 수치화하기 어려운 의미나 인사이트를 얻기 위해 사용된다. 주요 조사 방법으로 표적집단면접법, 참여관찰, 내용 분석, 대화분석 등이 있다. 정성적 조사는 연구 대상자의 의견, 감정, 경험 등 모든 감성적 요인들을 주의 깊게 관찰한다. 영화의 한 장면으로 흔히 볼 수 있듯이 연구자가 문명의 혜택이 없는 오지에 우연히 표류하면서 원시부족과 몇 년 동안 함께 생활하게 된다. 이 과정에서 외부자에서 내부자로 경계심이 사라지고 그들의 삶을 이해하고 기록하는 과정이 참여관찰 방법이다. 이는 대표적인 질적 연구 방법이다. 마케팅 맥락에서 특정 소비자 집단의 심리와 행동을 이해하기 위해 참여관찰을 이용할 수 있다. 정성적 조사의 단점으로 소표본을 사용하기 때문에 모집단의 대표성을 갖지 못하며 결과의 일반화에 어려움이 있다.

트로브리안드 군도에서 참여관찰 중인 영국문화 인류학자 말리노프스키
출처: 위키피디아. https://en.wikipedia.org/wiki/Bronis%C5%82aw_Malinowski

2 광고전략조사

엄밀한 의미에서 광고조사는 마케팅목표를 달성하기 위한 4P 차원에서 접근이 필요하다. 마케팅 조사란 4P를 포함한 마케팅 전반에 관해 필요한 정보를 수집하고 분석하는 것을 말한다. 앞 장에서 설명했듯이 광고는 마케팅믹스인 4P 중 프로모션(promotion), 즉 촉진에 속하기 때문에 마케팅조사와 광고조사는 관련성이 높다. 광고조사는 마케팅의 하위 수단으로 광고 기획 및 실행에 도움을 얻기 위한 광고와 관련된 직접적인 조사로 정의할 수 있다. 광고조사는 크게 '광고전략조사'와 '광고평가조사'가 있다. 이에 대해 보다 구체적으로 살펴보도록 하자.

상황조사

광고전략조사는 (1) 상황조사와 (2) 예산 및 매체조사가 있다. 광고의 상황조사는 5장에서 설명한 제품분석, 시장분석, 경쟁분석의 내용들 전반을 포괄하는 것이다. 그러나 차이점이 있다면 이러한 분석들이 마케팅목표 달성이 아니라 광고목표를 설정하고 달성하는데 그 초점이 있다는 것이다. 보다 구체적으로 '브랜드 콘셉트 개발 조사'와 '목표 소비자 조사'가 필요하다. 브랜드 콘셉트란 포지셔닝이라고도 하는데 표적고객의 마음속에 경쟁제품들과 비교하여 어떻게 위치시킬 것인지에 관한 조사가 필요하다. 소비자가 현재 자사 브랜드를 경쟁사 대비 어떻게 인식하고 있는지에 대해 충분히 파악하지 못하면 콘셉트가 잘못된 방향으로 설정될 것이다. 예를 들어, 삼성의 스마트폰을 아이폰과 같이 소비자에게 인식시키고자 한다면 성공하기 어려울 것이다.

LG생활건강 닥터그루트 샴푸 광고
출처: LG생활건강

콘셉트 도출을 위해 외부적, 내부적 브랜드 프로파일 분석을 할 수 있다. 외부적 프로파일 분석이란 경쟁적 준거 프레임에 기반해 경쟁사 대비 유사점과 차별점을 조사하는 것이다. 예를 들어, 하이트진로의 테라 맥주의 경우 출시 초기 오스트랄리안 골든 트라이앵글(Australian golden triangle)이라는 곳에서 청정맥아를 공급받아 만들었다는 제품의 속성을 차별점으로 강조했다. 또한

LG생활건강의 닥터그루트샴푸는 탈모방지의 편익을 차별점으로 제시했다. 이들 제품은 경쟁사 대비 차별화된 속성과 혜택을 제시했는데 이는 단순한 직관이나 주관적 판단이 아니라 조사를 통해 수립된 것이다. 경쟁사가 가진 제품과 자사의 유사성을 강조해 고려대상군에 함께 포함시킬 수 있으며 동시에 독특하고 차별화된 속성을 강조해 소비자의 주의를 사로잡을 수 있다. 예를 들어, 유사성은 경쟁사와 동일한 성분이 제품에 포함되었다고 강조할 수 있다.

내부적 프로파일 분석이란 다양한 자사 브랜드의 체계적 분석을 말한다. 기업이 하나의 브랜드만 갖고 있는 것은 아니다. 예를 들어, 현대자동차, 유니레버, P&G 등 글로벌기업은 제품군에 하나 이상의 브랜드가 있으며 자사 브랜드 포트폴리오에 대한 분석을 통해 자기잠식(cannibalization)을 미연에 방지할 수 있을 것이다. 알파벳 마케팅으로 유명한 현대카드는 다양한 혜택을 제공하는 카드 브랜드의 포트폴리오를 체계화했을 뿐만 아니라 광고 캠페인의 셀링포인트로 강조하였다. 알파벳, 넘버, 컬러 등을 활용한 브랜드 포트폴리오는 내부적 프로파일 분석에 도움이 되었을 뿐만 아니라 상이한 혜택을 원하는 소비자들에게 맞춤형 상품을 제공한 것이다. 이와 같이 광고 콘셉트 도출을 위해서 경쟁사와 자사 브랜드에 대해 외부적, 내부적 브랜드 프로파일 분석을 실시해야 할 것이다.

상황조사는 브랜드 콘셉트 도출을 위한 조사에만 그치지 않는다. 상황조사의 두 번째 핵심적 조사는 목표 소비자 조사 즉 목표 소비자를 효과적으로 선정하는 데 있

현대 알파벳 카드
출처: 현대카드 웹사이트

다. 이는 자사 브랜드의 목표 시장과 소비자에 대한 상세한 정보를 파악하는 것이다. 목표 소비자 조사는 소비자 프로파일링(profiling)이라고도 하는데 어떤 소비자가 언제, 어디서, 어떤 심리 상태로 자사 제품을 구매했는지 시나리오를 세워가며 고객을 이해하는 과정이다. 이는 마치 범죄현장에서 단서를 파악해 범인을 추적해 가는 것으로 비유할 수 있다. 최근 목표 소비자 조사는 과거에 비해 훨씬 과학적, 객관적인 방법으로 조사가 가능해졌는데 이는 소비행위가 디지털 플랫폼으로 이동했기 때문이다. 스마트폰과 PC 등 각종 모바일 기기의 등장으로 소비자는 온라인 상에 흔적을 남기고 있다. 최근 프로그래매틱 광고로 유튜브, 인스타그램, 페이스북 등 SNS에서 여러분의 방문기록에 따라 관심 있는 광고에 노출된 경험이 있을 것이다. 이런 데이터를 통해 소비자 특성, 인구통계학적, 지리적, 심리적, 문화적 특성 등을 추론할 수 있다.

상황조사는 지금까지 설명한 브랜드 콘셉트 개발 조사나 목표 소비자 조사가 전부가 아니다. 보다 폭넓게 제품이나 서비스 관련 제품 수요나 크기, 현재 및 미래 경쟁구조 특성, 전반적인 시장의 사회적, 정치적, 경제적, 기술적 추세, 제품수명주기 및 4P까지 포함될 수도 있다. 그러나 광고전략조사에서 상황조사의 목적은 광고 기획 및 실행에 정보를 제공하는데 주 목적이 있다는 점을 잊어서는 안될 것이다.

예산 및 매체조사

2020년 글로벌 마케팅 시장에서 온라인 동영상 광고가 계속해서 성장할 것으로 나타났다. 구체적으로, 온라인 동영상, 팟캐스트, 어드밴스드 TV, 온라인 디스플레이 순으로 광고비 예산이 증가한다는 것이다. 예산조사는 광고 캠페인을 계획하고 실행하는데 필요한 예산수준을 책정하고 이를 관리, 통제하기 위한 조사이다. 나아가 언제, 어떤 지역에 광고를 투입할지 여부에 따라 예산의 크기가 달라진다. 이러한 정보는 매체조사를 통해 알 수 있는데 효율적인 매체 프로그램을 수립하고 실행하기 위한 필수적 조사이다. 예산의 80%가 매체구입에 사용된다는 점을 고려할 때 예산조사와 매체조사는 관련성이 높다고 할 수 있다.

예산 및 매체조사를 통해 매체선정과 스케줄링(scheduling)을 할 수 있다. 9장에서 언급한 바와 같이 광고 스케줄링 유형은 지속형(continuous), 플라잇형(flight), 펄싱형(pulsing)형 등이 대표적인 예이다. 지속형(continuous)은 캠페인 기간 중단 없이 꾸준히 광고를 집행하는 반면 플라잇형(flight)은 매출이 발생하는 특정 시기에 집중적으로 집행하는 것이다. 또 펄싱형(pulsing)은 지속형과 플라잇형의 하이브리드 형태로

표 11-1 매체유형, 매체 비이클, 매체 단위의 예

매체유형 (media class)	매체 비이클 (media vehicle)	매체 단위 (media unit)
TV	KBS 9시 뉴스	15초, 30초, 60초
라디오	출발FM과 함께	15초, 20초
신문	조선일보	문화면
잡지	코스모폴리탄	표지 2면
옥외광고	빌보드	내경/외경
모바일 광고	네이버	M_메인_브랜딩DA(240)

강약을 조절해 꾸준히 집행하는 전략이다. 스케줄링 후 도달률과 빈도를 조사하고 적정수준에서 예산범위를 결정한다. 또한 전파매체인지 인쇄매체인지 등 매체의 유형에 따른 비용 및 표적 수용자의 매체이용패턴, 시청률, 구독률 등을 고려해야 할 것이다. 예를 들어, 인쇄매체라면 발행부수, 광고크기, 게재위치비용 등에 관한 정보를 바탕으로 비용대비 노출을 극대화할 수 있는 매체를 선정하도록 한다.

부다 구체적으로 다음과 같은 과정을 거쳐 매체조사를 실행한다. 첫째, 광고투입량을 조사해 도달률과 도달빈도를 예산 범위 내에서 결정할 수 있다. 또한 표적 수용자에 따라 TV, 신문, 잡지, 인터넷 등 매체유형 또는 매체군(media class)을 선정할 수 있다. 둘째, 표적 수용자가 어떤 매체 비이클(media vehicle)를 주로 사용하는지, 이용패턴은 어떤지, 비용 대비 소비자 반응은 어떤지 등을 조사할 수 있다. 셋째, 조사를 통해 매체 단위(media unit)를 결정할 수 있다. 일례로, 매체 비이클인 KBS 9시 뉴스에서 30초 매체 단위를 선택할 수 있다. 마지막으로, 캠페인 기간 동안 광고 집행 시기 및 실행 스타일을 조사할 수 있다. 여러분의 이해를 돕기 위해 매체유형, 매체 비이클, 매체 단위의 예를 [표 11-1]에 제시하였다. 예를 들어, 네이버 모바일 광고 중 브랜딩 DA는 모바일 내 뉴스, 연예 스포츠 등에 배너를 통해 노출되며 메시지의 주목도를 높일 수 있다. 자세한 내용은 이 책의 매체 관련 해당 부분을 살펴보기 바란다.

네이버 모바일 브랜딩 DA 광고
출처: 네이버. https://displayad.naver.com

2020년 9월 현재 현재 최근 넷플릭스, 유튜브, 훌루, 디즈니+ 등 글로벌 플랫폼이 주도하는 온라인동영상서비스인 OTT 시장이 급성장 중이다. 특히, 디즈니+는 2021년 한국에 진출예정이며 다른 OTT 업체는 초긴장 상태이다. 국내 일평균 이용자수는 100만 명 이상이며 국내 트래픽의 약 73%가 유튜브와 넷플릭스에서 발생하

그림 11-1 넷플릭스 연간 콘텐츠 투자액 및 글로벌 OTT 콘텐츠 투자액 전망 (단위: 달러)

| 글로벌 OTT 2020년 콘텐츠 투자액 전망 |

넷플릭스	아마존 프라임	애플TV+	훌루	디즈니+	HBO 맥스	피콕	퀴비	합계
160억	70억	60억	30억	17.5억	15억	10억	10억	372.5억

출처: 한국방송통신전파진흥원, 넷플릭스

고 있다. 넷플릭스가 투자한 봉준호 감독의 옥자나 킹덤과 같이 이들은 콘텐츠 수급을 위해 직접 오리지널 콘텐츠를 제작해 한국시장을 공략하고 있다. 2018년 기준 넷플릭스의 오리지널 콘텐츠가 전체 8%이지만 구독자들이 시청하는 시간은 전체 콘텐츠 중 37%로 콘텐츠가 중요하다. 특히 이들 글로벌 플랫폼은 한국에 세금도 거의 내지 않지만 높은 도달률로 광고물량이 집중되고 전통 TV광고시장의 입지를 위협하고 있다. 반면 지난 15년간 지상파 광고는 성장률과 점유율이 반토막이 났으며 과거 희소성을 가진 공중파로서 영향력은 사라졌다.

OTT의 급속한 성장 이면에는 부작용이 발생할 수밖에 없다. 시청자들이 서비스 업체에 각각 가입해야 하는 상황에서 피로도도 높아지고 있다. 최근 코로나 사태로 안방극장 OTT시장의 패권다툼은 더욱 극심해지고 있으며 유용한 콘텐츠가 부족한 업체는 경쟁에서 뒤처지게 될 것이다. 웨이브 등 국내 토종 OTT 업체도 신규 가입자

넷플릭스 오리지널 영화 킹덤 시즌2

확보를 위해 독점 콘텐츠를 제공하고 있다. 또한 콘텐츠의 적합성을 고려하지 않은 채 무분별하게 배치되는 광고는 브랜드 안전(brand safety)을 위협하고 있다. 예를 들어, 유튜브에서 스마트폰 광고가 스마트폰 폭발 영상에 프리롤 광고로 배치된다면 광고주 입장에서는 상상할 수 없는 상황일 것이다. 이와 같이 급변하는 매체 및 광고 환경에 대응하기 위해 효과적인 예산 및 매체조사가 선행되어야 할 것이다.

3 광고평가조사

앞의 광고전략조사에서 상황조사와 예산 및 매체조사에 대해 살펴보았다. 그러나 상황조사와 매체조사가 끝나면 실제 광고를 제작, 실행 그리고 평가하는 과정에서 보다 체계적인 조사가 단계에 따라 필요하다. 효과측정은 콘셉트 개발 및 평가, 최종 광고제작물의 평가, 광고집행 후 평가를 할 수 있다. 콘셉트 개발 및 평가와 최종 광고제작물의 평가는 광고집행 전 효과측정이다. 이후 광고가 실제로 다양한 매체를 통해 집행된 후의 효과측정은 광고집행 후 효과측정의 단계라고 볼 수 있다. 조사는 인쇄광고, 방송광고, 온라인 등에 따라 천차만별이고 최근 SNS 등의 발달로 그 측정 방법이 빠르게 고도화되고 있다. 광고평가조사는 (1) 광고집행 전 효과측정과 (2) 광고집행 후 효과측정 구분해 단계별 효과측정 방법 및 유의점을 살펴보도록 하자.

광고집행 전 효과측정

콘셉트 개발 단계에서 메시지조사를 할 수 있다. 메시지조사는 카피테스트(copy test)라고도 하며 광고 콘셉트, 카피, 실행스타일(execution style), 시각적, 언어적 표현 등에 관한 정보와 메시지 효과에 관한 조사를 포함한다. 일반적으로 TV 광고 등 제작에 투입되는 비용은 상당하며 따라서 제작 이전에 크리에이티브의 방향성과 효과를 예상할 수 있도록 과학적이고 객관적인 조사가 필요하다. 메시지조사는 크리에이티브 시작단계부터 필요한데 주로 광고 콘셉트의 아이디어나 목표 수용자의 반응을 파악하기 위해 실시된다. 대표적인 광고집행 전 콘셉트 개발 및 평가 방법으로 표적집단면접법이 있다.

표적집단면접법(Focus Group Interview: FGI)은 대표적인 정성적 조사 방법으로 콘셉트 개발과 평가에 빈번하게 사용된다. 10명 내외의 현재 소비자 또는 잠재적 소비자를 대상으로 광고 콘셉트에 대해 어떻게 생각하는지를 질문하고 콘셉트를 수정하

표적집단면접의 예시
출처: SOM research firm. https://www.som.ca/en/methods/focus-groups

거나 보완할 수 있다. 하나의 콘셉트라도 여러 시안을 두고 의견을 구할 수 있다. 또한 콘셉트뿐만 아니라 보다 폭넓게 제품이나 서비스 등 마케팅믹스 전반에 관한 의견, 소비자 태도, 신념, 가치, 경험, 라이프스타일 등 다양한 주제를 조사할 수 있다. 특히 FGI에서 사회자의 역할이 중요한데 참여한 소비자 중 몇 명이 다수의 의견을 독점하거나 특정 방향으로 유도하지 않도록 해야 한다. 마찬가지로 사회자는 전체적인 진행을 하되 가급적 참여자가 스스로 의견을 개진할 수 있도록 분위기를 조성하는 것이 바람직하다. FGI의 장소는 한쪽 면이 단방향 투과성 거울로 되어 참여자의 비언어적 행동이나 감정상태 등 전반을 면밀히 모니터링 할 수 있는 곳이 좋다.

FGI 이외에도 콘셉트 개발 및 평가를 위해 쇼핑몰의 소비자에게 접근해 소비자의 평가를 듣는 쇼핑몰 면접법(mall intercept interview), 일련의 광고를 보고 호감도를 측정하는 등급순위법(order of merit method), 시안 중 선호하는 대안을 선택하는 쌍대비교법(paired comparison method) 등이 있다. 이후 인쇄 광고제작물을 다른 기타 광고물과 섞어 평가자에게 보여주고 회상한 내용을 측정하는 포트폴리오 테스트(portfolio test)가 있다. 방송광고라면 영화관객을 대상으로 영화관 테스트(theater test)를 할 수 있다. 인지적 차원의 측정과 달리 감성적 차원의 측정 방법도 있다. 예를 들어, 광고제작물의 효과 측정을 위해 동공반응을 측정하는 동공계측법(pupil dilation)과 광고자

아이트래킹 시연 모습과 시각화
출처: Noldus. https://www.noldus.com/eye-tracking

극에 대한 생리적 반응으로 손바닥의 땀을 측정하는 갈바닉 피부반응법(galvanic skin response)이 있다. 또 데이터를 수집할 수 있는 고글을 쓰고 눈동자의 시선을 추적하는 아이트래킹법(eye-tracking)을 활용해 소비자 반응을 측정할 수 있다.

광고집행 후 효과측정

광고집행 후 효과 측정은 실제 매체집행이 된 이후 몇 주 혹은 몇 달이 지나서 실시되는 조사를 말한다. 그렇다면 효과 측정의 목적은 무엇인가? 어떤 광고주라도 투입된 비용대비 얼마나 효과가 있었는지를 궁금해 할 것이다. 효과 측정을 통해 광고목표 달성 여부를 확인하고 조사 결과 피드백을 차기 캠페인 전략 수립에 참고할 수 있을 것이다. 예를 들어, 광고목표가 목표 수용자의 브랜드 인지도 달성률을 1년간 30%에서 60%로 설정했을 때 목표를 달성했다면 그 성공 여부 및 성공요인을 추론해 볼 수 있다. 만약 목표를 달성하지 못하더라도 전략 및 전술의 어떤 부분에서 실수가 있었는지 조사 결과를 바탕으로 추론해 볼 수 있을 것이며 차기 캠페인에 동일한 오류를 범하지 않도록 주의를 기울일 것이다. 예를 들어, 문제의 원인을 크리에이티브 콘셉트, 표적시장의 선정, 소비자 인식 및 반응, 매체 스케줄링 등 다양한 차원에서 분석해 볼 수 있다.

앞에서 살펴보았듯이 일반적으로 FGI 등 정성적 조사는 크리에이티브의 시작 및 콘셉트 기획 및 평가 단계에서 많이 사용된다. 이에 반해 서베이 등 정량적 조사는 전반적인 광고효과 및 일반화 여부를 확인하기 위해 보통 광고집행 이후에 주로 사용된다. 예를 들어, 광고집행 이후 표본을 추출해 서베이로 브랜드 인지도, 회상률, 구매 의향 또는 여부 등을 측정할 수 있다. 구체적으로, 서베이는 대상자를 직접 만나 일대일로 작성 후 회수하는 개별 자기 기입법, 학교나 회사에서 집단으로 배포하고 회수하는 집단 배포 조사법, 우편으로 배포 및 회수하는 우편 설문지법, 마지막으로, 서베이몽키나 구글폼 등 최근 가장 많이 활용되는 전자 설문지법이 있다. 서베이 문항은 서술형인 개방형과 구조화된 선택지나 보기를 제공하는 폐쇄형으로 만들 수 있다. 폐쇄형 문항의 경우 의미분별척도(semantic differential scale)와 리커트 척도(Likert scale)가 많이 사용된다.

그렇다면 광고 캠페인 성공여부는 어떻게 확인할 수 있을까? 일반적으로 광고목표는 커뮤니케이션 관점에서 볼 때 브랜드 인지도(brand awareness)가 있다. 앞서 7장에서 설명했듯 브랜드 인지도는 2가지로 구분할 수 있는데 하나는 캠페인 이후에 시장에 출시된 브랜드명을 들어봤는지 여부인 '브랜드 재인(brand recognition)'이고 또

마트에 진열되어 있는 다양한 막걸리 브랜드
출처: 이뉴스투데이
https://www.enewstoday.co.kr/news/articleView.html?idxno=1343538

다른 하나는 기억 속에서 특정 브랜드를 인출할 수 있는 능력인 '브랜드 회상(brand recall)'이 있다. 브랜드 재인은 소비자가 특정 브랜드를 보았다거나 들어봤다는 질문을 받았을 때 그 브랜드 관련 지식을 인식할 수 있는 능력이며 이를 재인테스트라고 한다. 예를 들어, 마트의 진열대에서 특정 막걸리 브랜드가 차별화된 패키징, 로고, 비쥬얼로 기억에 남았다면 다음에 그 브랜드를 보여주면 예전에 마트에서 보았던 브랜드로 기억되는 것이다. 반면 브랜드 회상은 어떤 제품군에서 소비자가 기억체계로부터 브랜드를 인출할 수 있는지를 의미하며 이를 회상테스트라고 한다. 예를 들어, 소비자는 막걸리 제품군에서 특정한 브랜드를 기억해 낼 수 있을 것이다. 일반적으로 브랜드 회상이 브랜드 재인보다 인지적으로 많은 노력이 필요한데 이는 브랜드 회상은 아무런 단서가 제공되지 않기 때문이다. 전략적 차원에서 패키징이나 로고 등 차별화된 비쥬얼을 통해 브랜드 재인전략을 사용할 수 있고, 특정 제품군에서 특정 브랜드가 바로 연결될 수 있도록 하는 것은 브랜드 회상전략일 것이다.

또 광고의 궁극적인 목표는 제품 판매라는 점을 고려할 때 매출액이나 시장 점유율을 판매효과 지표로 볼 수 있다. 매체 효과를 설명하며(9장 및 10장) 몇 가지 광고 효과 지표를 이미 소개했지만, 다시 정리하자면 다음과 같다. 먼저 ROAS(Return on Ad Spend)는 광고 비용 대비 매출 비율을 의미한다. 적은 비용으로 많은 매출을 달성한다면 수익률이 높게 측정된다. 유사한 개념으로 ROI(Return on Invest)는 광고비대비 광고를 통한 수입 비율을 말한다. RPV(Revenue per Visit)는 방문자수당 수익을 뜻한다. 특히, 온라인에서 웹사이트 방문객이 한 페이지만 보고 나가는 비율을 반송률(bounce rate)이라고 한다. 방문자가 한 페이지만 머물지 않고 관련 페이지에 머물러 있다면 반송률은 떨어질 것이다. CVR(conversion rate)는 구매전환율인데 100명이 웹사이트를 방문해 25개의 상품을 구입했다면 구매전환율은 25%가 된다. 마지막으로, CTR(Click through Rate)은 광고 노출수 대비 클릭수를 뜻한다. 예를 들어, 웹사이트에서 배너광고가 100번 노출되었고 10명이 광고를 클릭했다면 CTR은 10%이다.

그러나 판매효과 지표는 사실 커뮤니케이션 목표를 달성했다 하더라도 판매로 이어지지 않을 수 있다는 점을 유의해야 한다. 우리는 매출이 시장에서 광고뿐만 아니라 품질, 가격, 프로모션, 유통 경쟁 정도, 경제적 상황 등 다양한 변수의 복잡한 상호 작용에 의해 결정되는 것을 알아야 하며 광고 효과를 단순히 매출로 간주하는 것은 이러한 복잡한 시장상황을 간과한 결과로 볼 수 있다. 예를 들어, 브랜드 인지도와 브랜드 태도가 높다고 하더라도 구매력이 없다던가 주위 사람들의 부정적 반응 등으로 실제 구매하지 않을 수 있기 때문이다. 따라서 커뮤니케이션 효과 지표와 판매효과 지표를 상호보완적인 평가기준으로 적절하게 활용해야 할 것이다.

참고문헌

광고정보센터(2020). 2020년 광고예산, "온라인 동영상 늘리고, 신문 줄이겠다" KAA저널. https://www.adic.or.kr/mobile/journal/column/info.mjsp?ukey=538190&oid=@205653%7C3%7C6

김광수(1999). 광고학, 한나래출판사.

김수현(2020). 옥자부터 킹덤까지…韓콘텐츠 투자 넷플릭스 '목적' 따로 있다. 머니투데이. https://news.mt.co.kr/mtview.php?no=2020073112042359890

김영석(2002). 사회조사방법론: SPSS WIN 통계분석, 서울: 나남출판.

김흥순(2020). 넷플릭스가 쏘아올린 머니게임…OTT 콘텐츠, 올해만 46조원. 아시아경제. https://www.asiae.co.kr/article/2020052511365692350

박종구(2020). OTT서비스 경쟁력 및 지상파 방송광고에 미칠 영향력 진단. 한국광고학회 특별세미나 발표집.

안광호·한상만·전성률(2014). 전략적 브랜드 관리. 제4판. 서울: 학현사.

이진균·김미경(2020). 뉴스 웹사이트에서 브랜드 안전이 소비자 광고태도, 브랜드태도, 구매의도에 미치는 영향: 브랜드 친숙도의 조절효과를 중심으로. 광고학연구, 31(5), 7-32.

Alexandria Jardine (2019). NIKE'S 'DREAM CRAZY' TAKES INAUGURAL ENTERTAINMENT FOR SPORT GRAND PRIX AT CANNES. Adage. https://adage.com/article/special-report-cannes-lions/nikes-dream-crazy-takes-inaugural-entertainment-sport-grand-prix-cannes/2178686

Babbie, E. R. (2020). The practice of social research. Cengage learning.

David Griner (2019). Nike's 'Dream Crazy' Takes Cannes Outdoor Grand Prix. Will It Kick Off a Winning Streak? Adweek. https://www.adweek.com/creativity/nikes-dream-crazy-takes-cannes-outdoor-grand-prix-will-it-kick-off-a-winning-streak/

Percy, L. (2018). Strategic integrated marketing communications. Routledge.

Wimmer, R. D., Dominick, J. R., 유재천, & 김동률 역(1994). 매스 미디어 조사 방법론.

11장: 생각해 볼 문제 (Review Questions)

- 상황조사를 위해 브랜드 하나를 선정하고 외부적, 내부적 브랜드 프로파일 분석을 실시해 보자.
- 목표소비자에 대한 조사는 왜 필요할까? 특정 브랜드를 하나 떠올리고 목표 소비자의 특성을 알아내기 위해서는 어떤 조사가 필요할까?
- 정량적 조사와 정성적 조사의 차이점은 무엇일까?
- 광고효과 측정은 왜 중요할까?
- 브랜드 재인과 브랜드 회상은 어떤 차이가 있을까?
- 커뮤니케이션 목표와 판매효과 목표의 차이점은 무엇일까?

글로벌 마켓은 급속도로 팽창하고 있고, 브랜드들이 생존을 위해 글로벌 마켓으로 진출하는 것은 이제 선택이 아닌 필수 사항이 되었다. 특히 광고는 소비자와 비즈니스를 연결하는 주요 고리라는 점에서 글로벌 마켓의 확장은 글로벌 광고 비중의 확대와 뗄 수 없는 관계라는 것은 쉽게 유추할 수 있다. 실제로 2010년 글로벌 광고비는 약 4,425억 달러였는데, 2019년에는 6,387억 달러로 44% 증가했다 . 매년 4~5%의 성장세를 보이고 있는 가능성이 큰 분야라는 것을 알 수 있다.

많은 유명 브랜드들이 글로벌 시장에서 다양한 광고 활동을 하고 있는데, 제품군의 유형, 브랜드 위상 등에 따라 각기 다른 전략을 사용하여 다양한 국가의 소비자들과 소통을 하고 있다. 이 장에서는 글로벌 광고 시장의 규모와 추세, 그리고 국제 광고 전략 수립 시 고려해야 할 다양한 요인들 특히 문화적 측면에 대해 알아보고자 한다. 특히, 글로벌 마케팅에서 활용되는 여러 문화적 측면을 살펴봄으로써, 다양한 소비자들을 이해하는 방법과, 이를 기반으로 하는 전략 수립에 대한 이해를 증진시키고자 한다.

CHAPTER

XII

글로벌 광고 전략

XII

글로벌 광고 전략

+ 12장 도입사례

2018년 이탈리아 명품 브랜드 돌체앤가바나(Dolce&Gabbana)는 중국 여성 모델을 등장시켜, 이탈리아 음식인 스파게티와 카놀리 등을 젓가락으로 우스꽝스럽게 먹는 광고를 선보였다. 아시아인들이 유럽 문화를 제대로 이해하지 못하고, 어리석게 소비하고 있다고 오해할 수 있는 내용으로서, 인종 차별에 대한 논란을 야기하며, 돌체앤가바나는 큰 역풍을 맞았다. 사실 돌체앤가바나의 인종 차별적 태도는 수차례 지적을 받았었다. 2016년 봄, 여름 시즌 캠페인 화보에서는 식기구를 사용하는 백인 모델에 비해, 아시아 모델은 음식을 손으로 집어 먹는 사진을 선보여, 비난을 받기도 했었다. 이러한 상습적 아시아 비하 태도는 결국 전 세계 명품 매출의 1/3을 차지

하고 있는 중국 시장에서 중국 소비자들의 분노를 폭발시켰고, 돌체앤가바나 상품에 대한 불매 운동이 벌어졌다.

돌체앤가바나는 이 광고로 인해 예정되었던 상하이 패션쇼를 취소했고, 수많은 중국 연예인들이 이 브랜드와 협업 중단을 선언했다. 유명 백화점들이 해당 브랜드 매장을 폐쇄했을 뿐 아니라, 알리바바와 같은 온라인 쇼핑몰에서는 제품 판매 중지를 선언했다. 중국 시장에서의 역풍이 거세지자, 공동 창업자 스테파노 가바나와 도메니코 돌체가 사과 영상을 웨이보에 올렸지만, 소비자들의 반발은 시그러지지 않았고, 돌체앤가바나는 수백만 달러가 넘는 손실을 본 것으로 알려졌다.

브랜드의 국제화 전략은 이제 선택이 아니라 필수이다. 때문에 글로벌 광고에 대한 무지는 해당 브랜드에 대한 직접적 위협 요소가 될 수 있음을 돌체앤가바나 사례는 여실히 보여주고 있다. 타깃 국가의 문화에 대한 무지와 인종 및 마이너리티 그룹에 대한 무감각이 재앙적 결과를 초래할 수 있다는 점에서 글로벌 광고 전략을 수립할 때는 해당 국가의 소비자, 혹은 특정 소비자 집단에 대한 정확하고 심도 있는 이해가 이루어져야 한다. 때로는 브랜드 차원의 캠페인이 아니라, 종업원 혹은 모델들의 사소한 행위들로 인해 브랜드가 큰 낭패를 보는 경우도 있기 때문에, 내부적인 교육과 단속이 필요하기도 하다. 실제로 미국 유명 의류 브랜드가 한국에 론칭할 때 론칭 이벤트를 위해 방문한 모델들이 경복궁에서 아시아인들을 비하할 때 쓰는 '찢어진 눈(Slant-eye)' 제스처를 취해, 많은 비난을 받기도 하였다. 이러한 인종 비하적 행위들은 스타벅스와 같은 글로벌 브랜드에서도 심심치 않게 벌어지고 있는데, 이런 행위들이 지속될 경우, 글로벌 브랜드 이미지에 심각한 타격을 받을 수 있기 때문에 브랜드들은 주의를 기울여야 한다.

스타벅스 점원에 의한 아시아인 비하 행위

1 글로벌 광고 시장 규모와 현황

2019년 글로벌 광고시장 규모는 6,387억 달러로 전년 대비 4.2%의 성장세를 기록했다. 지역별로는 북미 지역(미국과 캐나다)이 전체 시장 규모의 39.7%를 차지하며 가장 많은 광고비를 지출하고 있고, 아시아/태평양 지역(31.6%)과 서유럽 지역(17.6%)이 그 뒤를 잇고 있다.

표 12-1 글로벌 광고비 및 전년대비 성장률 (단위: 백만 달러)

지역	2018년 광고비 (성장률, %)		2019년 광고비 (성장률, %)		2020년 광고비	2019년 점유율(%)
북미	240,460	(8.1)	253,555	(5.4)	265,483	39.7
서유럽	110,946	(4.0)	112,645	(1.5)	115,651	17.6
아시아/태평양	194,482	(6.8)	202,033	(3.9)	210,855	31.6
중앙 및 동유럽	18,437	(9.5)	19,192	(4.1)	20,320	3.0
중남미	27,644	(3.2)	28,545	(3.3)	29,754	4.5
중동 및 북아프리카	3,149	(−11.6)	2,997	(−4.8)	3,008	0.5
기타	18,150	(10.4)	19,762	(8.9)	21,311	3.1
세계	613,269	(6.7)	638,728	(4.2)	666,382	100.0

출처: 광고연감 2020, 제일기획

광고비용은 한 나라의 경제 규모 및 발전과 비례한다는 점에서 광고비과 성장률을 살펴보면, 해당 지역의 시장 가치를 예측할 수 있다. 실제로 아시아/태평양 지역의 점유율은 세계 경제를 선도하고 있는 중국과 일본 시장에 기인한 바가 크다. 특히 중국은 2009년에는 300억 달러 규모의 광고비를 지출했지만, 2019년에는 3배가 넘는 900억 달러 이상을 사용하고 있다. 팽창하는 중국 경제의 규모를 대변해 주는 것으로 이는 일본의 460억 달러 광고비의 거의 2배 가까운 수치로, 아시아의 경제가 어떻게 변해 왔는지를 알려주고 있다. 우리나라 역시 130억 달러 규모의 광고비를 지출하며, 세계 10대 광고비 지출국으로 이름을 올렸다.

광고주별 광고비도 이와 유사한 데이터를 보이고 있다. 미국이 광고비를 많이 지출하는 광고주를 가장 많이 보유하고 있었고, 뒤를 이어 일본, 독일, 그리고 프랑스가 차지하고 있다. 인터브랜드가 매년 선정하고 있는 베스트 글로벌 브랜드 랭킹(best global brands 2020 rankings)을 살펴보면, 이를 쉽게 이해할 수 있다. Top 10위 안의 브랜드 중 7개가 미국 브랜드들(애플, 아마존, 마이크로소프트, 구글, 코카콜라, 맥도날드, 디즈니)이고, 나머지는 한국(삼성), 일본(토요타), 독일(벤츠) 브랜드가 차지하고 있다.

표 12-2 2018년 세계 100대 광고주(국가별) (단위: 억 달러)

국가	광고주 수	2018년	
		광고비	점유율(%)
미국	45.5	1,376	47.3
일본	13	290	10.0
프랑스	9	280	9.6
독일	10	263	9.0
한국	4	163	5.6
영국	4.5	147	5.0
중국	5	115	4.0
스위스	2	88	3.0
네덜란드	1.5	72	2.5
벨기에	1	60	2.1
캐나다	1.5	19	0.9
멕시코	1	14	0.5
인도	1	12	0.4
스페인	1	12	0.4
합계	100	2,912	100.0

출처: 광고연감 2020, 제일기획

표 12-3 2018년 세계 10대 광고주 (단위: 억 달러)

순위	회사	광고비	
		미국	세계
1	P&G (미국)	43	101
2	삼성전자 (한국)	22	101
3	로레알 (프랑스)	21	96
4	유니레버 (영국/네덜란드)	14	85
5	아마존 (미국)	45	82
6	콤캐스트 (미국)	61	75
7	네슬레 (스위스)	22	73
8	LVMH (루이뷔통, 프랑스)	16	65
9	알파벳=구글 (미국)	30	64
10	AT&T (미국)	54	62
합계	100	2,912	804

출처: 광고연감 2020, 제일기획

글로벌 광고 시장은 대규모의 글로벌 커뮤니케이션 그룹에 의해 영향을 많이 받고 있다. 런던에 본사를 두고 있는 WPP(Wire & Plastic Products)는 플라스틱 사업으로 시작했지만 현재는 오길비앤매더(Ogilvy & Mather), JWT, 영앤루비콤(Y&R), 그레이(Grey) 등의 광고 대행사를 소유하고 있는 커뮤니케이션 그룹으로 성장했고, 2019년에는 169억 달러의 수익을 올리며 전 세계 광고 회사 매출 1위를 기록했다. 그 뒤를 이어서는 BBDO, DDB, TBWA 등의 대행사를 소유하고 있는 옴니컴(Omnicom)이 150억 달러를 기록했고, 프랑스 그룹인 퍼블리시(Publicis)는 3위를 기록했다. 온라인과 디지털 매체의 강세가 지속되자, 광고 회사의 매출 순위에도 변동이 있었는데, 디지털 광고 회사인 액센추어 인터랙티브(Accenture interactive), 델로잇 디지털(Deloitte Digital), PwC 디지털 서비스, IBM IX 등이 세계 10대 광고 회사에 그 이름을 올렸다. 온라인과 디지털 광고비가 전체 세계 광고비의 50% 정도를 차지할 정도로 그 중요성이 높아지고 있기 때문에, 전통적인 광고 회사들 역시 변화하는 환경에 적응하기위해 노력 중에 있다. 실제로 퍼블리스 그룹은 2019년에 데이터/마케팅 회사인 Epsilon을 매입하여 데이터 기반의 광고 제작을 보강하고 있다. 온라인과 모바일의 강세가 지속될 것으로 예상되는바, 세계 광고 산업 역시 디지털 매체와 이를 통해 수집되는 데이터를 활용하는 광고가 성장할 것으로 예측된다. 광고 대행사 역시 이러한 방향으로 변화하여, 디지털의 흐름에 적응할 것이다.

2 글로벌 마케팅 커뮤니케이션

글로벌 광고를 기획함에 있어서 가장 고민되는 부분 중의 하나는 광고 캠페인의 전반적 주제를 전 세계 어디에서나 통할 수 있는 글로벌 주제로 할 것인지, 아니면 타깃 국가의 소비자들의 욕구에 기반한 지역적 주제로 할지에 대한 것이다. 국제화(globalization)와 지역화(localization) 전략은 모두 장단점을 가지고 있기에 쉽게 선택할 수 있는 문제가 아니다. 마케터들은 제품과 서비스를 판매하기 위해 시장을 이해하려 노력하는데, 보통 소비자로부터 많은 정보를 획득한다. 소비자들의 욕구와 그들의 가치 체계, 생활 패턴 등은 모두 중요한 정보가 된다. 하지만, 역설적이게도, 이러한 소비자 정보들은 그들이 살고 있는 국가, 문화, 종교 등에 크게 영향을 받기 때문에 전 세계적으로 통용되는 공통되는 주제를 찾는 것은 쉬운 일이 아니다. 때문에 많은 마케터들은 글로벌 브랜드는 존재하지만, 글로벌 소비자는 존재하지 않는다고 생각한다. 다시 말해, 국제적으로 통용되는 제품이나 서비스는 존재하지만, 그 제품이나 서비스를 구매하려는 국제적인 동기나 의도는 찾기 어렵다.

소니(SONY)의 워크맨(walkman)은 글로벌 제품으로 큰 인기를 끌었던 제품이다. 하지만, 이 글로벌 제품을 사용하는 소비자의 욕구는 각 문화별로 차이가 있다. 서구 사회의 소비자들은 워크맨이 다른 사람들로부터 방해를 받지 않고, 음악을 감상할 수 있다는 점에 매료가 되었던 반면, 동양권 국가의 소비자들은 다른 사람들을 방해하지 않고 음악을 감상할 수 있다는 점에 제품에 큰 흥미를 느꼈다. 실제로 소니의 공동 창립자인 마사루 이부카는 워크맨을 개발할 때, 다른 사람들을 방해하지 않고, 음악을 듣는 방법을 고심하다, 이 제품을 구상했다고 알려져 있다.

소비자를 설득하는 것이 광고의 가장 큰 역할임을 감안할 때, 소비자가 제품이나 서비스에 가지고 있는 욕구를 이해하는 것은 필수적이다. 따라서, 소비자의 문화적 배경, 그들의 생활 양상 등을 파악하는 것은 광고 효과의 증진을 위해서는 꼭 필요한 과정이다. 특히 글로벌 광고 캠페인에 있어서, 이는 캠페인의 성패를 결정지을 수 있는 요소이기 때문에 더욱 중요하다.

표준화 전략(Standardization) Vs. 현지화 전략(Adaptation)

글로벌 광고에 있어서 표준화 전략을 사용하느냐, 아니면 현지화 전략을 사용하느냐에 대한 논쟁은 지속적으로 이루어지고 있다. 표준화 전략이란, 전 세계적으로 일관되게 사용될 수 있는 하나의 전략적 기초를 마련하고, 이를 모든 시장에 동일하게 적용시키는 전략이다. 반면에 현지화 전략이란 개별 시장(국가)에 맞는 전략을 수립하여 시장별 다르게 마케팅 활동을 진행하는 것을 뜻한다.

아그라왈(1995)의 연구에 따르면, 표준화와 현지화 전략은 시대에 따라 그 중요성이 다르게 인식이 되었다고 한다. 가령, 글로벌 비즈니스와 마케팅이 생소하던 1950년대의 경우, 언어와 문화적 장벽으로, 현지화 전략이 각광을 받았지만, 미디어가 개발되고, 전 세계적으로 공유될 수 있는 문화가 생기면서, 표준화 전략이 대세로 인식되기도 하였다. 코카콜라와 MTV로 대변되는 서구의 문화는 한동안 하나의 커다란 문화적 유대감을 생성하기도 하였다. 1980년대의 광고 실무자들은 표준화 전략이 규모의 경제를 달성하여, 광고 캠페인 운영 비용을 절감할 수 있고, 글로벌 브랜드의 힘이 전 세계 소비자들에게 미칠 수 있다고 믿었다.

그림 12-1 광고실무진들의 글로벌 광고 전략 변화 양상

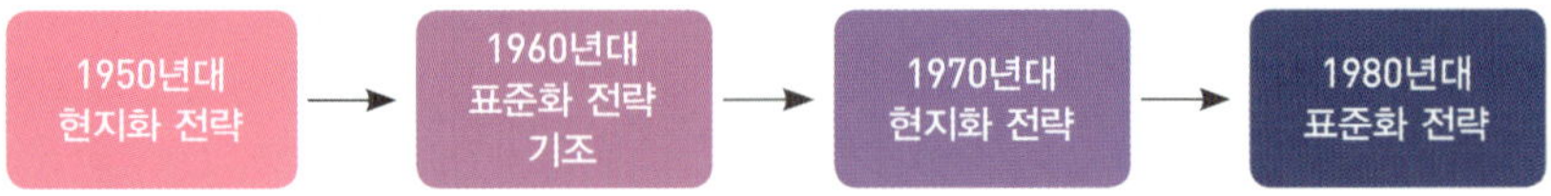

출처: Agrawal, 1995

1980년대에는 특히 글로벌 브랜드들이 표준화 전략에 기초한 광고 캠페인을 진행하는 경우가 많았는데, 리바이스, 코카콜라, 펩시, 아메리칸 익스프레스 등을 예로 들 수 있다. 펩시는 자신들의 글로벌 광고 전략을 다음과 같이 설명하기도 하였다.

"우리는 개별 국가를 위해 독립적인 광고와 제품 전략이 필요하다고 믿지 않는다. 글로벌 마케팅 전략을 수립함에 있어, 우리는 국가 간의 차이보다는 한 국가 내의 그룹 차이가 더 크다는 사실을 믿고 있다. 우리는 모든 사람들이 동일하다는 전제하에서 판매 소구점을 기반해야 한다고 생각한다."(Boote, 1983, p.19)

특히, 에릭 에린더(Erik Elinder)나 테오도르 레빗(Theodore Levitt)과 같은 학자들은 표준화 전략에 대한 관점들을 제시했는데, 에린더는 삶의 형태가 유사해지고, 기술의 발전으로 인해 각국의 사람들이 동일한 미디어 콘텐츠를 공유하고, 자유롭게 왕래하면서, 사람들이 서로 유사해질 것으로 예상했다. 비슷한 관점에서, 레빗은 기술이 세계를 하나로 모을 수 있다고 생각했다. 그에 따르면, 기술이 발전할수록 기업들은 질적으로 더 좋고 믿을 수 있는 제품을 더 싼 가격으로 제공하기 위해, 서로 경쟁을 하고, 소비자들은 이성적 판단에 기반하여 가격 대비 우수한 제품을 선택하게 된다고 하였다. 레빗의 주장이 이루어지던 시기(1983년)에는 미국 제품들이 이러한 기술적 우위를 차지하고 있었기 때문에, 레빗의 주장은 자연스럽게 전 세계의 소비자들이 미국 제품들을 사용할 것으로 귀결될 수 있었다. 미국 브랜드에 익숙해진 소비자들은 그 브랜드가 대변하는 미국 문화에 물들게 되고, 미국 문화가 하나의 세계적인 문화로 받아들여질 수 있다는 것이다. 리바이스 진을 입고, 코카콜라를 마시며, MTV에 열광하는 다양한 국가의 소비자들을 볼 때 레빗의 주장은 설득력이 있었다.

하지만, 글로벌 마케팅이 본격화되고 경험치가 축적되면서, 표준화 전략의 효과에 대해 의구심을 가지는 사람들이 많아지기 시작했다. 1990년대에 들어오면서, 표준화 전략은 특정 마켓이나, 포장 등 일부 마케팅 구성 요소에만 적합하다는 의견들이 대두되기 시작했다. 코카콜라의 경우 현지화 전략(Think local, act local)으로 전반적인 마케팅 기조를 바꾸었는데, 신규 시장 개척을 할 때 표준화 전략에만 의존하는 것이 생각보다 효과가 없다는 사실을 알아차렸기 때문이다. 소비자들의 의사 결정은 레빗의 예상과는 다르게 이성적 판단뿐 아니라, 다른 요소들에 의해서도 영향을 크게 받는 사실도 밝혀졌다. 자신들이 속한 국가나 사회, 문화, 종교 등에 영향을 받기 때문에, 이러한 요소들에 대한 고려 없이, 글로벌 광고 캠페인을 성공시키기는 힘들다. 예를 들어, 전 세계적으로 토요타 자동차는 크게 인기를 얻고 있는 브랜드이다. 2019년 전 세계 자동차 시장 점유율 10.24%(Statista, 2020)로 전 세계 자동차 브랜드 중 1위를 차지하고 있다. 가격 대비 효용성이 좋고, 잔 고장이 없다는 점이 소비자들에게 큰 매력으로 다가오면서, 이러한 기능 측면을 강조하는 마케팅 캠페인이 성공을 거두고 있다. 하지만, 한국에서는 시장 점유율 5% 정도를 차지할 정도로 저조한 성적을 보이고 있는데, 이는 기술의 발전이 표준화된 기준을 만들 수 있다는 레빗의 주장으로는 설명하기 힘든 부분이 있다. 토요타 같은 일본 기업들의 한국 내 저조한 성적은 한국과 일본 사이의 역사적 사실에 기인한 바가 크기 때문에, 한국과 일본 사이의 역사적 맥락에 대한 이해 없이는 이러한 상황을 파악하기는 어렵다.

대부분의 글로벌 브랜드들은 현지화 전략이나 표준화 전략 둘 중의 하나만을 가지고는 원하는 목표를 성취하기 어렵다는 것을 깨달았다. 때문에 글로벌 브랜드들은 전 세계적으로 일관성을 가지는 브랜드 이미지를 확립하되, 그 이미지를 설득하는 방식은 현지 소비자들에게 맞게 변형시키는 표준화와 현지화의 조화로운 접목을 시도하기 시작했다. globalization과 localization의 합성어인 glocalization(글로컬리제이션)은 글로벌 시장을 대상으로 하는 마케팅 활동을 수행하되, 개별 타깃 국가의 문화와 사회적 환경, 소비자 특징 등을 고려하여 현지에 맞는 전략을 실행하는 개념이다. 브랜드 정체성을 상징할 수 있는 브랜드 로고, 컬러, 슬로건 등은 전 세계 어디에서든 공통적으로 사용하지만, 광고의 표현방식이나 내용은 타깃 국가와 소비자들에게 맞게 변형시켜 진행하는 것이다. 2000년도 초반 전 세계적으로 선풍적인 인기를 끌었던 닌텐도 DS(게임기)는 광고 캠페인에 있어, 어디서나, 쉽고 재미있는 게임을 즐길 수 있다는 핵심 콘셉트는 전 세계 공통으로 사용했지

만, 즐거움을 묘사하는 방식은 개별 국가마다 다르게 사용하였다. 한국 시장을 위해서는 한국 유명인들과, 한국인들이 쉽게 받아들일 수 있는 상황적 요소를 활용했다. 브랜드 핵심 가치는 유지하면서, 타깃 소비자들을 더 잘 설득할 수 있는 다양한 맥락을 활용할 수 있다는 점에서, 많은 브랜드들이 글로컬리제이션 전략을 활용하고 있다.

표준화와 현지화 전략에 영향을 미치는 요인들

글로컬리제이션이 글로벌 광고 전략의 대표하는 전략이 되었다고 하지만, 표준화와 현지화 전략에 영향을 주는 요인들에 대해 이해하는 것은 중요하다. 상황에 따라 표준화와 현지화 전략의 비중이 다르게 사용될 수 있기 때문에 이러한 요인들에 대한 이해는 글로벌 광고 캠페인의 성공에 영향을 줄 수 있다.

① 제품군과 제품 수명 주기

Country-of-origin 개념을 사용할 수 있는 제품일 경우 표준화 전략이 현지화 전략보다 유리할 수 있다. Country-of-origin은 특정 국가가 하나의 제품군을 대표할 수 있다는 개념인데, 프랑스가 향수나 와인을, 스위스가 시계를, 스코틀랜드가 위스키를 연상시키는 것이 그 예이다. 이 경우, 국가 이미지를 이용한 표준화 전략이 소비자를 설득시키는 데 도움이 된다. 또한 혁신성과 같이 기술 주도의 제품일 경우 표준화 전략이 효과적이다. 혁신 제품의 경우 기존의 가치 체계의 영향을 받을 확률이 적기 때문에, 소비자를 새로운 기술에 집중시키는 데 용이하고, 혁신에 대한 하나의 공통 메시지를 전달하는 표준화 전략이 유효할 수 있다. 이는 제품 수명 주기(product life cycle)와도 연결이 되는데, 신제품일 경우 표준화 전략의 사용이 효과적일 수 있다. 반면에, 성숙기에 들어가 있는 제품일 경우, 소비자들의 이용 행태가 상이하고, 특정 문화적 가치가 투영될 확률이 높기 때문에, 현지화 전략을 활용하는 것이 더 효율적일 수 있다. 같은 맥락으로 일상 생활에서 흔히 쓰이는 생활용품과 같은 저관여 제품의 경우에도 현지화 전략이 더 적절할 수 있다.

② 기업 조직과 문화

기업의 문화가 표준화나 현지화 전략을 결정하는 데 영향을 미치기도 한다. 다른 문화에 대한 성찰이 미비한 기업의 경우, 자사의 가치 체계가 범세계적으로 통용될 수 있을 것이라 가정하고, 문화적 상대성을 무시하는 경우가 많다. 예를 들어

유럽이나 일본의 기업들과 비교할 때, 미국의 기업들은 표준화 전략을 통해 얻을 수 있는 이득이 현지화 전략을 통해 얻을 수 있는 이득보다 크다고 믿는 경우가 많다. 실제로 미국와 일본의 매니저들을 대상으로 한 조사는 미국 매니저들이 유럽 시장에 진출할 때 표준화 광고 전략을 활용하는 것이 현지화 전략을 사용하는 것보다 효과가 높다고 생각하는 것으로 나타났다. 전 세계의 모든 기업들은 미국 시장으로 진출하려고 노력한다. 때문에 미국 시장은 글로벌 브랜드들의 경쟁 시장이고, 미국 기업들은 미국 시장이 글로벌 시장을 대변할 수 있다고 믿는 경향이 있다. 미국 기업들은 미국 시장에서의 성공이 글로벌 시장에서의 성공이라 생각하고, 같은 전략을 다른 나라에서 사용하는 것에 대해 거리낌이 없다. 하지만, 일본 같은 경우, 수출을 주로 하는 국가이기 때문에, 다른 나라의 문화에 민감하고, 이 때문에 현지화 전략을 추구하는 경향이 높아진다.

③ 비즈니스 환경

국가별로 사회 기반 시설, 법률, 규제, 경쟁 상황 등이 모두 다르기 때문에, 기업 활동을 위한 환경적 요인들도 표준화나 현지화 전략 활용에 영향을 미칠 수 있다. 전 방위적 마케팅 활동을 할 수 있는 미디어 환경이나, 사회 기반 시설들이 미비할 경우, 마케팅 활동은 대규모로 이루어질 수 없고, 지역 기반의 대행사들을 활용해야 하는 경우가 발생한다. 이럴 경우, 표준화보다는 현지화 전략이 더 효율적일 수 있다.

④ 소비자

소비자가 제품이나 서비스를 구매하기 위해는 많은 정보 처리 과정과 결정 과정을 거쳐야 한다. 이 과정들에서 소비자들은 그들의 라이프 스타일, 문화, 종교, 가치체계 등의 다양한 요인들의 영향을 받게 된다. 전통적 글로벌 마케팅은 소비자들이 유사한 속성을 가지고 있다는 전제에서 출발을 하였기 때문에, 소비자들의 차이점에 대한 관심이 상대적으로 미비했다. 하지만, 지금의 글로벌 마케팅은 차이점에 초점을 두고, 소비자를 이해하려는 노력이 이루어지고 있기 때문에, 차이점을 야기하는 다양한 요인들에 대해 연구가 이루어지고 있다. 때문에 소비자에 대한 심도있는 이해는, 표준화와 현지화 전략 모두에 중요한 조건이 되었다.

3 문화의 의미

문화에 대한 정의는 여러 가지인데, 보통 한 사회나 그룹이 그들의 이념이나 사상을 포함하거나, 경험을 이해하는 공유된 방식을 지칭하거나, 구성원들의 삶을 구성하는 큰 틀을 뜻한다. 인류학자인 기어츠(Geertz, 1973)는 문화를 법칙, 규율, 계획 등 사회 구성원들의 행동에 영향을 주는 하나의 커다란 통제 매커니즘으로 정의하였고, 린톤(Linton, 1981)은 문화란 "학습된 행동과 행동 결과의 집합체로, 사회 구성원들에 의해 공유되고 전달되는 것"으로 규정하였다. 문화는 특정 지역에서 특정 시간을 함께한 동일 언어를 사용하는 집단들 간의 공유된 신념, 역할, 규범, 및 가치 등을 포괄하는 개념으로, 사회 구성원들을 통합하고, 같이 어울릴 수 있도록 만들어주는 역할을 한다. 문화는 여러가지 요인들로 나타날 수 있는데, 홉스테드와 동료들(2010)은 이를 양파 껍질에 비유하여 설명을 하였다.

그림 12-2 Hofste: Culture as an Onion

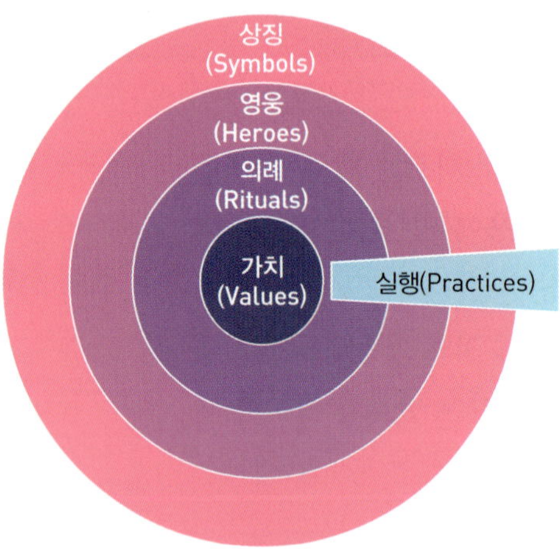

그에 따르면, 문화는 상징, 영웅, 의례, 가치의 네 가지 요소로 나타날 수 있는데, 이를 통해 각 문화의 독특함이 나타날 수 있다고 했다. 마치 양파 껍질처럼 상징은 문화의 가장 피상적인 부분을 나타내는 반면, 가치는 문화의 핵심을 나타내고 있다.

① **상징**(symbols)

상징은 하나의 문화권 안에 있는 사람들에 의해서만 인식될 수 있는 특정한 의미를 가진 단어, 몸짓, 그림이나 사물 등을 뜻한다. 새로운 상징물들이 쉽게 만들어지고, 오래된 것들은 금방 잊혀지고, 다른 문화의 상징이 복제되어 수용되기도 하기 때문에, 가장 바깥 쪽 층위에 속하게 된다.

② **영웅**(heroes)

실제의 인물이던, 상상 속의 인물이던, 어떠한 문화에서 크게 각광을 받는 인물로 그 문화에 속한 사람들에게 이상적인 행동 양식을 제공하는 역할을 한다. 만화나 영화 속의 주인공들도 문화적 영웅이 될 수 있는데, 미국 문화이 캡틴 아메리카, 프랑스의 아스테릭스, 일본의 헬로키티 모두 하나의 문화를 대변하는 역할을 한다. 미디어 기술의 발달로 인해 이러한 영웅들이 다른 문화권으로 쉽게 전파될 수 있기 때문에 그 중요성은 점차 증대하고 있다.

③ **의례**(rituals)

한 사회 내에서 사회적으로 중요한 의미를 가진다고 여겨지는 여러 활동들을 뜻한다. 인사를 하는 방식과 같이 사소한 것부터 종교적 행사까지 다양한 활동들이 문화의 고유성을 그 문화에 속한 사람들로 하여금 습득하게 하는 데 도움을 준다. 예를 들어 미국에서 미식 축구는 단순한 경기 이상의 의미를 지니는데, 미국 문화 속에 내재되어 있는 도전 정신이나 성취에 대한 열망 등을 극명하게 보여줌으로써 많은 인기를 끌고 있다. 하지만 다른 문화권에서는 이러한 문화적 의미를 이해하지 못하기 때문에, 미식 축구는 미국 외의 나라에서는 그렇게 큰 인기를 얻지 못하고 있다. 브랜드들 역시 의례를 사용하여 브랜드 문화를 구축하고 있는데, 미국 모터 싸이클 브랜드인 할리데이빗슨(Harley-Davidson)은 매년 할리데이빗슨 팬들과 소비자들을 한 곳에 모아 페스티벌을 연다. 이 페스티벌을 통해 사람들은 할리데이빗슨 브랜드의 정신을 서로 공유하고, 그들만의 문화를 공고히 한다.

④ **실행**(practices)

상징, 영웅, 의례는 해당 문화권 외부의 사람들에 의해도 쉽게 관찰이 된다. 하지만, 그 요소들이 함의하는 문화적 의미는 쉽게 드러나지 않고, 그 문화권에 속한 사람들의 실행 방식에 의해 그 의미가 해석될 수 있다.

⑤ **가치**(values)

가치는 문화에 있어 가장 중요한 요소이다. 가치는 다른 것들에 비해 우선적인 의미를 가진 것으로 이해될 수 있다. 문화마다 고유의 가치를 가지고 있는데, 이는 그 문화의 구성원이 여러 실행적 요인(상징, 영웅, 의례)에 영향을 받으며 구축하는 문화의 정수라고 볼 수 있다. 예를 들어, 미국 문화는 개인의 행복을 핵심가치로 상정하는데 반해, 아시아권의 나라들은 개인의 행복보다 조직의 보존이나 조화로움을 핵심가치로 받아들이는 경향이 있다. 가치는 추상적인 언어로 표현되는 경우가 많기 때문에, 그 자체로는 범세계적으로 통용된다고 여겨질 수 있다. 하지만, 그 가치의 의미에는 실체적 차이점이 존재한다. '건강'이란 가치는 여러 국가에서 모두 선호되는 개념이지만, 실체적으로 건강을 유지하는 방식들은 모두 다르다. 어떤 국가에서는 몸에 좋은 식품을 섭취함으로써 건강을 유지하려 하지만, 다른 국가에서는 운동을 통해 건강을 확보하려 한다. 때문에 가치의 의미를 파악하는 것은 피상적 차원이 아니라, 심층적 차원에서 접근해야 한다.

글로벌 마케팅 커뮤니케이션에서 소비자의 욕구와 가치 체계를 이해하는 것은 필수적이다. 문화는 하나의 국가 혹은 사회 속에 내재되어 있는 여러 요소들의 총합이기 때문에, 그 국가와 사회의 구성원들의 행동에 영향을 미칠 수밖에 없다. 소비자의 행동은 결국 제품이나 서비스의 구매와 직간접적으로 연결되기 때문에 문화적 이해는 글로벌 광고 전략에 빠져서는 안되는 요소이다.

자세히 말하자면, 소지자의 일상 속 문화적 요소들에 대한 이해를 기반으로 소비자들이 잘 받아들일 수 있는 메시지를 제작하면, 이 메시지가 소비자 의사 결정 과정에 긍정적 영향을 미칠 수 있게 된다. 문화의 핵심 요소인 가치는 상대적 우선 순위를 바탕으로 결정이 되기 때문에, 광고 메시지가 최우선의 문화 가치를 연상시킬 수 있게 되면, 그 메시지가 표현하고자 하는 제품이나 서비스를 우선적으로 생각하게 만들 수 있다. 그렇게 되면 소비자는 해당 제품이나 서비스를 선택할 확률이 높아지게 된다.

그림 12-3 소비자 행동에 대한 문화 영향력

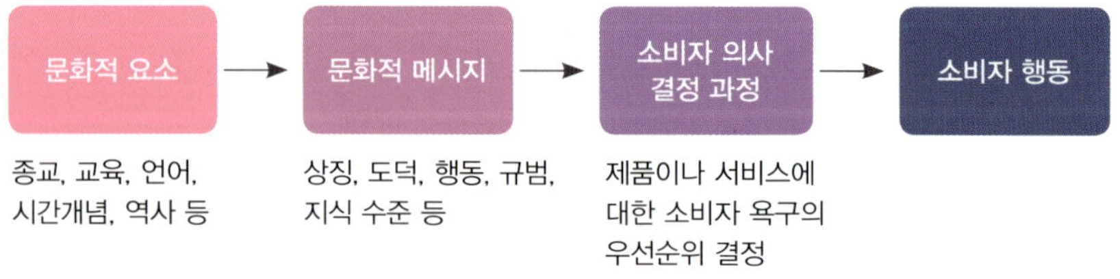

출처: Gillespie & Hennessey, 2016

4 문화 차원(Dimensions of culture)

모든 국가는 고유의 문화를 가지고 있다. 따라서, 문화의 특징을 규명하려는 노력들이 많이 이루어져왔다. 가장 널리 알려진 문화 차원은 3장에서 이미 간략히 설명했던 홉스테드(Hofstede)가 1980년 그의 저서 〈Culture's consequences〉에서 발표한 4가지 차원[개인주의 vs. 집단주의(Individualism vs. Collectivism), 권위주의(Power distance), 불확실성 회피성(Uncertainty avoidance), 남성성 vs. 여성성(Masculinity vs. Femininity)]이다. 홉스테드는 글로벌 기업인 IBM의 글로벌 종업원들을 대상으로 문화 차원에 대한 연구를 했는데, 4년여간의 기간 동안, 총 72개국 지사 직원들에게 116,000여 개의 질문을 하여 이 결과를 얻어냈다. 이러한 대규모의 실증 연구가 흔치 않기 때문에, 오래된 데이터라 현재의 급변한 글로벌 상황을 잘 반영할 수 없는 한계에도 불구하고, 문화 연구에서 여전히 많이 활용되고 있다. 이하에서는 글로벌 광고 전략에 도움이 될 수 있는 주요 문화 차원에 대해 알아보기로 하겠다.

고맥락 vs. 저맥락 문화(High-context vs. Low-context cultures)

인류학자 에드워드 홀(Edward Hall, 1976)은 동서양의 커뮤니케이션 상의 차이를 사람들이 서로 소통할 때 어느 정도로 맥락(context)에 의존하는지를 바탕으로 설명하였다. 고맥락 문화에서는 사람들이 서로 커뮤니케이션을 할 때, 대부분의 정보가 맥락 안에서 설명이 되는 경향이 있다. 따라서 직접적인거나 명확한 표현을 하기보다, 서로 무슨 이야기를 하고 있는지 암묵적으로 알고 있다는 전제하에서 소통이 이루어진다. 예를 들어, 우리나라 사람들은 헤어질 때 흔히들 "다음에 밥 한번 먹자"라는 말을 한다. 이 말은 정말 나중에 밥을 먹자라는 의미가 아니라, 이제 그만 헤어져야 한다는 직접적인 표현을 하기 껄끄럽기 때문에 다음의 약속을 의미하는 '밥'이라는 소재를 통해 간접적으로 표현하고 있는 것이다. 이러한 맥락을 이해하지 못한다면, 대화 상대방은 언제 밥을 먹자는 것인지에 대해 고민하고, 약속을 정하고자 하는 노력을 하게 된다. 한국에 온 지 얼마 안되는 외국인들이 한국인들의 이런 소통 방식에 당황해 하는 것은 이러한 측면에 기인한 바가 크다.

반면에 저맥락 문화에서는 직접적이고 명확한 소통을 선호한다. 서구의 문화권은 대부분 저맥락 커뮤니케이션 양상을 보이는데, 이는 그 문화가 자신의 의사를 명확하게 표현하고, 설득시키는 것을 중요시 한다는 점을 보여준다. 서구 문화에서는 메시지를 전달하는 송출자(message sender)가 커뮤니케이션의 효과를 결정한다고 생각한다. 따라서 대화 상대방이 대화를 제대로 이해를 하지 못한다면, 이는 화자가 정확히 의사를 전달하지 못했기 때문이라고 받아들여진다. 그렇게 때문에 구체적이고 명확한 대화 방식이 선호된다. 이러한 커뮤니케이션 스타일은 맥락에 구애 받지 않기 때문에, 누구에게나 쉽게 정보가 전달될 수 있다. 서구의 철학이나 이념이 동양의 그것들보다 상대적으로 쉽게 퍼져 나갈 수 있는 이유를 이러한 커뮤니케이션 스타일의 차이에서 찾는 학자들도 있다. 실제로 서구의 사람들은 내집단(in-group)과 외집단(out-group)의 구성원들을 크게 구분하지 않는다. 외부의 사람들에게도 거리낌

없이 인사를 하거나 쉽게 어울린다. 하지만 동양 문화권의 사람들은 내집단의 구성원들에게는 강한 애정을 보이고, 긴밀한 관계를 유지하려 하지만, 외집단의 구성원들은 일단 경계를 하는 경향이 있다. 커뮤니케이션을 할 때도 상황적 맥락을 잘 알지 못하는 외집단 구성원들은 그 커뮤니케이션의 의미를 파악하는 데 어려움이 있기 때문에 소외 당하는 경우가 있다.

개인주의 vs. 집단주의(Individualism vs. Collectivism)

문화의 상대성을 논할 때 가장 많이 사용되는 문화차원이다. 개인주의와 집단주의를 이해하기 위해서는 문화별 상이한 자아 개념을 살펴보아야 한다. 개인주의 문화가 강한 국가에서는 사람들이 자신을 남들과 다른 하나의 독립체로서 인식하는 경향이 강하다. 때문에 자신의 욕구와 소망, 목표가 사회의 그것들보다 선행되는 경우가 많으며, 남들과는 다른 독특함으로 자신의 정체성을 확립시키려는 경향이 강하다. 반면에 집단주의 문화가 강한 국가 속의 사람들은 자신의 정체성을 자신이 속한 그룹이나 사회를 통해 확립하려는 경향이 강하다. 집단주의 문화에서는 사람들이 그들이 속한 집단에서 배제되어서는 살아갈 수 없다는 인식이 강하기 때문에 집단 내의 조화와 집단의 규율, 목표를 충실히 따르려 한다. 예를 들어, 개인주의가 강한 국가의 사람들이 스스로를 소개하는 경우, 그들은 자신의 성격이나 관심사를 중심으로 이야기를 풀어나간다. 자신은 어떠한 성격을 가지고 있으며, 관심사가 무엇인지 등 개인적인 속성을 토대로 스스로의 정체성을 드러낸다. 하지만 집단주의 문화의 사람들은 자신이 속한 가문이나, 졸업한 학교 등, 집단적 속성을 통해 스스로를 알리는 경우가 많다.

이러한 문화적 차이점은 사람들의 인식구조나 행동 방식에도 영향을 주게 된다. 개인주의 문화의 사람들은 사물을 인식할 때, 독립성에 기반하기 때문에, 핵심이 되는 사물에 집중하여 정보를 처리한다. 반면, 집단주의 문화의 사람들은 사물을 이해할

Cartoon Emotion Task (Masuda & Nibett, 2020)

때, 주변의 상황과 관계에 토대를 두기 때문에, 사물 그 자체 외에 환경적 요인에 영향을 받는다.

두 그림 모두, 웃고 있는 주인공이 중심에 있지만, 배경이 되는 사람들의 표정이 다르다. 왼쪽에는 배경의 인물들이 모두 웃고 있는 반면, 오른쪽은 화가 난 표정의 인물들이 있다. "가운데 있는 사람이 행복해 보이나요?"라고 묻는 질문에 서양인들(개인주의 문화)은 그렇다고 대답한 반면, 동양인들(집단주의 문화)은 그렇지 않다고 대답했다. 서양인들은 주인공을 독립체로 받아들여, 주변과 상관없이 그의 표정에 기반해 행복하다고 생각하지만, 동양인들은 주인공이 웃고 있기는 하지만, 주변의 인물들이 화가 나 있는 것으로 볼 때 주인공이 정말 웃고 있는 것은 아니라고 판단하기 때문이다. 이러한 인식 구조의 차이는 사람들의 행동 양상에도 영향을 주게 된다. 우리나라에서는 하나의 스타일이 유행을 하게 되면 많은 소비자들이 그 유행을 따라하고, 비슷한 차림새의 사람들을 흔히 볼 수 있다. 유행에 민감하게 반응함으로써, 자신이 속한 집단 내에서 동질감을 찾으려는 경향이 강하기 때문이다. 하지만 이러한 상황은 서구의 사회에서는 쉽게 찾아보기 힘들다. 거리에서 자신과 비슷한 차림의 사람을 보게 되면 서양인들은 당황하게 된다.

전 세계적으로 개인주의는 증가하는 추세에 있는데, 이는 개인주의가 부의 증가와 연결되기 때문이다. 하지만 이러한 증가는 상대적인 개념이라는 것에 주목할 필요가 있다. 한국 경제의 발전으로 한국 문화 내에 개인주의가 증가한다고 해서, 이것이 한국 문화가 서구화되어간다고 할 수는 없다. 전통적인 측면에 비해 상대적으로 증가한 것이지, 국가간 비교 시 한국 사회가 개인주의로 돌입했다고 말할 수는 없다.

권위주의(Power distance)

권위주의는 사회 구성원들이 권위를 어떻게 수용하는지에 대한 것을 척도로 문화를 판단하는 개념이다. 권위주의가 강한 문화에서는 사람들이 사회의 계층 구조 내에서 자신들의 고유한 위치가 있다고 인식하고 이를 쉽게 받아들이는 경향이 있다. 결과적으로 어떠한 사회적 권위를 쉽게 받아들이게 된다. 위계적 사회 계층 구조의 영향을 많이 받기 때문에, 자신의 위치에 상응하는 역할과 의무에 충실하게 된다. 반면에 권위주의가 약한 문화에서는 위계적 사회 계층 구조가 아닌, 기회와 권리의 공정성에 더 초점을 둔다. 이미 조성된 사회적 계층이나 권위가 아니라 개인의 노력 여하에 따라 자신의 사회적 위치를 바꿀 수 있다는 믿음이 강하다.

권위주의 문화는 부모와 자식 간의 관계에서 쉽게 찾아볼 수 있다. 권위주의가 강한 문화권에서는 자식들의 부모에 대한 의존도가 높다. 부모 역시 자식과의 관계에 있어 명령을 내리는 존재로서 스스로를 인식하고 관계를 주도하는 경향이 강하다. 이러한 측면들은 직장 내에서 부하와 상사의 관계나, 선생과 학생의 관계, 정부와 국민의 관계에서도 유사하게 관찰이 된다. 하지만 권위주의가 약한 문화권에서는 부모와 자식 간의 관계가 상대적으로 동등하다. 보호자로서 부모의 위치는 존재하지만, 자식은 하나의 독립체로서 자신의 의견을 피력하고, 부모는 그 의견을 수렴한다. 때문에 자식의 부모에 대한 의존도는 높지 않다.

일반적으로 아시아와 라틴 아메리카, 그리고 아프리카의 국가들이 강한 권위주의 문화적 속성을 가지고 있고, 미국이나 북유럽은 약한 권위주의 문화적 속성을 보이고 있다. 권위주의가 강한 문화권에서는 자신의 사회적 위치를 드러낼 수 있는 외형에 신경을 많이 쓰는 경향이 강하다. 홉스테드(2010)의 연구에 따르면 중국의 권위주의 점수는 80으로 전 세계적으로 높은 편에 속한다. 중국이 전 세계 럭셔리 제품 소비의 1/3을 차지하는 것을 이러한 문화적 차원으로 이해하는 것이 가능하다. 강한 권위주의 문화에서는 최고의 위치에 오르는 것이 큰 강점이 되기도 한다. 어떠한 브랜드가 시장에 먼저 진출해서 넘버원 브랜드로서의 위치를 공공히 하게 되면, 그러한 브랜드 지위가 권위를 부여하게 되고, 소비자는 그 브랜드를 이용하는 것을 선호하게 된다. 강한 권위주의 문화에서는 약한 권위주의 문화보다 넘버원 브랜드의 시장 점유가 더 용이하다. 반면에 미국과 같이 약한 권위주의 국가에서는 도전 정신에 대한 문화적 가치가 크기 때문에, 도전하는 브랜드에 대해 소비자가 상대적으로 긍정적인 평가를 내리는 경우가 많다. 미국에서 렌터카 브랜드 에이비스(AVIS)의 "우리는 더 열심히 일합니다(We try harder)" 캠페인이 성공을 거둔 이유도 여기에서 찾을 수 있다.

흥미롭게도 권위주의와 교육 정도는 반비례의 관계에 있다. 교육 수준이 올라가면, 권위주의 강도는 낮아지게 되는데, 지식의 습득을 통해 기존 사회의 권위에 의존하여 의사 결정을 하는 비중이 낮아지기 때문이다.

불확실성 회피성(Uncertainty Avoidance)

미래에 발생할 것에 대해 우려하는 정도를 바탕으로 문화를 설명하는 개념이다. 어떤 나라에서는 새로운 분야의 사업을 시작하는 스타트업이 활발히 이루어지는 반면, 다른 나라에서는 공무원 같이 안정적인 직장을 추구하는 경향이 강하다. 불확실성에 대한 인식이 서로 다르기 때문에 일어나는 일이라 할 수 있다. 산업혁명을 일으켰던 영국은 불확실성 회피성이 35이고, 실리콘밸리의 신화를 이룩한 미국의 경우는 46의 불확실성 회피성을 보이고 있다(홉스테드 외, 2010). 이 수치는 다른 나라들에 비해 상대적으로 낮은 것으로, 명확성을 강조하는 논리학의 시발점인 그리스의 경우 수치가 112에 달한다.

홉스테드(2001)는 불확실성 회피성에 대해 "사람들이 불확실성과 애매함에 대해 느끼는 위협감과 이러한 상황을 회피하고자 하는 정도"라고 정의했다. 불확실성 회피성이 강한 문화의 경우 불확실성에서 기인하는 걱정의 정도가 상대적으로 크기 때문에 이를 상쇄하기 위한 정형화된 법칙이나 규범, 전문가 의견 등에 의존하는 경향이 크다. 또한, 일의 진행 과정에 대한 관심이 결과에 대한 관심보다 높은 측면이 있다. 반면에 불확실성에 대한 회피도가 낮은 문화의 경우, 정형화된 규칙에 대한 선호도가 낮고, 결과 중심의 사고 구조를 보여준다. 이 문화에 속한 사람들은 일반적인 상식과 비전문가의 의견에도 귀를 기울이는 경향이 강하다. 경쟁과 대립 상황에 대한 우려도 상대적으로 낮은 것으로 나타나며, 새로운 기술의 도입에 적극적인 면을 보이기도 한다. 불확실성 회피성이 높은 문화의 경우 새로운 기술이 기존의 삶을 복잡하게 만들고, 예측하기 힘든 상황을 만들 수 있다는 점에서, 신 기술의 도입에 상대적으로 더 오랜 기간이 필요하다.

남성성 vs. 여성성(Masculinity vs. Femininity)

남성성과 여성성의 문화 차원은 성별의 역할에 대한 문화적 관점으로 보여질 수도 있지만, 그 외에, 성취나 적극성이 문화 내에서 어느 정도의 가치를 가지는지에 대한 측면도 강하다. 예를 들어, 남성성이 강한 문화에서는 성공과 성취에 대한 열망이 강한 반면, 여성성이 강한 문화에서는 삶의 질이나, 다른 사람에 대한 배려가 중요시 된다. 남성성의 문화에서는 성공과 성취가 중요한 가치로 여겨지기 때문에, 문화 구성원들은 자신의 성공 정도를 보여주는 사회적 지위를 중시 여기고, 경쟁에서 이기는 것을 미덕으로 여긴다. 크고, 빠르고, 강한 것들을 동경하는데, 이는 미국 문화에서 흔히 발견되는 것들이다. 터프한 모습의 말보로맨 광고나 빠른 스포츠카를 소재로 하여 크게 성공한 "Fast and Furious" 같은 영화들이 이와 같은 문화적 속성을 뒷받침할 수 있다. 남성성의 문화에서는 성별 역할의 구분이 상대적으로 엄격한 편이다. 가사에 관한 일은 여성의 역할이라든지, 남성은 아이를 돌보는 것보다 직장에 충실해야 한다든지 등의 사회적 통념이 널리 퍼져 있다. 일본은 남성성 문화 수치가 가장 높은 국가 중의 하나이다. 이는 전통적인 일본 문화에서 남성과 여성의

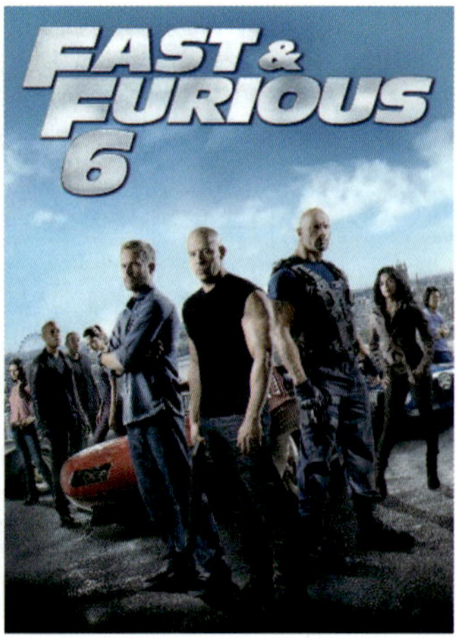

말보로 담배 인쇄 광고와 영화 "Fast & Furious" 포스터

역할의 차이점에서 기인한 바가 크다. 실제로 일본에서 남편을 의미하는 단어 중의 하나는 主人(しゅじん)이고, 아내를 뜻하는 단어는 단어는 家内(かない)로, 전통적으로 성별 역할이 분명했음을 알 수 있다. 일본 사회의 이러한 문화적 특성은 광고를 비롯한 여러 문화 콘텐츠에서도 쉽게 찾아볼 수 있다. 반면, 여성성이 강한 문화에서는 겸손함과 삶에 대한 높은 질이 더 관심을 가진다. 성별 역할에 대한 차이점이 크지 않으며, 남성의 가사 분담에 대한 거부감이 낮다. 스웨덴이나 노르웨이 같은 북유럽 국가들은 일반적으로 여성성의 문화적 특징을 보이는데, 이들 국가에서는 남성과 여성이 구분되지 않고 크고 강한 것보다는 작고, 조화로움에 더 큰 문화적 가치를 부여한다.

5 문화와 광고

앞서 문화에 있어 가치(Value)의 의미를 살펴보고, 다양한 문화 차원에 대해 알아보았다. 그렇다면, 글로벌 광고 캠페인 전략을 수립함에 있어, 이러한 문화의 차원들이 어떠한 영향을 미치는지를 알아보는 것은 필요하다. 사실, 문화 차원을 해석함에 있어 오해들이 존재하는데, 이러한 오해들이 효과적인 전략 수립을 방해하기도 한다. 예를 들어, 집단주의와 개인주의 문화에 대해 이해함에 있어, 집단주의 문화가 개인주의 문화보다 더 이타적이라고 생각하기 쉽다. 하지만, 이는 사실이 아닐 수 있다. 집단주의 문화에서 개인은 자신이 속한 그룹이나 집단에 신경을 많이 쓰고, 집단 내 구성원 간의 조화로운 관계에 중심을 둔다. 그렇기 때문에, 내집단(in-group) 구성원들에게는 이타적인 태도를 보인다. 집단주의 문화에서는 내집단(in-group)과 외집단(out-group)을 구분하기 때문에, 자신과 깊은 관계가 없는 외집단(out-group) 구성원들에게는 배타적인 태도를 보이기 쉽다. 외집단 구성원에 대해서는 개인주의 문화권의 사람들이 집단주의 문화권의 사람들보다 더 호의적인 태도를 보이는 경향이 강하다. 남성성과 여성성 문화 차원에 있어서도, 남성성 문화권의 사람들이 여성을 성적 소구 대상으로 삼는다고 여기기 쉽지만, 남성성 문화는 남녀의 역할에 차이가 있다는 문화적 가치가 존재한다는 것이지, 여성을 대상화한다는 측면이 있다는 것은 아니다.

문화적 차원과 광고 소구 방식에 대해 다음에서 알아보고자 한다.

고맥락 vs. 저맥락 문화와 광고 소구

앞서 말했듯, 고맥락과 저맥락 문화는 커뮤니케이션 상에서 맥락(context)을 어느 정도 사용하는지에 따라 구분된다. 고맥락 문화에서는 의사 소통의 대상자들이 공유하고 있는 지점들이 많기 때문에 간접적이고, 많은 상징물들이 사용된다. 반면 저맥락 문화에서는 단어의 구체적인 의미에 기반하는 직접적이고 명확한 의미 전달이 커뮤니케이션의 주 목적이 되는 경향이 있다.

2014년 현대자동차가 NF쏘나타 광고 캠페인을 진행할 때, 현대자동차는 자동차를 아예 등장시키지 않고, 초현실주의 사진작가 로드니 스미스의 흑백 사진만을 이용하여 광고를 제작했다. RUN, TURN, STOP, PROTECT라는 자동차의 본질을 강조한 이 광고는 감각적이고 세련된 영상미로 호평을 받았다. 고맥락 문화권인 한국의 소비자들은 이러한 4가지의 핵심 메시지가 비록 추상적이라 할지라도 이해하는 것에 큰 어려움이 없다. 자동차의 본질이라는 개념을 쉽게 받아들이고, NF쏘나타가 본질에 충실한 자동차임을 알리는 이 캠페인을 해석하는 데 무리가 없다.

하지만 맥락적 해석이 익숙치 않은 저맥락의 소비자들에게 이러한 형태의 광고는 해석하기 어렵게 느껴질 수 있다. 저맥락 문화권의 소비자들은 광고 메시지가 명확하

현대자동차 NF쏘나타 "본질로부터" 캠페인(2014)

현대자동차 NF쏘나타 미국 캠페인(2015)

고, 핵심을 직접적으로 언급하는 광고에 익숙하기 때문이다. 2015년 미국에서 선보였던, NF쏘나타 광고는 한국의 그것과는 분위기가 굉장히 다르다. NF쏘나타의 기능에 대한 직접적인 소구(GPS 기능, 안전 주행 시스템 등)를 통해 NF쏘나타가 제공할 수 있는 소비자 혜택을 명확히 제시하고 있다.

개인주의 vs. 집단주의 문화와 광고 소구

앞서 설명한 고맥락과 저맥락 문화는 집단주의와 개인주의 문화와 깊은 연관성을 가지고 있다. 집단주의는 내집단 구성원 간의 조화로운 관계를 지향하기 때문에, 상처를 줄 가능성이 있는 직접적 표현을 하는 것을 꺼려한다. 맥락을 통해, 간접적 의사소통을 하는 이유를 여기서 찾을 수 있다. 반면, 개인주의 문화에서는 자신의 의사를 명확히 표현하는 것에 중점을 두기 때문에 직접적이고 명확한 표현을 하는 저맥락 소통 방식을 선호한다. 따라서 개인주의 문화에서는 상대적으로 직접적인 커뮤니케이션이, 반대로 집단주의에서는 간접적인 커뮤니케이션이 많이 관찰된다.

개인주의 문화에서는 '나', '당신' 등의 인칭 대명사를 사용하는 경우가 많다. 개인주의 문화에서는 광고에서도 메시지의 화자와 청자가 직접적인 의사 소통을 하고 있다고 상정하는 경향이 있기 때문에, 직접 대화를 하는 듯한 분위기의 광고 캠페인이 많이 있다. 나이키의 "Find your greatness" 캠페인이나, 로레알의 "Because you're worth it" 캠페인 등이 그 예라고 할 수 있다. 로레알의 "Because you're worth it" 캠페인은 원래 "Because I'm worth it"으로 시작하였는데, 여성을 화자로 하는 로레알 광고를 통해 여성들에게 자신감을 불어넣기 위해 시작되었다. 이후 여성 소비자들에게 자신감을 더욱 고취시키기 위해 "당신은 소중하다는, Because you're worth

나이키, "Find your greatness" 캠페인과 로레알 "Because your're worth it" 캠페인

it"으로 슬로건을 바꾸었고, 2017년 이후에는 여성뿐 아니라, 다른 마이너리티 집단과, 남성에까지 메시지를 확대 전달하기 위해 "We're all worth it"으로 슬로건을 조정했다.

집단주의 문화에서는 브랜드가 소비자에게 직접 소통하듯 이야기하는 것보다 소비자들에게 친근한 유명인 등을 통해서, 이야기하는 방식을 선호한다. 또한 집단주의 문화의 소비자들은 내집단에 초점을 두는 광고 메시지에 더 긍정적인 반응을 보이는 경향이 있다. 개별 소비자가 제품이나 상품으로 받을 수 있는 혜택보다, 소비자의 가족이나 친구 등 내집단 구성원들에게 돌아갈 수 있는 혜택이나, 내집단 구성원들 간의 합심이나 협동심을 강조하는 광고에 더 높은 호응도를 보인다. 2008년 베이징 올림픽 시즌에서 아디다스가 선보인 광고는 이를 잘 보여준다. 중국은 집단주의 문화가 강한 국가 중의 하나인데, 올림픽과 같은 국가적인 이벤트에서 성과를 이루는 것은 개별 선수의 역량뿐 아니라, 전 국민의 응원이 필요하다는 점을 강조했고, 큰 인기를 끌었다.

아디다스, "Impossible is nothing" 캠페인(2008)

권위주의와 광고 소구

권위주의가 강한 문화에서는 사회적 지위나 명망을 뜻하는 상징물들이 광고에 많이 사용된다. 특히 럭셔리 제품이나 서비스를 광고하는 경우 이러한 상징물들이 많이 사용되는데, 이는 이러한 제품이나 서비스들이 소비자들의 사회적 지위를 보여주는 중요한 수단이 되기 때문이다. 예를 들어, 프리미엄 자동차 브랜드인 벤츠는 중국 시장을 위한 광고에서, 사자의 이미지를 사용했는데, 이는 사자가 중국 전통 문화에서 위엄과 권위, 때로는 황제를 의미하기 때문이다. 반면에 미국이나 유럽과 같이 권위주의 문화가 강하지 않은 국가에서는 중국과 같이 사회적 지위를 나타내는 상징물들이 럭셔리 제품 광고에서 많이 사용되지 않는다. 값비싼 럭셔리 제품을 사용하는 소비자 주요 동기가 자신의 지위를 과시한다기보다 우수한 품질을 사용하기 위함에 있기 경우가 많기 때문이다. 유럽에서 벤츠의 동급 모델의 자동차 광고 캠페인을 진행할 때, 중국과는 다르게 유머러스한 분위기로 브레이크 안정성을 강조한 점이 그 예가 될 수 있다.

광고 표현에 있어서, 세대간의 관계를 보여주는 방식 역시 권위주의 문화에 영향을 받는다. 권위주의가 강한 문화권일수록, 세대간의 관계가 위계적으로 그려지고, 그러한 위계 질서가 잘 지켜지는 것을 소비자는 기대한다. 어르신들이 젊은이에게 조

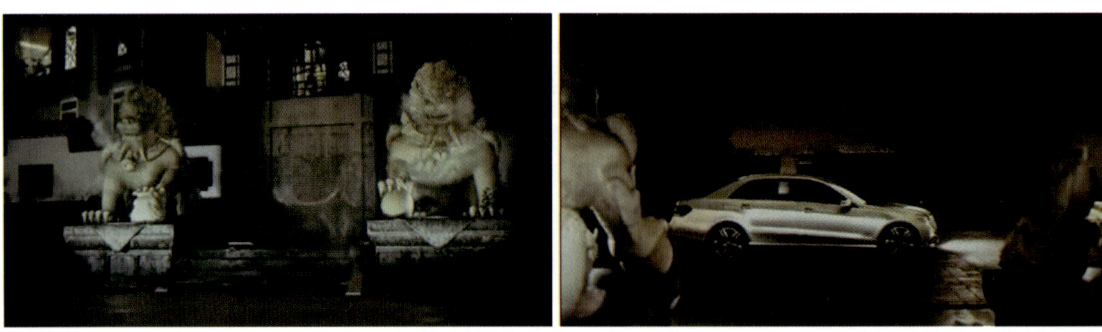

벤츠 E-class 모델 중국 광고 캠페인(2010)

사신(死神)도 막아낼 수 있다는 내용의 벤츠 E-class 모델 캠페인(독일, 2010)

그림 12-4 국가별 럭셔리 브랜드 구매 동기

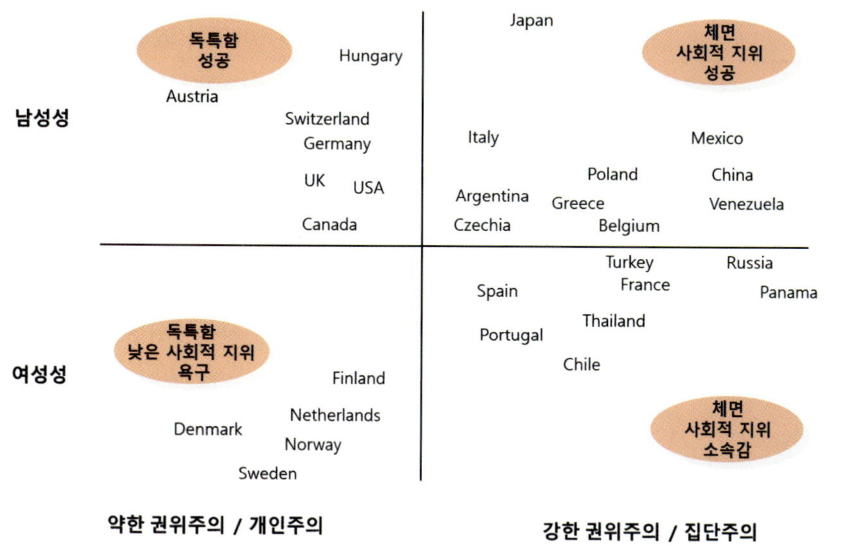

출처: De Mooij, 2019

언을 하거나, 부모가 자식들에게 충고를 하는 것은 자연스럽게 받아들여지는 반면, 그 반대의 경우에는 부정적인 반응을 야기할 수 있다. 반면에, 권위주의가 약한 문화에서는 세대간 위계 질서가 중요하게 그려지지 않고, 세대간의 차이를 좁히는 방향으로 광고 크리에이티브가 제작되는 경우도 많다. 기성세대가 자신의 세대보다 젊어 보이려는 것이 약한 권위주의에서는 쉽게 받아들여지지만, 권위주의가 강한 문화권에서는 미성숙의 표상으로 받아들여지기도 한다. 권위주의 문화에서는 자신의 위치와 지위에 맞는 차림새와 중요하고, 이것이 충족되지 않으면, 혼란이 야기되기도 한다.

불확실성 회피성과 광고 소구

불확실성 회피성이 강한 문화에서 광고 메시지는 자세한 정보를 제공하고, 전문가의 의견이나 조언을 전하는 데 초점을 맞추는 경우가 많다. 이 문화에서는 소비자들은 제품이 어떻게 작용을 하는지에 대해 높은 관심을 가지기 때문에, 제품에 대한 기술적 정보를 제공함으로써 소비자를 안심시키는 것이 효과적이다. 불확실성 회피성이 낮은 문화에서는 소비자의 관심이 과정보다는 결과에 치중되기 때문에, 제품의 사용으로 인해 발생하는 긍정적인 결과를 중심으로 광고 전략을 수립하는 것이 효과적일 수 있다. 예를 들어, 같은 세제 광고라 하더라도, 불확실성 회피성이 높은

우리나라의 경우, 세제가 세탁물에 어떻게 작용을 하는지를 보여주는 광고가 더 설득력을 얻을 수 있다. 반면에, 미국과 같이 불확실성에 대해 민감도가 낮은 국가에서는 깨끗해진 세탁물에 대한 만족도를 강조하는 광고가 더 호응을 얻을 수 있다. 왼쪽의 광고물에서 볼 수 있듯, 미국 세제 시장 1위 브랜드인 타이드의 경우 광고에서 세탁 후의 깨끗함으로 인한 만족감을 강조하는 한면, 한국 세제 시장 1위 브랜드인 퍼실의 경우, 딥클린분자라는 기술적인 용어를 통해 퍼실의 기술력에 대해 초점을 맞추는 광고를 선보였다.

불확실성에 대한 민감도가 높은 문화권에서는 오염되지 않은 깨끗함, 신선함, 항박테리아 등에 대한 소재가 광고에서 많이 사용되며, 공포 소구가 상대적으로 효율적이다. 불확실성에 대한 민감도가 높을수록, 제품의 사용으로부터 오는 혜택보다, 사용하지 않았을 때의 불안감이 더 큰 영향을 미치게 된다. 이러한 측면은 환경보호나, 건강 관련 메시지를 전달하는 시민단체나 비영리 단체의 커뮤니케이션 전략 수립에 시사하는 바가 크다. 또한 불확실성 회피성이 클수록, 광고 전략에 있어 전문가나 성공한 CEO 등에 의존하는 경향이 강하다. 그들의 전문적인 의견이 소비자의 제품에 대한 긍정적인 태도 형성에 도움이 된다. 하지만, 불확실성 회피성이 낮은 문화의 경우, 전문가 의견보다는 통용되는 상식에 만족하는 경우가 많고, 오히려 전문가를 패러디의 대상으로 하여 유머 코드로 활용하기도 한다. 실제로 유머 광고는 불확실성에 대한 회피도가 낮을수록 더 많이 사용되기도 한다.

남성성 vs. 여성성 문화와 광고 소구

남성성 문화에서는 경쟁에서의 승리, 성취감, 성공, 확신 등의 가치가 중요하다. 이러한 문화적 가치는 광고에서 쉽게 드러나게 되는데, 남성성이 강조되는 문화일수록, '세계 최고', '세계 최초', '동급최강' 등의 표현들이 자주 사용이 된다. 또한, 비교 광고의 활용이 높고, 과장법이 많이 활용된다. 광고 주제로, 희망이나 꿈을 활용하는 빈도도 높다. 무엇인가를 성취하는 것이 미덕이 되는 문화인 만큼, 도전정신이나 승리를 강조하는 광고가 많이 발견이 된다. 꿈과 신념을 위해서는 희생을 두려워하지 말라고 강조하는 나이키의 "Dream Crazy" 캠페인이나 불가능은 없다는 아디다스의 "Impossible is nothing" 캠페인을 이러한 맥락에서 이해할 수 있다.

여성성 문화권에서는 승리에 대한 집착보다는 남들에 대한 배려와 관심, 그리고 삶의 질, 부드러움 등의 가치가 더 존중이 된다. 때문에 광고에서도, 자사의 브랜드를 과시하려는 메시지보다는 겸양의 메시지와 상대를 존중하는 듯한 메시지가 선호된다. 덴마크는 여성성이 강한 문화를 가지고 있는데, 덴마크의 맥주 브랜드 칼스버그(Carlsberg)는 글로벌 광고 캠페인 슬로건으로 "Probably the best beer in the world(아마도 세계 제일의 맥주)"를 사용했다. "The King of Beers(맥주 중의 왕)"이라는 슬로건을 사용하는 미국의 맥주 브랜드 버드와이저(Budweiser)와는 상당한 차이가 느껴진다.

성별 역할에 대한 묘사도 남성성과 여성성의 문화권에서는 다르게 나타난다. 여성성이 강한 문화에서는 가사 일에 대해 남녀의 역할 구분이 명확치 않아, 남성이 가사일을 하거나 아이를 돌보는 것이 자연스럽게 그려진다. 하지만 남성성이 강한 문화에서는 가사 일을 하는 남성들을 우스꽝스럽게 그리거나, 집안 일은 여성이 더 잘 하는 것으로 묘사된다. 감동적인 광고로 유명한 일본의 도쿄 가스 광고에서는 이러한 성별 역할이 분명하게 드러난다. 어머니는 자식들을 위해 도시락을 만들며, 그들

을 응원하는 자애로운 역할로 그려지는 반면, 아버지는 바깥 일을 하며 고생하고, 무뚝뚝한 방식으로 자식들에 대한 사랑을 표현하는 존재로 묘사된다.

어머니와 아버지의 역할을 그리고 있는 일본 도쿄 가스 광고

참고문헌

제일기획(2020). 광고연감. 제일기획.

Agrawal, M. (1995). Review of a 40-year debate in international advertising. Practitioner and academician perspectives to the standardization/adaptation issue. International marketing Review, 12(1), 26-48.

Boote, A.S. (1983). "Psychographic segmentation in Europe". Journal of Advertising Research. 22(6), 19-25.

De Mooij, M. (2019). Global marketing & advertising(5th ed.). SAGE, London.

Geertz, C. (1973). The interpretation of cultures. Basic Books: New York, NY.

Gillespie, K. & Hennessey, H. D. (2016). Global Marketing(4th ed.). Routledge: New York, NY.

Hall, E.T. (1976), Beyond culture, Anchor Press: New York, NY.

Hofestede, G. (2001). Cultures' consequences(2nd ed.). SAGE: Thousand Oaks, CA.

Hofestede, G., Hofstede, G.J., & Minkov, M. (2010). Cultures and organizations: Software of the mind(3rd ed.). MacGraw-Hill: New York, NY.

Interbrand. https://www.interbrand.com/best-brands/(accessed 23 Dec. 2020)

Linton, R. (1981). "The concept of culture,' in Harold H. Kassarjian and Thomas S. Robertson, Perspectives in Consumer behavior(3rd ed.). Glenview Ill: Scott, Foresman and Company, 489-491.

Masuda, T. & Nisbett, R.E.(2002). Change Blindness in Japanese and Americans. Ann Arbor: University of Michigan.

Statista (2020). Global automotive market share in 2019. https://www.statista.com/statistics/316786/global-market-share-of-the-leading-automakers/(accessed 29 Dec. 2020).

Talyor, C.R. & Okazaki, S. (2006). Who standardizes advertising more frequently, and why do they do so? A comparison of U.S. and Japanese subsidiaries' advertising practices in the European Union. Journal of International Marketing, 14(1), 98-120.

12장: 생각해 볼 문제 (Review Questions)

- 가장 좋아하는 광고 캠페인을 선정한 후 이 캠페인에 내재되어 있는 문화적 의미를 분석해보자.
- 본인의 일상적 커뮤니케이션에 영향을 주고 있는 문화적 차원은 무엇이 있을까?
- 최신 글로벌 광고 캠페인 주제 중 각광을 받고 있는 소수자(minority) 문제를 문화적으로 어떻게 해석할 수 있을까?(예, P&G "Run like a girl campaign)
- 표준화 전략과 현지화 전략의 장단점을 살펴보고, 성공 사례를 바탕으로 이를 구체적으로 설명해보자.

찾아보기

ㅅ

ㅇ

ㅈ

ㅊ

ㅋ

ㅌ

ㅍ

ㅎ

기타

안대천

미국 아이오와 주립대(Iowa State University) 경제학과를 졸업하고, 시라큐스대(Syracuse University)에서 광고학석사와 사우스캐롤라이나 주립대(University of South Carolina)에서 광고전공으로 박사학위를 취득하였다. 박사학위 취득 후 약 3년 반 동안 미국 북텍사스주립대학(University of North Texas)에서 마케팅 커뮤니케이션 전공교수로 근무하였고, 현재 인하대학교 경영학과에서 마케팅 전공교수로 재직 중이다. SK Networks, SK C&C 등에서 패션, 전자기기, 캐릭터사업, 온라인쇼핑몰, 무선통신 분야의 마케팅, 영업, 유통, 광고기획, 홍보 업무를 관장하였으며, 현재 한국광고학회 부회장(제26대 차기회장), 소비자학회 상임이사, CJ오쇼핑 시청자위원회 위원장으로 일하고 있으며 KT, SK텔레콤, 현대홈쇼핑, LH공사 등의 자문활동을 수행한 바 있다.
연구 관심분야는 온라인 소비자행동, 인터넷광고, 국제광고, CSR마케팅 등으로 Journal of Services Marketing, International Marketing Review, International Journal of Advertising, Journal of International Consumer Marketing, 광고연구, 광고학연구, 광고홍보학보 등 국내외 학술지와 국내외 학술대회를 통하여 약 120여 편의 연구논문을 발표하였다. 저서로는 인터넷광고, 디지털시대의 옥외광고론, CSR마케팅 등이 있다.

김동후

현재 중앙대학교 광고홍보학과 교수로 재직하고 있다. 서강대학교 국어국문학과와 신문방송학과를 복수 전공하고, 광고 대행사에서 AE (Account Executive)로 광고 기획 실무를 담당하다 미국 텍사스 오스틴 주립대 (The University of Texas at Austin)에서 광고학 석사와 박사학위를 취득했다. 학위 취득 이후 미국 노스캐롤라이나 채플힐 주립대 (The University of North Carolina at Chapel Hill)에서 교수로 재직하며 광고 관련 과목을 강의하다, 인하대 국제학부를 거쳐 중앙대학교 광고홍보학과에 부임했다. 연구 관심분야는 소비자 심리, 브랜드 커뮤니케이션, 뉴미디어 등이며, 이러한 관심분야에서 활발한 연구 및 저술 활동을 하고 있다. Psychology & Marketing, International Journal of Advertising, Journal of Brand Management, Computers in Human Behavior, Journal of Business Ethics, International Journal of Market Research, Telematics and Informatics, 정보사회와 미디어 등의 국내외 유명 학술지에 다수의 논문을 발표하였다. 광고 대행사 메이트 커뮤니케이션즈의 자문 교수로 실제 광고 기획과 제작에 참여하고 있으며, 한국광고학회, 한국광고홍보학회와 소비자광고심리학회 등에서 집행 이사 활동을 하며 학계 발전을 위해 노력하고 있다.

이진균

현재 홍익대학교 광고홍보학부 부교수로 재직 중이다. 고려대학교 신문방송대학원과 미국 미시건 주립대에서 석사, 텍사스 오스틴 주립대(The University of Texas at Austin)에서 광고학 박사학위를 받았다. DB그룹 브랜드팀에서 IMC 및 브랜드 실무를 경험했으며, 학위 후 미국 위스콘신 주립대(University of Wisconsin at Oshkosh)에서 광고를 가르쳤다. 관심연구 분야는 브랜딩, 소셜 미디어, 그리고 스포츠 마케팅이다. 현재 한국광고학회, 한국광고홍보학회, 한국광고PR실학회 및 소비자광고심리학회 등 주요 학회의 임원으로 활동 중이다.
저서로 〈SNS 행복 마케팅〉이 있으며, 논문으로 "The effects of social comparison orientation on psychological well-being in social networking sites: Serial mediation of perceived social support and self-esteem"(2020), "Interplay of content type and product type in the consumer response to native advertising on social media"(2019), "인스타그램 이용 행태에 관한 탐색적 연구: 인스타그램 이용동기와 성격 5요인(Big 5)의 구조적 관계를 중심으로"(2020), "뉴스 웹사이트에서 브랜드 안전이 소비자 광고태도, 브랜드태도, 구매의도에 미치는 영향: 브랜드 친숙도의 조절효과를 중심으로" (2020) 등을 국내외 주요 학술지에 게재하였다.

권오윤

현재 계명대학교 광고홍보학전공 책임교수로 재직하고 있다. 서강대학교 경영학과 졸업 후 메조마케팅코리아(현 메조미디어)에서 미디어 플래너, 크로스미디어에서 미디어 플래닝 팀장으로 근무했다. 미국 텍사스 오스틴 주립대학교(The University of Texas at Austin)에서 광고학 석사와 박사 학위를 받았다. 주요 연구 관심 분야는 네이티브 광고와 콘텐츠 마케팅, VR 기기를 활용한 광고 전략, 소비자 감정과 구매 동기이다.한국 국내외 학술지에 연구 논문을 다수 발표하였다. 디지털 광고 상품 개발 프로젝트에 여러 차례 참여하였으며, 한국광고학회, 한국광고홍보학회, 한국소비자광고심리학회, 한국옥외광고학회에서 편집이사 및 편집위원으로 다년간 활동하였다. 주요 저서로는『미디어 혁명의 흐름과 함의』(공저),『검색광고의 이해』(공저)가 있다.

광고학원론

초판 발행 2021년 3월 10일

지은이 안대천 · 김동후 · 이진균 · 권오윤
펴낸이 김중용

총괄기획 박노일 · 최준규
편 집 심성보

펴낸곳 도서출판 **정독**

경기도 파주시 책향기로 441, 1004동 1004호(동패동, 책향기마을)
등록 제406-2014-000093호

전 화 070)7550-3758 팩 스 02)718-8554
홈페이지 www.jeongdok.co.kr 이메일 pnc@pncmedia.co.kr
ISBN 979-11-90899-35-2 93320

정 가 28,000원